中国工程院战略研究与咨询项目

我国煤炭行业碳中和发展科学体系及战略路径

袁 亮 葛世荣 王成山 著

科 学 出 版 社

北 京

内 容 简 介

煤炭在相当长的一段时间内仍然是我国的主体能源，煤炭工业低碳转型既是其实现高质量发展的内在要求，也是落实国家“双碳”目标的重要抓手。本书依托中国工程院战略研究与咨询项目，由袁亮院士、葛世荣院士、王成山院士领衔，领域内多位院士及专家共同参与撰写。综合考虑经济、技术、资源、环境和安全等因素，预测煤炭行业碳减排潜力，重点研究煤基能源协同发展和全网低碳化利用与消纳技术应用，提出中国煤炭行业碳中和发展科学体系及战略路径，为煤炭行业制定实施“双碳”目标提供数据支持和决策依据。

本书可供煤炭行业从业者、政策研究及相关领域的研究人员、管理人员及高等院校相关专业师生参考。

图书在版编目（CIP）数据

我国煤炭行业碳中和发展科学体系及战略路径 / 袁亮，葛世荣，王成山著. -- 北京 ：科学出版社，2025. 6. -- ISBN 978-7-03-082159-1

Ⅰ. F426.21

中国国家版本馆 CIP 数据核字第 2025CS7902 号

责任编辑：刘翠娜　吴春花 / 责任校对：王萌萌

责任印制：师艳茹 / 封面设计：无极书装

科学出版社 出版

北京东黄城根北街 16 号

邮政编码：100717

http://www.sciencep.com

中煤（北京）印务有限公司印刷

科学出版社发行　各地新华书店经销

*

2025 年 6 月第 一 版　开本：787×1092　1/16

2025 年 6 月第一次印刷　印张：27 1/4

字数：430 000

定价：260.00 元

（如有印装质量问题，我社负责调换）

本书研究和撰写人员

总负责 袁　亮　葛世荣　王成山

第一篇　绪论篇

袁　亮　李姗姗　王宇杰　孔维龄　栗　静　方　信

第二篇　煤炭行业减排现状篇

李姗姗　王宇杰　孔维龄　马雨晴　栗　静　刘云海

第三篇　煤基能源协调发展篇

葛世荣　赵毅鑫　刘淑琴　樊静丽　宋　梅　任世华

滕　腾　王　兵　刘金昌　马　宁　鲜玉娇

第四篇　全网低碳化利用与消纳篇

王成山　穆云飞　李　鹏　吕超贤　刘一欣　徐宪东

于　浩　孙　冰　冀浩然　宋关羽

第五篇　煤炭行业低碳发展战略篇

袁　亮　葛世荣　张平松　李姗姗　江丙友　任　波

李建军　张庆贺　张　通　王宇杰　陈飞宇

前 言

PREFACE

随着全球气候变化问题的日益严峻，实现碳达峰碳中和（“双碳”）成为全球共识。中国作为世界上最大的能源消费国和煤炭生产国，其煤炭行业的绿色转型对于全球碳减排具有重要意义。习近平总书记强调，要把“双碳”工作纳入生态文明建设整体布局和经济社会发展全局。2050年之前，煤炭在我国能源结构中仍占主导地位，仍要发挥兜底保障作用，倒逼机制要求煤炭工业创新改革刻不容缓。“双碳”目标对我国煤炭行业提出新挑战，国家“十四五”规划提出单位GDP能耗降低13.5%，碳排放降低18%，非化石燃料使用量提高 20%，严控煤炭消费增长。因此，煤炭工业在保障国家经济绿色低碳高质量发展与生态文明建设中面临巨大挑战，积极开展我国煤炭行业碳中和发展科学体系及战略路径研究，分阶段提出技术保障体系和技术发展路线图，助力我国煤炭行业尽早实现碳中和。

本书依托中国工程院战略研究与咨询项目，综合考虑经济、技术、资源、环境、安全等因素，开展我国煤炭行业碳中和发展科学体系及战略路径研究。本书共分为 5 篇，第一篇为绪论篇，主要介绍研究背景及国内外研究进展，论述国内外煤炭能源结构变化及警示。第二篇为煤炭行业减排现状篇，预测研究碳中和愿景下中国中长期能源/煤炭需求，深入开展煤炭行业全生命周期碳排放核算及预测研究。第三篇为煤基能源协调发展篇，描述煤基能源结构及现状，分析煤基能源动态碳中和模式及减碳技术，提出煤基能源协同发展关键科技创新。第四篇为全网低碳化利用与消纳篇，分析矿区综合能源微网资源产-消特性，全面考虑资源特性的矿区综合能源微网关键技术，大型风光基地与煤基能源协同耦合关键技术。第五篇为煤炭行业低碳发展战略篇，综合全书研究成果，提出煤炭行业碳中和发展、煤基能源协同、煤矿能源资源高效利用三方面的发展策略及路径。

本书的特点在于其全面性和前瞻性。一方面，在深入调研 30 余所大型能源企业及科研院所的基础上，对煤炭行业减排降碳现状及降碳潜力进行了预测，为煤炭行业落实“双碳”目标提供数据与决策支持；另一方面，着重对煤基能源协同发展体系及全网低碳化利用与消纳技术体系进行了研究，为煤炭行业落实“双碳”目标提供技术支持。

本书的编写由袁亮院士牵头，葛世荣院士、王成山院士等多位专家参与。其中，第一篇、第二篇、第五篇主要由袁亮院士团队撰写，第三篇主要由葛世荣院士团队撰写，第四篇主要由王成山院士团队撰写，多位院士的共同研究确保了本书内容的权威性和专业性。

本书得到了中国工程院战略研究与咨询项目“我国煤炭行业碳中和发展科学体系及战略路径研究”（编号：2022-XBZD-09）的资助。在此，感谢中国工程院、安徽理工大学、中国矿业大学（北京）、天津大学等单位的大力支持。同时，也向所有参与本书撰写工作的领导、专家、学者和编辑出版人员表示衷心的感谢。

作　者

2024 年 12 月

目 录

CONTENTS

第一篇

绪 论 篇

第一章

绪　论

第一节　研究背景和意义

伴随着化石能源的大量开采和使用，全球性的大气污染和温室效应已经成为21世纪影响人类生存和可持续发展的最大问题之一。如何在满足当前社会发展的前提下，控制和降低碳排放成为近年来社会经济发展的热点话题。面对温室气体大量排放造成日益严峻的全球气候变化问题，我国彰显了大国担当，积极主动参与全球气候环境治理。2020年9月，习近平主席在第七十五届联合国大会一般性辩论上正式宣布“双碳”目标。随后进一步明确指出“双碳”目标是中国基于推动构建人类命运共同体的责任担当和实现可持续发展的内在要求做出的重大战略决策。

目前我国是最大的发展中国家，也是拥有煤炭资源相对比较丰富的国家。我国化石能源需求量较大，煤炭资源的消耗在不可再生能源消耗中占比大于50%。煤炭消耗过程中产生大量温室气体，《BP世界能源统计年鉴》显示我国二氧化碳排放量超过100亿吨，其中很大一部分是由煤炭消耗所产生的。我国碳排放量与全球其他国家的碳排放量相比，位居前列。但长期以来，我国能源生产和消费结构均以煤炭为主（图1-1），煤炭行业在中国经济社会发展中占有极重要的地位，并且在未来很长一段时间内煤炭在我国能源体系中兜底保障的作用都难以改变。与此同时，包含开发、运输、转换和利用等过程在内的煤炭行业相关产业贡献了大量的碳排放，其排放量占我国碳排放总量的 70%～80%，并呈现出持续上升的态势，该行业已成为我国碳减排重点单位之一，传统的高碳能源煤炭的优势已经下降。因此，煤炭行业通过低碳转型实现碳达峰，既是煤炭行业高质量发展的内在要求，又是中国落实国家温室气体减排计划的重要抓手。

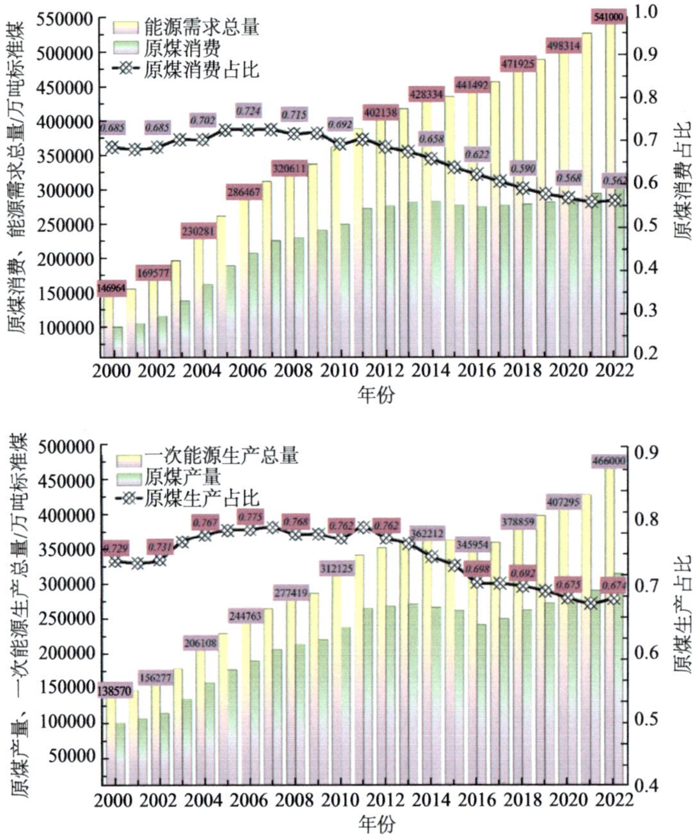

图 1-1　2000～2022 年中国能源生产和消费结构

针对我国碳中和目标下的能源结构调整，煤基能源的发展是我国能源结构低碳转型的必然选择。我国能源结构以煤为主，煤炭将近期发挥“保供”作用、远期发挥“降碳”作用，是我国能源安全保障主体、能源减排降碳主体。推动以化石能源为主的能源结构转型，使煤炭从主体能源逐步向基础能源和调峰能源转变。煤基能源成为清洁、低碳、安全的以煤为主的能源基石，拓宽了煤炭利用方式，是传统煤炭固态燃烧利用高碳排放转变为低碳排放的液气态清洁利用途径。我国煤基能源发展潜力巨大，截至2022年，我国煤炭储量为2078.85亿吨，满足我国煤炭安全保供内涵的在产煤矿可供开发资源量约为1710亿吨。煤制油气也具有较大的潜力，仅新疆哈密五大煤制油气战略基地就拥有可直接液化用煤约61亿吨，气化用煤约120亿吨，富油煤275亿～327亿吨。

煤基能源不仅立足于我国相对富煤、少气、缺油的资源国情，改变了“一刀切”式的退煤减碳方向，且兼顾能源安全与经济发展、“双碳”目标的协调关系，能够为我国解决较长时期“以煤为主”的能源结构和二氧化碳减排之间的突出矛盾提供创新方案，也为未来构建多能耦合的稳定安全低碳能源体系提供创新路径。为了优化我国以煤为主体的能源结构，并同步实现近期保供、远期降碳，必须加快构建以煤基能源为主体的低碳能源体系。构建煤基能源协同发展体系，具有重要的政治和经济内涵，是实现“双碳”目标的关键路径之一，对于加快我国能源行业改革，保障我国经济社会高质量发展具有重大指导意义。

全网低碳化能源利用与消纳也是我国实现“双碳”目标的途径之一。煤矿存在丰富的可利用伴生资源，且在电网中拥有巨大的利用潜力。据统计，我国采煤沉陷区面积超过6万平方千米；累计退出煤矿约1.2万个；废弃矿井的瓦斯资源总量达5000亿立方米；截至2020年底，煤矿采空区地下空间将超过189.73亿立方米，可利用地下空间量将会超过13.53亿立方米；2021年，我国煤矸石、煤层气、矿井排水分别达到7.43亿吨、104.7亿立方米、81.4亿立方米。这些数据表明煤矿具有较为广阔的应用空间，采煤沉陷区可用于建设光伏发电；退出煤矿储能开发潜力可达1.2亿千瓦；废弃矿井瓦斯抽采加工可用于燃气发电；综合利用瓦斯、乏风等伴生能源，可实现多种形式能源之间的互补协同，在满足多元化用能需求的同时提高能源综合利用效率。不仅如此，我国矿井还拥有丰富的地热资源，可以建设综合能源微网，实现废弃资源的就地开发和利用。综合能源微网能够实现区域内电、冷、热、气等能源的高效集成，有效利用矿井区风光等新能源以及煤层气、瓦斯、矿井涌水、空气热等伴生资源，发挥煤矿区综合能源的节能减碳潜力，此外，智能电网和能源互联网也是推动煤炭行业碳中和进程的重要依托。这些不仅能够促进低碳化能源利用与消纳、优化能源结构，对于煤炭行业在碳中和背景下实现可持续发展也具有重要意义。

在此背景下，预测碳中和愿景下中国中长期能源消费总量和煤炭需求并核算煤炭行业各阶段的碳排放及减排路径；探究煤基能源动态碳中和模式和减碳能力以及煤基能源发展的关键科技创新；分析矿区综合能源微网资源产-消特性和关键技术以及大型风光基地与煤基能源协同耦合关键技术；探明煤炭行业碳中和战略目标与低碳发展路径以及煤基能源协同发展策略与路径。除此之外，进一步探索煤炭行业低碳发展的减排效果，这些将对推进煤炭行业节能减排、落实下游产业的减排责任、精准制定碳减排引导策略、助力“双碳”目标具有重要意义。

研究意义一：辅助煤炭行业能源供需预测。中国中长期能源消费总量及煤炭需求预测的相关研究可以为实现“双碳”目标提供数据依据和决策参考。“双碳”目标的践行需要能源行业准确预测数据，当前受限于经济演化的不确定性，很难准确把握能源发展趋势。例如，采用一个能源-环境核算工具能够与情景分析法紧密结合，就能综合考虑人口、经济发展、交通运输周转量、技术、价格等因素对能源-环境发展的影响，将有利于预测不同发展条件下中长期能源供应、能源供应转换、能源终端需求及污染气体排放，进一步助力煤炭行业“双碳”目标推进。

研究意义二：定位煤炭在应对全球气候变化中的角色。气候变暖已经逐渐成为一个全球性的环境问题，多国正在积极采取措施控制日益增长的温室气体排放。作为发展中国家，中国同时肩负着经济发展和环境保护的双重使命。长期以来，煤炭在我国经济发展进程中一直是支柱型能源，并且在未来很长一段时间内煤炭在中国能源消费结构中的重要位置都将难以改变。但在节能减排的国际趋势下，煤炭作为高碳排放的化石能源之一，必然要在控制全球气候变化中扮演重要角色。本研究以煤炭为对象，计算其生命周期各阶段碳排放量，强调其在我国化石能源消费碳排放总量中的比重，能够进一步凸显尽快实现煤炭资源低碳化利用的必要性。

研究意义三：提供煤炭行业“双碳”技术数据与决策支持。煤炭行业“双碳”技术调查评价及路径选择的研究可为我国煤炭行业减排降碳技术的发展提供数据依据和决策支持。首先，构建减排降碳技术评价指标体系，对煤炭行业上市公司减排技术进行综合评价可以了解这些技术的实施效果，为我国

“双碳”研究提供数据依据。其次，根据评价结果探究影响减排技术选择的因素，并进一步整理绘制煤炭行业“双碳”技术发展路径，可辅助煤炭企业寻求最符合实际情况的节能减排技术，减少资源浪费，促进高效绿色发展。这不仅为我国煤炭行业减排技术的选择提供客观依据，而且为我国实现“双碳”目标以及可持续发展提供支撑，也有助于煤炭行业上市公司根据评价结果发展相应节能减排技术以及相关部门进行高效监管。

研究意义四：助推煤炭产业优化升级和低碳清洁化发展。碳中和对煤炭行业节能减排提出了新要求，煤基能源协调发展有利于煤炭产业优化升级和低碳转型发展。首先，从煤基能源动态碳中和模式的内涵、架构、降碳能力入手，分析煤基能源动态碳中和的颠覆性技术构成、引领性模式及其超低碳能力，基于学习曲线模型对不同煤基能源技术进行碳排放核算，探明煤基能源的降碳潜力并为煤炭行业低碳发展提供可靠依据。其次，对煤基能源协同发展关键科技进行创新，构建煤基能源低碳体系有利于全方位、全链条、全过程实现煤炭全生命周期低碳乃至零碳排放，推动煤炭行业高质量发展。

研究意义五：提供煤炭行业碳中和战略新路径。在煤炭行业碳中和背景下，构建煤炭领域碳中和发展战略体系、理论分析框架与技术路径作为引领，制定出碳减排、碳代替、碳封存、碳循环等路径，为煤炭行业提供碳中和战略新路径。首先，探究煤基能源发展策略，发挥燃煤发电的主体能源作用，进一步协同布局煤制油、煤制燃气和煤制氢等煤基能源利用形式。其次，促进煤炭开发与新能源开发协同发展，实现煤炭耦合可再生能源发电，加强煤化工与新能源耦合布局，逐步形成煤基能源协同、耦合发展战略新布局，这无疑为我国煤炭行业低碳发展提供了新思路。煤炭行业减排需要制定科学的、具有特色的、可实施且满足“双碳”目标诉求的战略布局和减碳规划，不断提出碳中和战略新路径，为我国煤炭行业低碳发展提供新方向，这对于我国实现“双碳”目标具有重要意义。

第二节　主要研究内容和思路

本书的主要研究内容涉及如下：“双碳”目标下中国中长期能源消费及煤炭需求预测研究；中国煤炭行业全生命周期碳排放与低碳发展路径研究；

煤炭低碳化清洁高效利用重大需求分析；煤基能源结构及协同发展模式研究；煤基能源动态碳中和模式及减碳能力研究；煤基能源协同发展关键科技创新及策略路径研究；能源站级矿山能源综合利用微网系统研究；煤产/烧-CCUS（碳捕集、利用与封存）坑口电站微网系统研究；矿区级电-热-煤多能流耦合微网系统研究；煤炭行业碳中和政策及人才培养现状研究；煤炭行业碳中和战略目标及路径研究。研究内容与思路框架如图 1-2 所示。

研究内容一："双碳"目标下中国中长期能源消费及煤炭需求预测研究。该部分主要基于宏观数据和微观数据，首先对第一产业、第二产业、第三产业和居民生活进行详细划分；其次构建中国长期能源替代规划模型 LEAP-CHINA，接着通过设置基准情景、结构调整情景、技术减排情景、综合情景四种典型情景，模拟预测中国中长期能源消费总量、消费结构及煤炭需求情况；最后提出中国中长期能源发展对策，助推中国制定科学能源发展规划和实现可持续发展。

研究内容二：中国煤炭行业全生命周期碳排放与低碳发展路径研究。以中国煤炭行业为研究对象，首先，基于生命周期评价（LCA）方法构建煤炭行业碳排放核算模型，对中国煤炭行业各阶段的碳排放进行估算；其次，基于泰勒-西蒙恒等式与对数平均迪氏指数分解法（Kaya-LMDI 方法）构建煤炭行业碳排放分解模型，对煤炭行业碳排放变动的驱动因素进行解析；最后，基于 RCPs-SSPs 框架（典型浓度路径-共享社会经济框架）并结合实际情况设置未来情景，探讨煤炭行业的低碳发展路径，以及不同发展路径下煤炭行业碳排放演变情况。

研究内容三：煤炭低碳化清洁高效利用重大需求分析。首先，识别煤炭行业可持续发展面临持续降碳的战略需求；其次，梳理煤炭清洁高效利用的现状及取得的成效，绘制煤炭消费利用全景图；最后，分析煤炭固态燃用转向液气态使用的可行路径，剖析煤炭低碳转化利用的主要障碍及其致因。

研究内容四：煤基能源结构及协同发展模式研究。首先，分析典型国家能源转型的规律，剖析煤炭在能源转型中的重要作用，通过国际规律分析得到能源转型发展的重要警示；其次，建立基于潜力评估的煤基能源结构优化模型，预测并优化煤基能源结构，即 "一主体、三支撑、一突破"煤基能源结构；再次，建立我国煤基能源高质量协同发展模式；最后，规划煤基能源高质量协同发展模式的战略路径。

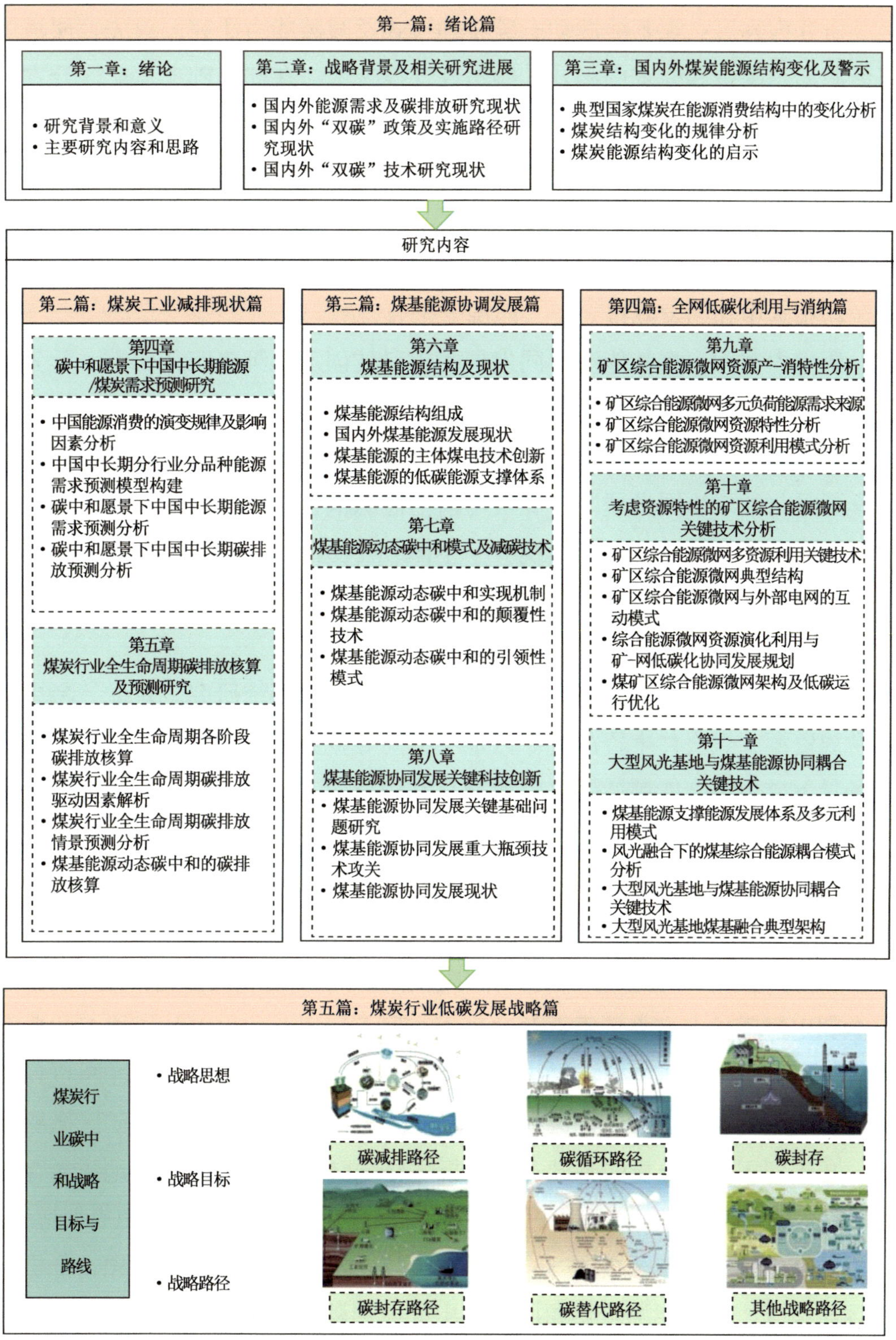

图 1-2　研究内容与思路框架

研究内容五：煤基能源动态碳中和模式及减碳能力研究。首先，厘清煤基能源动态碳中和模式内涵及其颠覆性支撑技术，在此基础上从矿区开发全生命周期的视角，分析煤基能源动态碳中和模式的多能互补作用；其次，创建基于技术学习曲线的煤基能源技术减排率预测模型，模拟煤基能源体系关键颠覆性技术的碳排放系数变化；最后，建立基于系统动力学的煤基能源碳减排潜力评估模型，分高中低替代率设置五个情景进行效益评估，评估煤基能源动态碳中和的碳减排效益、能源安全效益等。

研究内容六：煤基能源协同发展关键科技创新及策略路径研究。首先，系统梳理煤基能源“四协同”发展模式：物理开采与化学开采协同，地面利用与地下利用协同；其次，围绕“煤炭智能化绿色化开采协同发展”“原位化学开采与油气协同发展”“煤炭与清洁能源耦合协同发展”三个重大瓶颈问题，开展技术攻关，进而围绕“一主体、三支撑、一突破”核心，开展煤基能源协同发展工程应用创新示范；最后，形成煤基能源协同发展策略、战略布局及技术路径。

研究内容七：能源站级矿山能源综合利用微网系统研究。首先，考虑矿区常规资源、煤炭伴生资源、矿区地下空间等资源禀赋特征，构建多资源协调场景下矿山综合能源微网多资源循环利用架构；其次，针对以煤炭伴生资源为主的不确定性波动，根据煤矿生产特征与运行特点，选择合适的不确定性因素处理方法进行量化分析，生成适应源-荷等多种不确定性因素波动下的矿山多资源利用方案，实现矿区资源利用效率与安全水平的提升。

研究内容八：煤产/烧-CCUS坑口电站微网系统研究。首先，分析矿山多资源利用过程减碳潜力，重点关注煤炭和矸石资源在坑口电站燃烧时的典型碳排放源；其次，研究碳捕集与电转气互动运行机制，构建含CCUS-坑口电站的矿区微网资源循环利用架构；最后，在考虑资源负荷特性的矿区微网低碳、减碳利用模式分析的基础上，分析主要坑口电站捕集的CO_2地质封存过程，揭示碳封存驱替甲烷运移机理，研究长时间尺度矿区能源微网规划运行。

研究内容九：矿区级电-热-煤多能流耦合微网系统研究。首先，分析煤流运输系统、伴生能源余热利用和矿山配电网潮流之间的耦合关系，探索矿区产需全链条电-热-煤多流耦合模式；其次，通过乏风源热泵、水源热泵等设备实现对衍生能源余热的综合利用，满足建筑采热、井筒防冻和洗浴热水等不同的热需求，建立电-热-煤多能流耦合微网典型架构；最后，统筹煤炭生产、供热等系统的用能需求，形成多工序煤流运输系统、多源供热系统的柔性调控方案，实现矿区综合能源微网多流互济、低碳运行。

研究内容十：煤炭行业碳中和政策及人才培养现状研究。首先，访问中央人民政府、生态环境部、住房和城乡建设部等国家部委门户网站，搜索“双碳”政策文本条目，采用政策一致性（PMC）指数模型，评估煤炭行业碳中和政策；其次，选取国家发展和改革委员会（简称国家发展改革委）、国家能源局发布的《能源生产和消费革命战略（2016—2030）》，采用合成控制法评估中国碳减排政策的影响效应；最后，收集整理目前我国高校开设碳中和相关专业的基础数据，统计并预测“双碳”人才供给现状与未来需求数量。

研究内容十一：煤炭行业碳中和战略目标及路径研究。首先，基于公平和效率视角核算各地区碳配额及减排成本；其次，结合相关文献及前期研究发现，提出煤炭行业碳中和发展战略构想，兼顾地区差异、时间差异、要素和场景多样性等；再次，以 2030 年和 2050 年两个时间节点划分为达峰攻坚期、有序优化期、中和达成期制定我国煤炭碳中和战略目标，描绘煤炭行业碳中和发展蓝图；最后，提出煤炭行业碳中和战略路径，具体包含碳减排路径、碳替代路径、碳封存路径、碳循环路径等。

第二章

战略背景及相关研究进展

第一节　国内外能源需求及碳排放研究现状

一、能源需求预测研究进展

准确预测能源需求量是中国实现“双碳”目标的前提。近年来，随着节能减排压力日益增加，学者围绕能源需求预测模型构建、能源需求影响因素分析、可再生能源预测、区域和行业的能源需求预测等方面开展了大量研究。常用的能源需求模型有可计算一般均衡（CGE）模型、长期能源替代规划系统（LEAP）模型等。Keiner 等[1]使用一种新型能源需求建模工具 LUT-DEMAND 创建全球高空间分辨率和高时间分辨率的综合需求输入数据，采用多步骤方法估算一次能源需求。Huang 等[2]开发了结合能源需求驱动和自适应多区域投入产出的综合评估模型，有助于为政策制定者在制定减缓气候变化战略时充分考虑未来能源变化的积极和消极影响提供定量信息。Rao 等[3]通过分析能源需求的驱动因素来预测能源消耗，以此帮助制定国家能源转型和能源安全政策。Brugger 等[4]研究确定了 12 个可能影响未来能源需求的新社会趋势，通过制定 4 种能源需求情景评估对所有部门的影响。Tong 等[5]研究发现风力发电系统是最可靠的可再生电力系统，能够在绝大部分时间满足各国电力需求。

Liu 等[6]使用多个模型来评估气候变化对能源供需匹配的影响，研究发现能源需求模式将发生变化，风能和太阳能发电量将增加。就区域、行业等能源需求预测而言，Javanmard 等[7]利用混合方法预测加拿大交通部门能源需求与二氧化碳排放，能够有效管理能源需求和减少温室气体排放。Ayodele 等[8]采用非线性自回归外生神经网络和多元非线性回归模型预测马来西亚长期能源需求，揭示了能源需求与能源供应的复杂内在关系。Barak 和 Sadegh[9]提出集成混合算法以预测伊朗年能源消耗量，结果表明该集成混合算法的能源需求预测准确性更高。总体而言，能源需求预测研究日益呈现出多元化趋势，主要集中在模型构建、情景分析、深度学习等方面。

构建综合评估模型是系统科学分析能源需求与能源结构的重要方式，能源需求的预测模型按照建模方法差异性可分为两类：自上而下模型和自下而上模型。常见的自上而下模型主要包括 CGE 模型[10]、MACRO 模型[11]和 STIRPAT 模型[12]等。与自上而下模型相比，自下而上模型可以更全面地描述能源替代相关技术及其对环境的影响，典型的自下而上模型主要包括 MARKAL 模型[13]、AIM 模型[14]和 LEAP[15]模型等。LEAP 模型作为自下而上模型的代表，可根据研究问题的自身特点和数据的可获得性，灵活设定模型结构，减小建模难度，适合中长期能源规划、能源终端需求和碳排放预测等[16]。目前，LEAP 模型已在 190 多个国家广泛使用，主要应用于国家、城市群、省市等宏观区域，工业、交通、建筑等具体行业，煤炭、水泥等能源领域。

以上研究为本我们提供了一定参考，但目前研究多以单个城市、相关区域或单一部门为评估范围，缺乏针对中国层面的中长期能源需求预测研究。从研究方法来看，预测模型参差不齐，多种方法交互，能源需求预测结构精细度不高，这导致能源需求预测结果差异甚大，直接关乎到国家能源战略安全。

二、碳排放预测研究进展

近年来，伴随着碳减排压力日益增加，国内外学者围绕区域和行业碳排放预测开展了大量研究，研究主要聚焦于碳排放影响因素、碳达峰峰值、碳减排路径等方面。对于碳排放影响因素的分析，Wang 等[17]借助扩展 STIRPAT 模型从区域角度分析能源相关碳排放的驱动因素，研究发现在不同发展阶段中各种因素对碳排放的影响程度不同。Zhang 和 Da[18]利用 LMDI 模型分解中国碳排放变化，结果表明能源强度降低和终端清洁能源消费结构对抑制碳排放有显著作用。Zheng 等[19]利用分位数回归模型分析中国可再生能源发电对其碳排放的影响，结果表明能源强度和人均国内生产总值（GDP）具有显著抑制作用，可再生能源发展对碳排放影响较小。Huang 等[20]基于拓展的 STIRPAT 模型和 LEAP-Beijing 模型对不同政策情景下北京市碳减排重点领域进行评估，结果表明能源结构升级和能效提升是城市碳减排的关键驱动力。总体而言，经济增长、能源强度、人均 GDP、能源结构升级等因素对于控制碳排放具有明显作用。

目前，碳达峰峰值研究主要集中在区域和行业两方面。在区域方面，Sun 等[21]从省域角度对中国省级碳排放轨迹进行预测，结果表明大多数省份能在 2030 年前实现碳达峰，峰值为（$9.64 \sim 10.71$）$\times 10^9$ 吨。Shi 等[22]构建 GA-LSTM 模型对碳排放进行预测，研究发现 2030 年左右中国将在基准、稳增长、绿色发展三种情景下实现碳达峰，峰值分别为 11.82×10^9 吨、11.94×10^9 吨、11.64×10^9 吨；在行业方面，Huo 等[23]构建了 STIRPAT-PLS 模型来预测建筑业实现“双碳”目标的时间表和路线图，结果显示建筑业碳减排将在 2036 年左右达到峰值 2.99×10^9 吨。Chen 等[24]预测了工业、建筑、交通和农业四个碳支柱行业的峰值，结果表明这四个行业的碳排放分别在 2031 年、2035 年、2043 年和 2026 年实现达峰。总体而言，中国不同行业达峰时间和峰值差异较大，应针对重点行业制定差异化减排政策。

在碳减排路径方面，Li 等[25]构建了集成预测模型，对中国九种情景下的二氧化碳排放量和森林碳汇进行预测，结果表明在减排和增加森林碳汇的共同作用下，中国可能在 2060 年前实现二氧化碳净零排放，此外，学者还围绕电力、钢铁等重点行业制定减排路径。Meng 和 Yu[26]构建了电力市场均衡模型，分析多种政策对电力市场的影响，研究发现可再生能源组合标准和碳税政策是实现电力行业低碳转型的有效政策工具。An 等[27]实证分析了逐步淘汰落后产能、调整生产结构、促进低碳技术和改用清洁燃料四项节能减排策略的有效性，确定了中国钢铁行业减少二氧化碳排放的技术发展路径，推广低碳技术是减排成本最小化的首选策略。总体而言，碳减排路径主要围绕提高能源效率、增加清洁能源比重、利用 CCUS 等低碳技术展开。

综上，已有文献对碳排放影响因素、碳达峰峰值、碳减排路径等方面做出探讨。总体来看，仍存在以下进一步探讨的空间：首先，对于碳达峰峰值的预测情景设定较为单一，尚未全面考虑不同措施的减排潜力。其次，已有研究对于中国碳排放预测时间序列大都较短，未能结合“双碳”目标的时间节点予以具体说明。

第二节　国内外“双碳”政策及实施路径研究现状

一、国内外“双碳”政策研究现状

伴随着经济社会发展，我国已进入新发展阶段，推进“双碳”工作是破解资源环境约束问题、实现可持续发展的迫切需要，是顺应技术进步趋势、推动经济结构转型升级的迫切需要[28]。2022 年，中国与能源相关的 CO_2 排放量约为 121 亿吨，占全球能源活动排放量的 33%左右[29]。国家能源局数据显示，2022 年我国能源生产总量达 44.1 亿吨标准煤，能源消费总量达 54.1 亿吨标准煤，碳排放近七成来源于煤炭。为推动落实控制温室气体排放行动目标，引领和示范全国低碳发展，中国先后出台了《节能减排综合性工作方案》《中华人民共和国生态文明建设纲要》《能源生产和消费革命战略（2016—2030）》等低碳环保政策，初步形成了全方位、多层次的节能降碳体系[30]。近年来，减少碳排放进一步成为中国积极应对气候变化的重点战略，面对艰巨的低碳减排任务，国家和地方政府积极出台政策并开展试点建设，探索实现“双碳”目标路径，低碳环保政策已成为实现“双碳”目标的重要抓手[31-33]。

目前国内“双碳”政策数量繁多，学者从不同视角、不同方法对现有“双碳”政策进行了总结与评估。部分学者从宏观视角出发，关注“双碳”政策顶层设计与统筹规划[34]。在研究角度上，当前“双碳”政策评估研究大多聚焦于某一特定政策，如低碳城市试点政策[35]、碳普惠政策[36]、碳排放权交易政策[37]、建材行业碳达峰政策[38]、城市绿色交通政策[39]等。在研究方法上，不同学者采用定性或定量的方法利用相关数据、模型、技术、计量软件等进行研究[40-42]，大多通过建立模型，从计量的角度出发利用中国城市面板数据验证政策治理效果[43]。例如，郑石明和尤朝春基于 2003～2019 年中国 281 个地级市的面板数据，评估了不同扩散模式下低碳城市试点政策对改善环境质量的差异化影响效应[44]，Wang 和 Liu 以北京市为例设置发展情景分析碳排放目标与其余因素的内生性关系[45]，Li 等从政府投资碳排放强度与公民消费碳排放强度出发探讨二者之间的关系[46]。总的来说，相关学者从“双碳”政策的概念内涵[47]、理论框架[48]、国际经验[49]等诸多角度进行了深入研究。但同时存在产业结构调整难度大[50]、城市绿地碳汇水平不高[51]、政策对中西部地区作用不明显[52]、执行主体权责不匹配[53]等问题，说明“双碳”政策设计依然存在短板。

基于此，本研究从政策制定端基于大数据文本挖掘对现行“双碳”政策进行评估，基于政策文本挖掘构建 PMC 指数模型对现有政策进行评估克服了上述弊端[54]，从政策文本出发对实施效果进行打分评价，避免了打分的主观性并提高了评价的精确度，正逐步用于国内外政策评价。首先，利用 Python 进行关键词提取、共词分析挖掘我国“双碳”政策的主题词；其次，结合主题词挖掘，构建 PMC 指数模型对中国“双碳”政策进行多维度评估和分析；最后，分析得出本书的研究结论，为“双碳”政策的制定和优化提供更准确和更有效的依据。同时，本研究从能源领域碳排放制度出发，选取具有代表性的政策并采用合成控制法[55]来研究从顶层设计出发的政策效应对降低碳排放的影响。

本研究通过对国内外“双碳”相关政策及文献进行梳理，发现国内外“双碳”实施政策体系的区别主要集中在以下几方面。

（一）国内外碳达峰碳中和时间节点分析

各国政府在追求碳达峰碳中和方面制定了不同时间节点的目标。在 2020 年 9 月第七十五届联合国大会一般性辩论上，中国国家主席习近平提出中国二氧化碳排放力争于 2030 年前实现碳达峰，努力争取 2060 年前实现碳中和。同年 4 月，美国发布《美国国家确定贡献》公布 2030 年温室气体减排至少减半，同时设定了 2050 年实现碳净零排放的目标。欧盟于 2019

年 11 月发布《欧洲绿色协议》，提出 2050 年实现碳中和的目标，并于 2020 年 12 月提升 2030 年碳排放减量目标至较 1990 年减少 55%。日本首相菅义伟在 2020 年 10 月的议会演讲中宣布日本将于 2050 年实现碳中和。同月，韩国总统文在寅在国会演讲中宣布韩国将于 2050 年实现碳中和。加拿大政府在 2020 年 11 月通过《加拿大净零排放责任法案》，提出 2050 年碳中和目标。虽然澳大利亚目前尚无具体法律或政策文件设定碳净零排放目标，但该国多个州已经设定了本地区域的 2050 年碳净零排放目标。南非政府在 2019 年发布的《碳排放中性战略》中提到，南非将于 2050 年实现碳中和。巴西虽然没有具体的法律或政策文件设定 2060 年碳中和目标，但当地的非政府组织和企业正在推动实现这一目标。尽管这些国家在具体挑战和实施路径上有所不同，但全球共同愿景是降低温室气体排放，实现可持续发展，国际合作和技术创新在这一过程中将发挥关键作用。

（二）国内外政策分析对比

为应对全球气候变化，国际社会亟须加强合作，包括在政策、技术、资金等方面的合作。碳排放不分国界，只有全球携手合作，才能成功应对气候变化，共同构建可持续的未来。

美国在碳中和的进程中始终较为激进。美国温室气体排放控制法案的蓝本是 1963 年通过的《清洁空气法案》。1992～2007 年，美国联邦政府出台了《联合国气候变化框架公约》《1992 年能源政策法》《全球气候变迁国家行动方案》《气候变化行动方案》《2005 年能源政策法案》《2007 年能源独立和安全法案》等，综合评估了美国温室气体排放情况，制定了温室气体减排的政府行动计划，不断推动节约能源、提升能源利用效率、促进可再生清洁能源使用及国际能源合作。在美国计划退出《京都议定书》和《巴黎协定》期间，《2005 年能源政策法案》《低碳经济法》《美国清洁能源与安全法案》“电力计划”《总统气候行动计划》陆续出台（表 2-1），法律规定了一系列有关低碳经济发展的法律与激励措施，对提高能源效率进行规划并明确了具体方案。美国实现碳达峰的时间是 2007 年，实现碳中和的时间为 2050 年。

表 2-1 美国主要碳中和政策

政策名称	发布机构	发布年份	主要内容
《国家能源政策法案》	美国联邦政府	1978	由《天然气政策法案》《公共事业管制法》《能源税收法》《发电厂和工业燃料使用法案》《国家能源储备政策法》等法律组成
《1992 年能源政策法》	美国联邦政府	1992	该法旨在提高能源利用率，并提出了综合能源计划。该法对可再生能源发展提出了新的要求
《2005 年能源政策法案》	美国联邦政府	2005	除了鼓励美国本土的能源生产之外，从立法上提出了促进消费者节约能源，使用清洁能源的可行措施
《2007 年能源独立和安全法案》	美国联邦政府	2007	促使美国能源更加独立和更安全，增加可再生的清洁能源生产，保护消费者的利益，提高产品、建筑物、车辆的能效，以促进和研究部署温室气体捕获和存储选择
《2009 年恢复与再投资法》	美国参议院和众议院	2009	目标是通过对清洁能源和可再生能源的开发，在未来 10 年中创造至少 46 万个新的就业机会
《美国清洁能源与安全法案》	美国众议院	2009	提供消费税优惠，促进提高家庭用能效率
《清洁能源革命与环境正义计划》	美国联邦政府	2019	确保美国实现 100%的清洁能源经济，并在 2050 年之前达到净零碳排放
《建设现代化的、可持续的基础设施与公平清洁能源未来计划》	美国联邦政府	2020	确保美国实现 100%的清洁能源经济，并在 2050 年之前达到净零碳排放
《迈向 2050 年净零排放的长期战略》	美国联邦政府	2021	指明其碳中和具有三个时间节点：到 2030 年，总排放降至 32 亿～33 亿吨 CO_2 当量；到 2035 年，实现电力完全脱碳；到 2050 年，实现碳中和
《美国国家清洁氢能战略路线图》	美国联邦政府	2023	全面概述了美国氢气生产、运输、储存和应用的潜力，实现清洁氢能的主要挑战，以及促进氢能发展的关键战略，旨在加速美国清洁氢能的发展

2008 年美国碳排放量为 59.1886 亿吨，2008～2021 年美国碳排放量总体呈稳定下降趋势。2021 年美国重返《巴黎协定》，提出《清洁能源革命与环境正义计划》《建设现代化的、可持续的基础设施与公平清洁能源未来计划》《关于应对国内外气候危机的行政命令》，在经济上联邦政府计划投入 2 万亿美元在交通、建筑和清洁能源等领域加大投入力度，在政治上把气候变化纳入美国外交政策和国家安全战略并加强国际合作，在技术上推动清洁能源技术创新，继续推动美国“3550”碳中和进程。

如表 2-2 和表 2-3 所示，欧盟和澳大利亚在碳中和领域制定了一系列政策及战略部署。欧盟委员会通过制定一系列政策框架，如《欧洲气候法》《欧洲绿色协议》等，明确了碳减排路径及目标，同时着重于能源、工业、交通和林业等关键行业改革，为实现绿色发展提供了具体措施。为保证政策实施，欧盟在财政税收、补贴、碳排放交易等方面进行部署，激励各行业和成员国参与气候行动。澳大利亚则通过财政税收、补贴政策，如《气候变化解决方案》《净零计划：澳大利亚之路》等措施支持低碳产业的发展。同时，制定了《技术投资路线图》《澳大利亚的长期减排计划》《澳大利亚氢能战略计划》，强调新能源、低排放技术和氢能的发展，促进交通运输等领域的绿色转型。这些政策的实施，对于实现各国碳中和目标，降低温室气体排放，加强国际合作以及推动全球可持续发展具有深远影响和积极意义。

表 2-2 欧盟主要碳中和政策

政策名称	发布机构	发布年份	主要内容
《欧洲气候法》	欧盟委员会	2021	提出具有法律约束力的目标，并提出六个主要步骤
《净零工业法案》	欧盟委员会	2023	提出到2030年欧盟战略性净零技术的本土制造能力将接近或达到年度部署需求的 40%。同时，该法案还提出改善净零技术投资条件的七项关键行动
《欧洲绿色协议》	欧盟委员会	2019	提出欧盟迈向气候中立的行动路线图和七大转型路径
“减碳 55”一揽子计划	欧盟委员会	2021	通过九条提案，以实现 2030 年温室气体排放量比 1990 年至少下降 55%的目标
《能源系统集成战略》	欧盟委员会	2020	提出具体的能源政策和立法措施，确定六大支柱，提出解决能源系统障碍的具体措施
《绿色新政工业计划》	欧盟委员会	2023	旨在简化、加速和调整激励措施，以提高欧洲净零工业的竞争力。作为《欧洲绿色协议》《欧盟工业战略》的补充，该计划提出四大行动支柱
现代化基金	欧盟委员会	2021	2021～2030 年从碳排放交易体系拨款约 140 亿欧元投资能源系统现代化

表 2-3 澳大利亚主要碳中和政策

政策名称	发布机构	发布年份	主要内容
《气候变化解决方案》	澳大利亚联邦政府	2019	旨在启动 35 亿澳元的投资帮助澳大利亚兑现 2030 年的温室气体减排承诺
《澳大利亚的长期减排计划：迈向净零》	澳大利亚联邦政府	2021	未来 20 年将在低碳技术领域投入 200 亿澳元，撬动 800 亿澳元的私有企业或州政府的投资
《技术投资路线图》	澳大利亚联邦政府	2020	澳大利亚将发展新能源作为推动经济增长的新机遇，低排放炼钢炼铝和碳封存也是澳大利亚未来投资的重点领域
《澳大利亚氢能战略计划》	澳大利亚联邦科学与工业研究组织	2018	该路线图分析了氢的制备、存储及运输、应用等氢利用价值链上的主要技术、优势技术、发展的现状及存在的障碍
《未来燃料与交通战略》	澳大利亚联邦政府	2021	旨在降低交通运输碳排放，增加消费者的车辆类型选择，通过技术创新创造更多就业机会

日本政府在碳中和领域发布了一系列政策（表 2-4），以确保向低碳的可持续未来转型。自 1979 年发布《关于合理使用能源的法律》以来，日本陆续颁布了一系列旨在降低能源消耗和碳排放的法规。2000 年以来，日本政府进一步制定了编制战略路径的法案，包括《循环型社会形成推进基本法》《资源有效利用促进法》等一系列政策致力于推动环保和气候变化对策的实施。政策还包括环境保护方面的《环境影响评价法》《环境基本法》，以及针对废弃物减量和绿色购入等领域的法规。针对特定领域和产业，日本政府推行了如《氢能基本战略》《绿色增长战略》等措施，以实现氢能和绿色产业的发展。为强化气候目标，日本政府于 2020 年确立了 2050 年实现碳中和的目标，随后于 2021 年发布了《2050 碳中和绿色增长战略》，将重点发展产业转向更具可持续性的领域，此外，为确保政策的有效实施，2022 年日本内阁通过了《全球变暖对策推进法修正案》《能源基本计划修正案》，借助立法、金融和财政手段实现碳中和目标。这些政策和战略的实施对日本实现可持续发展和全球应对气候变化具有重大意义，体现了日本政府在能源结构调整、产业转型和技术创新方面的决心与努力。

表 2-4 日本主要碳中和政策

政策名称	发布机构	发布年份	主要内容
《关于合理使用能源的法律》	日本国会	1979	目的在于从工厂、运输、建筑、机械器具等方面降低日本的能源消耗，其中建筑行业通过提高建筑物的热工性能以降低能源消耗
《环境基本法》	日本国会	1993	提出环境保护的基本理念
《环境影响评价法》	日本国会	1997	对于土地变更、建筑业的环境保护做出规定
《循环型社会形成推进基本法》	日本国会	2000	建立资源循环型社会，标志着日本把建设循环型社会上升为国家战略
《资源有效利用促进法》	日本国会	2000	控制废弃物的产生以及保护环境，控制使用过的物品以及副产品的产生，并采取能促进再生资源及再生零件利用的必要措施，以促进国民经济的全面发展
《绿色购入法》	日本国会	2000	针对国家公务机关购入办公用品的规定，规定了木制品的采购来源
《氢能基本战略》	日本内阁	2017	最大限度地发挥可再生能源的潜力，促进氢电耦合发展。同时，有助于难以实现电能替代的工业领域脱碳
《2050 碳中和绿色增长战略》	日本内阁	2021	调整重点发展产业，形成全新的 4 个领域 14 个碳中和目标产业体系
《全球变暖对策推进法修正案》	日本国会	2022	将 2050 年实现碳中和的目标以立法的形式具体化

我国于2020年在第七十五届联合国大会一般性辩论上提出“中国二氧化碳排放力争于2030年前达到峰值，努力争取2060年前实现碳中和”。2021年，我国发布了《碳排放权交易管理办法（试行）》，进一步加强对温室气体排放的控制和管理，推动温室气体减排，规范全国碳排放权交易等活动，这对于我国碳排放的减少具有重要意义。2021年我国陆续发布《关于加快建立健全绿色低碳循环发展经济体系的指导意见》《中共中央 国务院关于完整准确全面贯彻新发展理念做好碳达峰碳中和工作的意见》《2030年前碳达峰行动方案》，这些政策文件明确了实现“双碳”目标的工作原则和重点任务，为实现目标我国必须加强碳市场建设、推动绿色技术创新、促进能源转型、强化碳排放权管理等。2022年我国出台了《关于完善能源绿色低碳转型体制机制和政策措施的意见》《“十四五”现代能源体系规划》《氢能产业发展长期规划（2021—2035年）》等措施规划，进一步完善了我国能源战略和规划，致力于“双碳”目标的实现。

如表2-5所示，目前我国碳中和政策相对完善，但与其他实施碳中和政策较早的国家相比，我国的碳中和进程较为缓慢，我国应该加快完善碳中和政策体系，进一步强化政策工具的深度和广度。在设立碳中和相关发展目标方面，我国可以借鉴国外经验，确立更具体、可操作性的目标，并建立明确的执行规定，此外，我国应加大对绿色科技的政策支持力度，促进绿色技术的创新和应用，以实现碳中和目标。

表2-5　中国碳中和主要政策

政策名称	发布机构	发布年份	主要内容
《碳排放权交易管理办法（试行）》	生态环境部	2021	在应对气候变化和促进绿色低碳发展中充分发挥市场机制作用，进一步加强对温室气体排放的控制和管理，推动温室气体减排，规范全国碳排放权交易及相关活动
《关于加快建立健全绿色低碳循环发展经济体系的指导意见》	国务院	2021	到2025年，产业结构、能源结构、运输结构明显优化，绿色产业比重显著提升，主要污染物排放总量持续减少，碳排放强度明显降低，生态环境持续改善，市场导向的绿色技术创新体系更加完善，法律法规政策体系更加有效，绿色低碳循环发展的生产体系、流通体系和消费体系初步形成
《中共中央 国务院关于完整准确全面贯彻新发展理念做好碳达峰碳中和工作的意见》	国务院	2021	明确实现碳达峰碳中和目标，要坚持“全国统筹、节约优先、双轮驱动、内外畅通、防范风险”的工作原则，明确碳达峰碳中和工作重点任务

续表

政策名称	发布机构	发布年份	主要内容
《2030 年前碳达峰行动方案》	国务院	2021	加强碳市场建设、推动绿色技术创新、促进能源转型、强化碳排放权管理等，以支持实现 2030 年前碳达峰的目标
《关于完善能源绿色低碳转型体制机制和政策措施的意见》	国家发展改革委、国家能源局	2022	从完善国家能源战略和规划实施的协同推进机制、完善引导绿色能源消费的制度和政策体系、建立以绿色低碳为导向的能源开发利用新机制等方面提出多项举措
《“十四五”现代能源体系规划》	国家发展改革委、国家能源局	2022	提出我国“十四五”时期现代能源体系建设的主要目标
《氢能产业发展中长期规划（2021—2035 年）》	国家发展改革委、国家能源局	2022	明确氢的能源属性，提出氢能产业发展基本原则以及氢能产业发展各阶段目标，部署推动氢能产业高质量发展的重要举措

在碳排放交易市场建设方面，我国可以学习国外先进经验，逐步扩大碳排放交易市场的覆盖范围，加快推进碳排放交易市场的建设和发展。同时，我国还可以借鉴国外国家在汽车行业碳排放管理方面的做法，推动“双积分”制度与碳排放交易相结合，提高市场有效性，促进汽车行业的碳减排工作。

在绿色金融方面，我国可以借鉴国外国家的经验，加快完善绿色金融体系，修订绿色金融标准，完善信息披露制度，并加强监管力度。同时，我国还可以推动绿色金融市场工具的创新，提高市场活跃度，促进产业与金融的融合，为绿色经济的发展提供更多元化的金融支持。

二、国内外“双碳”实施路径研究现状

本研究通过对国内外“双碳”相关文献进行梳理，发现国内外“双碳”实施路径主要集中在以下几方面。

如今，全球各个发达国家都根据自己的特定国情，制定了具有针对性的“双碳”路径。简而言之，各国的“双碳”策略呈现出综合性特点，涉及政策/法律法规制定、节能减排、清洁能源开发与应用等方面，覆盖社会和经济发展的诸多领域。从横向对比来看，各国的“双碳”路径均具有独特之处，如美国以“清洁能源革命与环境正义”为主要特点的综合性路径、欧盟以节能减排为重点的《欧洲绿色协议》和英国的“绿色工业革命

10 项计划”，以及日本以清洁能源开发利用为特色的《2050 碳中和绿色增长战略》。

（一）综合性路径

在 2019 年的竞选期间，美国总统拜登提出了一项价值 1.7 万亿美元的能源与环境综合政策计划——《清洁能源革命与环境正义计划》。其目标是确保美国实现 100%清洁能源经济，并在 2050 年前实现净零碳排放。美国的这一计划主要包括四个方面：行政命令/立法、减排、提高清洁能源利用率和发展低碳技术，同时针对短期和长期提出不同的解决方案。

短期解决方案包括：利用联邦政府的采购系统（每年支出 5000 亿美元）实现 100%清洁能源和零排放车辆；制定严格的燃油经济性标准，确保 100%新销售的轻型/中型车辆实现电动化。

中长期解决方案包括：在未来 10 年内，为能源、气候研究创新以及清洁能源基础设施建设投入 4000 亿美元，并建立专注于气候的跨机构高级研究机构 ARPA-C（气候先进研究计划局）；加速电动汽车的推广，到 2030 年底部署超过 50 万个新的公共充电网点，并恢复全额电动车税收抵免；制定具有针对性的计划，设定目标使 2030 年的海上风能产能翻倍。

（二）节能减排路径

节能减排是实现“双碳”目标最直接、最经济的手段之一。2019 年，欧盟委员会发布的《欧洲绿色协议》在八大领域提出了一系列转型政策和措施，旨在把欧盟变成一个公平、繁荣且竞争力强的资源节约型现代化经济体系。该协议的目标是在 2050 年实现欧盟温室气体的净零排放，并实现经济增长与资源消耗的脱钩。在节能减排方面，欧盟采取了主要措施，包括发展产业清洁循环经济模式、高能效建筑和可持续智能交通。

在产业“可循环”发展方面，《循环经济行动计划》关注纺织、建筑、电子和塑料等资源密集型行业；同时，借助数字技术，发挥应对气候变化和环保方面的积极作用。在建筑节能方面，《建筑能源性能指令》提出新的装修倡议，确保翻新和新建建筑的能效达标，推动公共和私有建筑的翻新工作，并评估各成员国的建筑长期翻新政策。在可持续智能交通方面，《可持续智能交通战略》推动交通部门的脱碳进程，发展新型多式联运降低能耗和减少排放，制定更严格的内燃机车排放标准。

同样，英国的“绿色工业革命 10 项计划”在节能减排方面也采取了重要措施。在这 10 项计划中，有 4 项涉及节能减排，包括电动汽车、公共交通、低碳航空和绿色航运、住宅及公共建筑。目标是到 2050 年前消除英国导致气候变化的因素。在电动汽车领域，将投入超过 28 亿英镑（约为 37 亿美元）。英国将从 2030 年起停止销售新的汽油和柴油汽车及货车，提前 10 年结束销售混合动力汽车。这些举措有助于英国工业实现可持续、绿色的未来。

（三）清洁能源替代路径

全球能源格局正向着清洁化、低碳化方向发展，绿色低碳成为未来的主要趋势。能源电力碳中和是实现碳中和目标、开展碳中和工作的关键途径。各个国家在技术层面主要关注清洁能源（如风能、太阳能、水电等）的开发和利用。

美国计划加强环保建设和可再生能源开发，目标是到 2030 年将海上风能增加 1 倍，而英国政府则承诺到 2030 年将海上风电装机容量提高 4 倍至 40 吉瓦，并在风力最强的海域开发 1 吉瓦的创新浮式海上风电。

2020 年，日本经济产业省发布了《绿色增长战略》，明确日本在 2050 年实现碳中和目标。在 2021 年更新的《2050 碳中和绿色增长战略》（表 2-6）中指出，需要加快能源和工业部门的结构转型。通过调整预算、税收优惠、建立金融体系、进行监管改革、制定标准以及参与国际合作等措施，鼓励企业大胆投资和创新研发，实现产业结构调整和经济社会转型。新版战略相较于旧版，主要将海上风电产业拓展至海上风电、太阳能和地热产业；合并了氨燃料产业和氢能产业；新增了新一代热能产业。其中，在海上风电方面：扩大容量，目标是在 2030 年安装 10 吉瓦海上风电机组，到 2040 年达到 30～45 吉瓦；降低成本，削减海上风电成本至 8～9 日元/千瓦时；提高风电设备零部件国产化率，达到 60%，以打造具备全球竞争力的本土产业链。

表 2-6　日本《2050 碳中和绿色增长战略》与旧版战略更新

事件	发展目标	重点任务
海上风电	①2030 年安装 10 吉瓦海上风电机组，到 2040 年达到 30～45 吉瓦； ②2030～2035 年将海上风电成本削减至 8～9 日元/千瓦时； ③2040 年风电设备零部件的国产化率提升到 60%	①推进风电产业人才培养； ②完善产业监管制度； ③强化国际合作； ④推进新型浮动式海上风电技术研发； ⑤参与国际标准的制定工作； ⑥打造完善的具备全球竞争力的本土产业链
太阳能	①2030 年太阳能光伏发电成本降至 14 日元/千瓦时； ②2030 年家用太阳能电池安装成本需控制在 7 万日元/千瓦时	①研究钙钛矿等具有潜在应用价值的材料，开发下一代太阳能电池技术； ②基于太阳能的分布式能源利用优化； ③扩大太阳能电池在住宅、建筑等领域的市场化应用； ④通过合理利用荒废耕地，大力强化农业太阳能发电的引进政策
地热	①2030 年实施调查井的钻井试验； ②2040 年验证包括涡轮等地面设备的整个发电系统； ③2050 年在世界上率先开展下一代地热发电技术示范	①开展超高温、高压环境下材料抗腐蚀技术研究； ②提供风险担保资金，以促进开发地热资源调查钻井技术； ③促进地热能多元化利用，结合本地资源进行可持续开发
氢能	①2050 年氢能供应量达到 2000 万吨/年 ②将氢能成本降低到 30 日元/立方米，到 2050 年降至 20 日元/立方米	①发展氢燃料电池动力汽车、船舶和飞机； ②推进氢还原炼铁工艺技术开发；研发废弃塑料制氢技术；研发新型高性能低成本燃料电池技术
新一代热能产业	①2050 年将掺混 90%合成甲烷的气体燃料通入供热设施，实现供热气体燃料的完全脱碳； ②2050 年实现年度合成甲烷 2500 万吨，且合成甲烷价格与当前的液化天然气价格（40～50 日元/立方米）相当	①推进掺混甲烷等气体实现气体燃料脱碳化的海外供应链建设； ②2021 年制定包括天然气在内的各个领域路线图； ③提供设备维护等综合服务和脱碳解决方案； ④推进氢能直接利用，以及碳捕集与利用等技术的应用

日本的清洁能源开发利用中的亮点包括地热能和新一代热能产业。地热能方面：到 2030 年，实施地热调查井的钻井试验，并在世界上率先开展下一代地热发电技术示范。新一代热能产业方面：至 2050 年，将掺混 90%合成甲烷的气体燃料通入供热设施，实现供热气体燃料的完全脱碳。

（四）中国“双碳”路径

2020 年 12 月 16～18 日，习近平总书记在中央经济工作会议上发表重要讲话，首次将“双碳”列入重点任务。会议要求做好“双碳”工作。要抓紧制定 2030 年前碳排放达峰行动方案，支持有条件的地方率先达峰。要加快调整优化产业结构、能源结构，推动煤炭消费尽早达峰，大力发展新能源，在确保安全的前提下积极有序发展核电，加快建设全国用能权、碳排放权交易市场，完善能源消费双控制度。要继续打好污染防治攻坚战，实现减污降碳协同效应。要开展大规模国土绿化行动，提升生态系统碳汇能力。

“十四五”是碳达峰的关键期、窗口期。2021 年 3 月 11 日十三届全国人大四次会议表决通过了关于《中华人民共和国国民经济和社会发展第十四个五年规划和 2035 年远景目标纲要》的决议，为中国碳达峰目标的实现指明了方向。“十四五”期间，国土空间开发保护格局得到优化，生产生活方式绿色转型成效显著，能源资源配置更加合理、利用效率大幅提高，主要污染物排放总量持续减少，生态环境持续改善，生态安全屏障更加牢固，城乡人居环境明显改善。

在“双碳”目标指引下，中国各省（区、市）根据实际情况，研究确定各自达峰方案、达峰重点和实施路径，实现差别化和包容式低碳转型。以举办 2008 年奥运会为契机，北京形成了“人文北京、科技北京、绿色北京”的发展战略，并于 2012 年达到了碳排放峰值年；上海市发布了《上海市国民经济和社会发展第十四个五年规划和二〇三五年远景目标纲要》，制定全市碳排放达峰行动方案，确保在 2025 年前实现碳排放达峰，相比于全国提前 5 年；江苏省印发的《江苏省生态环境厅 2021 年推动碳达峰碳中和工作计划》提出，构建“1+1+6+9+13+3”碳达峰行动体系，力争提前达峰；浙江省发布了国内首个省级碳达峰碳中和行动方案《浙江省碳达峰碳中和科技创新行动方案》，依据“4+6+1”总体思路，提出了具体的技术路线图和行动计划。

与国际上各发达国家类似，节能提效减排和清洁能源的开发利用是各省（区、市）碳达峰方案的重中之重。在节能提效减排方面，北京将在未来逐步实现终端能源“电气化”和电力供应“脱碳化”，持续推进机动车“油换电”，到 2050 年，城市交通实现近零排放，建筑领域基本实现近零排放。上海市实施能源消费总量和强度双控，着力推动电力、钢铁、化工等重点领域和重点用能单位节能降碳，推行能效对标达标行动，推动主要耗能产品和主要行业能效水平达到国际和国内先进水平；同时，不断提升建筑能效等级，推广绿色建筑设计标准。江苏省开展碳排放与环评管理的统筹融合试点，将碳评纳入环评，严控新上高能耗、高污染项目，协同推进减碳与大气污染防治；推进 13 个设区市城区基本建成“无散煤区”。浙江省致力于低碳技术创新与研究，推进零碳电力技术创新、零碳非电能源技术发展、零碳流程重塑等。在清洁能源的开发利用方面，上海市将优化调整能源消费结构，煤炭消费总量占一次能源消费的比重下降到 30%左右，天然气占一次能源消费的比重提高到 17%左右；分行业、分领域实施光伏专项工程，稳步推进海上风电开发，到 2025 年本地可再生能源占全社会用电量的比重提高到 8%左右。江苏省和浙江省也将大力发展非化石能源，积极开发分布式太阳能发电和分散式风电。

第三节　国内外“双碳”技术研究现状

目前，国内外在“双碳”技术研究方面都在积极探索和推进。在国内，中国政府出台了一系列政策和措施，鼓励企业加大研发投入，推动技术创新，加快碳减排技术的应用和推广。国内一些高校、科研机构和企业也在“双碳”技术领域展开了一系列研究工作，涉及碳捕集、碳利用、碳封存等多个方面。在国外，一些发达国家和国际组织也在“双碳”技术研究领域取得了一些进展。欧盟、美国等国家和地区都在推动碳减排技术的创新和应用，鼓励企业采取更加环保的生产方式，实现碳中和目标。同时，一些国际组织也在推动全球范围内的碳减排合作，促进技术共享和交流。本研究通过对国内外“双碳”相关文献进行梳理，将从如下几个方面介绍“双碳”技术。

一、技术内涵

虽然碳中和技术被广泛讨论，但与环保领域中已经形成的清洁技术和绿色技术等概念不同，其具体内涵至今尚未明确界定。《科技支撑碳达峰碳中和实施方案（2022—2030 年）》和众多业内重点文献频频提及碳中和技术，对于这一提法，一般都理解为促进碳中和实现的技术。根据《巴黎协定》对碳中和的定义，可以从广义温室气体的视角将碳中和技术定义为促进“人为温室气体排放与其清除之间达到平衡”的所有相关技术。其中，“源”指向大气排放温室气体、气溶胶或温室气体前体的任何过程或活动，“汇”指从大气中清除温室气体、气溶胶或温室气体前体的任何过程、活动或机制。碳中和技术旨在处理温室气体排放和减缓气候变化问题，为经济、社会发展和环保之间的可持续发展提供技术支持。其包含一系列用于降低碳排放、提高能源效率、提升碳汇能力等措施的方法和技术，涵盖政策层面、产业发展、技术创新等多个方面，具有非常广泛的涉及领域。

二、技术分类

“双碳”技术可分为不同领域，各领域的技术旨在解决不同层面的挑战以实现“双碳”目标。一是碳捕集与封存（CCS），指的是从大气排放中捕获二氧化碳并将其长期存储起来的技术。其主要分为三个阶段：捕获、运输、注入与储存。CCS 技术能够减少大量工业排放的温室气体，为实现碳中和提供途径。二是能源利用效率提升。能源利用效率提升技术旨在降低各种能源消费过程中的能源损耗，减少温室气体的排放。这类技术涵盖多个领域，如建筑节能、工业生产提高能源效率、交通领域燃料效率优化等。通过提高能源利用效率，可以在保持经济增长的情况下减少碳排放。三是清洁能源技术与利用。清洁能源技术与利用包括开发、推广和应用可再生能源来源（如太阳能、风能、水能、地热能、生物质能等）的技术。清洁能源能够减少对化石燃料的依赖，降低温室气体排放，从而实现“双碳”目标。四是碳汇提升，该技术关注提高地球系统中碳的吸收和储存能力。这类技术包括植被修复与生态恢复、土壤碳固定、海洋碳汇提升等。碳汇技术通过增加大气中二氧化碳的吸收能力，为实现“双碳”目标提供有力支撑。根据实际情况和资源特点，各国和地区可以综合利用不同领域的技术来实现“双碳”目标。各类技术具有互补性，结合使用可以更高效地降低碳排放，促进经济和社会可持续发展。

三、技术需求

鉴于我国“富煤、缺油、少气”的现状以及工业化、城镇化建设快速发展带来的巨大能源需求，在“双碳”目标指引下，我国有着突出的碳中和技术需求。本研究侧重于以下五个方面的技术需求：一是绿色低碳转型技术需求，绿色低碳转型技术需求关注如何发挥我国以煤为主的资源禀赋优势，推动煤炭与新能源的优化组合，实现清洁高效利用，满足我国在新能源、核能、电网、储能以及氢能等领域的需求。二是低碳工业再造技术需求，低碳工业再造技术需求着眼于传统工业领域的原料燃料替代、短流程制造和低碳技术集成，以期实现高碳工业流程进行零碳和低碳再造。三是低碳建筑和交通技术需求，低碳建筑和交通技术需求旨在推动建筑节能减碳标准提升、全过程减碳以及载运装备中化石能源降碳和非化石能源替代，以实现交通系统能效提升和减污降碳协同增效。四是非二氧化碳温室气体减排技术需求，非二氧化碳温室气体减排技术需求集中在甲烷、氧化亚氮及含氟气体等非二氧化碳温室气体的监测与减量替代，以促进非二氧化碳温室气体减排。五是负碳技术需求，负碳技术需求关注二氧化碳捕集、利用、存储与生物固碳等，降本增效以推动规模化应用。在此基础上，考虑我国的基本国情、产业结构和排放水平，进一步研究“双碳”技术的发展动态，以满足各领域的技术需求，助力实现“双碳”目标。

四、技术路径

目前，国内外“双碳”技术路径的研究和规划已成为应对气候变化和实现碳中和目标的重要议题。在中国和其他国家，学者和研究机构通过对能源消耗、温室气体排放和技术发展的分析，提出了一系列详细的碳达峰、深度减排和碳中和技术路径设计方案。

1）国内碳中和技术路径

中国在实现“双碳”目标的过程中，面临时间紧迫和减排任务繁重的挑战。在此背景下，我们需要在推动经济发展和现代化建设的同时，科学地规划碳中和的技术路径。徐俊[56]在预测我国未来能源消耗和气候排放情况的基础上，对不同阶段的碳达峰、深度减排和碳中和技术进行了详细的设计分析。黄晶等[57]提出了低碳、零碳、负碳技术组合构建碳中和的设想。王灿等[58]提出了针对气候变化的现有技术清单、需求技术清单和未来技术清单。武海云等[59]对碳中和技术路径进行了部门间的综合分析，并特别关注了碳交易和碳管理的技术途径。张希良等[60]基于 C-GEM 模型深入研究了我国能源经济转型的技术路径。根据这些分析，主要观点为：在 2025 年之前，优先支持新风能、太阳能、水力发电和核能发电、CCUS、生物燃料、储氢、能源输配电和能源回收技术等，争取在2030年前达到技术成熟。到2035年，实现机械储能、低排放原材料利用、工业工艺优化、甲烷捕获和利用以及能源互联技术商业化。到2040年，实现氢输送、材料回收、热能与电力协调供应以及生物质作为原材料等技术商业化。到2060年之前，实现生物能源的碳捕获与储存、直接空气碳捕获与储存以及其他颠覆性技术的商业化。

2）国外碳中和技术路径

面对从碳达峰到碳中和的短时间跨度和巨大减排任务，各国需要在不断提高经济发展水平、逐步完成现代化建设的过程中，科学谋划实现碳中和的技术路径。Guo等[61]评估关键矿产资源对碳中和路径的影响，提出负排放技术是中国实现碳中和的必要条件。Hao等[62]总结了从“碳减排”和“负碳技术”加速实现“双碳”目标的实施路径，针对短期与长期、整体与地方、开发与减排、政府与市场四个关系提出了可行的建议。Liu等[63]通过理论建模和实证分析，展示了数字技术在能源领域碳减排和碳中和方面的巨大潜力，并揭示了数字技术在碳中和路径中的关键作用。Li等[64]通过构建LEAP-上海模型为城市层面的碳中和研究提供新的视角，结果表明能源强度政策和能源结构转型政策对实现碳中和具有显著影响，两者结合时具有协同效应。Huo等[65]构建STIRPAT-PLS模型阐明关键因素对建筑碳排放的影响，提出人均建筑面积和能源强度显著促进了排放峰值。Victoria等[66]对欧洲能源系统的转型进行建模，提出受假设碳收支影响的不同时间范围发生了特定的转变，这反过来又决定了欧洲对全球气温上升的贡献。整体来看，国际“双碳”技术聚焦在负排放技术与CCUS、能源结构转型与可再生能源系统、工业与建筑领域深度减排、数字化与智能技术赋能、多维度政策协同与国际合作等领域。

五、三端减碳技术进展

（一）能源供给端技术进展

在煤电领域，近年来，高温亚临界升级技术方案备受关注。该方案能够将亚临界机组的主要性能提升至接近超临界机组的水平，具有显著的节能减污降碳效益，据预测全面推广后可实现年减排CO_2超过1.11亿吨。另外，新型汽轮发电机组方案采用高低位分轴布置，节省大量高温高压管道，有力推动了 700℃等级机组的发展，此外，煤电机组灵活性改造方面也取得了一系列突破，包括利用弹性回热技术、全负荷低氧低氮燃烧、广义变频技术等，实现了煤电 20%负荷深度调峰干态运行，增设蓄热调峰系统和尖峰加热系统，以及推进“锅炉–高温储热–汽机”一体化热力系统，有助于促进新能源消纳。

在可再生能源领域，我国光伏行业的发展取得了重要进展。晶体硅太阳电池技术不断创新，实验室效率多次刷新，新型太阳电池技术也表现出色。在风电行业，海上风电技术初步成熟，大力开展海上风电场建设。此外，我国在核能领域独立研发第三代核电技术并开始商业运营，同时取得了第四代核能技术的重大突破，建成了第四代核能技术的钍基熔盐堆，使用更安全廉价的钍-232 替代铀-235。

在电网领域，我国初步实现了新能源并网，拥有超高压和特高压的直流、交流输电技术，智能变电技术、配电自动化系统技术、分布式电源接入技术和微电网技术等。

在储能领域，我国在抽水蓄能、压缩空气储能、铅蓄电池、锂离子电池等方面取得了重要进展。全钒液流电池技术也取得了“里程碑式进展”，并正在研发 60 千瓦全钒液流电池电堆。此外，氢能领域也有重大突破，开创了海水原位直接电解制氢技术，为全球提供了全新路径。碱性电解槽技术、质子交换膜电解水制氢、燃料电池技术也有了显著发展。

（二）能源消费端技术进展

在化工领域，石油化工方面，我国已初步应用 CO_2 压裂技术和 CO_2 驱油技术；分子炼油技术已投入生产，实现了轻质油品和化工原料的高值化利用；原油加氢裂化技术发展迅速。减少污染和降低碳排放方面，研发出石化废水物理法低碳处理技术、废弃油基泥浆有机物回用技术、石化含油污泥裂解加氢利用技术、油气废气回收资源化技术等。在煤化工领域，取得了重大突破，实现了在温和条件下利用富勒烯缓冲的铜催化草酸二甲酯合成乙二醇，这一技术有望减少对石油的依赖。同时，我国正致力于大规模装置节能增效、系统优化和综合利用技术，建设现代煤化工产业示范区；推动耦合绿氢的煤化工新工艺；进一步发展 CO_2 资源化利用技术，生产甲醇、低碳烯烃、合成气等。

在钢铁领域，我国积极推进能效提升技术，包括推广先进适用的节能低碳技术、装备升级、余热余能高效回收与利用、界面技术和智慧能源管控系统等。近年研制出了关键工艺技术，如近终型全连续制造、高温高压干熄焦技术、高炉喷吹焦炉煤气技术等。同时，富氢碳循环高炉冶炼技术、氢基竖炉直接还原铁技术也已初步应用。这些技术的推广应用将有助于减少碳排放，此外，基于数字化和智能化技术的钢铁全流程碳核算和碳排放管理系统，以及固废资源回收利用技术也取得了重要进展。

在水泥领域，能效提升技术已相对成熟，包括生料辊压机终粉磨技术、带分级燃烧的高效低阻预热器系统、高性能隔热保温材料技术、新型水泥熟料冷却技术等。燃料替代技术开始初步应用，低碳水泥技术也有所突破，研制出高贝利特水泥、硫（铁）铝酸盐水泥等新品种。

在有色领域，特别是电解铝行业，碳中和技术包括减碳技术和无碳电解铝技术两大类。减碳技术方面，已初步应用可再生能源多能耦合铝电解技术。无碳电解铝技术通过实现碳阳极和高温电解替代，实现无碳排放。我国低温铝电解技术取得重要突破，离子液体电解铝技术可在低于 100℃温度下进行电解。

在建筑领域，我国已经开始应用绿色建材技术、建筑光伏一体化（BIPV）、地源热泵、水源热泵、智能充电等能源综合利用技术，以及建筑信息化技术、建筑能耗模拟技术等建筑智能化管理技术。一些案例已经将这些技术集成应用，打造了近零能耗的绿色建筑。

在交通领域，汽车方面，国产电动汽车已经实现了电池、电机、电控的自主化，动力电池技术正朝着高镍方向发展，驱动电机技术中交流异步电动机和永磁同步电动机已经成熟，同时双转子电机和混合励磁同步电机也在发展中。氢燃料电池车已经初步商业化，并且配套加氢站。轨道交通方面，综合运用新供电制式、新能源、同向供电、双向变流、永磁牵引、高频辅变、车站环控等技术来减少排放、节能增效。航运方面，氢燃料电池已经在小型船舶上进行测试，船用甲醇燃料发动机技术也已商业化应用。此外，受信息技术驱动，智慧交通技术如车路协同、智能信控、智慧停车等也在迅速发展。

（三）固碳端技术进展

我国实现碳中和愿景的过程中，尽管构建高比例可再生能源为主的能源体系是必然趋势，但化石能源在未来的能源结构中仍将占据一定比例。同时，钢铁、水泥、化工、有色等工业过程也难以完全摆脱对化石能源的依赖。因此，由化石能源使用引起的“不得不排放的 CO_2”必须通过固碳增汇技术来抵消，以确保碳中和目标的高质量实现。

固碳增汇技术主要包括生态固碳和人工固碳两类。在生态固碳技术方面，我国目前陆地生态系统的固碳量为 10 亿～12 亿吨/年，预计到 2060 年，我国陆地生态系统的固碳量可达到 20 亿吨/年，其中森林、草地和喀斯特地区将占据固碳量的 90%左右，并具有巨大的增汇潜力。人工固碳增汇技术主要涉及 CCUS，具有操作性强、易于推广的特点。据估算，到 2060 年，我国人工固碳量将达到 21.1 亿～25.3 亿吨/年。综合来看，固碳增汇技术将在我国社会经济的深度脱碳过程中发挥重要作用，其固碳能力的充分发挥将直接影响我国碳中和目标的实现质量。

在生态固碳领域，森林被视为固碳增汇的主要推动力量。目前，针对森林生态系统，已经或正在开展基于结构调控的固碳树种精准配置、基因组装高效固碳技术、过程调控的高效碳汇人工林经营、次生林结构精细化调整技术等措施。对于草地生态系统，需要进一步研究微生物-生态制剂复合技术、种子包衣技术、生物炭基有机肥技术等。此外，农田土壤有机碳积累过程较为缓慢，需要开展长期试验以提高农田土壤碳储量，同时缺乏以提高农田土壤碳汇功能为主导的技术体系。湿地和海洋固碳能力也需要关注，以研发碳高效累积的调控技术。

我国已将 CCUS 广泛应用于各行业。例如，在钢铁行业，主要采用焦化和高炉炼铁尾气燃烧后捕集技术，以及高炉炉顶煤气循环的 CO_2 捕集技术，通过资源化利用 CO_2 来生产化学品、材料或直接用于炼钢。煤电行业则采用新型复合胺吸收剂、改性塑料填料等新技术。此外，我国还在进行 CCUS 集群研究，旨在将多个 CO_2 工业点源连接至 CO_2 运输和封存网络，相关项目已启动。

（四）非二氧化碳温室气体减排领域技术进展

非二氧化碳温室气体排放主要包括甲烷（CH_4）、氧化亚氮（N_2O）、氢氟碳化物（HFCs）、全氟化碳（PFCs）、六氟化硫（SF_6）和三氟化氮（NF_3）六类气体。在我国能源部门，主要的 CH_4 减排技术包括 CH_4 捕集和利用技术，通过控制煤矿瓦斯浓度来影响 CH_4 的减排。在农业部门，推广的 CH_4 减排技术包括采用优良水稻品种、水稻半旱式栽培技术、科学灌溉技术、畜禽精准饲喂技术、改良饲料品种、畜禽粪污综合利用技术等。废弃物领域的 CH_4 减排技术包括微生物 CH_4 去除技术、生活垃圾回收利用技术、城镇污泥无害化处理与资源化利用技术等。目前，在 N_2O 减排方面，主要技术包括在农业领域推动有机肥料替代和畜禽粪污的资源化利用，以及在化工领域改进化肥、己二酸、硝酸和己内酰胺等产品的生产工艺。对于含氟气体如 HFCs、PFCs、SF_6、NF_3 等，目前的技术主要包括提升制冷产品的能效和进行冷链物流的绿色改造等措施。

第三章

国内外煤炭能源结构变化及警示

第一节　典型国家煤炭在能源消费结构中的变化分析

一、欧洲

（一）德国

2022 年，俄乌冲突爆发，对德国天然气供给产生巨大冲击。2022 年 2 月前，德国 55%的天然气由俄罗斯供应，而俄乌冲突爆发后，这一比例骤减至 35%。此外，德国不利的天气条件也制约了可再生能源供应，导致国内能源价格飙升，电力供应出现短缺。为满足经济社会的电力需求，德国政府宣布通过紧急法律，重新开放被封存的燃煤电厂进行发电，为期两年，力图通过煤炭资源的供应来填补能源供应缺口，德国煤炭发电使用量增加 1/3[67]。回顾德国退煤战略，德国曾利用有偿退役招投标机制推进退煤进程[68]。这种“柔性退煤”的方式，一方面能够保证国家在遭受外部冲击时快速实现煤炭能源的“变现”，另一方面德国的“柔性退煤”也在一定程度上体现了其清洁能源产业发展不够“强”的不足。

1）能源转型政策梳理

德国能源转型主要分为以下几个阶段：1997～2010 年，逐步取消硬煤补贴，同时大力发展可再生能源。2011～2018 年，退出核电，加速化石能源向可再生能源的转型进程。2018～2021 年，加速退煤进程。2022 年至今，重启煤电。为应对俄乌冲突导致的能源危机，德国联邦议会通过一揽子能源转型法案（Energy Transition Law Package）修订，包括《可再生能源法》《陆上风电法》《替代电厂法》《联邦自然保护法》等，在加大可再生能源支持力度的同时，重启煤电以应对天然气短缺。

2）能源生产结构及各类能源进出口现状

德国石油和天然气资源稀缺，主要化石能源进口依存度较高。德国早期的能源结构以煤炭为主。在石油危机之后，德国提出大力发展可再生能源，到 1990 年后有了实质性的进展。

2021 年德国生产能源中，可再生能源占比最高为 54.76%，同比下降 2.96%，其次是褐煤，占比为 32.46%，同比增长 3.88%，天然气与石油气占比为 4.62%，同比减少 0.17%[69]。

在能源转型期间，德国煤炭资源在很大程度上已经枯竭，或者开采成本太高，因此严重依赖化石燃料进口。德国进口约 60%的能源，2021 年能源进口价值约为 80 亿欧元，约占 GDP 的 2%[70]。

石油消费在 20 世纪 70 年代末达到顶峰，至今仍是德国最重要的一次能源。2021 年，德国 98%的原油消费依赖进口。约 30 个国家向德国供应原油，德国进口原油 8100 万吨（同时还进口额外的矿物油产品）。

2021 年，天然气占德国一次能源消费结构的 25%以上，是位居德国第二位的重要能源。根据德国联邦地质与自然资源研究所（BGR）的数据，德国是世界上最大的天然气进口国之一，约 95%的天然气消费由进口满足。根据联邦经济事务和出口管制局（BAFA）的数据，德国在 2021 年进口了 1015 焦耳的天然气。

德国最大的化石燃料是煤炭，但近年来其消费量大幅下降。德国仍然从露天矿中提取褐煤用于大规模发电生产，2020 年产量为 1.2626 亿吨，进口很少。德国能源部门和钢铁生产所需的硬煤必须依赖进口。2021 年，德国消耗的 4110 万吨硬煤全部来自进口[71]。

3）能源政策变化带来的能源消费结构变化以及对经济社会的影响

石油、天然气是德国国内最重要的能源消费来源，长期以来一直居于能源消费结构中的第一、二位。煤炭、核能在能源结构中的比重明显逐年下降，可再生能源的消费占比逐年提高。

1997 年《京都议定书》签订以来，德国煤炭在能源系统的重要性逐步降低，失去了在能源消费结构中的主导地位，2019 年可再生能源在一次能源消费中的比重首超煤炭。2019～2021 年，煤炭消费占比降至能源消费结构中的第四位。

1997～2010 年，德国煤炭消费稳中有降，由 1997 年的 24.7%降至 2010 年的 23.3%。《京都议定书》的签订规定了德国的碳排放目标，加快了德国能源转型步伐，逐步取消对国内硬煤的补贴，但为保证能源需求及能源安全，仍从国外进口硬煤，故煤炭消费量及消费占比并无较大降幅。这一时期可再生能源发展较快，消费占比由 1997 年的 0.4%上升至 2010 年的 7.3%。

由于可再生能源的快速替代，德国能源成本明显上升。2010 年与 2000 年相比，居民平均电价（含各种税费）由 13.9 欧分/千瓦时上升到 23.7 欧分/千瓦时，上升近一倍，四口之家能源成本占税后收入的比重由 5%上升到 7%，市场的电力销售价格和上网电价之间的差额由2000年的9亿欧元上升到2010年的近 130 亿欧元。能源转型的成本给德国经济增长带来了一定的压力。

2011～2018 年，其中 2011 年福岛核事故的发生使得德国制定核电淘汰计划，核能占比逐年下降，可再生能源占比于 2011 年超过核能。煤炭消费占比小幅上升，由 2011 年的 24.5%上升至 2014 年的 25%。2015 年，德国政府提出关闭占总装机容量 13%的褐煤发电机组（2.7 吉瓦）的计划，由此导致煤炭消费占比由 2014 年的 25%下降至 2018 年的 21.3%。

2018～2022 年，德国陆续出台弃煤时间表和配套举措，联邦议会通过了《产煤区域结构强化法》《燃煤发电减少与终止法》，确定了到 2038 年逐步淘汰燃煤发电的政策，煤炭消费占比由 2018 年的 21.3%下降至 2020 年的 14.6%。2021 年以来，由于德国电力需求不断复苏，同时天然气价格高昂，德国燃煤发电量持续上涨，2022 年煤炭消费占比为 18.9%，同比增长 2.16%。

德国多年以来的能源转型政策使可再生能源消费比例超过煤炭消费比例，燃煤发电比例持续下降，可再生能源发电比例持续上升，电力价格日益高企。在经济影响方面，由于汽车零部件、化学品和钢铁制造商难以应对日益高涨的电力成本的影响，德国面临着产业外流的风险。特别是化工等对天然气等能源产品需求较大的行业，受到的影响尤为明显。在社会影响方面，能源价格上涨给德国经济带来的最直接影响是推高物价。根据德国联邦统计局的相关数据，2021 年 9 月德国 CPI 同比增长 4.1%，创下 28 年来的新高，能源价格同比上涨 14.3%，成为推高物价的最重要因素。其中，取暖用油的价格涨幅达到 76.5%，汽油等燃料价格上涨了 28.4%。

（二）英国

英国政府曾承诺在 2035 年实现电力系统的脱碳目标，目标是成为海上风能的全球领跑者。但与传统能源相比，风能受天气条件的影响极大，2021 年曾出现由于风速下降，风力发电供应不足，政府不得不启动燃煤发电的情形[72]。英国是世界上最先筹备地下煤气化（UCG）先导试验的国家，UCG 技术将增加能源的多元化供给，并构成英国经济安全低碳的重要内容[73]。与德国类似，在遭遇外部冲击时，英国宣布重启已封存的燃煤机组，以保障国内能源供给的稳定。

1）能源转型政策梳理

自 1952 年 12 月发生的“大雾霾”事件后，英国政府开始了取缔煤炭发电的能源转型之路。有关资料显示，煤炭、石油和天然气生产 1 千瓦时电所产生的二氧化碳的比例为 1∶0.82∶0.56[74]。在之后的几十年，英国积极调整能源结构。

1989～2002 年，限制煤炭能源使用，提倡使用天然气等清洁能源。

为应对环境污染问题和减少二氧化碳等温室气体的排放，英国通过一系列政策鼓励天然气发电，随着北海天然气产量的增加，直接促使更清洁的天然气得到迅猛发展，有效地促进了天然气市场与电力市场的协调运行，推动英国从煤炭时代向油气时代成功转型。

2002～2014 年，在保持天然气能源利用的基础上，加大对可再生能源的开发利用力度。

英国可再生能源发电形式主要包括水电、太阳能发电、风电等，据相关数据，2010 年以来，英国在可再生能源方面的投入已接近 370 亿英镑，并且在多种可再生能源发电技术上居世界领先地位。

2015～2021 年，计划淡出煤电，大力减少煤炭发电，同时不断提高天然气和可再生能源发电的比例。

为减少温室气体的排放，英国从 2015 年开始大规模关闭燃煤发电厂，加大对燃气和可再生能源的投入力度，并出台了相关政策规划。

2022 年，英国政府正考虑推迟关闭当地一些燃煤电厂的计划，加大海上风电和核电的投入力度，进一步发展清洁能源。

俄乌冲突导致了全球能源危机，为加强能源安全，并将价格控制在合理的区间，英国不得不推迟关闭现有煤电厂以弥补燃气不足带来的能源危机。根据最新的能源安全战略，英国政府将 2030 年的海上风电目标提高到 50 吉瓦。2022 年，英国政府提出 2050 年核电装机增加 3 倍达到 24 吉瓦的目标。核电在发电量中的比例也将从 15%上升到 25%。

2）能源生产结构及各类能源进出口现状

2022 年，英国能源生产总量折算为石油相当于 11020 万吨油当量，比 2020 年增加 340 万吨，其中，以石油和天然气为主的结构中初级油（原油和天然气液体）产量为 4130 万吨油当量，占能源生产总量的 37.5%，天然气产量为 3640 万吨油当量，占能源生产总量的 33%，一次电力（包括核能、风能、太阳能和水力发电）产量为 1890 万吨油当量，占能源生产总量的 17.2%，生物能源和废物产量为 1310 万吨油当量，占能源生产总量的 12%，而煤炭产量为 50 万吨油当量，占能源生产总量的 0.45%[75]。1990 年以来，英国煤炭产量大体呈阶梯状递减趋势，产量由 1990 年的 5640 万吨油当量降至 2022 年的 50 万吨油当量。

2022 年，英国 37%的能源依赖进口，其中 94%的煤炭、38%的石油、46%的天然气依赖进口[75]。新冠疫情导致的英国生产的封锁限制以及英国大陆架（UKCS）油气田设备维护，使得英国的能源进口依赖度从 2020 年的 28%增至 2021 年的 38%，达到 2015 年以来的最高水平，2022 年英国进口依赖度降至 37%。英国对煤炭的进口比例总体呈下降趋势，与此同时对天然气的进口比例呈上升趋势，对石油的进口比例呈波动状态。2015～2022 年，英国煤炭进口量出现大幅度下降并在 2016 年之后保持较低的进口水平，2022 年进口量尽管相对于 2021 年小幅增长，但也仅有 640 万吨。

英国能源出口以天然气和原油汽油产品为主，2000 年英国天然气出口量达到 146.3 太瓦时，并呈减少态势；2005～2010 年出口量逐渐上升，在 2010

年达到 176.4 太瓦时；2010～2015 年出口量呈先下降后上升态势，2015～2021 年出口量总体呈下降趋势，2022 年出口量相对于 2021 年大幅上升，由 76.1 太瓦时上升至 259.9 太瓦时。

3）能源政策变化带来的能源消费结构变化以及对经济社会的影响

受以“退煤”为核心的能源政策影响，英国由 1950 年的几乎 100%的煤炭能源消费，降到 1990 年的 31.3%煤炭能源消费，又降到 2022 年的 3%煤炭能源消费[75]。英国目前是石油、天然气以及其他能源（包括煤炭、核能和可再生能源）“三分天下”的能源消费格局。1990～2014 年，煤炭消费呈下降趋势但变动相对平缓，自 2015 年提出逐渐淡出煤电的计划后，英国加速减少煤炭发电。经过一年的努力，据 2016 年 11 月英国商业、能源和产业战略部发布的《英国能源生产展望报告》，英国该年第二季度的煤炭发电量占比已经大幅降至 9%，而前一年同期仍高达 25%左右。

在经济影响方面，受一系列污染防治减煤政策的影响，以 2010 年燃料价格指数为参照可以看到，1990 年以来，英国煤炭的工业价格指数呈持续下降趋势，直到 2000 年才逐渐恢复上涨趋势，2010～2015 年价格指数趋于稳定，随后在 2017 年达到峰值后又下降至 2020 年低值，并在 2021 年开始反弹。能源政策反映到电力供应上则更加直观，煤炭发电的比例在 1990～2015 年总体呈下降趋势，从 2012 年起出现急剧下降，2016 年则在 2015 年的基础上下降 66%，不足 30 太瓦时。英国能源政策之一是气代煤，但是随着英国的油气田储量下降，其开发成本进一步提高，石油天然气进口需求进一步提高，但是受俄乌局势影响国际能源价格高涨，2022 年工业部门燃料价格指数由 2021 年的 130.0 飙涨至 187.6，导致企业的经济负担进一步加大。

在社会影响方面，受一系列污染防治减煤政策的影响，以 2010 年价格指数为参考，可以看出 1996～2022 年，煤炭的价格指数呈逐年上涨趋势。1996～2000 年价格较平稳，2000～2010 年价格出现大幅上涨，2010～2021 年价格涨幅较小，但总体而言家庭使用煤炭的成本在持续提高。随着英国的油气田储量下降，开发成本进一步提高，与此同时，煤炭清洁化利用的投入成本较高最终会通过电力价格指数转移到民众的消费上。2005 年之前电力价格指数小幅下降，2005 年之后电力价格指数呈稳定的增长趋势。2022 年以来受俄乌局势影响，国际能源价格高涨，石油天然气国外进口量减少，由于缺少成熟的能源替代方案，英国民众的经济负担进一步加大。

（三）欧洲国家能源危机的原因分析

第一，欧洲能源体系缺乏韧性，能源独立性差、自给率偏低。欧洲的能源价格在 2021～2022 年大幅上涨，主要是随着各国从新冠疫情中复苏，供应无法满足需求的增长，尤其是天然气的需求增长。与此同时，随着俄罗斯天然气出口受阻以及与乌克兰边境紧张局势的加剧，欧洲国家能源体系缺乏韧性，能源独立性差、自给率偏低的弊端逐步显现。

第二，可再生能源的替代性不足，传统化石能源供给能力短期内难以恢复。一方面，欧洲新能源发展存在渗透率持续提高但出力不稳定的问题，难以承担电力保供重任；另一方面，以德国和英国为代表的欧洲各国相继制定了激进的碳减排目标，高度依赖可再生能源电力，尤其是风电已经成为欧洲可再生能源的重要发电形式，为此次能源危机埋下了伏笔。

第三，能源储备不足。2021 年以来，欧洲的天然气库存一直低于过去 5 年的平均水平，并且一路下滑。一方面，随着疫苗接种的推进和经济复苏，工业恢复速度高于预期，对天然气需求强势反弹，而欧洲没有足够的天然气库存。根据欧洲天然气基础设施协会的数据，2021 年 7 月以来，欧洲天然气库存不到近 5 年来平均水平的 90%[76]。另一方面，冬季取暖和绿色转型也进一步冲击欧洲的天然气储备。

二、美国

由于全球天然气价格持续上升，美国天然气价格也“水涨船高”。美国能源信息署的数据显示，美国 2021 年用于发电的煤炭消耗大幅增长 20%，达 5.03 亿吨。由于天然气价格持续增长，美国部分企业为降低成本，尽可能将成本更低的煤炭作为首选[77]。在煤炭利用方面，美国积极采取措施推进煤炭清洁高效利用，如支持“煤基固体氧化物燃料电池技术”（SOFC）研发项目，以解决传统燃煤电厂发电效率低以及污染严重的问题[78]；鼓励煤层气（CBM）产业的发展，实现煤层气规模化的应用和商业化开发[79]；实施“煤炭第一”（Coal FIRST）计划等，促进小型且灵活的碳中性燃煤电厂发展[80]。

（一）能源转型政策梳理

作为现代经济重要命脉的能源，地位举足轻重，其政策走向格外引人关注，美国能源政策经历了一系列演变。

1）奥巴马时期

2009 年奥巴马入主白宫后，签署了《2009 年美国经济复兴与再投资法案》，其政策要义有以下几点。第一，提高传统能源利用效率；第二，大力发展清洁能源；第三，扩大美国油气资源的开发；第四，支持新能源相关技术的发展和研究。

2009 年 7 月，美国能源部部长朱棣文和商务部部长骆家辉访华，与中国联合成立中美清洁能源研究中心；10 月，奥巴马与法国总统萨科齐就气候变化谈判达成一致意见；11 月，奥巴马访华，签署了《中美关于加强气候变化、能源与环境合作的谅解备忘录》。同时，计划重启致力于解决气候问题的主要国际论坛，向发展中国家输出绿色建筑、清洁煤炭和节能汽车等技术[81]。

2011 年 3 月，奥巴马政府发布《能源安全未来蓝图》，提出实现美国能源安全的三大目标：开发更多的本土油气资源，保证美国能源供应安全；节能减排的推广，降低能源消耗，主要是在交通和建筑两大领域；激发创新精神，加快清洁能源的发展进程，政府发挥示范效应，引领世界开拓新兴能源的供应[82]。

2015 年 8 月，美国总统奥巴马和美国环保署发布了终版《清洁电力计划》，旨在减少美国燃煤和石油等高碳能源的利用，提高能源利用效率，鼓励低碳能源和清洁能源的发展。

2016 年 9 月，美国签署《巴黎协定》，强调要提高清洁能源竞争力，促进清洁技术及其产业发展。

2）特朗普时期

2017 年 1 月，特朗普发布“美国第一能源计划”，目标是“促进美国实现能源独立”，核心措施是发展化石能源。在能源监管政策方面，特朗普废除了“气候行动计划”等政策，并退出《巴黎协定》。针对煤炭行业，特朗普取消了联邦土地新开煤矿的禁令，放松煤炭行业的碳排放限制[83]。

3）拜登时期

2020 年 7 月，拜登宣布了一项“绿色复苏”计划。承诺在四年内，将资金用于高铁扩建、电动汽车生产、可再生能源技术的推广。

2021 年 2 月，美国重返《巴黎协定》，并召集盟友和伙伴国家塑造新的国际气候治理进程；12 月，拜登政府下令立即停止美国联邦政府对海外燃煤电厂和其他碳密集型项目的支持，旨在应对气候变化和加速全球可再生能源行业的发展。

2022 年 3 月，拜登正式签署禁止美国从俄罗斯进口能源的行政令[84]；8 月，拜登批准了《降低通胀法案》，为美国能源行业带来了税收优惠和预期将显著提升储能部署前景的其他措施[85]。

（二）能源生产结构及各类能源进出口现状

美国在传统化石能源领域具有比较优势，美国已经探明的煤炭储量高达 2489.41 亿吨，全球排名第一，美国天然气储量已达 13.8 万亿立方米，居全球第五，石油储量 689 亿桶，居全球第九。目前，美国能源结构呈现出石油和天然气占主导、清洁能源迅速发展的特点。

1）煤炭

美国拥有世界上最大可开采的煤炭储量，是煤炭的主要出口国。美国煤炭出口量从 2005～2010 年的平均 5%攀升到 2011 年的 10%。2012 年，一些国家煤炭需求持续扩大，美国煤炭出口份额达到 12%[86]，此后一直呈下降态势。2018 年，全球煤炭供应出现紧缺，美国煤炭出口量增加；2019 年，随着全球天然气和清洁能源的消费量增加，煤炭消费量减少，煤炭出口随之下降；2020 年，煤炭需求下滑，国际煤炭贸易萎缩。自 2020 年 10 月中国非正式限制澳大利亚煤炭进口以来，美国煤炭进口增加[87]。

2022 年以来，全球能源危机导致煤炭需求和价格维持高位，美国煤炭出口量有所上升。2022 年 2 月俄乌冲突爆发后，全球煤炭市场供应紧张，欧美西方国家对俄罗斯煤炭进口实施禁运，天然气价格高企和煤炭新项目投资的缺乏推高了煤炭价格[88]。2022 年，美国共出口煤炭 8480 万短吨（1 短吨=907.18 千克），与 2021 年总出口量基本持平。其中，用于发电或供暖的动力煤出口量占美国所有煤炭出口量的 45%；用于生产钢铁的冶金煤占 55%。自欧盟禁止从俄罗斯进口煤炭后，美国对欧洲的煤炭出口几乎翻了一番，其中对德国、波兰、英国和荷兰的煤炭出口都大幅增加[89]。

2）天然气

经历了 10 年的页岩气繁荣之后，美国天然气产量一路扩增，2017 年美国首次成为天然气净出口国，2019 年美国超越马来西亚，成为世界第三大液化天然气（LNG）出口国，2020 年美国对亚洲的液化天然气出口激增了 67%。美国液化天然气的出口在 2021 年创下历史最高纪录，比 2020 年增长 50%[90]。由于 2022 年上半年俄罗斯天然气出口受到限制，美国天然气出口大幅增加，美国在 2022 年上半年已经成为全球最大的液化天然气出口国。2022 年全年，美国液化天然气出口量与 2021 年相比，增长了 3.78%。

3）石油

美国石油的进出口量均占最高比重，主要出口轻质油，进口重油。自 2010 年以来，美国原油出口每年都在增长，2020 年再创新高，美国的原油进口在 2005 年达到峰值之后，2005～2020 年下降了 42%。2020 年，美国石油产品的进出口双双下降。2021 年，美国石油产品的进口增加量超过美国石油产品出口的增加量。2022 年，美国每天出口原油 360 万桶，出口成品油 597 万桶，均创下新的历史纪录水平，并已取代俄罗斯成为欧洲石油进口的主要来源地[91]。

4）可再生能源和核能

美国燃料乙醇产业在 21 世纪进入快速发展期。自 1993 年以来，美国燃料乙醇出口量由此前的 15.14 百万升/年快速增加至 2022 年的 510.98 百万升/年[92]。生物柴油是仅次于乙醇的美国消费量第二的生物燃料。2022 年，美国生物柴油进口总量达到 785114.1 吨，价值 14.2 亿美元，出口总量达到 753140.3 吨，价值 14.8 亿美元[93]。

2011 年 3 月，日本福岛核电厂事故发生后，全球核电发展进入萧条期，至 2022 年俄乌冲突之前，铀价维持在 43 美元/磅左右。截至 2022 年 4 月，铀价攀升至 64.50 美元/磅[94]。随后铀价波动下降，截至 2022 年底，天然铀价格为 47.75 美元/磅[95]。

（三）美国现行能源体系的特点

1）可再生能源迅速发展

从生产结构来看，2005 年开始，非化石能源在美国能源总产量的占比超过 20%，2020 年以来，可再生能源产量超过煤炭，成为美国第三大能源，2022 年可再生能源占比 12.92%。

2）煤炭需求减弱，对煤炭依赖降低

近 10 年，煤炭的能源消耗量快速下降，自 2019 年开始，煤炭消耗占比位居第四，2022 年煤炭消费占全部能源消费的 9.82%，美国煤炭主要用于发电和出口。为减少二氧化碳排放，美国十多年来一直致力于增加天然气发电，在 2015 年 4 月气电超过煤电之后，天然气发电占比一直稳居高位[96]。

3）除大量进口石油外，其他能源以自用和出口为主

2019 年美国首次成为能源净出口国，截至 2022 年，一直保持能源净出口。2017 年美国首次成为天然气净出口国；煤炭和其他燃料的进出口量在美国能源贸易总额中所占比例相对较小。自 1950 年起，美国一直是原油的净进口国。

三、日本

福岛核事故之前，日本经济产业省曾计划通过核电大规模替代煤电，2030 年计划减少超过半数的燃煤发电，福岛核事故之后，日本大量核电站关闭，化石燃料发电份额增加。日本政府鼓励和支持超超临界燃煤电厂等高效的燃煤技术[97]。同时，推动“氢能供应链”的煤制氢项目，该项目由日本企业川崎重工业株式会社牵头、日本政府和澳大利亚政府共同支持，价值 5 亿澳元（约合 3.6 亿美元），是转向清洁能源和减少碳排放的重要举措[98]。

（一）能源转型政策梳理

1）俄乌冲突前的减煤和清洁能源相关政策

日本的能源政策整体方向是：以能源的安全性为前提；把能源的稳定供给放在第一位；提高经济效率，实现低成本的能源供给；同时实现与环境的协调发展。进入 21 世纪以来，日本先后出台多部法规增进能源安全[99]。2011 年，日本“3·11”地震和福岛核事故使日本的能源战略和能源格局发生了根本变化，日本开始寻求降低对核能的依赖，加速发展可再生能源的能源转型之路[100]。

为了实现 2050 年碳中和，煤炭的清洁利用和高效发电技术的研发是日本

在能源领域实现“环境立国”和“技术立国”战略的重要手段，是低碳社会和可持续发展战略的必然选择。日本以普及洁净煤技术［即清洁呼叫技术（CCT）］以及确保海外煤炭的稳定供应为两大支柱，推进煤炭相关政策。其中，气化、高效率、清洁化是日本洁净煤技术的三大核心。在各领域的重大项目中，煤气化方面包括喷流层煤气化技术（HYCOL）、多功能煤制气技术开发（EAGLE）等 22 项以上；高效燃烧方面包括生物质混合燃烧技术、微粉煤燃烧技术等 16 项以上；清洁化领域包括同时脱硫脱硝技术、烟气脱硫技术等 8 项以上[101]。

同时，日本拥有一种最新的技术，即煤炭加氢热分解气化技术（ECOPRO）。这种技术能够在高效生成合成气、降低氧气使用量的同时减少 CO_2 排放量，并可以使用低阶煤（次烟煤和褐煤）。在排气处理技术方面，日本的排烟脱硫装置早已于 1973 年开始应用。至今，依靠燃烧粉煤的火力发电厂基本都使用了湿式石灰石-石膏法的脱硫装置[102]。

2）俄乌冲突以来的能源政策

自俄乌冲突爆发以来，日本政府表示将在一定时间内有序确保替代能源的同时，逐渐摆脱对俄罗斯能源的依赖状态。主要采取以下措施：实现可再生能源和核电等能源来源的多样化，努力提高日本能源自给率和稳定能源采购能力；通过 LNG 投资等方式实现俄罗斯以外的供应源多元化，同时不放弃同俄罗斯的液化天然气项目；推动生产国增产，与主要消费国建立联系，致力于减少对俄罗斯的能源依赖。

（二）能源生产结构及各类能源进出口现状

日本国土面积狭小，能源资源贫乏，除煤炭、天然气、硫磺等极少量矿产资源外，其他工业生产所需的主要原料、燃料等都需要从海外进口。

1）石油进出口动向

日本以石油危机为契机，推行石油替代政策和节约能源政策，导致一次能源供给中的石油供应量有所减少。但在 20 世纪 80 年代后半期，原油价格下跌导致供应量有所增加。90 年代中期以后，石油替代能源的发展和汽车耗油量的提高等原因再次以供应量减少为基调，2021 年的供给量以热量为标准为 6735 皮焦耳[103]。日本的原油自给率在 1970～2021 年一直处于不足 0.5%的水平。

两次石油危机后，日本开始谋求原油进口的多元化，逐步降低对中东石油的依存度。然而随着中国和东南亚各国自身需求增加，日本对中东原油的依赖度再次上升到 89.5%。进入 2010 年，由于从库页岛和东西伯利亚等俄罗斯进口的原油增加，中东依存度下降。2016 年从俄罗斯等的进口减少，中东依存度再次增大，2021 年达到 92.5%。进口最多的是沙特阿拉伯（37.3%）和阿拉伯联合酋长国（36.4%）。

2）天然气进出口动向

1969 年引进 LNG 之前，天然气的利用仅限于国产天然气，在一次能源供给中所占的比例仅为 1.1%。但是，以 1969 年从美国（阿拉斯加）引进 LNG 为开端，日本的 LNG 引进不断推进，在 2014 年一次能源供应中占比达到历史最高水平 24.5%，2021 年为 21.4%。2021 年日本天然气进口比例达 97.8%，占世界 LNG 贸易的 19.6%。其中，澳大利亚、马来西亚等亚洲、大洋洲地区和俄罗斯、美国等中东以外地区占日本 LNG 进口量的 85.1%，中东进口占 14.9%。此外，2014 年开始从巴布亚新几内亚进口 LNG，2017 年 1 月开始从页岩气产量剧增的美国进口 LNG，供应来源的多元化得到进一步发展。

3）煤炭进出口动向

日本煤炭生产在 20 世纪 60 年代受到向石油转换的影响有所减少，在 80 年代以后，受到便宜的进口煤炭的影响产量继续减少。1990 年开始日本炼焦煤的生产消失，动力煤的生产量减少。2000 年以后，日本动力煤的生产量在 120 万～130 万吨/年徘徊，2018 年跌破 100 万吨，2021 年减少到 66 万吨。海外煤炭的进口量在 1970 年超过国内煤炭的生产量，1988 年超过 1 亿吨，之后以动力煤为中心不断增加，现已达到 7.1 亿～9.213 亿吨的水平。2021 年，日本所需煤炭几乎全部（约 99.6%）从海外进口，其中进口动力煤为 1.1 亿吨，进口炼焦煤为 421 万吨。

2021 年，动力煤的进口国中，澳大利亚占 72.3%，其次是俄罗斯（11.2%）、印度尼西亚（9.5%）、加拿大（2.7%）、美国（3.6%）。炼焦煤的进口国中，澳大利亚占 54.5%，其次为印度尼西亚（18.3%）、美国（9.1%）、加拿大（8.0%）、俄罗斯（7.2%）。

4）核电进出口现状

对于能源资源匮乏的日本来说，核电实际上是可以通过技术进步获得的国产能源。截至 2011 年 2 月末，日本共有 54 座商业用核电站在运行。但是，2011 年 3 月发生东日本大地震，导致福岛核电站 1～6 号机组停运，核电站数量变为 48 座。2015 年 4 月，7 座反应堆结束运行。2018 年，关西电力大饭核电站 1、2 号机组等 9 座反应堆停止运行。日本是继美国、法国、中国之后，核电装机能力排名第四的国家（2021 年 1 月的核电装机容量）。2010 年核电发电量所占的市场份额为 25.1%，2011 年福岛核事故后，核电当年占比降为 9.3%，直至 2014 年核电站的运行基数为 0。之后重新启用部分核电站，2021 年核电占比升至 6.9%。

5）可再生能源

具体包括：①太阳能发电。1979 年第二次石油危机之后，太阳能设备的普及在 20 世纪 80 年代前半期迎来了高峰。90 年代中期以后，随着石油价格的低位稳定，竞争产品的兴起，新安装数量逐年减少。从世界范围来看，2003 年末日本是太阳能发电装机规模最大的国家，2021 年末日本太阳能发电装机规模仅落后于中国和美国，位居世界第三位。②风力发电。到 2021 年末，日本的发电机组 2574 台，累计风电装机容量 477 万千瓦，输出功率约 458 万千瓦，位居世界第 18 位。同时，包括未启动部分的上网电价制度认定的装机量为 1571 万千瓦，其中约 4%集中在东北地区。③水力发电。截至 2021 年 3 月末，日本的普通水力发电站中，现有发电站数共计 2028 处，新建中的有 92 处，输出功率合计达 1916 万千瓦。另外，包括一般水力和抽水蓄能在内的全部水力发电的装机容量到 2021 年末达到 5001 万千瓦，年发电量达到 876.3 亿千瓦时。2021 年，日本水电装机容量位居世界第 8 位。

（三）能源政策变化对经济社会的影响

福岛核事故之前，核能在日本能源战略中扮演着重要角色，全日本 50 余座反应堆为其提供了近 30%的电力，为经济发展和国民生活提供了重要保障。2010 年 6 月，日本制定的基本能源计划提出在 2030 年日本电力的一半将依赖核能，同时实现 70%的能源自给率，以推动实现减排目标。在此期间，化石燃料发电占比为 62%，其中煤电占比 23%，天然气占比 30%，石油占比 9%。此外，通过负荷平准化对策，日本年负荷率（表示发电设备利用率）正在改善，2020 年下降至 59.5%，电价总体趋于稳定。

自日本大地震以来，日本社会用电困难，电费持续上涨。虽然2014～2016年油价下跌，导致电价有所下降，但此后再次呈上涨趋势。与2010年相比，2020年家庭增幅约为14%，工业增幅约为15%。

一方面，电费的变动与原油和液化天然气等燃料价格的变动有关。福岛核事故导致大量核电站关闭，化石燃料发电份额从2010年的62%增至2021年的72.8%，其中煤炭占比31.0%（3202亿千瓦时）、液化天然气占比34.4%（3558亿千瓦时）、石油占比7.4%（767亿千瓦时），因此煤炭、天然气和石油进口量也急剧增加。此外，俄乌冲突导致资源价格飙升，2022年4月能源相关价格涨幅高达19.1%，其中电力价格、城市燃气价格、汽油价格分别上涨21.0%、23.7%和15.7%。燃料价格上涨进一步影响日本电价。

另一方面，2012年引入了上网电价计划（FIT），可再生能源系统的装机容量正在迅速增长，导致其购买成本达到3.8万亿日元（约360亿美元）。然而急剧上涨的成本却由用户承担，据统计2021年以平均型号（260千瓦时/月）计算的普通家庭附加费用达到873日元/月，相比2012年同比上涨14.32%。

（四）日本现行能源体系的特点分析

1）能源自给率极低

对海外能源依赖较大和能源自给率较低是日本能源稳定挥之不去的隐忧，也是影响日本未来能源政策的重中之重。在经济高速增长时期，日本对能源的需求越来越大，开始从煤炭转向石油，大量进口石油。1960年，日本主要依靠煤炭和水力等国内资源供给一次能源的58.1%，但此后能源自给率大幅下降。又由于核电的发展，日本能源自给率得以提高，但2011年以后，核电的发电量开始减少，2014年能源自给率下降到6.3%。2015年以后，由于可再生能源的发展和核电站的重新启动，日本能源自给率开始上升，2021年能源自给率为13.3%。

2）全方位保障可再生能源发展

为了实现能源战略和计划目标，日本提供了多方位的财政、税收、金融等政策的支持，引导资金、人力等资源流向新能源产业，促进新能源技术研发应用、市场培育扩展，形成可再生能源、节能等领域的长效发展机制。同时，日本颁布实施了诸多与新能源开发利用相关的发展计划，如“阳光计划”“月光计划”“新阳光计划”《能源政策基本法》框架下的“能源基本计划”，在这些计划的指引下，日本在可再生能源、节能技术、储能技术、氢能技术等领域的开发和利用实现了长足的发展，此外，完善的法治建设也为新能源开发利用提供了法律保障和保护[104]。

3）核能发展困难重重

福岛核事故爆发后，日本处在“重启核电”还是“去核电”的十字路口[105]。一方面，面对核灾难的巨大破坏，民众对核电站的不信任感和不安感与日俱增。另一方面，核电供给锐减导致化石燃料进口额急剧增长，电价一路飙升，严重影响日本经济。然而在可再生能源发电产能不足、大量煤电关停、核电重启缓慢的情况下，为确保今后电力稳定供应，日本政府称将重启并新建更多核电机组。但事实上，日本因其位于全球最集中的地震、火山带上，本身并不适合发展核电，在国内能源紧缺的情况下，日本核电陷入“出事—暂停—重启”的恶性循环中。

第二节　煤炭结构变化的规律分析

一、在推进可再生能源转型的过程中，化石能源将呈现短期增长趋势

发达国家在能源转型过程中难以轻易摆脱对传统能源的依赖。从能源供应的稳定性来看，由于传统能源（如煤炭、石油和天然气）能够提供相对稳定和可靠的能源供应，而可再生能源（如太阳能和风能）受天气和地理条件的限制，波动性较大，供应的稳定性不足。从基础设施建设情况来看，传统能源的供应链和基础设施相对于可再生能源已经相当成熟，涵盖采集、生产、输送和分配等环节。因此，在可再生能源转型的过程中，若受到外部冲击，可再生能源供应的不稳定性以及基础设施建设的相对落后将会充分暴露，为满足能源需求，化石能源将在应对外部冲击的缓冲期呈现短期增长态势。在欧洲和美国积极推进可再生能源转型的过程中，均出现了化石能源短期增长的情况。2021 年上半年，欧洲风力发电上网电量与平均水平相比较低，德国陆上风力涡轮机的发电量与前一年相比下降 21%，而海上涡轮机则下降 16%。

因此，火力发电厂发电比例增加[106]。2021 年，德国褐煤的生产量同比增长18%，煤电发电量同比增长 24%[107]。2021 年美国煤炭产量 5.25 亿吨，较 2020 年的 4.89 亿吨，同比增长 7.36%[108]，燃煤发电量较 2020 年增长 17%[109]。

二、把能源安全作为保证经济韧性的必要条件

现代经济高度依赖于各种能源供应，包括石油、天然气和电力等。能源的充足供应和稳定性对于维持经济的正常运行和推动经济的快速发展至关重要。当能源供应不稳定时会产生企业生产中断、能源价格波动以及能源紧缺等问题，进而对整个经济体系和居民生活造成重大冲击。日本在第一次石油危机时，原油进口 CIF 价格（到岸价格）较 1972 年 12 月上涨 2 倍有余，第二次石油危机时原油的最高价格为 35.9 美元/桶，每桶增幅 23 美元。石油价格的暴涨通过“价格联系”传导到其他产业，1973 年全国平均消费物价指数比 1972 年上升 11.7%，造成了对日本经济整个基本面的冲击[110]。俄乌冲突爆发之后，欧洲对俄罗斯能源采取了严厉制裁，导致俄罗斯能源对欧流量大幅削减，而随后北溪 2 号管道的废止和北溪 1 号管道的爆炸，进一步限制了俄罗斯天然气供应，直接导致欧盟天然气价格飙升且大幅波动，严重影响家庭消费和工业供电。能源价格的飙升也直接导致欧洲通胀水平的加剧，CPI 增速由冲突前的 5.6%增加至 8.8%，导致欧洲宏观经济指标加速下行[111]。对于德国来说，俄乌冲突爆发之初，德国能源进口依存度为 63.7%，其对俄罗斯和乌克兰能源的需求巨大，德国作为欧洲最大经济体和能源消费大国，面临着能源供应紧张的挑战，能源安全问题十分严峻。在俄乌能源供应中断后，其原有的“退煤”行动导致煤炭无法承担能源安全的兜底保障作用，德国经济遭受重创，工业发展停滞不前，政治经济地位优势丧失，经济发展深陷困境。因此，能源安全风险会对经济发展造成冲击，确保能源安全是提升经济韧性必不可少的条件。

三、以技术进步作为促进能源转型的关键驱动力

驱动能源转型的因素众多，但技术进步是推动能源转型的关键所在。回顾历史，人类社会共经历过两次重要的能源转型过程。第一次发生在 18 世纪

后期至 19 世纪中期，以蒸汽机为代表的生产力变革引发了第一次工业革命，促使煤炭替代柴薪成为全球第一大能源。第二次发生在 19 世纪后期至 20 世纪中期，内燃机的发明和推广使得油气逐渐取代煤炭成为全球主导能源[112]。前两次能源转型主要以提高全社会的生产力为目标，均源于科学技术的进步，而第三次能源转型更加注重能源的低碳转型，将推动实现由化石能源到可再生能源的转变。近年来，可再生能源在全球发展迅猛，国际能源署预计到 2030 年全球将拥有足够的太阳能光伏制造能力[113]。可再生能源的快速发展，离不开以技术进步为支撑的平准化成本的下降。2021 年，新增陆上风电项目的全球加权平均平准化度电成本同比下降 15%至 0.033 美元/千瓦时，而新增公用事业规模太阳能光伏发电同比下降 13%至 0.048 美元/千瓦时，海上风电下降 13%至 0.075 美元/千瓦时[114]。2012～2022 年，美国风能的平准化成本下降 70%，而太阳能的平准化成本下降 90%[115]。从可再生能源成本快速下降的事实情况来看，与可再生能源应用有关的储能技术、柔性输电技术、数字化技术等关键技术的创新成为关键影响因素，是实现可再生能源平价上网，从而推动由化石能源到可再生能源转型的关键驱动力。

第三节 煤炭能源结构变化的启示

一、立足国内能源禀赋，稳步推进能源转型

能源转型应立足国内资源禀赋，稳步推进。反思此次欧洲能源危机的深层次原因，一方面，欧洲能源清洁化转型步伐激进，能源结构不均衡的国家脆弱性凸显。2015 年以来，欧洲大力推动能源结构转型，煤电占比下降明显，且多国弃核。以风能为代表的新能源发电规模虽不断增长，但尚无法满足电力供应需要。2020 年，欧洲能源结构中的风电、光伏和核能等清洁能源占 28%，而原油占 32%、天然气占 26%、煤炭只占 14%。另一方面，欧洲自身能源禀赋匮乏，能源供应对外依存度高。欧洲原油、天然气及煤炭均高度依赖进口，能源对外依存度达 60%。尤其是天然气供应一旦出现问题，欧洲各国能源供应即陷入被动局面。

由欧洲能源危机反观中国能源转型现状，我国“富煤贫油少气”的能源

资源禀赋基本特征，决定了以煤为主的能源结构在未来一段时期不会根本改变，煤炭在能源安全中发挥着兜底保障作用。在实践中，我国能源转型必须坚持“先立后破”的原则。就“立”而言，需要稳住存量，争取时间实现新能源的逐渐替代，加快可再生能源高质量跃升发展，从而向低碳乃至“零碳”平稳过渡。要抓住关键变量，充分认识到科技创新是实现“双碳”目标的关键支撑，提前布局、持续发力，加大清洁能源、碳捕集利用和封存等关键技术装备研发力度。就“破”而言，要大力推动煤炭的清洁高效生产、利用和转化。提高煤炭转化综合利用效能，推动煤炭由燃料向原料转变，是提升煤炭清洁高效利用水平的重要措施。一是提高煤炭作为化工原料的综合利用效能，积极发展煤基特种燃料、煤基生物可降解材料等，促进煤炭转化向高端高固碳率产品发展。二是在水煤组合条件较好、环境承载能力较强地区，做好煤制油气战略基地规划布局。三是推动清洁低碳氢能在煤化工领域替代应用，促进煤化工产业高端化、多元化、低碳化发展。抓好煤炭清洁高效利用，转变煤炭利用方式，促进减污降碳协同增效。

二、提高能源体系应对突发事件的能力，保障经济民生需求

2021 年下半年以来，全球天然气、煤炭、石油三大传统能源价格飞涨，能源危机从欧洲发端并最终弥漫全球，高企的能源价格给各国经济民生带来了严重负面影响。尤其是 2022 年 2 月以来，俄乌冲突局势逐步升级，进一步加深了世界各国对于能源安全的担忧。各类突发事件对各国的能源体系造成了不同程度的冲击，从上述典型国家中煤炭在能源结构中的变化可以看到：以英国和德国为代表的欧洲国家能源政策的重心是降低煤炭占比，可再生能源转型尚未完全实现，导致石油、天然气占比增大，并且对外依赖程度较大，同时，2021 年，受气候异常影响，以风能为代表的可再生能源稳定性出现波动。欧盟整体风力发电量明显不足，全年风力发电量同比下降 3%，这是 30 多年来首次下降。美国能源政策的重心则在发展清洁能源的同时保持了相对稳定的能源消费结构，在应对突发事件方面较好地保障了其经济民生的需求。日本作为资源匮乏型国家，其能源对外依存度极高，2011 年福岛核电站事故后日本逐渐放弃发展核能，煤电占日本总发电量的比重进一步加

大。对于我国来说，在中国目前的发电能力中，火力发电（绝大多数是煤电）将近占了 70%，是绝对的主力。受减煤政策的影响，中国的煤炭冗余和应急机动产能严重不足。同时，2021 年用电需求的大幅上涨以及煤炭进口的大幅下降（同比下降 19.7%）、煤炭产量的增长速度（同比增长 6.4%）大幅低于用电需求的增长速度（同比增长 11.3%），以及煤炭进口的大幅下降，共同导致煤炭市场供给紧张。我国东北、广东、浙江等地区甚至出现了拉闸限电行为，对企业生产和居民生活造成了许多不便。

我国的能源资源在应对突发事件及保障经济民生的需求方面起着关键作用。首先，要进一步提高煤炭安全托底保障能力。优化产能布局，加快煤炭供应保障基地建设，加大煤炭资源就近利用，提高煤炭资源配置效率，同时要完善煤炭跨区域运输和集疏物流体系，增强煤炭跨区域供应保障能力。其次，逐步实现能源种类多样化和清洁化利用。加大以煤炭资源为代表的化石能源的清洁高效利用和耦合替代技术研发，发展以煤为基的煤基能源产业发展，缓解因突发事件发生而带来的如石油、天然气等资源供应紧张问题，弥补石油、天然气等化工行业的结构性缺陷，促进工业结构转型升级，构建新型的能源产业结构，实现能源的清洁高效利用，保障经济民生的需求。

三、强化煤基能源产业链，防止国际变局对能源安全的冲击

加强煤基能源产业链建设，建立以煤基能源为主体的低碳能源体系，积极发展煤基特种燃料、煤基生物可降解材料等。明确煤制油气作为国家能源安全战略储备的定位，将煤基生物可降解塑料、煤基高端碳素材料等高端煤化工作为战略性新兴产业进行部署，充分发挥我国煤制油技术与产业优势，将技术储备转化为产能储备[116]。深化煤炭、煤电、煤化工与风电、光伏等能源耦合协同发展，做强做优煤电基础，由煤基能源一体化运行向多种能源协同创效实现稳链拓链强链转变[117]。

提升战略性资源供应保障能力，强化煤基全产业链发展，为国家提供更加稳定、更加安全、更加绿色的能源供给，保障能源安全稳定供应以促进国民经济高质量发展，减少国际变局对我国能源安全的冲击。俄乌冲突发生后，世界能源供应趋紧，美国和欧盟对俄罗斯实施制裁，欧洲和亚洲

的发电厂将尽量减少使用昂贵的天然气。在欧洲，部分国家开始鼓励燃煤发电的使用，以防止天然气进口方面出现意外状况。面对国际地区冲突引发能源供需紧张的新变化，要想端稳端牢能源“饭碗”，必须立足“以煤为基”的基本国情，推进能源绿色低碳转型，着力构建以煤基能源为主体的低碳能源体系[118]。

四、技术突破是能源转型的重要条件，新能源发达国家并未盲目放弃煤炭能源

自碳减排目标确立以来，各国纷纷推进减煤进程，积极发展新能源开发利用技术，以增加清洁能源占比。然而大部分新能源在具有可再生特性的同时，普遍存在能量输出不稳定、能量密度低等问题。新能源发电对发电设备和电网技术要求较高，储能技术不成熟又导致电网运行安全、新能源消纳、电力电量平衡等方面存在突出问题。另外，风能、太阳能等可再生能源受季节影响大，其固有的随机性、波动性、间歇性等特点，使可再生能源发电保障力度不足，系统性综合成本一直处于较高水平。加之新能源存在部分资源错配现象，极大地降低了新能源开发利用的经济性。随着新冠疫情的全球蔓延和俄乌冲突的爆发，各国电力需求不断复苏的同时，也带来国际能源供应减少及价格上涨等问题。此时，新能源还尚不足以担当主体能源大任，在能源消费总量难以大幅削减的情况下，技术创新成为推动能源绿色低碳转型、实现能源安全的重要条件。

在全球极端天气频发叠加能源供需失衡的情况下，新能源发达国家并未盲目放弃煤炭能源，而是纷纷延缓退煤进程，重开更多的煤电厂或采取措施支持煤电，但随之而来的高碳排放问题又势必会对其碳减排目标产生不利影响。基于此，只有积极发展以煤炭为代表的化石能源清洁高效利用与耦合替代技术，大力攻关新能源多能互补与规模应用技术，着力突破现有发电、储电、用电技术瓶颈以提高新能源利用经济性，形成与煤电协同互补的新型发电系统，才能稳步推进能源低碳转型，实现减污降碳与能源安全双重目标。

由此可见，基于我国能源资源禀赋国情，在统筹能源安全和“双碳”目标时，首先要保障我国能源的安全性和可靠性，再有序稳妥地对能源结构进

行调整和优化。煤炭是稳定经济、自主保障能力最强的能源，在未来相当长一段时间内，煤炭仍将是我国的重要能源。煤炭在我国能源发展中的主体作用体现为：近期保供，远期降碳。现阶段，应统筹好发展与安全、发展与减排的关系，以煤为基，实现战略全局层面的多目标动态平衡优化，坚持走出一条中国特色能源转型之路。煤基能源体系是在保障能源安全的条件下，构建清洁低碳、安全高效、使煤从单一燃料转向燃料与原料并重的能源结构体系。煤基能源可持续发展是关系中国经济社会长期持续稳定发展的重大问题，对构建新型能源体系具有重要意义。煤基能源可以支撑中国式碳中和实现，走出一条立足自身能源安全、实现大幅度降碳的煤炭清洁高效利用创新之路，依靠颠覆性的技术变革支撑[119]。

第二篇

煤炭行业减排现状篇

第四章

碳中和愿景下中国中长期能源/煤炭需求预测研究

第四章为深入探究中国中长期能源消费总量及煤炭需求情况，首先对我国能源消费的演变规律及影响因素进行分析，借助 Tobit 面板模型，得到经济发展水平、产业发展水平、城镇化水平、人口发展水平等变量与能源消费之间的关系。之后构建 LEAP-CHINA 模型，结合情景分析法，设置基准情景、产业结构调整情景、能源结构调整情景、技术减排情景、综合情景五种情景，对碳中和愿景下中国中长期能源需求与碳排放进行预测分析，分析主要从分品种能源、分部门产业、加工转换部门三维度展开。本章为后续提出具体保障措施及适合中国国情的政策建议提供一定依据。

第一节　中国能源消费的演变规律及影响因素分析

一、中国能源消费的演变特征分析

（一）能源消费总量

经济的发展需要以能源作为动力和支撑，1978 年改革开放以来，中国能源消费大幅度增加，绝对量从 5.71 亿吨标准煤上升至 2022 年的 54.1 亿吨标准煤，44 年增长近 50 亿吨标准煤。2022 年，随着我国经济社会秩序持续稳定恢复，国内经济复苏和出口订单增长远超预期，能源需求也呈逐步回升态势。图 4-1 呈现出 2012～2022 年中国能源消费总量及增速情况。由图可知，2022 年能源消费总量为 54.1 亿吨标准煤。另据国家统计局数据，煤炭消费量增长 4.3%，石油消费量下降 3.1%，天然气消费量下降 1.2%，电力消费量增长 3.6%[①]。

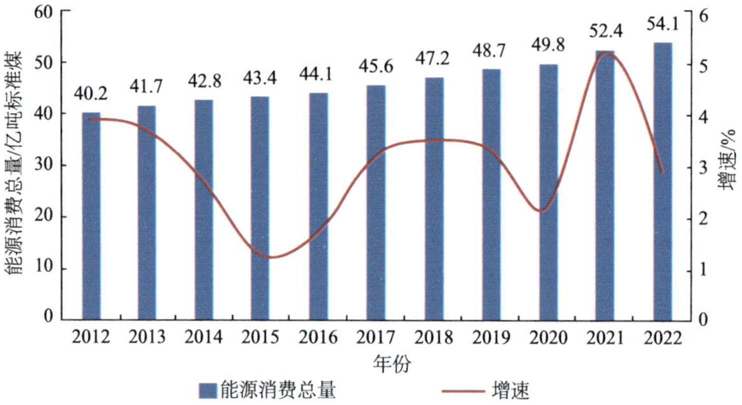

图 4-1　2012～2022 年中国能源消费总量及增速

2012 年以来，能源消费总量处于低速增长状态，以较低的能源消费增速支撑着经济的中高速发展。2022 年前三季度受新冠疫情反弹影响，我国经济呈现二次探底再回升的“V”字形变化特点。面对 2021 年底的经济下行压力，宏观政策前置发力，一季度经济增速有所回升。4 月受疫情和俄乌冲突影响，我国多项经济指标大幅走弱。之后疫情防控形势总体好转，主要宏观指标降幅收窄。在疫情缓和与更多稳定经济大盘的政策措施落地作用下，主要经济指标稳步回升，供需两端加快恢复。2022 年四季度，外需拉动趋弱，疫情多发散发拖累消费，但随着我国将继续推动经济一揽子政策措施全面落地、充分显效，巩固和拓展了经济回稳向上态势，后续经济恢复的预期和信心持续增强，能源消费总量增加 1.7 亿吨标准煤，比上年增长 2.9%。

2022 年，电力行业推进绿色低碳转型，加大新型电力系统建设步伐。电力投资持续攀升，电源投资占比增加，非化石能源装机占比过半，可再生能

① 2022 年我国能源生产和消费相关数据.（2023-03-02）[2025-01-20].https://www.ndrc.gov.cn/fggz/hjyzy/jnhnx/202303/t20230302_1350587.html?eqid=ffc50e290009993f000000026456031a.

源装机历史性超过煤电装机，并成为我国电力新增装机的主体。全年发电量增长 3.7%，新能源年发电量首次突破 1 万亿千瓦时，可再生能源发电量已成为我国新增发电量的主体。电网投运总规模平稳增长，跨区跨省资源配置能力显著提升。电力市场的顶层设计出台，开启全国统一电力市场建设新阶段，全年市场化交易电量约 5.25 万亿千瓦时，占全社会用电量的比重同比提高 15.4%。

图 4-2 呈现出 2013～2022 年中国全社会用电量及增速情况，由图可知，2022 年我国电力消费平稳增长。根据中国电力企业联合会数据，2022 年，全社会用电量 86372 亿千瓦时，同比增长 3.7%。受疫情、气候变化等因素影响，2022 年用电量增速回落，为近 5 年来最低，略低于 2020 年的 4.1%。

图 4-2　2013～2022 年中国全社会用电量及增速

电力消费增速持续高于能源消费增速，我国电气化进程持续推进，预计该趋势在未来将继续维持。GDP、能源消费与电力消费变化趋势基本一致，能源、电力对我国经济发展起到重要支撑作用。

（二）能源消费结构

中国“富煤贫油少气”的能源资源禀赋特点决定了煤炭的主体能源地位短期内不会发生根本性变化。图 4-3 呈现出 2005～2022 年中国煤炭占能源消费总量的比重走势情况，由图可知，2022 年能源消费总量为 54.1 亿吨标准煤，同比增长 2.9%；煤炭占能源消费总量的 56.2%，同比上升 0.3%，煤炭利用产生的碳排放占化石能源消费碳排放的 70%以上。这是自 2012 年以来，国内煤炭消费比重首次出现回升。主要受国内外局势影响，疫情复苏步伐的加快对煤炭的需求也相应增长，能耗双控政策自 2021 年底适度放松，向碳排放总量和强度“双控”转变，这一调整也导致煤、油原料消费增长，此外，高价下天然气替代煤炭受阻，是导致煤炭消费占比逆势回升的原因之一。受俄乌冲突等因素影响，欧洲天然气价格大涨并推高了全球天然气价格。2022 年，中国天然气表观消费量为 3663 亿立方米，同比下降 1.7%。这是中国天然气表观消费量历史首次下降。

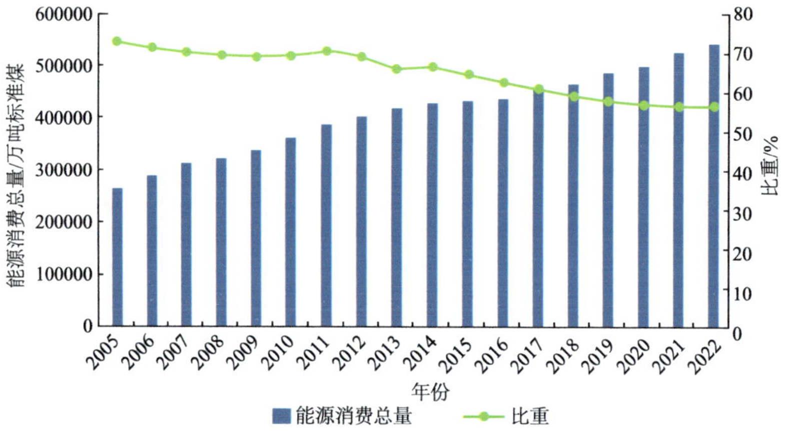

图 4-3 2005～2022 年中国煤炭占能源消费总量的比重走势

随着国内能源消费结构转型的推进，近 10 年来煤炭消费比重大幅下降，非化石能源占能源消费总量的比重不断提高。图 4-4 呈现出 2017～2022 年中国能源消费结构对比情况，由图可知，2022 年非化石能源消费占能源消费总量的比重较上年提高 0.8 个百分点，煤炭比重提高 0.3 个百分点，石油比重下降 0.7 个百分点，天然气比重下降 0.4 个百分点，一增一减之间，碳减排效应显著，加速能源消费结构向清洁低碳转变。

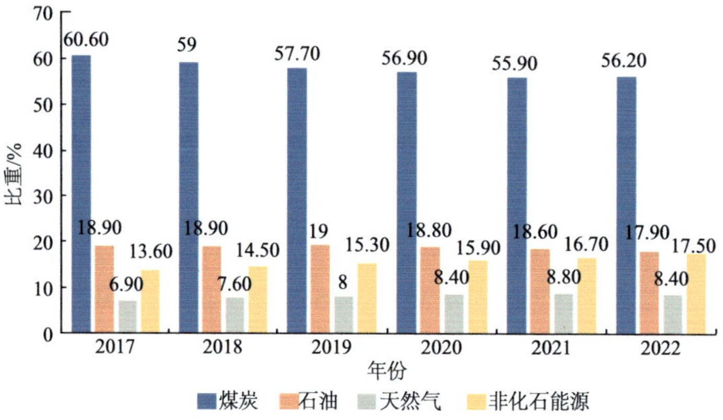

图 4-4 2017～2022 年中国能源消费结构对比

要加快调整煤炭当前的利用方式和消费结构，化解碳排放和环境污染等问题，实现“双碳”目标需要大量清洁煤炭提供过渡和兜底保障。一方面，风、光等可再生能源装机规模将大幅增加，而可再生能源电力波动性大，需要利用清洁燃煤发电的稳定性，为新能源平抑波动提供基底。另一方面，煤炭作为原料在现代煤化工和煤基高端材料生产方面仍有一定的应用空间，并将逐步成为我国碳中和进程中煤炭的主要利用方式之一。在此背景下，破解煤炭“减”与“保”的两难问题，关键是走资源节约和生态环境友好的发展道路，推进煤炭清洁高效利用，切实落实国家碳减排目标，助推我国能源安全和实现“双碳”目标。

（三）产业能源消费

图 4-5 呈现出产业间能源消费对比情况，由图可知，第一产业能源消费量从 2000 年的 3913.77 万吨标准煤增加到 2020 年的 9263 万吨标准煤，在总能耗中所占比重也由 2.7%下降到 1.86%；第二产业能源消费量从 2000 年的 105952.38 万吨标准煤增加到 2020 年的 341945 万吨标准煤，在总能耗中所占比重保持在 64%～73%；第三产业能源消费量从 2000 年的 20050.8 万吨标准煤增加到 2020 年的 147105 万吨标准煤，在总能耗中所占比重也由 13.6%回升到 29.52%。

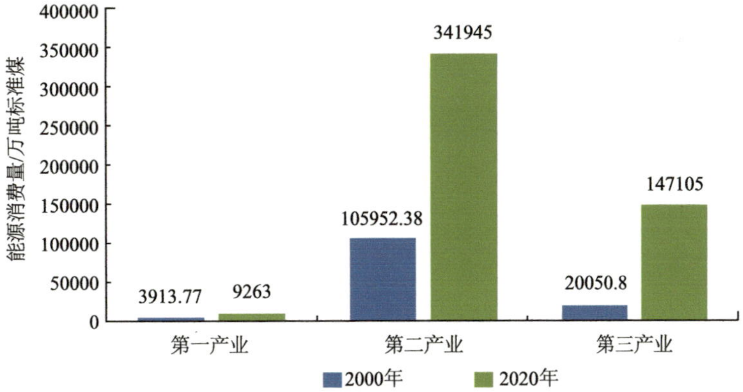

图 4-5　产业间能源消费对比

由图 4-5 的变化趋势可以看出，中国能源主要消费在第二产业，因此提高能源利用效率，逐步降低第二产业能源消费量是执行国家节能减排的关键节点。2000 年以前，中国第二产业和第三产业能源消费增长率基本持平，差异很小。2000 年以后，第三产业能源消费增长率已经超过第二产业，并有逐年增大的趋势。随着第三产业的发展，人民生活水平的提高，第三产业中将会出现新的能源消费热点，这也验证了产业结构的演变和人民生活水平提升与能源消费之间存在着密切的关系。

（四）地区能源消费

从省级区域整体考虑，鉴于《中国统计年鉴 2022》分地区用电量没有公布，因此最后选取的年份为 2021 年，以 5 年为间隔期，本节最终选取 2021 年、2020 年、2015 年和 2010 年 4 个省级区域数据为基础，对能源消费总量进行横向比较。

表 4-1 呈现出分地区（不含港澳台）用电量分布。由表可知，11 年中，各省级区域能源消费总量均有不同程度的增长，尤其是广东、江苏、新疆、浙江、内蒙古、四川、安徽、河北增势明显；从区域分布来看，中国能源消费不平衡，主要集中在东部沿海地区和部分中部地区。

表 4-1 分地区（不含港澳台）用电量分布 （单位：亿千瓦时）

地区	2010 年	2015 年	2020 年	2021 年
北京	810	953	1140	1233
天津	646	801	875	982
河北	2692	3176	3934	4294
山西	1460	1737	2342	2608
内蒙古	1537	2543	3900	3957
辽宁	1715	1985	2423	2576
吉林	577	652	805	843
黑龙江	748	869	1014	1089
上海	1296	1406	1576	1750
江苏	3864	5115	6374	7101
浙江	2821	3554	4830	5514
安徽	1078	1640	2428	2715
福建	1315	1852	2483	2837
江西	701	1087	1627	1863
山东	3298	5117	6940	7383
河南	2354	2880	3392	3647
湖北	1330	1665	2144	2472
湖南	1172	1448	1929	2155
广东	4060	5311	6926	7867
广西	993	1334	2029	2238

续表

地区	2010 年	2015 年	2020 年	2021 年
海南	159	272	363	405
重庆	626	875	1186	1341
四川	1549	1992	2865	3275
贵州	835	1174	1586	1743
云南	1004	1439	2025	2139
西藏	20	41	82	101
陕西	859	1222	1741	2217
甘肃	804	1099	1376	1495
青海	465	658	742	858
宁夏	547	878	1038	1158
新疆	662	2160	3099	3460

2022 年，东、中、西部和东北地区全社会用电量分别为 40305 亿千瓦时、16488 亿千瓦时、25037 亿千瓦时和 4542 亿千瓦时，增速分别为 2.4%、6.7%、4.2%和 0.8%。中部地区用电增速领先，除辽宁、广西、新疆和上海外，其他省份全社会用电量实现正增长，有 18 个省份全社会用电量增速超过全国平均水平，依次如下：西藏（17.4%）、云南（11.8%）、安徽（10.2%）、宁夏（7.9%）、青海（7.6%）、河南（7.2%）、湖北（7.1%）、江西（6.5%）、陕西（6.3%）、内蒙古（6.1%）、四川（5.3%）、浙江（5.2%）、重庆（4.7%）、黑龙江（4.6%）、山西（4.3%）、江苏（4.2%）、北京（3.9%）、湖南（3.8%）。

从区域分布来看，中国能源消费不平衡，主要集中在东部沿海地区和部分中部地区，而中东部的北京、天津、重庆、江西、海南和西部的甘肃、重庆、广西能源消费规模较小，占全国总能源消费的比重较低。这种能源消费不平衡分布的原因主要来源于中国各省份经济水平、三次产业结构、能源消费模式、科学技术实力、人口规模大小的差异。

（五）人均能源消费量

1983～2020 年，中国人均能耗逐年上升，2020 年人均能耗值是 1990 年的 4.26 倍。根据 2020 年全球能源消费统计，我国人均能源消费总量和能耗强度均高于全球平均水平；英国、法国、德国、日本等发达国家的人均能源消费量与我国接近，但能耗强度仅为我国的 1/3 左右，体现了我国较低的能效水平；美国、澳大利亚等国家的能耗强度虽为我国的 40%，但人均能源消费是我国的 2 倍以上，在发达经济体中能效水平较低。我国当前正处于人均能耗增速和能耗强度下降速度均放缓的转型关键时期，通过实行节能增效，不仅可以有效减少能源消费总量、降低对化石能源的依赖、助力碳达峰，还可以加快经济发展模式向高质量发展的转变。因此，实施节能战略事关我国经济发展模式转型，也将深度影响我国未来的能源生产和消费格局。

（六）能源利用效率

能耗强度是指对比不同国家和地区能源综合效率或者一个地区不同时期能源综合效率最常用的指标之一。能耗强度的计算方法一般是一次能源使用总量或者最终能源使用与地区生产总值之比，它体现了能源利用的经济效益。

图 4-6 呈现出 2012～2021 年万元 GDP 能耗降低率，由图可知，2021 年，全国万元 GDP 能耗比上年下降 2.7%。党的十八大以来，我国不断推进能源生产革命，加快清洁低碳化进程，优化能源结构，提高能源利用效率。经济结构不断优化升级，经济从要素驱动、投资驱动转向创新驱动，经济发展方式正从规模速度型粗放增长转向质量效率型集约增长。重点耗能工业企业单位电石综合能耗下降 5.3%，单位合成氨综合能耗与上年持平，吨钢综合能耗下降 0.4%，单位电解铝综合能耗下降 2.1%，每千瓦时火力发电标准煤耗下降 0.5%。

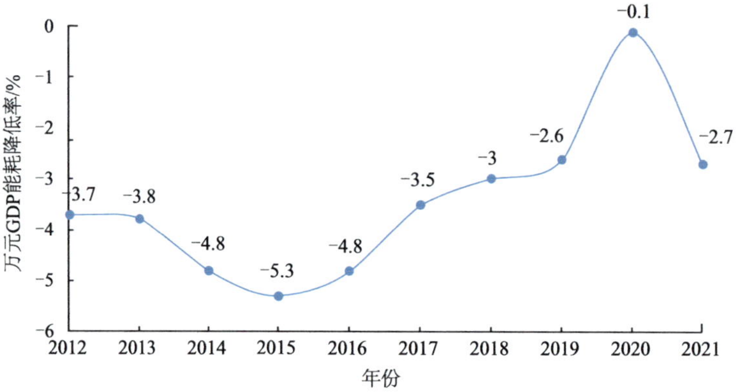

图 4-6　2012～2021 年万元 GDP 能耗降低率

近年来，我国持续推动燃煤发电机组节能降耗改造，截至 2021 年底，火电平均供电煤耗降至 302.5 克标准煤/千瓦时，比 2012 年下降 6.9%；持续加强工业各领域节能降耗，依法依规淘汰落后产能，加快推广节能工艺技术设备和电能替代。

二、中国能源消费的影响因素分析

能源消费结构形成与演变的原因极为复杂，不仅是其自身系统具有极其复杂的结构性和功能性，而且还同时受到各种外部因素的影响，外部因素彼此之间以及内外因之间的相互作用，形成多重复杂的影响路径。本研究在碳约束的前提下，先阐述影响能源消费结构的各种因素，然后利用 Tobit 路径分析法对其进行实证分析，深入挖掘其各因素之间的关系，论述其内外在影响机理，探索其各因素之间的变动规律，对中国 2021 年能源消费结构进行初步预测，结合国家能源规划，利用 2000～2021 年能源消费总量，分析探讨 2021 年中国的碳排放状况。

（一）能源消费结构的影响因素

在借鉴以往文献研究的基础上，将能源消费结构的影响因素总结如下。

1）经济发展水平

能源的需求与一个国家、一个地区的经济发展水平有着密不可分的联系，以 GDP 为代表的宏观经济运行状态对能源需求量有着至关重要的影响。GDP 是国民经济核算的核心指标，也是衡量一个国家或地区经济状况和发展水平的重要指标。图 4-7 呈现出 2000～2022 年中国 GDP 及其增速情况，2022 年 GDP 为 121.02 万亿元，比上年增长 3.0%。

结合图 4-7 可以看到，尽管最近几年，由于中国经济进入新常态以及经济结构转型的不断推进，GDP 增速有所降低，但中国 GDP 一直处于相对快速的增长中，2022 年 GDP 总量已经突破 120 万亿元。经济增长与能源消费之间关系紧密，经济总量的扩大，必然导致生产规模的扩大，对能源的消费需求也随之增加，以 GDP 为代表的经济总量变化对能源消费总量有着至关重要的影响。

图 4-7　2000～2022 年中国 GDP 及其增速

2）产业结构

产业结构对能源消费的作用路径比较单一，不同产业的能耗水平不同。产业结构调整是一个动态过程，从产业特征考虑，第一产业、第三产业能耗相对较少，第二产业能耗相对较多。从“十四五”规划开始，中国进入了经济结构转型调整的新时期，经济增长方式从之前的粗放型向集约型转变，不再单纯地追求 GDP 增速，而是转变为优化经济结构、提高经济增长质量的经济发展方式。图 4-8 呈现出 2000～2022 年中国产业结构变化情况，由图可知，2000～2011 年，中国第二产业占比一直高于其他产业，2012 年之后，第三产业占比快速提升，超越第二产业成为占比最高的产业，到 2022 年第三产业占比已经达到 52.8%。

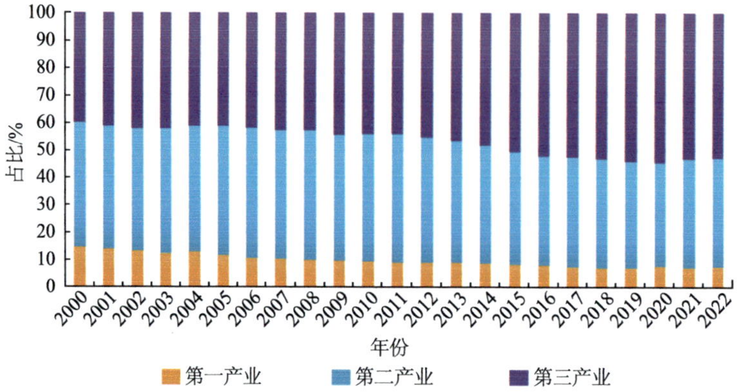

图 4-8　2000～2022 年中国产业结构变化

产业结构调整对能源消费的影响可以从经济增长驱动力变动与产业结构

升级两个角度进行说明：①在我国工业化进程中，经济发展动力由要素驱动转变为投资驱动，进而转变为技术进步驱动，能源消费需求应该会呈倒“U”形。②任何一个国家的产业结构都难以逾越其特定的经济发展阶段，所以产业结构的升级自身就体现了经济发展，自然会影响到能源消费。产业结构对能源消费的作用路径比较单一，不同产业的能耗水平是不一样的。产业结构调整是一个动态过程，从产业特征考虑，第一产业、第三产业能耗相对较少，第二产业能耗相对较多。

3）政府支持

在能源转型和结构调整方面，中国出台了很多政策措施，宏观调控中国的能源发展规划。表 4-2 列举了最新能源领域“双碳”政策，2022 年国家发展改革委、国家能源局出台《“十四五”现代能源体系规划》，从增强能源供应链安全性和稳定性、推动能源生产消费方式绿色低碳变革、提升能源产业链现代化水平三个方面推动构建现代能源体系。同时，其他方面也陆续出台了相关的政策措施，如《2022 年能源工作指导意见》《新时代的中国能源发展》等各方面调整能源发展。

表 4-2　能源领域“双碳”政策

时间	部门	政策
2023-02-23	国家发展改革委	关于统筹节能降碳和回收利用，加快重点领域产品设备更新改造的指导意见
2022-12-24	国家发展改革委	关于进一步加强节能标准更新升级和应用实施的通知
2022-11-28	国家能源局	关于积极推动新能源发电项目应并尽并、能并早并有关工作的通知
2022-11-24	国家发展改革委	关于进一步加强节能标准更新升级和应用实施的通知
2022-11-17	国家发展改革委	重点用能产品设备能效先进水平、节能水平和准入水平
2022-11-16	国家发展改革委	关于进一步做好新增可再生能源消费不纳入能源消费总量控制有关工作的通知
2022-11-03	工业和信息化部	国家工业和信息化领域节能技术装备推荐目录
2022-11-11	工业和信息化部等	五部门关于开展第三批智能光伏试点示范活动的通知
2022-10-28	国家发展改革委	关于促进光伏产业链健康发展有关事项的通知
2022-10-21	国家发展改革委	关于严格能效约束推动重点领域节能减碳的若干意见
2022-10-09	国家能源局	能源碳达峰碳中和标准化提升行动计划
2022-06-17	生态环境部	减污降碳协同增效实施方案
2022-06-01	国家发展改革委等九部门	“十四五”可再生能源发展规划
2022-05-10	国家发展改革委等部门	煤炭清洁高效利用重点领域标杆水平和基准水平（2022 年版）
2022-04-21	国家节能中心	节能增效、绿色降碳服务行动方案

续表

时间	部门	政策
2022-03-23	国家发展改革委、国家能源局	氢能产业发展中长期规划（2021—2035年）
2022-03-22	国家发展改革委、国家能源局	“十四五”现代能源体系规划
2022-02-11	国家发展改革委	高耗能行业重点领域节能降碳改造升级实施指南
2022-01-24	国务院	“十四五”节能减排综合工作方案
2022-01-30	国家发展改革委、国家能源局	关于完善能源绿色低碳转型体制机制和政策措施的意见
2021-10-26	国务院	2030年碳达峰行动指南
2021-10-24	国务院	关于完整准确全面贯彻新发展理念做好碳达峰碳中和意见

4）人口总量

人口与能源消费之间的影响关系已经得到了学术界的普遍认可，众多与能源消费、二氧化碳排放以及气候变化相关的研究都把人口作为重要变量。人口是社会系统中最基本的因素，能源是人类活动的物质基础。人口规模从直接和间接两方面影响着能源的消费。首先，人口总量带来的“刚需”将导致生活能源消费的增加，人口数量越多，需要的能源也就越多，能源消费也就越大。在自然资源有限的条件下，人口增长直接影响能源资源的人均占有量和利用方式。其次，人口总量可以通过促进经济增长，间接增加能源消费。图 4-9 呈现出 2000～2022 年中国人口增长趋势，中国人口规模不断增加，尤其是随着二孩政策的放开，2020 年中国总人口已经超过 14 亿，如此庞大的人口规模自然会影响中国能源消费需求。伴随着经济发展水平的增长，居民收入和生活水平也在不断提升，居民消费观念也在发生着改变，越来越注重生活质量，由此带来的就是居民用能量的增加。

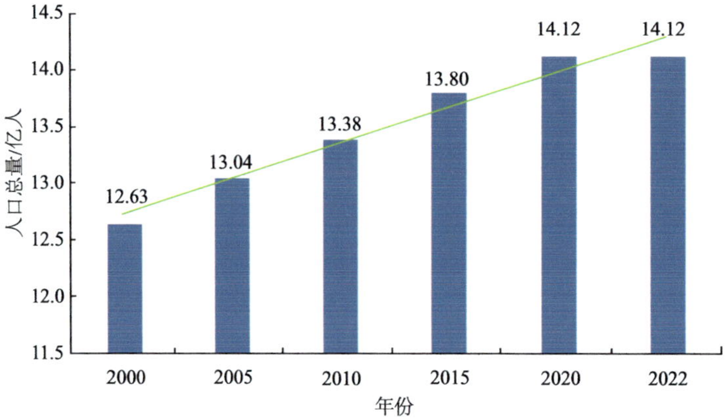

图 4-9　2000～2022 年中国人口总量

5）城镇化率

城镇化率受我国现行经济发展状况、人口总量、工农业发展规划、教育水平等因素的影响。图 4-10 呈现出 2000～2022 年中国城乡人口变化趋势，从图可知，从 2012 年开始，我国的城市人口比例超越乡村人口，截至 2022 年，以城市人口占总人口比重所衡量的城镇化率来看，中国城镇化率已经超过 65%。中国目前还仍然是发展中国家，城镇化率与欧美等发达国家和地区相去甚远，根据世界银行的数据，若以城镇人口占总人口比重来代表城镇化率，则 2018 年中国城镇人口占总人口比重为 59.15%，而欧美等发达国家和地区大多都在 75%以上，相比于发达国家和地区还有很大的发展空间。

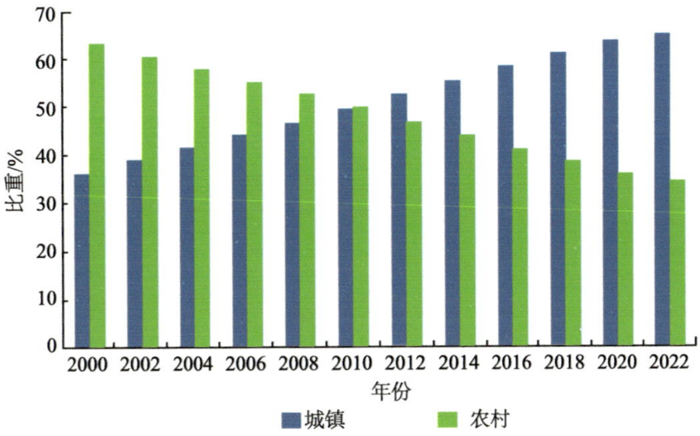

图 4-10　2000～2022 年中国城乡人口变化

6）技术进步

技术进步导致的能源效率提高有助于节约能源而降低能源消费总量，因此，各国均将改进能源效率视为缓解经济快速发展与能源供给日益紧缺的矛盾以及应对气候变化挑战的有效途径。现有文献大多以能耗强度衡量能源行业的技术进步，技术进步主要是通过改善产品结构来影响消费者的居民能源消费进而影响能源消费总量的。产业结构的升级需要有技术的支持，通过开发可再生新能源、代替传统能源，使得原先那些造成严重污染的技术为较清洁的技术所替代，从而降低能耗强度，进而达到降低能源消费的目的。表 4-3 呈现出 2000～2022 年中国能耗强度变化情况。由表 4-3 可知，能耗强度由 2000 年的 1.47 吨标准煤/万元降低到 2022 年的 0.45 吨标准煤/万元，技术进步使得能耗强度大幅度改善，这在一定程度上降低了经济发展所产生的能源消费强度。

表 4-3　2000～2022 年中国能耗强度变化

年份	能源消费总量/万吨标准煤	GDP/亿元	能耗强度/（吨标准煤/万元）
2022	541000.00	1210207.00	0.45
2021	524000.00	1143670.00	0.46
2020	498000.00	1015986.20	0.49
2019	486000.00	990865.10	0.49
2018	464000.00	919281.10	0.50
2017	448529.14	832035.90	0.54
2016	435819.00	746395.10	0.58
2015	429905.00	688858.20	0.62
2014	425806.00	643563.10	0.66
2013	416913.00	592963.20	0.70
2012	402138.00	538580.00	0.75
2011	387043.00	487940.20	0.79
2010	360648.00	412119.30	0.88
2009	336126.00	348517.70	0.96
2008	320611.00	319244.60	1.00
2007	311442.00	270092.30	1.15
2006	286467.00	219438.50	1.31
2005	261369.00	187318.90	1.40
2004	230281.00	161840.20	1.42
2003	197083.00	137422.00	1.43
2002	169577.00	121717.40	1.39
2001	155547.00	110863.10	1.40
2000	146964.00	100280.10	1.47

能源行业对研究与试验发展（R&D）的投入也是技术进步的一种代理变量，煤炭和石油天然气两个部门的投入变化不明显，但发电行业的投入显著提升，电力行业一直是用能大户，R&D 投入的增加会降低电力行业的能源消费；2022 年，煤炭、石油天然气、电力企业的有效专利数均有所增加。技术创新能够从两方面影响能源消费，一方面，可以直接作用于能源消费领域，如采用新的生产组合、发展新兴产业或者以新技术的引进来改造传统技术，使得能源消费效率提高，节约能源、减少消费，并且还可以通过开发可再生新能源，推动能源革命，替代传统化石能源，影响能源市场价格和能源需求。另一方面，技术创新也会优化和调整产业结构，促进经济发展方式的转变，这也间接影响能源消费。但是中国在能源领域的技术创新力量还较为薄弱，进步比较缓慢，迫切需要加强。

然而，既有研究表明，提高能效与节能目标可能并不一致，政府通过提高能效政策而获得的节能效果往往要小于预期。能效提高所节约的能源，可能会通过替代效应、收入效应和产出效应等机制所产生的新的能源需求而被部分甚至完全抵消，即产生了所谓的“能源回弹效应”。技术进步虽然能够提高能源效率而节约能源，但能源效率的提高同时也会降低产品的单位生产成本与价格，导致产品需求和消费增长，从而引发更多的能源消费，最终导致能效提高所节约的能源被额外的能源消费部分抵消。

7）能源价格

能源作为生产要素的一种，在技术可行的前提下，彼此之间可以相互替代，而能源价格在很大程度上决定了能源要素种类的选择，能源市场上价格的起伏影响供需的调整和能源消费结构的变动。中国当前以煤炭为主的消费结构，除了资源禀赋的原因外，还与当前世界能源市场中不合理的价格机制以及中国国内能源市场不到位的价格改革密切相关。能源市场的价格扭曲造成了能源的价格弹性偏离其正常轨迹，对能源各自的需求份额均存在显著影响，进而会影响能源消费结构的构成。

能源价格会对能源需求量产生直接影响，能源价格的降低导致能源需求量的上升是最基本的影响，此外，在能源需求刚性的条件下，某一种能源的价格发生波动，首先传导到本身的能源需求量，微观主体从自身利益最大化的角度出发，会选择成本最小的能源组合。在国际能源价格方面，国际市场的石油和天然气价格波动较大，国际石油和天然气市场的不稳定对我国能源消耗的影响较为复杂，主要通过“价格”和“预期”两条路径在一定程度上影响我国能源的消费总量及结构。

（二）面板 Tobit 模型

Tobit 模型是著名经济学家托宾（Tobin）于 1958 年提出的，其也被称为受限因变量模型，即因变量满足某种约束条件下取值的模型[①]。Tobin 教授在进行美国家庭耐用品消费支出时观察到，大多数家庭生活在一定时期内，对一些生活耐用消费品的消费支出通常为 0，如果此时仍采用普通最小二乘法

① 汪艳霞，陆新文，王苗苗. 安徽省各地级市科技创新效率及影响因素研究[J]. 广西科技大学学报，2019，30(2): 121-128.

（OLS）进行研究，会出现截距高估、斜率低估的情况，而如果直接删除数值为 0 的观测数据，则会出现截距低估、斜率高估的情况，上述现象会破坏线性假设，因此，OLS 等一般的线性回归不适合大量观测值为 0 的情况。Tobin 教授提出了一种可以用于上述情况的回归模型，即 Tobit 模型，这种模型在经济学等领域中得到了广泛应用。Tobit 模型如下：

$$y_i^* = \beta x_i + \mu_i \qquad \mu_i \sim N(0,\sigma^2) \tag{4-1}$$

$$y_i = \begin{cases} y_i^*, & y_i^* > 0 \\ 0, & y_i^* \leqslant 0 \end{cases} \tag{4-2}$$

Tobit 模型变量的概率分布如下：

$$\begin{aligned} p(y_i = 0) &= p(y_i^* \leqslant 0) = p\left(\frac{y_i^* - x_i\beta}{\sigma} \leqslant \frac{0 - x_i\beta}{\sigma}\right) = \Phi\left(-\frac{x_i\beta}{\sigma}\right) \\ &= 1 - \Phi\left(\frac{x_i\beta}{\sigma}\right) \end{aligned} \tag{4-3}$$

$$p(y_i) = p(y_i^*) = \frac{1}{\sigma\sqrt{2\pi}} \mathrm{e}^{-\frac{(y_i - x_i\beta)^2}{2\sigma^2}} \tag{4-4}$$

式中，y_i^* 为潜在的因变量；y_i 为观测变量；x_i 为解释变量；β 为回归系数的向量；μ_i 为误差项，通常假定为正态分布；σ 为误差项的标准差；Φ 为标准正态分布的累积分布函数(CDF)；$p(y_i)$为观测变量 y_i 的概率密度。

（三）变量选取与数据说明

本章的主要目的是探析能源消费的影响因素，为了科学分析出能源消费影响因素，需要选取出最恰当的衡量指标，对前文分析的影响因素进行筛选和整合后，具体指标选取情况如表 4-4 所示。

表 4-4 能源消费影响因素指标

被解释变量	解释变量	解释变量的影响指标	符号
能源消费的影响因素	经济发展水平	GDP	GN
	产业发展水平	第二产业增加值	CY
	城镇化水平	城镇化率	CZ
	人口发展水平	年人均收入	RK
	技术进步水平	能耗强度	JS
	能源安全	石油价格走势	NY

经济发展水平可以反映出一个地区的综合实力，能够对区域内能源消费水平产生一定的影响。GDP 作为国民经济核算的核心指标，能够反映出国家或地区的经济状况和发展水平。因此，本研究选取 GDP 作为评价能源消费水平的影响因素指标。

产业发展水平用于描述产业系统中各生产要素的关系，是经济结构的重要组成部分，能源消费大都集中于第二产业。因此，本研究将第二产业增加值作为能源消费的影响因素指标。

城镇化水平具体表现为城镇人口增加、产业活动扩张、城镇基础设施建设增强，城镇化水平提升会影响地区科技创新活动的进程。城市是科技创新活动的发源地，只有城镇化率提升才能确实成为创新的发源地。因此，本研究使用城镇化率来代表区域内城镇化水平。

人口发展水平是社会系统中最基本的因素，能源是人类活动的物质基础。人口规模从直接和间接两方面影响着能源的消费。因此，本研究将年人均收入作为能源消费的影响因素指标。

技术进步水平是指生产工艺、中间投入品以及制造技能等方面的革新和改进。产业结构的升级需要有技术的支持，通过开发可再生新能源、代替传统能源，使得原先那些造成严重污染的技术为较清洁的技术所替代，从而降低能耗强度，进而达到降低能源消费的目的。因此，本研究用能耗强度来代表技术进步水平。

能源安全主要由能源供应的稳定性和能源使用的安全性两方面构成，这两者对我国能源结构产生了重大影响。石油价格走势作为一个重要指标，可以代表能源安全问题，因为它直接关系到全球能源供应链的稳定性和各国经济的健康发展。首先，能源供应的稳定性是确保国家生存与发展的基础。全球能源供应的稳定性受到多种因素的影响，包括地缘政治冲突、国际制裁、疫情等。这种不确定性增加了我国在能源贸易中的风险，因此，石油价格的波动可以反映这些不确定性对能源供应稳定性的影响。其次，能源使用的安全性指的是能源消费及使用不应对人类自身的生存与发展环境构成任何威胁。石油价格的波动不仅影响能源供应，还会加重能源消费者的负担，从而影响到能源使用的安全性。此外，石油价格的波动还会影响国家的能源政策和能源结构调整。因此，本研究选取石油价格走势来衡量能源安全。

（四）实证分析与研究结论

根据前文的指标选取，选取（*Y*）作为被解释变量，经济发展水平（GN）、产业发展水平（CY）、城镇化水平（CZ）、人口发展水平（RK）、技术进步水平（JS）、能源安全（NY）为解释变量。由于不同影响因素指标存在不同的量纲单位，可能会对最终数据分析结果产生一定的影响，为了消除变量间不同量纲的影响，确保最终结果的稳定性，本研究将经济发展水平、产业发展水平、人口发展水平、能源安全进行了取对数处理，缩小了数据的绝对数值，方便后续计算。表 4-5 呈现出对数运算后的数据。

表 4-5 对数运算后的数据

年份	*Y*	GN	CY	CZ	RK	JS	NY
2000	5.1672	5.0012	4.6596	0.3622	4.3585	1.4700	2.4005
2001	5.1919	5.0448	4.6960	0.3766	4.3950	1.4000	2.3325
2002	5.2294	5.0854	4.7332	0.3909	4.4322	1.3900	2.3360
2003	5.2946	5.1381	4.7972	0.4053	4.4962	1.4300	2.4104
2004	5.3623	5.2091	4.8709	0.4176	4.5699	1.4200	2.5360
2005	5.4173	5.2726	4.9449	0.4299	4.6439	1.4000	2.6665
2006	5.4571	5.3413	5.0185	0.4434	4.7175	1.3100	2.7214
2007	5.4934	5.4315	5.1025	0.4589	4.8015	1.1500	2.7404
2008	5.5060	5.5041	5.1760	0.4699	4.8749	1.0000	2.8402
2009	5.5265	5.5255	5.2046	0.4834	4.9035	0.9600	2.6265
2010	5.5571	5.6150	5.2825	0.4995	4.9814	0.8800	2.7308
2011	5.5878	5.6884	5.3561	0.5183	5.0551	0.7900	2.7873
2012	5.6044	5.7313	5.3885	0.5310	5.0875	0.7500	2.7736
2013	5.6200	5.7730	5.4182	0.5449	4.2627	0.7000	2.7831
2014	5.6292	5.8086	5.4429	0.5575	4.3046	0.6600	2.7576
2015	5.6334	5.8381	5.4492	0.5733	4.3418	0.6200	2.4815
2016	5.6393	5.8730	5.4705	0.5884	4.3770	0.5800	2.4587
2017	5.6518	5.9201	5.5206	0.6024	4.4145	0.5400	2.5335
2018	5.6665	5.9634	5.5621	0.6150	4.4507	0.5000	2.6329
2019	5.6866	5.9941	5.5805	0.6271	4.4876	0.4900	2.5946
2020	5.6972	6.0069	5.5838	0.6389	4.5077	0.4900	2.5944
2021	5.7193	6.0604	5.6541	0.6470	4.5457	0.4600	2.6412
2022	5.7332	6.0829	5.6841	0.6522	4.5668	0.4500	2.8024

表 4-6 展示出样本缺失情况汇总。由表可知，无任何一个样本存在分析

项上出现缺失数据的情况，因此有效样本总数为 23 个。

表 4-6 样本缺失情况汇总

项	样本数/个	占比/%
有效样本	23	100.0
排除无效样本	0	0.0
总计	23	100

对模型整体有效性进行分析，从表 4-7 可知，此处模型检验的原定假设为：是否放入解释变量（GN、CY、CZ、RK、JS、NY）两种情况时模型质量均一样；这里 p 值小于 0.05，因而说明拒绝原定假设，即说明本次构建模型时，放入的解释变量具有有效性，本次模型构建有意义。AIC 或 BIC 值（AIC 值为赤池信息量准则,通常用于比较不同模型的拟合优度和复杂度;BIC 值为贝叶斯信息量准则，用于模型选择）是用来进行多个模型对比分析的，AIC 或 BIC 值越小意味着模型构建相对越好，本研究为单个模型，不对这两个值进行解释说明。

表 4-7 Tobit 回归模型似然比检验

模型	−2 倍对数似然值	卡方值	df	p 值	AIC 值	BIC 值
仅截距	−16.668					
最终模型	−153.591	136.924	6	0.000	−139.591	−131.643

注：df 为自由度。

表 4-8 对 Tobit 回归分析结果进行汇总。由表可知，将 GN、CY、CZ、RK、JS、NY 共 6 项作为解释变量，而将 Y 作为被解释变量进行 Tobit 回归分析，可知模型公式为：Y=−2.065+0.902GN+0.647CY−1.944CZ−0.001RK+0.465JS−0.106NY。

表 4-8 Tobit 回归分析结果汇总（n=23）

项	回归系数	标准误	z 值	p 值	95%CI
截距	−2.065	0.767	−2.694	0.007	−3.568～−0.563
GN	0.902	0.451	1.999	0.046	0.018～1.787
CY	0.647	0.330	1.964	0.050	0.001～1.293
CZ	−1.944	0.509	−3.816	0.000	−2.943～−0.946

续表

项	回归系数	标准误	z 值	p 值	95%CI
RK	–0.001	0.012	–0.046	0.963	–0.023～0.022
JS	0.465	0.051	9.200	0.000	0.366～0.564
NY	–0.106	0.031	–3.471	0.001	–0.166～–0.046
log（Sigma）	–4.758	0.147	–32.270	0.000	–5.047～–4.469

注：95%CI 为回归系数的 95%置信区间；log（Sigma）为误差项的标准差的对数。

经济发展水平的回归系数值为 0.902，并且呈现出 0.05 水平的显著性（z=1.999，p=0.046<0.05），意味着经济发展水平会对能源消费产生显著的正向影响。经济发展水平对能源消费最显著的影响是经济发展水平的提高会带来更多的能源需求。随着人们生活水平的不断提高，各种家用电器、家用汽车等设备不断增加，生活用能也不断增加，导致能源消费量的增加。另外，经济发展水平的提高对能源的清洁度要求更高，传统的煤炭、天然气、石油等化石能源由于自身的不可替代属性和高排放特性已经不适合国家低碳发展新要求，必须推进化石能源自身清洁高效利用，优先发展可再生能源，安全有序发展核电，加快提升非化石能源在能源供应中的比重。

产业发展水平的回归系数值为 0.647，并且呈现出 0.05 水平的显著性（z=1.964，p=0.050=0.05），意味着产业发展水平会对能源消费产生显著的正向影响。第二产业发展水平的提高催生了大量的能源需求，导致能源消费大量增加。近年来，工业化进程加快，工业领域能源消费约占全社会能源消费的 65%，且能源需求量不断攀升。随着第二产业发展水平加快，对于工业领域节能提效提出新要求。我国工业领域用能企业数量多、涉及面广，加快推进工业节能提效，不仅有利于提升企业能源资源利用效率，降低能源成本，还能推动重点行业领域工艺流程、生产设备更新换代，提升行业绿色低碳发展水平。

城镇化水平的回归系数值为–1.944，并且呈现出 0.01 水平的显著性（z=–3.816，p=0.000<0.01），意味着城镇化水平会对能源消费产生显著的负向影响。城镇化水平提升会提高城市软硬环境的建设和城市空间的扩散，使得人口进入城市带来集聚效应，为该区域带来更多的能源消费，但城市规模对能源消耗的影响存在阈值。随着城市规模的不断扩大，能源消费（包括能源强度和人均能源消费）将超过临界值，并从增加到减少。另外，城市人口

膨胀所产生的节能效应使城市能源强度下降，人均能源消耗下降。因此，人口集聚可以更有效地促进城市能耗跨越门槛，实现其下降。

人口发展水平的回归系数值为–0.001，但是并没有呈现出显著性（z=–0.046，p=0.963＞0.05），这意味着人口发展水平并不会对能源消费产生影响。这说明，收入提升对能源消费的提升作用不是特别明显，这是因为居民的基础能源消费（包括烹饪、供暖、家用电器等）是不可避免的，不会随着收入水平的降低而减少使用。同时，中国长期以来一直以家庭为单位生活，一定程度上节省了能源消费量，所以年人均收入水平的提高对于能源消费水平影响不大。

技术进步水平的回归系数值为 0.465，并且呈现出 0.01 水平的显著性（z=9.200，p=0.000＜0.01），意味着技术进步水平会对能源消费产生显著的正向影响。这说明，技术进步水平对能源消费的影响特别明显，一方面，技术进步在推动节能减排的同时，也为经济增长注入了内生动力，从而带动了能源要素投入的增加。另一方面，技术进步引起的能效改进也会对能源价格产生下行诱因，从而激励企业投入更多的能源来替代其他生产要素。

能源安全的回归系数值为–0.106，并且呈现出 0.01 水平的显著性（z=–3.471，p=0.001＜0.01），意味着能源安全会对能源消费产生显著的负向影响关系。能源价格会对能源需求量产生直接影响，能源价格的降低导致能源需求量的上升是最基本的影响。此外，在能源需求刚性的条件下，某一种能源的价格发生波动，传导到本身的能源需求量，微观主体从自身利益最大化的角度出发，会选择成本最小的能源组合。

总结分析可知，经济发展水平、产业发展水平、技术进步水平会对能源消费产生显著的正向影响关系，城镇化水平、能源安全会对能源消费产生显著的负向影响关系，而人口发展水平并不会对能源消费产生影响关系。

三、本节小结

本节首先从能源消费总量、能源消费结构、产业能源消费、地区能源消费、人均能源消费、能源利用效率 6 个方面分析了我国能源消费的演变特征。其次为深入探析能源消费的影响因素构建了面板 Tobit 模型，基于科学性、系统性、层次性、动态性等指标选取原则，选取经济发展水平、产业发展水平、城镇化水平、人口发展水平、技术进步水平、能源安全作为模型的衡量指标，在对2000～2022年的数据进行回归分析后得出：经济发展水平、产业发展水平、技术进步水平会对能源消费产生显著的正向影响关系，城镇化水平、能源安全会对能源消费产生显著的负向影响关系，而人口发展水平并不会对能源消费产生影响关系，进一步明晰了影响能源消费的因素和影响原因。

第二节　中国中长期分行业分品种能源需求预测模型构建

一、LEAP模型方法及情景设置

（一）LEAP模型方法概述

LEAP是一个“自下而上”的能源-环境核算工具，由斯德哥尔摩环境研究所与美国波士顿大学共同开发。该模型与情景分析法紧密结合，综合考虑人口、经济发展、交通运输周转量、技术、价格等因素对能源-环境发展的影响，可用于预测不同发展条件下中长期能源供应、能源供应转换、能源终端需求及污染气体排放等。

LEAP模型允许研究者根据研究目的、数据可获取度、研究对象特点等灵活构建模型结构，十分适用于能源数据不全面的情况，现已广泛应用于国家、区域、部门、行业的能源战略研究中。不仅有助于学者从事能源系统评价诊断、低碳节能发展技术研判等能源系统工程相关工作，也可为政府决策提供技术支持。特别是可应用于风光储、氢能一体化利用策略在全社会能源供应系统中的作用、电动汽车对终端能源需求及碳排放的影响等热点问题。

LEAP的一个关键优势是其对初始数据需求较低，它依赖于相对简单的会计原则，而且LEAP的操作界面设计也十分简洁明了，有效降低了用户的使用门槛。另外，LEAP自带环境技术数据库（TED），包含来自多个国家的不同能源的技术特点（碳排放系数、燃烧特性、成本和环境影响等），这些数据已经过权威认证并全球范围适用，给使用者带来了极大便利的同时也保障了数据的透明度和计算结果的可信度。LEAP模型计算某行业终端能源需求的公式如下。

1）终端能源需求

$$D_{j.t}=\sum_{i}^{N}\mathrm{FG}_{i.t}\times \mathrm{EI}_{i.j.t} \tag{4-5}$$

式中，$D_{j.t}$ 为在 t 年对第 j 种能源的终端能源需求量；$FG_{i.t}$ 为第 i 行业在第 t 年的经济活动水平；$EI_{i.j.t}$ 为第 i 行业在第 t 年消费第 j 种能源的消费强度；N 为所统计的行业数量；i 为不同的行业。

2）经济活动水平

LEAP 模型使用内推法、增长率法和弹性系数法来预测未来的经济水平。在本研究中，我们选用增长率法测算经济活动水平。

$$FG_{i.t} = BG_{i.0} \times (1 + GR_i)^{t-1} \tag{4-6}$$

式中，$FG_{i.t}$ 为第 i 行业第 t 年的经济活动水平；$BG_{i.0}$ 为第 i 行业基期的经济活动水平；GR_i 为第 i 行业经济活动水平年均增长率。

3）能源消费强度

$$EI_{i.j.t} = D_{i.j.t} \div FG_{i.t} \tag{4-7}$$

式中，$EI_{i.j.t}$ 为第 i 行业在第 t 年消费第 j 种能源的消费强度；$D_{i.j.t}$ 为第 i 行业第 j 种能源在第 t 年的终端能源需求；$FG_{i.t}$ 为第 i 行业第 t 年的经济活动水平。

（二）研究框架

本研究根据中国经济社会发展和能源消费现状，构建中国煤炭消费总量控制 LEAP 模型，在 2000～2021 年的数据基础上，自下而上地对中国 2022～2060 年的煤炭消费总量进行情景分析。

在 LEAP 模型建立之前，需要先做好 LEAP 模型的关键假设，这主要包括两个部分，一是输入变量，这部分数据作为计算的基础，几乎涵盖构建模型主体的经济社会发展、能源消费等相关数据，数据需求量大；二是控制变量，这部分是 LEAP 模型情景设置的影响因素，含有多个变量，通过对变量的分析，做出不同的发展假设，在假设的基础上，模拟不同情景的结果。

本研究的中国煤炭消费总量控制 LEAP 模型是在前面的关键假设基础上，根据煤炭消费总量控制的需要，主要使用需求、转换、资源三部分来计算中国煤炭消费情况。

本研究中需求模块主要设置了终端能源消费部门，分为第一产业、第二产业、第三产业、居民生活四大部门。第一产业主要由农林牧渔业构成；第二产业根据产业类型和煤耗大小，进一步分为化学原料及化学制品制造业、黑色金属冶炼及压延加工业、有色金属冶炼及压延加工业、非金属矿物制品业、造纸和纸制品业、其他工业、建筑业七类；第三产业包括交通运输、仓储和邮政业，批发和零售业、住宿和餐饮业，其他第三产业；居民生活包括城镇居民生活、农村居民生活。

模型基于加工转换和资源供应模块设置了电力部门、开采部门、供热部门。电力部门主要涵盖发电及输配两个部分，基于对发电量、发电结构以及供电煤耗的情景展望分析，得出原煤、天然气、核能、光能、水能等电力系统的一次能源消费总量。开采部门选取了碳排放量较高的煤炭开采部门。

基于以上模型设计思路，一次能源消费由终端部门一次能源直接消费与电力部门能源消费两部分构成。因此，终端部门取一次能源直接消费量，再与电力部门能源消费量加总后即得到一次能源消费总量。

LEAP-CHINA 模型框架如图 4-11 所示。

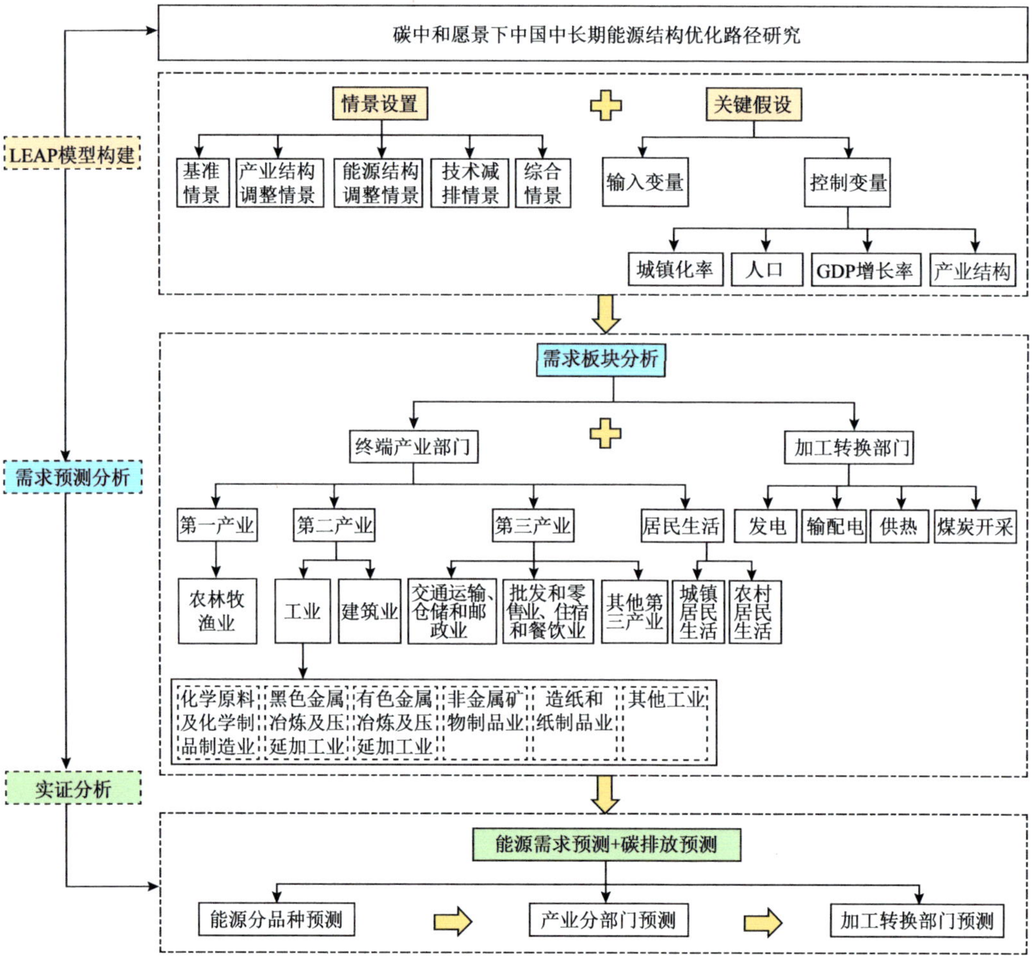

图 4-11 LEAP-CHINA 模型框架

（三）情景及参数设置

1）情景设置

中国 LEAP-CHINA 模型情景和参数的设置充分考虑中国经济发展现状与特点，并结合国家出台的各项政策法规，包括党的二十大报告、《“十四五”现代能源体系规划》、《“十四五”节能减排综合工作方案》和《煤炭清洁高效利用重点领域标杆水平和基准水平（2022 年版）》。

（1）基准情景（baseline scenario）指在实现既定社会经济发展目标的前提下，延续当前能源政策措施并且不采取特别的政策措施。该情景假设 GDP 和人口按照正常的速度增长。产业结构以适当速度转变，交通体系按照现有政策规划发展，能源供应与消费结构小幅度调整，节能减排技术未有显著突破，低碳生活模式没有普及。本研究中基准情景是其他情景的参照情景。

（2）政策情景（policy scenario）指在政府出台的政策约束下的能源与碳排放情景。在基准情景的基础上将不同的政策转化为模型中的参数，进而模拟政策实施达到的效果。

本研究设置三种政策情景，分别是结构减排情景、技术减排情景和综合情景，综合情景包括结构减排情景和技术减排情景的所有情景内容。表 4-9 呈现出情景描述及政策依据。

表 4-9　情景描述及政策依据

情景		情景描述及政策依据	政策依据
基准情景		基于 2000～2021 年数据，延续“十四五”及其之前的政策，不考虑新政策对未来的影响，即只考虑过去政策对中国能源消费和碳排放的影响	“十四五”规划
结构减排情景	产业结构调整子情景	本情景加速产业转型升级，着重支持第三产业发展，扩大第三产业占 GDP 的比重，放缓第二产业增长速度，注重传统工业转型升级，加速智能绿色低碳的新兴工业的发展	《中共中央 国务院关于完整准确全面贯彻新发展理念做好碳达峰碳中和工作的意见》和“十四五”规划
	能源结构调整子情景	本情景强化“双碳”政策，减少煤炭、石油等化石能源消费占比，增加核能、风能、太阳能、水能等新能源消费量，助推我国早日实现高质量发展	《中共中央 国务院关于完整准确全面贯彻新发展理念做好碳达峰碳中和工作的意见》和《中国碳达峰碳中和进展报告（2021）》
技术减排情景		通过 CCUS 等先进节能减排技术的应用，提高煤炭企业技术水平和能源利用效率，更早实现大规模商业化应用，助力实现“双碳”目标	
综合情景		综合考虑结构减排和技术减排情景	

2）参数设置

（1）人口：表 4-10 呈现出 2025~2060 年中国总人口预测，该人口参数设定参考联合国发布的《世界人口展望 2022》，根据该展望，中国总人口在 2050 年将下降到 13.17 亿，到 2100 年将下降到 7.71 亿。

表 4-10　2025～2060 年中国总人口预测

年份	总人口/亿人	总和生育率
2025	14.25	1.21
2030	14.17	1.27
2035	14.01	1.31
2040	13.80	1.34
2045	13.53	1.36
2050	13.17	1.39
2055	12.69	1.41
2060	12.11	1.42

数据来源：《世界人口展望 2022》

（2）GDP 增长率："十四五"规划提出，到 2035 年人均 GDP 达到中等发达国家水平，但并没有设定五年 GDP 年均增速预期性指标。按现价美元计算，目前发达经济体的入门水平是 1.8 万美元，中等发达国家是 3 万～4 万美元。我国目前人均收入是 1 万美元，如果按翻一番达到 2 万美元的目标，从静态来看，GDP 增速每年应该在 4.7%以上。2023 年一季度，我国 GDP 同比增长 4.5%。

本研究从我国经济发展实际情况和国家总体规划出发，同时结合近年相关领域学者的研究成果，取 2023～2030 年 GDP 年均增速为 5.25%，2030～2050 年为 3.5%，2050～2060 年为 3.0%。

（3）城镇化率："十四五"时期深入推进以人为核心的新型城镇化战略，持续促进农业转移人口市民化，加速了我国城镇化进程。《人口与劳动绿皮书》预计，中国将在"十四五"期间出现城镇化由高速推进向逐步放缓的"拐点"，2035 年后进入相对稳定发展阶段，中国城镇化率峰值大概率出现在 75%～80%。王凯预测 2035 年我国城镇化率可能会在 72%～75%。综合来看，2035 年城镇化率将达到 70%，2060 年城镇化率达到 80%。

（4）产业结构：当前中国正积极调整和优化产业结构。在今后一段时期内，大力规范、调整、引领产业结构升级，推进现代服务业成为中国经济增长的重要推动力。2021～2025 年我国制造业整体素质大幅提升，创新能力显著增强，“两化”（工业化和信息化）融合迈上新台阶，第二产业比重将降至 34%左右，第三产业比重继续呈稳步上升趋势，其在经济发展中的主导产业地位将进一步凸显，2025 年第三产业比重将上升至 59%左右。2026～2035 年，第三产业比重呈稳步上升趋势，逐步成为经济发展的主导产业，第三产业比重在 2030 年前后将突破 60%，三次产业结构将调整为 2035 年的 5.4∶28.1∶66.5。2036～2060 年，中国进入世界发达的服务业强国行列，将成为全球高端服务业集聚中心，主导和引导全球价值链，第三产业比重在 2060 年前后将突破 70%，三次产业结构将调整为 2060 年的 3.5∶24.1∶72.3 左右。

二、终端产业部门情景展望分析

（一）第一产业

1）第一产业能源消费现状与趋势

长久以来，农业既是全球温室气体重要的排放源，同时又是一个巨大的碳汇系统。据联合国粮食及农业组织（FAO）的数据统计，农业用地释放出来的温室气体超过了全球人为温室气体排放总量的 30%，但同时农业生态系统也可以抵消掉 80%，农业拥有绿色生态的鲜明底色，在实现“双碳”的征程中，起到举足轻重的作用。推进农业农村领域碳达峰碳中和，是加快农业生态文明建设的重要内容，是落实乡村振兴战略的重要举措，也是全面应对气候变化的重要途径。

近 60 年以来，中国农业碳排放总体上经历了平稳增长、快速增长和趋近达峰三个阶段，这与我国农业农村发展经历的自然增长、改革开放、绿色转型三个阶段高度契合。从 1979 年开始，随着化肥农药的投入，农业产出不断增加，碳排放也逐渐提高，环境问题日益凸显。截至目前，我国推出了一系列农业减排固碳战略、政策和技术措施研发推广等，已基本建立了农业农村绿色低碳转型的战略、政策和技术体系。这充分证明我国农业减排空间大。其中，化肥利用率提高起到了关键作用，结构性减碳初见成效。然而，我国农业农村低碳发展也存在着诸多问题和挑战。总体上看，我国低碳农业涉及生产环节多、覆盖面广，需要更加深刻的调整和变革。生态低碳农业发展，要求在减排固碳的同时，还要做到保护和改善农业生态环境，降低自然资源消耗和污染，提高农业生产效率和经济效益。目前，我国区域适用性低碳农业综合模式集成度较低，种植业和养殖业较难实现真正的结合，导致贯穿农业生产各个环节的全链条整体解决方案构建难度较大；农业规模化生产水平低、减排模式集成不足，低碳发展与提质增效未形成合力；农田草地固碳的巨大潜力尚待挖掘，突破性固碳技术缺乏，激励政策措施仍需深化。

2）第一产业活动水平展望

2022年，全国粮食播种面积17.75亿亩①，全国粮食总产量达6.87亿吨，连续8年保持在6.5亿吨以上。大豆油料产能提升工程迎来“开门红”，大豆自给率提高了3%，食用植物油自给率提高了1%。棉花产量小幅增加，畜牧业生产稳定增长，果、菜、鱼供给充足，蔬菜面积产量稳中有增，水果量足质优。2022年，全国农业科技进步贡献率达到62.4%，农业机械化水平稳步提高，农作物耕种收综合机械化率达到73%；种业振兴深入推进，供种保障率提高到75%。科技和装备支撑更加有力，使农业综合生产能力进一步提升，为实施新一轮千亿斤粮食产能提升行动奠定坚实基础。

《中国农业展望报告（2023-2032）》指出，未来10年，多元化食物供给体系将持续构建，农业强国建设将取得显著进展，农业农村现代化水平明显提升。农产品供给保障能力大幅提升，农业竞争力显著增强。在全面实施“藏粮于地、藏粮于技”战略和实施新一轮千亿斤粮食产能提升行动等有利条件下，中国粮食安全根基将得到持续巩固，15.46亿亩永久基本农田将全部建成高标准农田，新增高效节水灌溉面积1.1亿亩以上。随着农业关键核心技术不断取得突破和种业振兴行动深入实施，培育出一批有自主知识产权的核心种源和节水高抗新品种，玉米大豆生物育种产业化步伐加速推进，先进适用农机装备短板不断补齐，农业科技增产提效显著，未来10年预计粮食单产水平将提高9.8%。农业综合生产能力显著增强，多元化食物供给体系健全完善，食物来源渠道进一步拓宽，预计2032年粮食产量将达到7.67亿吨，其中大豆和油料自给率持续提升，蔬菜和猪肉生产更加稳定。

① 1亩≈666.7平方米。

图 4-12 呈现出 2000～2021 年中国第一产业 GDP 变化情况。由图可知，2021 年全国第一产业增加值 83086 亿元，比上年增长 7.1%，占 GDP 的比重为 7.3%，三次产业的比重变化为第三产业比重逐年上升，第二产业比重较为平稳，第一产业比重有逐年缩小趋势。

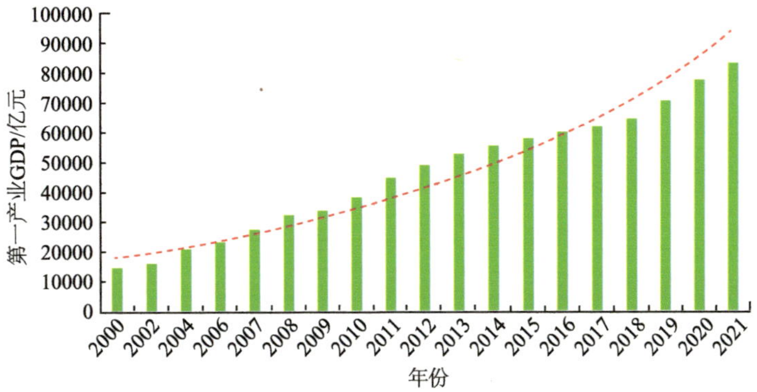

图 4-12　2000～2021 年中国第一产业 GDP

改革开放以来，我国三次产业结构在调整中不断优化，总体呈现由“二一三”向“二三一”，再向“三二一”的演变趋势。展望“十四五”时期，我国经济发展进入新时代，转向高质量发展阶段，产业结构进一步转型升级。第一产业比重将呈现持续稳步下降的态势，但由于乡村振兴战略的实施以及农产品价格趋升，“十四五”期末第一产业比重将小幅下降至 6.5%左右。表 4-11 呈现出五种不同情景下第一产业活动水平增速情况。

表 4-11　五种不同情景下第一产业活动水平增速

情景		2022～2030 年	2031～2040 年	2041～2050 年	2051～2060 年
基准情景		6.88%	4.82%	2.89%	1.44%
结构减排情景	产业结构调整	同基准情景			
	能源结构调整	同基准情景			
技术减排情景		同基准情景			
综合情景		同基准情景			

基准情景：综合前述影响因素，以及当前技术水平和发展规划，基准情景下第一产业活动水平按照既定规划发展，综合近三年第一产业 GDP 平均增长率并加以调控，本研究预计到 2030 年第一产业 GDP 保持 6.88%的增长速

度。随着经济增量变大、服务业主导趋势加强，第一产业增速变缓，2051～2060 年增速降至 1.44%。

产业结构调整情景：随着我国逐渐接近小康社会的发展目标，拉动经济增长的动力因素正在发生结构性变化，加快发展第三产业成为当务之急。产业结构调整情景下第一产业 GDP 仍保持基准情景增速；第二产业增速小幅降低；第三产业依靠现代物流业、高技术、节能、家政服务、文化产业、体育产业等政策支持，发展速度不断加快。

能源结构调整情景：能源结构调整情景是依据国家发展规划，不断降低化石能源比例，提高使用非化石能源，包括光伏发电、水力发电、核能发电等，助力实现“双碳”目标。在此情景下，不对第一产业 GDP 进行调整。

技术减排情景：技术减排情景是提高煤炭开采使用技术，按比例降低使用煤炭行业的能耗水平，从而实现提高各行业能耗强度的目的，第一产业 GDP 仍保持基准情景增速。

综合情景：综合情景是对于之前各情景的效果加成，是对第一产业进行综合作用的过程，因为各情景并未对第一产业进行作用，所以综合情景第一产业 GDP 仍保持不变。

3）第一产业能耗强度展望

图 4-13 呈现出 2001～2021 年中国第一产业能源消费量。由图可知，我国第一产业能源消费总量基本呈现上升趋势，但近两年因受新冠疫情的影响，产业链供应链循环受阻，国际贸易投资萎缩，大宗商品市场动荡。国内消费、投资、出口下滑，就业压力显著加大，能源消费量增长幅度放缓。

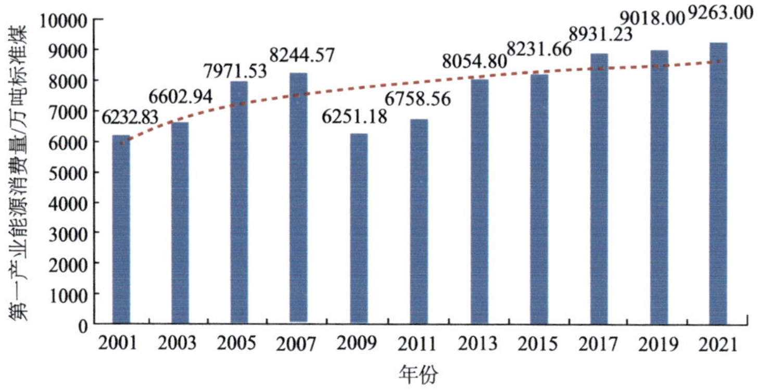

图 4-13 2001～2021 年中国第一产业能源消费量

党的二十大提出，未来 5 年“三农”工作要全面推进乡村振兴，到 2035 年基本实现农业现代化，到 21 世纪中叶建成农业强国。2022 年，我国数字乡村建设取得显著进展，城乡数字鸿沟进一步缩小，农村地区互联网基础设施全面提升。目前，我国农业初步进入现代化、数字化、智能化发展阶段。如今，不少地方推进无人农场建设，越来越多的机械化设备在田间地头大展身手，为农业生产注入科技动力。例如，在上海嘉定区外冈镇周泾村的无人化农场试验基地，通过对插秧机、自走式打药机、收割机和拖拉机等一批现有农用作业机械进行无人化改造，初步实现了耕、种、管、收无人化作业。

随着农业科技的发展进步，加大基础研究投入及基础研究设施建设，引导高校、科研院所加强对农业基础研究领域的前瞻性和引领性研究，实现更多的原始创新。同时，建立现代农业产业科技创新中心。聚焦产业链关键环节，引导和资助科技创新团队围绕产业需求开展重点攻关、持续研究。加快新品种、新工具、新产品的研发应用，构建精准高效生物育种技术体系，培育一批高产优质重大突破性品种。实施关键技术联合攻关行动。推进科企合作，构建以企业为主体的多层次的产学研协同创新体系。未来，我国第一产业能耗强度将进一步降低，表 4-12 呈现出第一产业各情景下能耗强度。

表 4-12　第一产业各情景下能耗强度　（单位：吨标准煤/万元）

情景		2025 年	2030 年	2035 年	2040 年	2045 年	2050 年	2055 年	2060 年
基准情景		0.0845	0.0637	0.0497	0.0388	0.0315	0.0256	0.0214	0.0179
结构减排情景	产业结构调整	同基准情景							
	能源结构调整	同基准情景							
技术减排情景		0.0818	0.0593	0.0448	0.0338	0.0267	0.0210	0.0172	0.0140
综合情景		0.0818	0.0593	0.0448	0.0338	0.0267	0.0210	0.0172	0.0140

基准情景：在基准情景下，本研究预计未来 40 年内我国第一产业能耗强度将持续下降，2022～2030 年下降率为年均 5.67%，随着基数增大，下降幅度减缓。预计到 2060 年，我国第一产业能耗强度将下降至 0.0179 吨标准煤/万元。

产业结构调整情景：产业结构调整情景主要改变三次产业的活动水平和增速，不对能耗水平、能耗强度等做出改变，因此能耗强度保持基准情景减速。

能源结构调整情景：能源结构调整情景主要是通过降低化石能源占比来减少碳排放量，所以不对能耗强度做出改变，仍保持基准情景的减速。

技术减排情景：技术减排情景下强化煤电“三改联动”，大力推动煤电节能降碳改造、灵活性改造、供热改造。全力助力新型电力系统的构建，推动能源清洁低碳转型。在此情景下，通过发展新技术降低煤炭行业能耗，带动使用煤炭资源的行业实现降碳目的。在计算各行业使用煤炭资源占比后发现，第一产业 2021 年使用煤炭资源占比为 19%，煤炭消费量增幅相对降低，减幅后的煤炭消费量如表 4-13 所示。

表 4-13 煤炭消费量 （单位：万吨标准煤）

年份	2025	2030	2035	2040	2045	2050	2055	2060
煤炭消费量	10208	11526	12782	14175	15479	16904	18219	19637

综合情景：综合情景是基于基准情景的第一产业增速，综合产业结构调整、技术减排和能耗水平增速降低造成的能耗强度降低确定的。本研究预计未来 40 年内我国第一产业能耗强度将持续下降，2022～2030 年下降率在年均 6.43%。由表 4-12 可知，预计到 2060 年，我国第一产业能耗强度将下降至 0.0140 吨标准煤/万元。

4）第一产业能源结构展望

从能源结构来看，第一产业的发展方向是以清洁化为主，推动农业生产、农民生活、农村交通用能清洁化、低碳化，助力建设生态宜居美丽乡村。

目前，中国大力建设一批农村能源绿色低碳试点，风电、太阳能、生物质能、地热能等占农村能源的比重持续提升，农村电网保障能力进一步增强，分布式可再生能源发展壮大，绿色低碳新模式新业态得到广泛应用，新能源产业成为农村经济的重要补充和农民增收的重要渠道，绿色、多元的农村能源体系加快形成。本研究收集《中国能源统计年鉴》中全国能源平衡表数据，将使用的资源量进行归纳汇总，得到2021年第一产业使用资源占比情况，如图4-14所示。

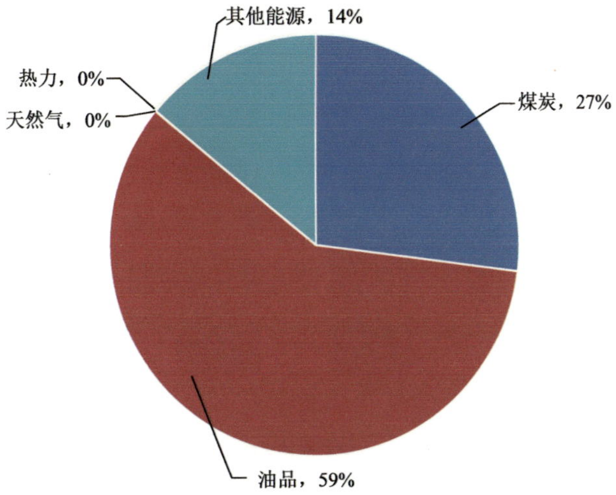

图4-14　2021年第一产业终端消费能源结构

基准情景：未来，我国第一产业终端能源消费结构中化石燃料占比将维持相对高位，但电力占终端能源的比重也会持续上升。图4-15呈现出基准情景下2030～2060年第一产业能源消费结构占比，预计到2060年，我国第一产业电气化率将提升至38.58%，化石燃料占比将保持在48%左右。

产业结构调整情景：产业结构调整主要改变三次产业的活动水平和增速，不对能源结构进行调整，因此能源结构保持基准情景占比。

能源结构调整情景：未来，第一产业终端能源消费结构将呈现深度电气化、低碳化发展趋势，化石燃料占比不断降低，电力占终端能源的比重持续上升。图4-16呈现出能源结构调整情景下2030～2060年第一产业能源消费结构占比，预计到2060年，我国第一产业电气化率将提升至42.70%，化石燃料占比将下降至42.98%。

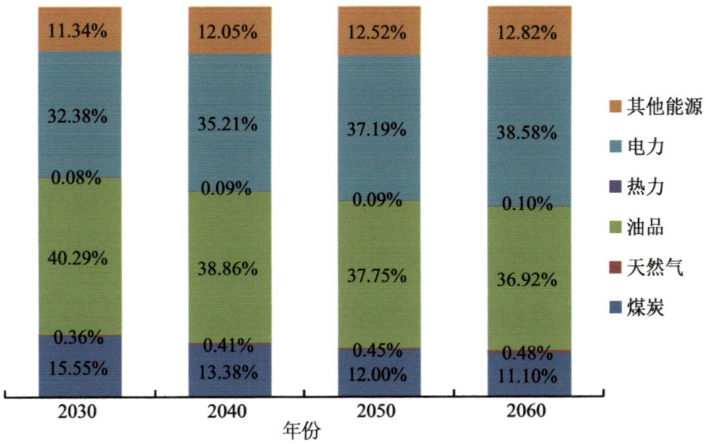

图4-15　基准情景下2030～2060年第一产业能源消费结构占比

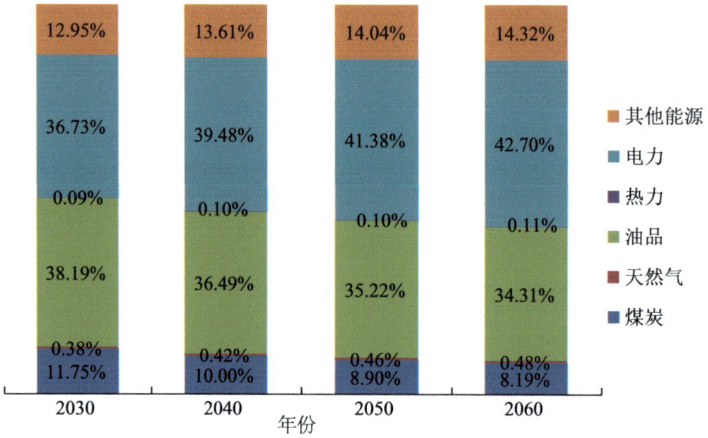

图 4-16　能源结构调整情景下 2030～2060 年第一产业能源消费结构占比

因计算四舍五入，存在误差，下同

技术减排情景：技术减排情景对能耗水平加以调整，不对能源结构进行改变，因此能源结构保持基准情景的比重。

综合情景：综合情景下，第一产业能源结构保持能源结构调整情景的比重。

（二）第二产业

1）第二产业能源消费现状与趋势

第二产业作为污染最主要的原因之一，能源消耗量巨大。本研究选取第二产业中碳排放量较大的工业和建筑业作为研究对象。

2021 年，我国能源消费总量达到 52.4 亿吨标准煤，其中工业占比 65%左右，工业成为能否实现“双碳”目标的关键行业，国务院印发《2030 年前碳达峰行动方案》，将“工业领域碳达峰行动”列为“碳达峰十大行动”之一，明确了工业领域碳达峰的重点行业、主要环节和关键问题，指出要重点处理好发展和减排、整体和局部、短期和中长期的关系，政府和市场两手发力，确保工业领域二氧化碳排放在 2030 年前顺利达峰。

同时，针对工业重点行业碳排放量短期居高不下的问题，可以针对不同行业技术现状和发展趋势，实现各行业差异达峰，让有条件的行业率先达峰。国家颁布多项政策推动工业各行业“双碳”进程，表 4-14 列举了相关工业“双碳”减排政策。

建筑全过程碳排放占全国碳排放总量超过一半，碳中和目标下节能减排任务重大。从能源终端碳排放来看，建筑部门的碳排放量与工业和交通领域大体相当；但若从建筑全过程的碳排放来看，建筑部门几乎是碳排放量最高的部门。根据中国建筑节能协会公布的数据，全国建筑全过程碳排放总量占全国碳排放总量的比重超半数，其中建筑材料（钢铁、水泥、铝材等）占比 28.3%；运行阶段（城镇居建、公共建筑、农村建筑）占比 21.9%，施工阶段占比 1%。

表 4-14　工业“双碳”减排政策

	时间	部门	政策
工业	2022-11-15	工业和信息化部	有色金属行业碳达峰实施方案
	2022-10-21	工业和信息化部	关于下达 2022 年度国家工业节能监察任务的通知
	2022-08-29	工业和信息化部	加快电力装备绿色低碳创新发展行动计划
	2022-08-02	工业和信息化部	关于开展 2022 年工业节能监察工作的通知
	2022-08-01	工业和信息化部、国家发展改革委、生态环境部	关于印发工业领域碳达峰实施方案的通知
	2022-06-21	工业和信息化部	工业水效提升行动计划
	2022-06-17	工业和信息化部	关于推动轻工业高质量发展的指导意见
	2022-04-21	工业和信息化部	关于产业用纺织品行业高质量发展的指导意见
	2022-04-21	工业和信息化部	关于化纤工业高质量发展的指导意见
	2022-04-07	工业和信息化部	关于“十四五”推动石化化工行业高质量发展的指导意见
	2022-02-07	工业和信息化部	关于促进钢铁工业高质量发展的指导意见
	2021-12-22	工业和信息化部	2021 年碳达峰碳中和专项行业标准制修订项目计划
	2021-12-03	工业和信息化部	“十四五”工业绿色发展规划
建筑业	2022-11-07	工业和信息化部	建材行业碳达峰实施方案
	2022-10-24	财政部	关于扩大政府采购支持绿色建材促进建筑品质提升政策实施范围的通知
	2022-07-13	住房和城乡建设部、国家发展改革委	城乡建设领域碳达峰实施方案的通知
	2022-03-11	住房和城乡建设部	“十四五”建筑节能与绿色建筑发展规划
	2022-03-01	住房和城乡建设部	“十四五”住房和城乡建设科技发展规划

由此可见，建筑领域为我国主要碳排放来源之一，建筑领域推行高标准的节能技术，是实现碳中和目标的重要手段。国家陆续出台建筑业“双碳”政策，其中《中共中央 国务院关于完整准确全面贯彻新发展理念做好碳达峰

碳中和工作的意见》《2030年前碳达峰行动方案的通知》《关于推动城乡建设绿色发展的意见》都明确，到2025年，初步形成绿色低碳循环发展的经济体系，大幅提升重点行业能源利用效率，为实现“双碳”奠定坚实基础；到2030年，经济社会发展全面绿色转型取得显著成效，重点耗能行业能源利用效率达到国际先进水平，二氧化碳排放量达到峰值并实现稳中有降；到2060年，全面建立绿色低碳循环发展的经济体系和清洁低碳安全高效的能源体系，能源利用效率达到国际先进水平，碳中和目标顺利实现。

本研究根据以往研究分类方法，依据《中国统计年鉴》《中国能源统计年鉴》等参考资料，重点选取了工业部门中能源消费占比最高的化学原料及化学制品制造业、黑色金属冶炼及压延加工业、有色金属冶炼及压延加工业、非金属矿物制品业、造纸和纸制品业以及其他工业。结合建筑业7个部门来进行代表性分析，并推演出工业部门和建筑部门的能源消费情景展望结果。

2021年，中国产业链供应链稳定和现代化水平不断提升，全国规模以上工业增加值比上年增长9.6%，增速较2020年加快6.8%，两年平均增长6.1%。工业呈现多方面的积极性。中国坚持“动态清零”的防疫策略，使得在全球率先复工复产，工业经济持续恢复。2021年全年工业产能利用率为77.5%，比上年提高3%。企业效益明显改善，2020年前11个月规模以上工业企业实现利润同比增长38%，两年平均增长18.9%，营业收入利润率达到6.98%，是近年来较高水平。

我国工业出口保持较快增长，规模以上工业出口交货值同比增长17.7%，两年平均增长8.3%，出口也呈现出增长态势。重点行业也保持增长态势。2021年，41个工业大类行业中39个保持增长，有15个行业增速超过两位数。原材料制造业增加值同比增长5%，两年平均增长4.1%。同时，原材料价格上涨带来了利润增长，装备制造业增加值同比增长12.9%，两年平均增长9.7%，对整体工业增长的贡献率超过四成。电子行业受“宅经济”和外需拉动，工业增加值和出口交货值均保持两位数增长。

产业结构不断优化，制造业投资调整优化，2021年全年制造业投资同比增长13.5%，高技术制造业投资增长22.2%。高技术制造业增加值在投资拉动下，同比增长18.2%。智能化、升级型新兴产品快速增长，工业机器人、集成电路等新兴产品产量增长较快，特别是新能源汽车，产销量都超过 350 万辆，同比增长 1.6 倍。

2021 年是“十四五”开局之年，中国经济发展和疫情防控保持全球领先地位，主要指标实现预期目标，国民经济持续恢复发展，中国建筑业也取得了良好成绩，但受宏观经济发展态势、疫情防控、上游建材价格上涨等因素影响，2021 年的中国建筑业发展整体态势有喜有忧。建筑行业总产值实现 11.04%的增长，迈上 29 万亿元的发展台阶，但受上游钢材、水泥价格上涨影响较大，建筑业增加值仅上涨 2.1%、低于 GDP 8.1%，增幅 6%，建筑业增加值占 GDP 的比重维持 7%以上的高位，建筑业支柱产业地位依然稳固。建筑企业签订合同额逐年增加，新签合同额增幅有所回落，疫情持续影响对外承包工程业务，行业利润总额增速和产值利润率双创新低，建筑业企业单位数量增加，从业人数持续减少。

2）第二产业活动水平展望

2021 年全球经济复苏，中国各产业也在稳步恢复，但增长率尚未恢复到疫情暴发前的长期趋势。从供给面看，第二产业恢复较快，就业市场稳定，经济全面恢复仍有较大空间。图 4-17 呈现出 2001～2021 年中国第二产业 GDP。由图可知，2021 年第二产业增加值 450904.5 亿元，比上年同期增长 8.2%。

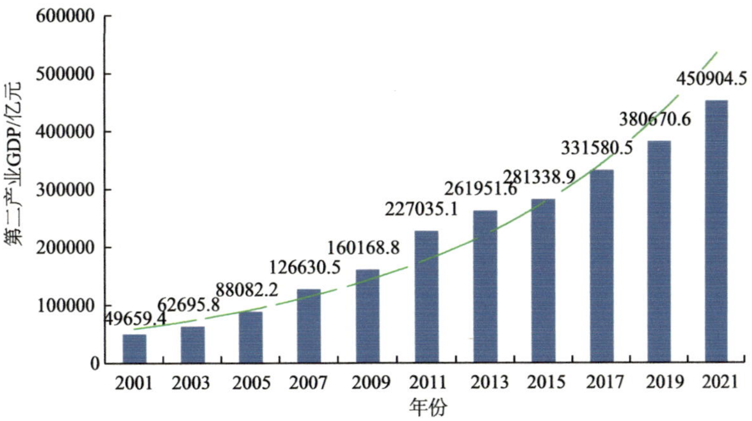

图 4-17　2001～2021 年中国第二产业 GDP

（1）工业部门。

本研究选取了《中国统计年鉴》中按行业分的规模以上工业企业主要指标中的产成品作为化学原料及化学制品制造业、黑色金属冶炼及压延加工业、有色金属冶炼及压延加工业、非金属矿物制品业、造纸和纸制品业、其他工业的活动水平，2015～2021 年工业子行业产成品如图 4-18 所示。

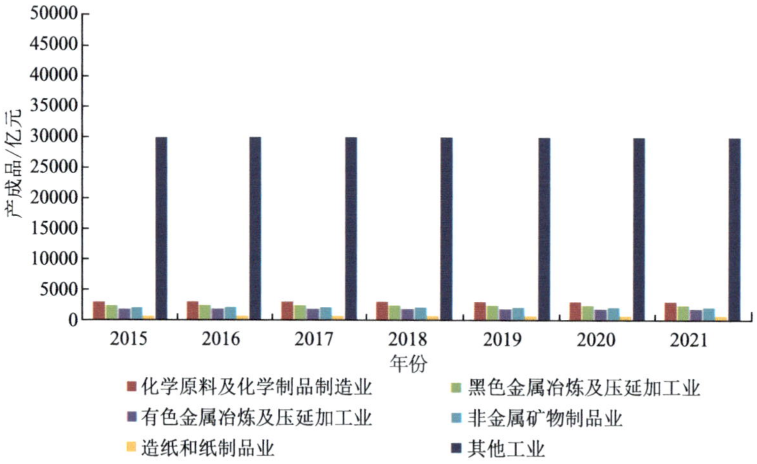

图 4-18 2015～2021 年工业子行业产成品

2021 年经济复苏，对于工业产成品需求加大，相较 2020 年各行业都有了快速增加。化学原料及化学制品制造业 2021 年产成品总量达到 3643.9 亿元，增速 30.72%。化学原料及化学制品制造业作为我国国民经济发展的重要支柱行业，生产的有机和无机原料等众多重要产品，为国民经济各部门提供基础原材料和配套产品，在我国的经济建设、人民生活等方面发挥重要作用。因此，该部门也成为整个经济中增长最快的能源消费源之一。

未来我国的化学原料及化学制品制造业产成品产量有望继续保持增长趋势，随着基数变大增长渐缓。表 4-15 呈现出化学原料及化学制品制造业产成品展望。根据行业专家的判断以及国内形势的分析，本研究预计基准情景下 2022～2030 年产成品增速保持在 11.45%，2051～2060 年作为碳中和冲刺阶段，产成品增速降为 2.40%。

表 4-15 化学原料及化学制品制造业产成品展望

情景		2022～2030 年	2031～2040 年	2041～2050 年	2051～2060 年
基准情景		11.45%	8.01%	4.81%	2.40%
结构减排情景	产业结构调整	10.30%	7.21%	4.33%	2.16%
	能源结构调整	同基准情景			
技术减排情景		同基准情景			
综合情景		同产业结构调整情景			

产业结构调整情景下，积极响应国家号召，促进产业结构优化升级，第二产业增长速度放缓，在此情景下，2022～2030 年化学原料及化学制品制造业产成品增速为 10.30%，2051～2060 年产成品增速为 2.16%。

能源结构调整情景和技术减排情景下，化学原料及化学制品制造业活动水平保持基准情景增速。

综合情景是以基准情景为参考，各情景综合作用的结果，化学原料及化学制品制造业活动水平与产业结构调整情景保持一致。

黑色金属冶炼及压延加工业持续需求火热，行业发展长期向好，居民消费水平的提高为其行业市场需求提供了经济基础。当前，黑色金属冶炼及压延加工业融合了人工智能、大数据、云计算等科学技术，逐步实现大中小型城市黑色金属冶炼及压延加工业科技体验普及化，不断优化信息管理服务。2021 年黑色金属冶炼及压延加工业产成品总量为 2660.3 亿元，增速达到 10.55%。

综合前述影响因素，以及当前技术水平和发展规划，本研究预计在基准情景下，“十四五”期间我国黑色金属冶炼及压延加工业将会保持 6.47%的增速。随着我国基建潮渐近尾声，黑色金属冶炼及压延加工业需求量逐渐开始下降，预计到 2050 年增速为 2.72%，2060 年将进一步下降至 2.40%。表 4-16 呈现出黑色金属冶炼及压延加工业产成品展望。

表 4-16　黑色金属冶炼及压延加工业产成品展望

情景		2022～2030 年	2031～2040 年	2041～2050 年	2051～2060 年
基准情景		6.47%	4.53%	2.72%	2.40%
结构减排情景	产业结构调整	5.82%	4.08%	2.45%	1.22%
	能源结构调整	同基准情景			
技术减排情景		同基准情景			
综合情景		同产业结构调整情景			

产业结构调整情景下，2022～2030 年黑色金属冶炼及压延加工业产成品增速为 5.82%，2051～2060 年产成品增速为 1.22%。

能源结构调整情景和技术减排情景下，黑色金属冶炼及压延加工业活动水平保持基准情景增速。

综合情景是以基准情景为参考，各情景综合作用的结果，黑色金属冶炼及压延加工业活动水平与产业结构调整情景保持一致。

有色金属冶炼及压延加工业统筹推进新冠疫情防控和复工复产工作，持续深化供给侧结构性改革，推进传统产业控产能、促转型，加快高端产业强基础、补短板，推动行业高质量发展，行业运行整体平稳。2021 年有色金属冶炼及压延加工业产成品总量达到 1810.9 亿元，同比增长 17.54%。

未来能源结构中光伏发电将占据极为重要的地位，在今后相当长的一段时间内，是光伏发电的大发展时期。铝工业作为有色金属冶炼及压延加工业的主要工业，在太阳能装备系统中得到了广泛应用，即使没有重要的新用途出现，未来一段时间铝材的产量仍将继续提高。同时，考虑到铝材具有轻质、高强、耐腐蚀、可多次循环利用等优势，以及技术的不断进步，铝在建筑、交通、电力等领域的应用范围可能会扩大，并导致原生铝产量峰值的提高和达峰年限的推迟。因此，本研究预计基准情景下有色金属冶炼及压延加工业 2060 年增速为 0.91%。表 4-17 呈现出有色金属冶炼及压延加工业产成品展望。

表 4-17　有色金属冶炼及压延加工业产成品展望

情景		2022～2030 年	2031～2040 年	2041～2050 年	2051～2060 年
基准情景		4.34%	3.04%	1.82%	0.91%
结构减排情景	产业结构调整	3.91%	2.74%	1.64%	0.82%
	能源结构调整	同基准情景			
技术减排情景		同基准情景			
综合情景		同产业结构调整情景			

产业结构调整情景下，2051～2060 年有色金属冶炼及压延加工业增速保持 0.82%。

能源结构调整情景和技术减排情景下，有色金属冶炼及压延加工业活动水平保持基准情景增速。

综合情景是以基准情景为参考，各情景综合作用的结果，有色金属冶炼及压延加工业活动水平与产业结构调整情景保持一致。

近年来，随着我国经济的进步和工业化进程的加快，非金属矿物制品业得到了较快的发展，产量稳定增长，行业利润也得到提升。2018～2021 年，我国非金属矿物制品业规模以上企业的利润总额呈现逐年递增态势。2021 年底，其利润总额约为 5587.4 亿元，同比增长 14.30%；最新数据显示，2021

年我国非金属矿物制品业规模以上企业产成品总额约为 2899.6 亿元，同比增速为 23.52%。

“十三五”期间，我国非金属矿物制品业需求处于“传统领域提质增量、新兴领域加快拓展、需求与供给有效促进”的需求增长机遇期。日化、造纸、涂料、冶金、橡塑等传统基础工业领域产业升级对高性能非金属矿原辅材料的需求将有较大增长；农业农村、环境治理、新能源、电子信息、功能填料等新兴领域对矿物功能材料的需求具有极大的市场潜力，将是非金属矿物制品业新的增长极；国防军工、生物医药、航空航天等领域对高性能矿物功能材料的需求，将随着技术创新的突破有较大的需求潜力。预计基准情景下非金属矿物制品业 2022～2030 年增速为 11.81%。表 4-18 呈现出非金属矿物制品业产成品展望。

表 4-18 非金属矿物制品业产成品展望

情景		2022～2030 年	2031～2040 年	2041～2050 年	2051～2060 年
基准情景		11.81%	8.26%	4.96%	2.48%
结构减排情景	产业结构调整	10.63%	7.44%	4.46%	2.23%
	能源结构调整	同基准情景			
技术减排情景		同基准情景			
综合情景		同产业结构调整情景			

产业结构调整情景下，2022～2030 年非金属矿物制品业增速为 10.63%，2051～2060 年增速为 2.23%。

能源结构调整情景和技术减排情景下，非金属矿物制品业活动水平保持基准情景增速。

综合情景是以基准情景为参考，各情景综合作用的结果，非金属矿物制品业活动水平与产业结构调整情景保持一致。

2021 年，造纸和纸制品业克服原料、能源、运输等成本上涨，新冠疫情多点散发对市场带来的诸多不确定因素等影响，通过优化产业结构、提升产品质量，保障了市场供给，实现了产销两旺，经济效益显著增长。造纸和纸制品业 2021 年完成纸浆、纸及纸板和纸制品合计 28021 万吨，同比增长 9.89%；全行业营业收入 1.50 万亿元，同比增长 14.74%；实现利润总额 885 亿元，同比增长 6.92%。2021 年造纸和纸制品业规模以上企业产成品总额约为 664.2 亿元，同比增速为 25.46%。

随着国家进一步提高造纸和纸制品业门槛和环保排放标准，造纸和纸制品业落后产能的关停速度将会被加快。我国造纸和纸制品业中小企业面临关停的生存危机，在环保趋严态势下，行业整体运营成本上升，盈利空间缩小，可以预见随着行业整合，行业集中度也将随之提高，行业竞争也将越来越激烈。预计基准情景下造纸和纸制品业 2060 年增速为 2.58%。表 4-19 呈现出造纸和纸制品业产成品展望。

表 4-19　造纸和纸制品业产成品展望

情景		2022～2030 年	2031～2040 年	2041～2050 年	2051～2060 年
基准情景		12.27%	8.59%	5.15%	2.58%
结构减排情景	产业结构调整	11.04%	7.73%	4.64%	2.32%
	能源结构调整	同基准情景			
技术减排情景		同基准情景			
综合情景		同产业结构调整情景			

产业结构调整情景下，2051～2060 年造纸和纸制品业增速保持 2.32%。

能源结构调整情景和技术减排情景下，造纸和纸制品业活动水平保持基准情景增速。

综合情景是以基准情景为参考，各情景综合作用的结果，造纸和纸制品业活动水平与产业结构调整情景保持一致。

其他工业包含除上述五大高排放工业外的其他工业，2021 年其他工业产成品总量达到 43673.4 亿元，增速超过 17%。预计基准情景下其他工业 2060 年增速为 2.06%。表 4-20 呈现出其他工业产成品展望。

表 4-20　其他工业产成品展望

情景		2022～2030 年	2031～2040 年	2041～2050 年	2051～2060 年
基准情景		9.80%	6.86%	4.11%	2.06%
结构减排情景	产业结构调整	8.82%	6.17%	3.70%	1.85%
	能源结构调整	同基准情景			
技术减排情景		同基准情景			
综合情景		同产业结构调整情景			

产业结构调整情景下，2051～2060年其他工业增速保持1.85%。

能源结构调整情景和技术减排情景下，其他工业活动水平保持基准情景增速。

综合情景是以基准情景为参考，各情景综合作用的结果，其他工业活动水平与产业结构调整情景保持一致。

（2）建筑部门。

自2012年以来，建筑业增加值占GDP的比重始终保持在6.85%以上。2021年虽然有所下降，仍然达到了7.01%。图4-19呈现出2012～2021年建筑业增加值占GDP的比重。由图可知，建筑业作为国民经济支柱产业的地位稳固。

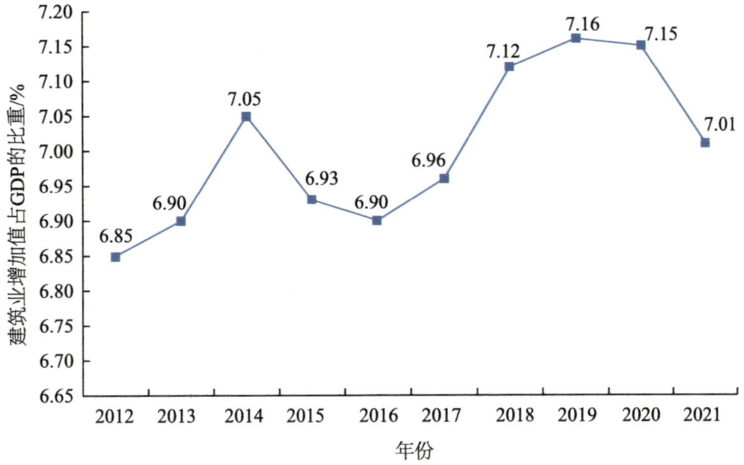

图4-19　2012～2021年建筑业增加值占GDP的比重

图4-20呈现出2017～2021年建筑业增加值及其增速。由图可知，2021年建筑业增加值80138亿元，比上年增长2.1%。全国具有资质等级的总承包和专业承包建筑业企业利润8554亿元，比上年增长1.3%，其中国有控股企业3620亿元，比上年增长8.0%。

未来建筑行业将融入建筑信息模型（BIM）、地理信息系统（GIS）、云计算、大数据、人工智能、3D打印、物联网、机器人等技术，传统建筑行业转型升级为数字建筑行业，以创建新的数据协同效应，将有效率更高的、更好的、更多的协作平台来进行建筑服务。建筑业占GDP的16%，对国民经济影响很大。在总量不再迅速增长的新常态下，传统业务和赚钱模式将受

图 4-20　2017～2021 年建筑业增加值及其增速

到挑战，原始的利益格局将发生变化；尽管外部市场存在不确定性，建筑业仍是中国的支柱产业，也是“一带一路”中国建设的核心支撑。发展建筑公司新模式，以实现通过品牌效应，吸附和带动其他中小企业入驻，推动产业链上下游集群集聚的目的，此外，汇集多个产业资源塑造“互联网+建设、金融+建设、投资+建设”的战略布局，推动“各个角落”产业创新发展，引领经济转型升级。

随着我国城镇化进程迈入中后期阶段，城市群作为新型城镇化主体形态的轮廓更加清晰。在中心城市承载能力提升方面，重点关注民生工程“补短板”、公共服务类项目的建设、人居环境的打造，以及一、二线城市的新区建设和特大工业镇的发展；在城市群内部连接网络完善方面，重点关注长三角、粤港澳大湾区、京津冀等区域的城际轨道交通网建设。目前，数字经济进入快速发展阶段，需要一套完整的数字化基础设施作为支撑。在庞大的应用需求和国家政策的支持下，新基建未来建设前景广阔。

总的来说，随着我国城市化水平的发展和人们生活水平的提高，人民对建筑面积的需求将会持续提高，因此建筑行业将会呈现上升趋势，预计在基准情景下建筑行业 2022～2030 年 GDP 增速为 5.20%。表 4-21 呈现出建筑行业 GDP 展望。

表 4-21　建筑行业 GDP 展望

情景		2022～2030 年	2031～2040 年	2041～2050 年	2051～2060 年
基准情景		5.20%	3.64%	2.19%	1.09%
结构减排情景	产业结构调整	4.68%	3.28%	1.97%	0.98%
	能源结构调整	同基准情景			
技术减排情景		同基准情景			
综合情景		同产业结构调整情景			

产业结构调整情景下，建筑行业 2022～2030 年 GDP 增速为 4.68%，2051～2060 年增速为 0.98%。

能源结构调整情景和技术减排情景下，建筑行业活动水平保持基准情景增速。

综合情景是以基准情景为参考，各情景综合作用的结果，建筑行业活动水平与产业结构调整情景保持一致。

3）第二产业能耗强度展望

（1）工业部门。

工业领域能源消费约占全社会能源消费的 65%，是节能重点领域和主战场之一。我国工业领域用能企业数量多、涉及面广，加快推进工业节能提效，不仅有利于提升企业能源资源利用效率，降低能源成本，还能够推动重点行业领域工艺流程、生产设备更新换代，提升行业绿色低碳发展水平。

近年来，我国工业能效水平不断提升，规模以上工业单位增加值能耗在“十三五”期间下降 16%的基础上，2021 年下降 5.6%，化学原料及化学制品制造业、黑色金属冶炼及压延加工业、有色金属冶炼及压延加工业、非金属矿物制品业、造纸及造纸制品业等重点用能行业能效水平显著提升，节能环保产业产值超过 8 万亿元，年增速在 10%以上。

图 4-21 呈现出 2015～2021 年工业重点行业能耗强度变化趋势。由图可知，化学原料及化学制品制造业、有色金属冶炼及压延加工业两个行业的能耗强度在 2020 年到达峰值，这得益于疫情对于国内外经济的冲击；其他行业仍保持平稳下降态势，随着 2021 年疫情好转，所有行业能耗强度持续降低。

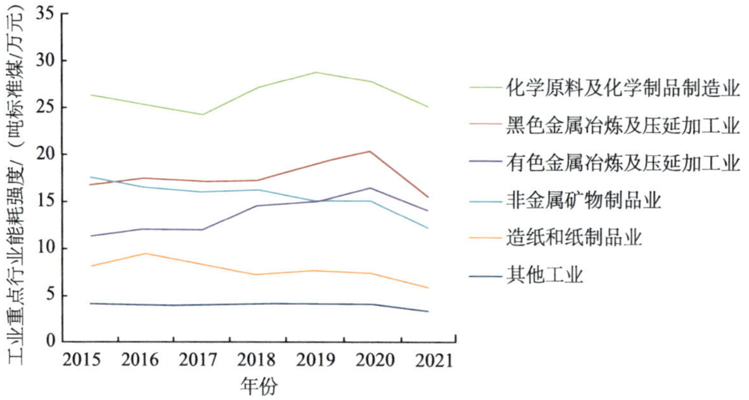

图 4-21　2015～2021 年工业重点行业能耗强度

围绕工业领域节能降碳，国家不断推进绿色制造政策标准体系建设，打造了一批绿色工厂、绿色工业园区、绿色供应链管理企业。同时，我国加强技术突破、标准引领、示范推广，逐步构建起从基础原材料到终端消费品的全链条绿色产品供给体系。但工业节能提效目前仍面临重点用能行业节能挖潜难度日益加大、用能结构绿色化水平不高、节能提效技术创新及装备推广存在短板等问题。

为了突破这些难题，早日实现“双碳”目标。未来 40 年我国持续进行技术创新，加强重点行业能量系统优化、余热余压利用、可再生能源利用、公辅设施改造；持续开展国家绿色数据中心建设，提高网络设备等信息处理设备能效；加强用能供需双向互动，统筹用好化石能源、可再生能源等不同能源品种，积极构建电、热、冷、气等多能高效互补的工业用能结构；围绕电机、变压器、锅炉等通用用能设备，持续开展能效提升专项行动，加大高效用能设备应用力度，加强重点用能设备系统匹配性节能改造和运行控制优化。化学原料及化学制品制造业、黑色金属冶炼及压延加工业、有色金属冶炼及压延加工业、非金属矿物制品业等重点用能行业的能耗强度将大幅降低。

表 4-22 呈现出化学原料及化学制品制造业各情景下的能耗强度。由表可知，化学原料及化学制品制造业在基准情景下在“十四五”末期能耗强度为 14.3121 吨标准煤/万元，2060 年能耗强度降为 8.0527 吨标准煤/万元。产业结构调整情景下工业增速放缓，能耗强度相应提高为 14.4340 吨标准煤/万元，到 2060 年能耗强度为 8.6057 吨标准煤/万元。技术减排情景降低了煤炭相关

企业能耗水平，从而带动能耗强度下降，该情景下 2060 年能耗强度比基准情景下降 0.9644 吨标准煤/万元。综合情景则是各情景加成的结果，能耗强度最低。

表 4-22　化学原料及化学制品制造业各情景下的能耗强度　（单位：吨标准煤/万元）

情景		2025 年	2030 年	2035 年	2040 年	2045 年	2050 年	2055 年	2060 年
基准情景		14.3121	12.9263	11.8241	10.8158	10.0277	9.2970	8.6525	8.0527
结构减排情景	产业结构调整	14.4340	13.1711	12.1567	11.2205	10.4824	9.7929	9.1802	8.6057
	能源结构调整	同基准情景							
技术减排情景		14.0473	12.4032	11.1235	9.9757	9.0951	8.2923	7.6667	7.0883
综合情景		13.8857	12.0897	10.7103	9.4883	8.5615	7.7252	7.0798	6.4884

表 4-23 呈现出黑色金属冶炼及压延加工业各情景下的能耗强度。由表可知，黑色金属冶炼及压延加工业在基准情景下，2025 年能耗强度为 20.0522 吨标准煤/万元，得益于技术更新升级，2060 年能耗强度大幅下降为 4.3021 吨标准煤/万元。产业结构调整情景下工业增速放缓，能耗强度相应提高为 20.5218 吨标准煤/万元，到 2060 年能耗强度为 5.1516 吨标准煤/万元。技术减排情景降低了煤炭相关企业能耗水平，从而带动能耗强度下降，该情景下 2060 年能耗强度比基准情景下降 1.7511 吨标准煤/万元。综合情景则是各情景加成的结果，能耗强度最低。

表 4-23　黑色金属冶炼及压延加工业各情景下的能耗强度　（单位：吨标准煤/万元）

情景		2025 年	2030 年	2035 年	2040 年	2045 年	2050 年	2055 年	2060 年
基准情景		20.0522	15.2548	12.0146	9.4627	7.7302	6.3150	5.2122	4.3021
结构减排情景	产业结构调整	20.5218	16.0559	12.9579	10.4576	8.7208	7.2724	6.1208	5.1516
	能源结构调整	同基准情景							
技术减排情景		18.6155	12.9432	9.4273	6.8664	5.2516	4.0165	3.2009	2.5510
综合情景		17.9793	11.9859	8.4172	5.9111	4.3842	3.2518	2.5253	1.9611

表 4-24 呈现出有色金属冶炼及压延加工业各情景下的能耗强度。由表可知，有色金属冶炼及压延加工业基准情景下 2025 年能耗强度为 12.5987 吨标准煤/万元，2060 年能耗强度为 5.9490 吨标准煤/万元，35 年间能耗强度下降 6.6497 吨标准煤/万元。产业结构调整情景下能耗强度相应提高为 12.7394 吨

标准煤/万元，到 2060 年能耗强度为 6.4890 吨标准煤/万元。技术减排情景降低了煤炭相关企业能耗水平，从而带动能耗强度下降，该情景下 2060 年能耗强度达到 5.6038 吨标准煤/万元。综合情景下 2060 年能耗强度最低，为 5.0524 吨标准煤/万元。

表 4-24 有色金属冶炼及压延加工业各情景下的能耗强度 （单位：吨标准煤/万元）

情景		2025 年	2030 年	2035 年	2040 年	2045 年	2050 年	2055 年	2060 年
基准情景		12.5987	11.0302	9.8191	8.7410	7.9195	7.1753	6.5334	5.9490
结构减排情景	产业结构调整	12.7394	11.3045	10.1822	9.1714	8.3927	7.6800	7.0595	6.4890
	能源结构调整	同基准情景							
技术减排情景		12.4679	10.7786	9.4898	8.3552	7.4996	6.7316	6.1419	5.6038
综合情景		12.2998	10.4599	9.0780	7.8787	6.9865	6.1953	5.5947	5.0524

表 4-25 呈现出非金属矿物制品业各情景下的能耗强度。由表可知，非金属矿物制品业基准情景下 2025 年能耗强度为 9.6952 吨标准煤/万元，2060 年能耗强度为 2.0182 吨标准煤/万元。产业结构调整情景下能耗强度相应提高为 9.9269 吨标准煤/万元，到 2060 年能耗强度为 2.4255 吨标准煤/万元。技术减排情景降低了煤炭相关企业能耗水平，从而带动能耗强度下降，该情景下 2060 年能耗强度首次降低到 1 吨标准煤/万元以下。综合情景下 2060 年能耗强度最低，为 0.6337 吨标准煤/万元。

表 4-25 非金属矿物制品业各情景下的能耗强度 （单位：吨标准煤/万元）

情景		2025 年	2030 年	2035 年	2040 年	2045 年	2050 年	2055 年	2060 年
基准情景		9.6952	7.3360	5.7508	4.5082	3.6683	2.9848	2.4544	2.0182
结构减排情景	产业结构调整	9.9269	7.7293	6.2118	4.9922	4.1483	3.4471	2.8916	2.4255
	能源结构调整	同基准情景							
技术减排情景		8.6158	5.6515	3.9136	2.7101	1.9865	1.4561	1.1197	0.8609
综合情景		8.2728	5.1664	3.4286	2.2753	1.6093	1.1382	0.8493	0.6337

表 4-26 呈现出造纸及造纸制品业各情景下的能耗强度。由表可知，造纸及造纸制品业基准情景下 2025 年能耗强度为 4.4373 吨标准煤/万元，2060 年能耗强度为 0.6287 吨标准煤/万元。产业结构调整情景下能耗强度相应提高为 4.5708 吨标准煤/万元，到 2060 年能耗强度为 0.7914 吨标准煤/万元。技术减

排情景降低了煤炭相关企业能耗水平，从而带动能耗强度下降，该情景下 2060 年能耗强度降低为 0.5431 吨标准煤/万元。综合情景下 2060 年能耗强度最低，效果最显著，为 0.4126 吨标准煤/万元。

表 4-26　造纸及造纸制品业各情景下的能耗强度　（单位：吨标准煤/万元）

情景		2025 年	2030 年	2035 年	2040 年	2045 年	2050 年	2055 年	2060 年
基准情景		4.4373	3.1343	2.3144	1.7090	1.3222	1.0230	0.8019	0.6287
结构减排情景	产业结构调整	4.5708	3.3466	2.5493	1.9420	1.5425	1.2252	0.9847	0.7914
	能源结构调整	同基准情景							
技术减排情景		4.3224	2.9576	2.1245	1.5261	1.1537	0.8721	0.6882	0.5431
综合情景		4.1680	2.7292	1.8871	1.3048	0.9552	0.6993	0.5371	0.4126

表 4-27 呈现出其他工业各情景下的能耗强度。由表可知，其他工业基准情景下 2025 年能耗强度为 2.9703 吨标准煤/万元。产业结构调整情景下能耗强度为 3.0107 吨标准煤/万元，到 2060 年能耗强度为 1.3282 吨标准煤/万元。技术减排情景降低了煤炭相关企业能耗水平，从而带动能耗强度下降，该情景下 2060 年能耗强度降低为 1.1290 吨标准煤/万元。综合情景下 2060 年能耗强度最低，效果最显著，为 0.9971 吨标准煤/万元。

表 4-27　其他工业各情景下的能耗强度　（单位：吨标准煤/万元）

情景		2025 年	2030 年	2035 年	2040 年	2045 年	2050 年	2055 年	2060 年
基准情景		2.9703	2.5275	2.1948	1.9059	1.6908	1.5000	1.3389	1.1950
结构减排情景	产业结构调整	3.0107	2.6043	2.2940	2.0207	1.8145	1.6294	1.4711	1.3282
	能源结构调整	同基准情景							
技术减排情景		2.9389	2.4689	2.1200	1.8204	1.5997	1.4058	1.2598	1.1290
综合情景		2.8914	2.3815	2.0100	1.6965	1.4693	1.2725	1.1264	0.9971

（2）建筑部门。

根据中国建筑节能协会公布的数据，全国建筑全过程碳排放总量占全国碳排放总量的比重超半数，其中建筑材料（钢铁、水泥、铝材等）占比 28.3%；运行阶段（城镇居建、公共建筑、农村建筑）占比 21.9%，施工阶段占比 1%。由此可见，建筑领域为我国主要碳排放来源之一，建筑领域推行高标准的节能技术，是实现碳中和目标的重要手段。

2021 年建筑能源消费不断增长，全生命周期能耗占比近一半。图 4-22 呈现出中国建筑全生命周期能耗占全国能耗消费总量的比重。由图可知，建筑能耗占全国能源消费总量的比重为 46.5%。其中，建材生产阶段占建筑全生命周期能耗的 51.3%，占全国能源消费总量的比重为 23.8%。建筑施工阶段占建筑全生命周期能耗的 2.2%，占全国能源消费总量的比重为 1.0%。建筑运行阶段占建筑全生命周期能耗的 46.6%，占全国能源消费总量的比重为 21.7%。

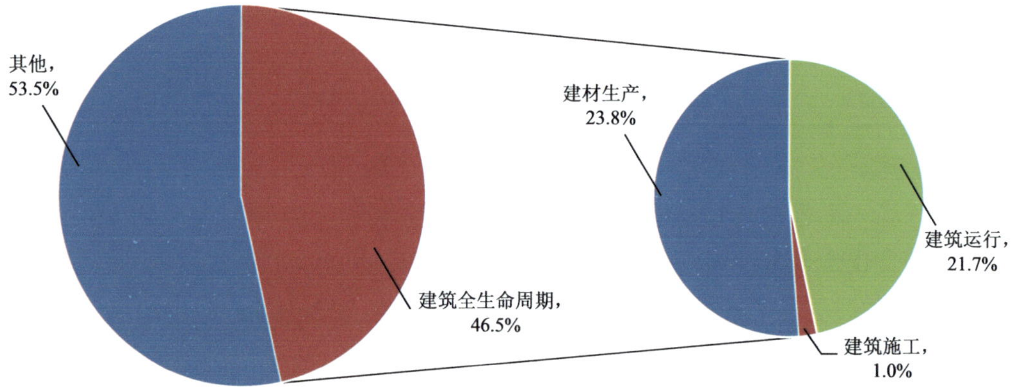

图 4-22　中国建筑全生命周期能耗占全国能耗消费总量的比重

未来节能建筑技术将不断发展，被动式节能成为重要手段。超低能耗建筑、近零能耗建筑和零能耗建筑是在建筑迈向零能耗目标的过程中，根据其能耗目标实现的难易程度，表现出来的三种形式。因此，这三个名词实际上是属于同一技术体系，其实现难度大概如下：零能耗建筑＞近零能耗建筑＞超低能耗建筑。其中，超低能耗建筑能耗水平应较相关国家标准和行业标准降低 50%以上；近零能耗建筑应降低能耗 60%～75%，零能耗建筑充分利用建筑物本体及周边或外购的可再生能源，使可再生能源全年供能大于等于建筑物全年全部用能的建筑。

中国的节能和能效相关政策在提高建筑能效方面发挥了重要作用，尤其是在建筑采暖方面贡献突出。自 20 世纪 80 年代以来，中国的建筑节能设计标准已加强城市地区建筑围护结构的保温要求，但仍有进一步改善的潜力，包括被动房屋和一体化设计解决方案等，进而实现建筑的净零能耗，此外，这些标准也可进一步推广于农村地区。自 2017 年以来，中国的清洁采暖政策已强制禁止单独使用煤炉，大力推广燃气锅炉和热泵，并给予大量补贴，大量燃气锅炉和空气源热泵在农村地区得到安装。但由于中国的天然气资源短缺和天然气价格的飙升，2019 年清洁供暖政策中已弱化天然气的作用，转而推广生物质锅炉和热泵，作为农村地区的主要供暖来源。

除供暖外，制冷和照明也是提高建筑能效的关键领域。虽然中国是最大的室内空调市场和生产国，但中国的平均制冷能效只能达到当前可用最佳技术的 60%。相关研究预测，到 2050 年，通过提高制冷能效标准最低值，中国的制冷能效可以进一步提高 30%。2010～2018 年，发光二极管（LED）照明技术的迅速发展，已将能源效率从每瓦特 50 流明提高到了每瓦特 100 流明。相关研究预测，到 2050 年，LED 照明的能效水平可达每瓦特 200 流明，意味着将能效再提高 100%。综上所述，到 2050 年，中国建筑部门能效的提高有望使建筑能耗降低多达 50%。

基准情景：基准情景下的建筑能耗展望是基于现有技术水平演进的推演结果，具体展望结果见表 4-28。

产业结构调整：第二产业增速相对放缓，第三产业增速强劲，导致能耗强度发生相应变化。2025 年建筑业能耗强度为 0.0970，2060 年降为 0.0280。

能源结构调整：该情景下能源强度保持基准情景数值。

技术减排情景：在该情景下，就目前以燃煤锅炉和热电联产为主的北方城镇采暖能耗而言，通过技术改造以及和工业余热利用等新技术结合之后能耗有望降低；同时，在实现碳中和的目标下，北方城镇采暖预计最终将转向更为清洁、高效的电力和可再生能源供应，因此预计未来 40 年内北方城镇采暖的能耗将持续下降，具体展望见表 4-28。

表 4-28　建筑业能耗强度

情景		2025 年	2030 年	2035 年	2040 年	2045 年	2050 年	2055 年	2060 年
基准情景		0.0950	0.0743	0.0600	0.0484	0.0404	0.0337	0.0283	0.0239
结构减排情景	产业结构调整	0.0970	0.0778	0.0642	0.0530	0.0450	0.0382	0.0327	0.0280
	能源结构调整	同基准情景							
技术减排情景		0.0936	0.0720	0.0572	0.0455	0.0374	0.0308	0.0261	0.0221
综合情景		0.0913	0.0681	0.0527	0.0408	0.0329	0.0265	0.0220	0.0183

综合情景综合了各情景减排行动，能耗强度最低。

4）第二产业能源结构展望

（1）工业部门。

图 4-23 呈现出基准情景下化学原料及化学制品制造业能源消费结构占比，预计到 2060 年，我国化学原料及化学制品制造业化石能源消费占比将维持在 20%左右。图 4-24 呈现出能源结构调整情景下化学原料及化学制品制造业能源消费结构占比，预计到 2060 年，我国化学原料及化学制品制造业电气化率升至 25.10%，化石能源占比将维持在 15%左右，下降约 5%。

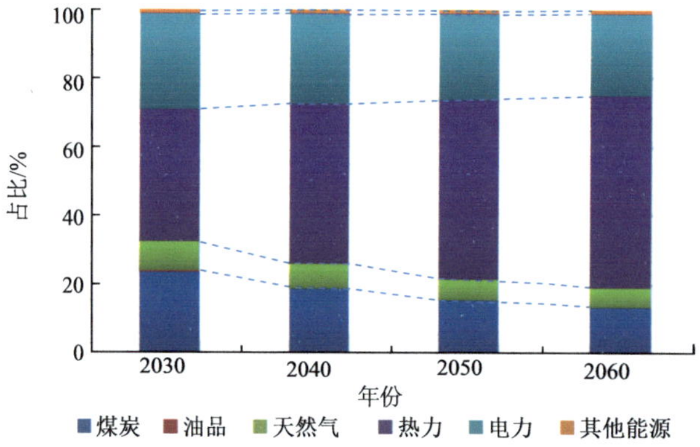

图 4-23 基准情景下化学原料及化学制品制造业能源结构展望

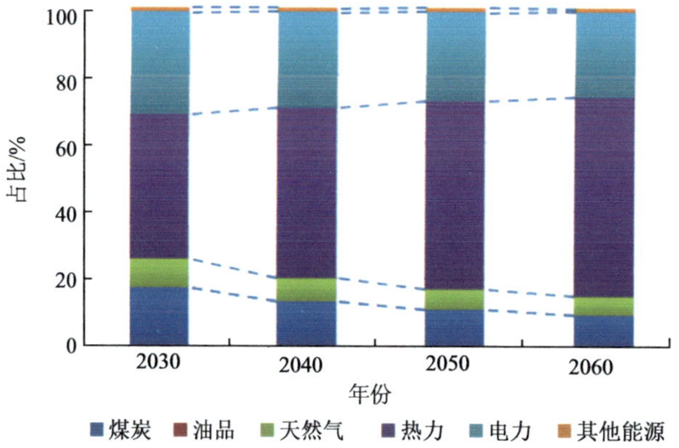

图 4-24 能源结构调整情景下化学原料及化学制品制造业能源结构展望

图 4-25 呈现出基准情景下黑色金属冶炼及压延加工业能源消费结构占比，预计到 2060 年，我国黑色金属冶炼及压延加工业电气化率将提升至 59.86%，化石能源占比将维持在 38%左右。图 4-26 呈现出能源结构调整情景下黑色金属冶炼及压延加工业能源消费结构占比，预计到 2060 年，我国

黑色金属冶炼及压延加工业电气化率升至67.57%，化石能源占比将维持在30%左右。

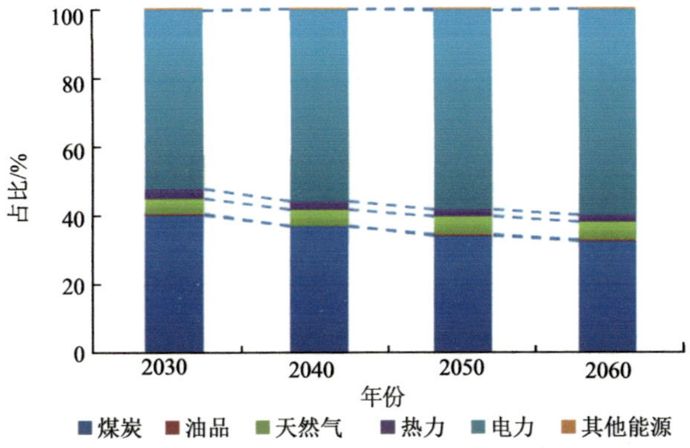

图 4-25　基准情景下黑色金属冶炼及压延加工业能源结构展望图

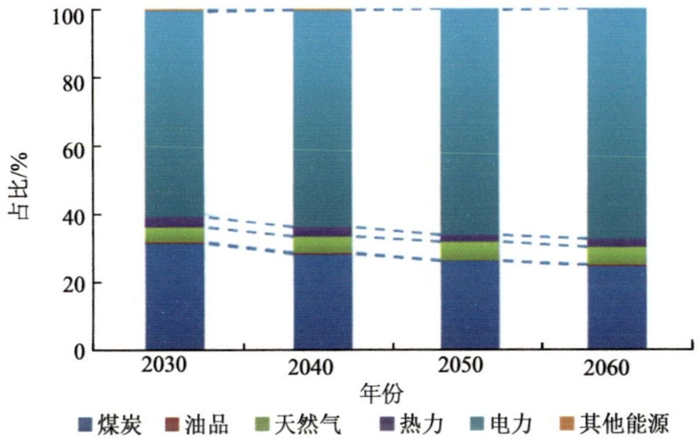

图 4-26　能源结构调整情景下黑色金属冶炼及压延加工业能源结构展望

图 4-27 呈现出基准情景下有色金属冶炼及压延加工业能源消费结构占比，预计到 2060 年，我国有色金属冶炼及压延加工业电气化率将提升至73.12%，化石能源占比将维持在13%左右。图4-28呈现出能源结构调整情景

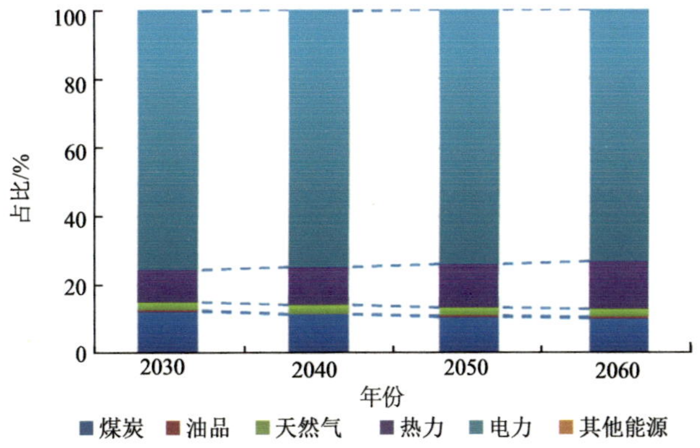

图 4-27　基准情景下有色金属冶炼及压延加工业能源结构展望

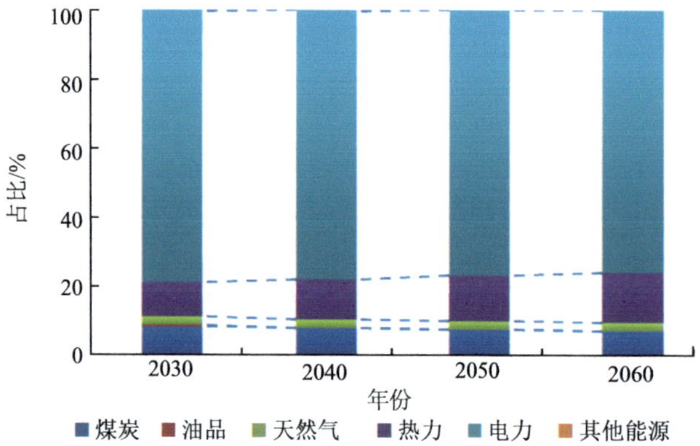

图 4-28 能源结构调整情景下有色金属冶炼及压延加工业能源结构展望

下有色金属冶炼及压延加工业能源消费结构占比，预计到 2060 年，我国有色金属冶炼及压延加工业电气化率升至 75.97%，化石能源占比将维持在 10%左右。

图 4-29 呈现出基准情景下非金属矿物制品业能源消费结构占比，预计到 2060 年，我国非金属矿物制品业电气化率将提升至 34.56%，化石能源占比将维持在 52.81%。图 4-30 呈现出能源结构调整情景下非金属矿物制品业能

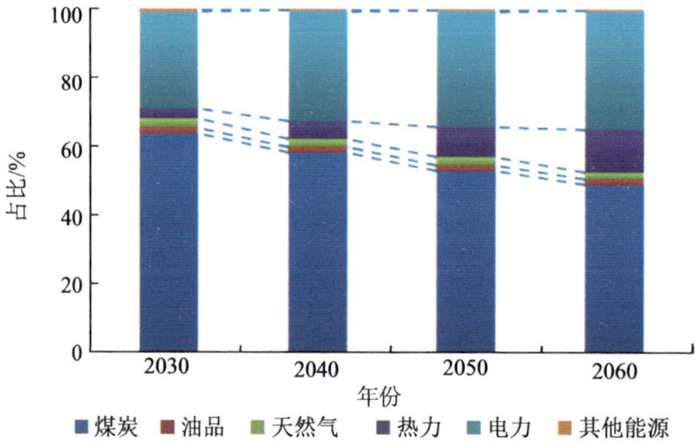

图 4-29 基准情景下非金属矿物制品业能源结构展望

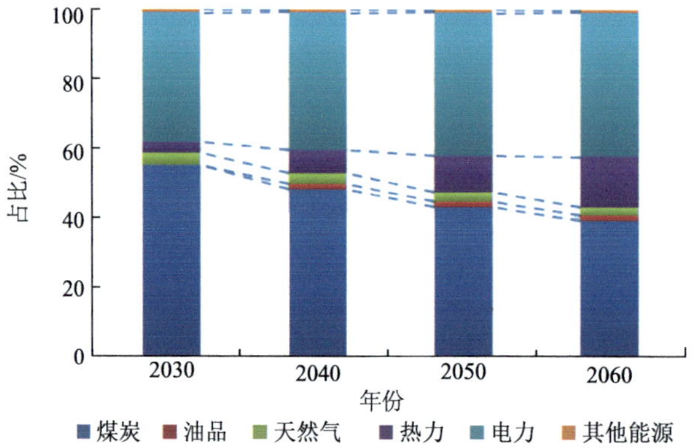

图 4-30 能源结构调整情景下非金属矿物制品业能源结构展望

源消费结构占比，预计到 2060 年，我国非金属矿物制品业电气化率升至 75.97%，化石能源占比将维持在 10%左右。

图 4-31 呈现出基准情景下造纸及造纸制品业能源消费结构占比，预计到 2060 年，我国造纸及造纸制品业电气化率将提升至 41.32%，化石能源占比将维持在 10%左右。图 4-32 呈现出能源结构调整情景下造纸及造纸制品业能源消费结构占比，预计到 2060 年，我国造纸及造纸制品业电气化率升至 42.01%，化石能源占比将维持在 10%左右。

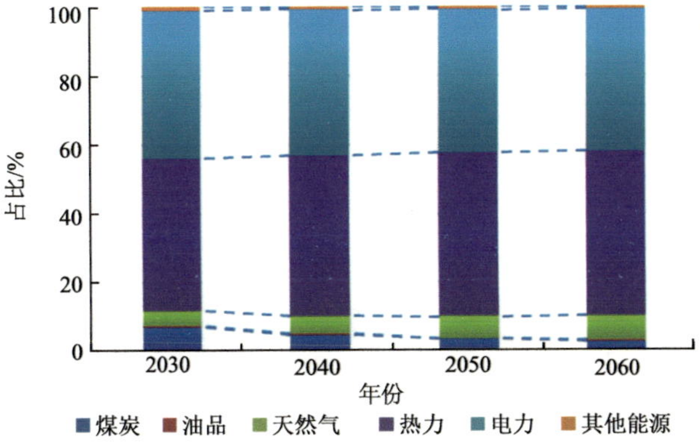

图 4-31　基准情景下造纸及造纸制品业能源结构展望

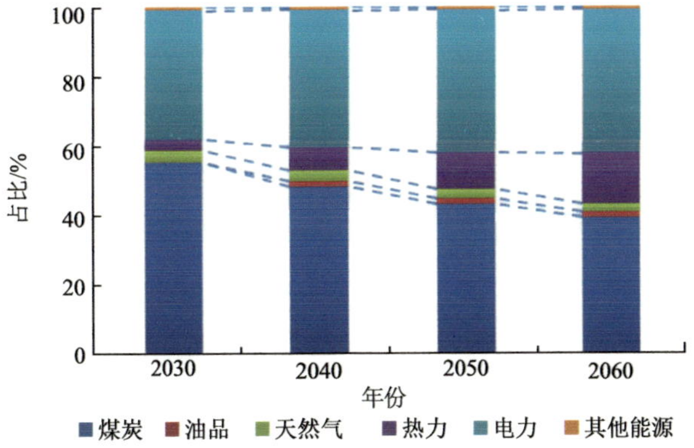

图 4-32　能源结构调整情景下造纸及造纸制品业能源结构展望

图 4-33 呈现出基准情景下其他工业能源消费结构占比，预计到 2060 年，我国其他工业电气化率将提升至 68.55%，化石能源占比将维持在 11%左右。图 4-34 呈现出能源结构调整情景下其他工业能源消费结构占比，预计到 2060 年，我国其他工业电气化率升至 70.06%，化石能源占比将维持在 10%左右。

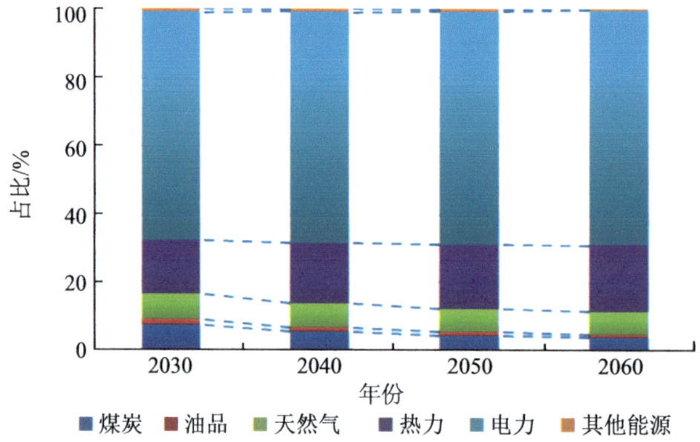

图 4-33 基准情景下其他工业能源结构展望

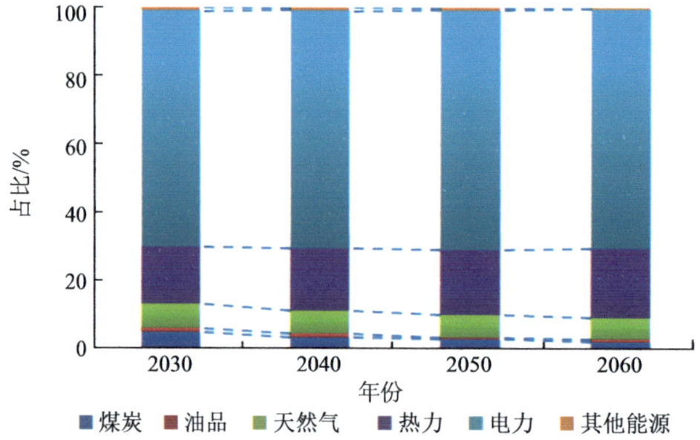

图 4-34 能源结构调整情景下其他工业能源结构展望

（2）建筑部门。

基准情景：图 4-35 呈现出基准情景下建筑业能源消费结构占比。研究预计到 2060 年建筑业电气化率达到 50%左右，煤、气使用呈现下降趋势，但油

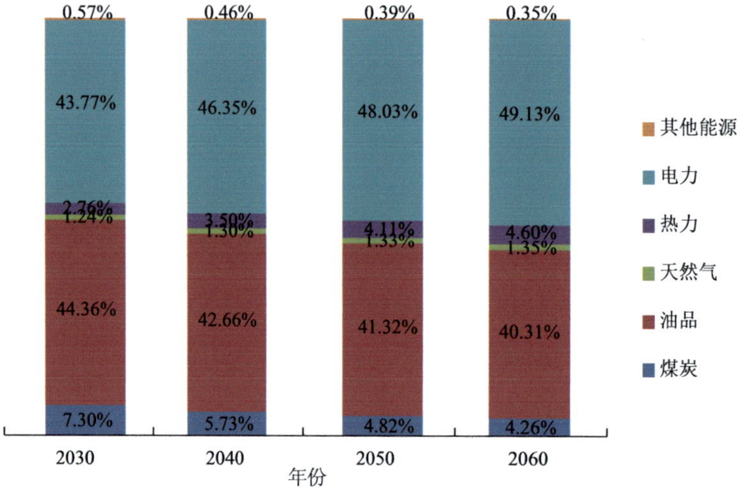

图 4-35 基准情景下建筑业能源消费结构展望

品使用仍然占据一定份额并长期保持在 40%左右。

产业结构调整情景和技术减排情景不对能源消费结构进行改变，所以保持基准情景能源消费结构展望。

图 4-36 呈现出能源结构调整情景下建筑业能源消费结构占比。研究预计 2060 年建筑业电气化率达到 53.20%，煤、油、气均呈现下降趋势，同时 2040 年后，沼气等生物质能源得到更加广泛的使用。

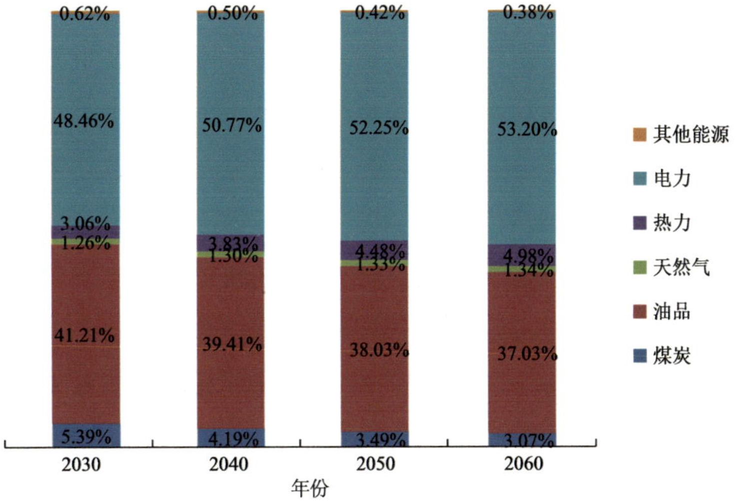

图 4-36　能源结构调整情景下建筑业能源消费结构展望

（三）第三产业

1）第三产业能源消费现状与趋势

中国第三产业能源碳排放总量持续上升，增速减缓。2000～2022 年，中国第三产业能源消费碳排放总量整体呈上升趋势，2022 年第三产业能源碳排放总量与 2000 年相比增加了 7.145 亿吨。其中，交通运输、仓储和邮政业碳排放量最大，占碳排放总量的 70%左右，由 1.913 亿吨增加到 7.122 亿吨。批发、零售和餐饮业及其他第三产业占碳排放总量比重较小，但 2022 年其碳排放量增速分别达到 46.3%、30.7%。

2022 年，中国完成了“十三五”规划，稳步推进“十四五”规划。第三产业经济蓬勃发展，机械化水平不断提高，所需的化石能源消耗也大幅增加。人口规模加大，城镇化进程进一步加快，也在一定程度上增加了能源消费量。中国第三产业能源碳排放量增速放缓，2000 年以来第三产业碳排放平均增速为 8.09%，但 2022 年以后，增速平均维持在 3%，这说明第三产业充分响应“双碳”政策，符合国家减排目标。

我国经济社会的快速发展和人民生活水平的不断提高，以及城镇化进程的推进，带来了消费市场、基础建设、公共服务等方面的提升。第三产业的能源消费量也在不断上升，而随着第三产业低碳发展政策措施的不断强化，以及更加先进高效低碳的交通方式与生活理念的不断发展和普及，我国第三产业的能源消费量或将尽早达峰。为此，本章基于对我国第三产业中长期发展变化趋势的客观判断，围绕交通运输、仓储和邮政业，批发和零售业、住宿和餐饮业，其他第三产业三类进行展望分析，并推导出第三产业各部门能耗强度及能源消费结构。

2）第三产业活动水平展望

一个国家第三产业占比的高低在一定程度上反映了该国的经济规模与活力。图 4-37 呈现出 2000～2021 年中国第三产业 GDP 变化。由图可知，2021 年我国经济增长 7.8%，第三产业增加值占比继续提高，固定资产投资、消费增速均大幅回升，居民收入稳定增长。

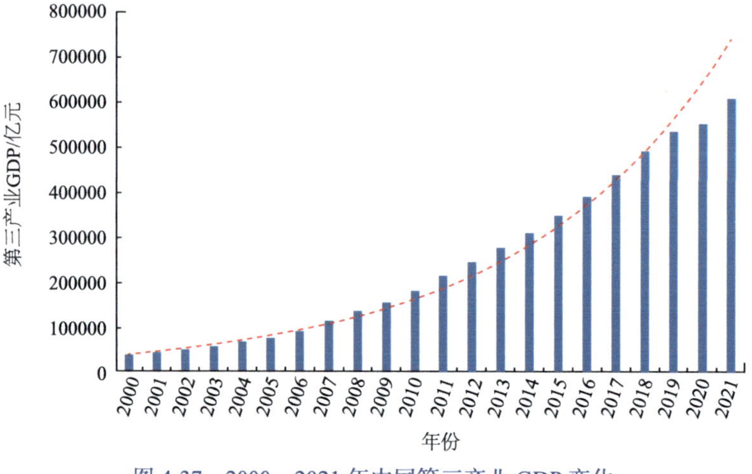

图 4-37　2000～2021 年中国第三产业 GDP 变化

从生产总值的产业分布上来说，2021 年第三产业总产值为 61 万亿元，占全部产值的 53%。2020 年与 2021 年整体增速最高的是信息传输、软件和信息技术服务业，即通常所说的互联网行业。虽然互联网行业 2021 年增速高达 17.2%，但总计的市场规模与生产值仍是所有行业中倒数第三位，仅有 4.4 万亿元。这说明，我国互联网行业发展道阻且长。

根据《中国统计年鉴》，将第三产业划分为交通运输、仓储和邮政业，批发和零售业，住宿和餐饮业，其他第三产业。将金融业、房地产业、教育等归类为其他第三产业。

交通运输、仓储和邮政业是中国经济活动和社会连通性的关键推动因素，其能源消费和二氧化碳排放量快速增长。在过去的40年，中国在交通基础设施领域进行了大规模的投资建设。随着公路、铁路网络的不断完善，中国的客运量和货运量都取得了巨大的增长。即使在统计不完整的情况下，客运周转量和货运周转量也分别增长了17.6倍和18倍。尽管总量增长幅度很大，但中国的人均交通服务使用量仍远低于发达的富裕经济体。

与所有国家一样，中国绝大多数的公路运输是由内燃机汽车提供的，而航空运输动力几乎完全来自以化石燃料为基础的航空燃料，船舶则依赖于重质燃料油的驱动。不过，强有力的政策引导已经使中国成为全球新能源汽车领域的领跑者。2020年，中国新能源汽车产销量分别为136.6万辆和136.7万辆，同比增长7.5%和10.9%；纯电动汽车产销量分别为110.5万辆和111.5万辆，同比增长5.4%和11.6%。国务院办公厅印发的《新能源汽车产业发展规划（2021—2035年）》提出，到2025年，新能源汽车新车销售量达到汽车新车销售总量的20%左右，高度自动驾驶汽车实现限定区域和特定场景商业化应用。到2035年，纯电动汽车成为新销售车辆的主流，公共领域用车全面电动化，燃料电池汽车实现商业化应用，高度自动驾驶汽车实现规模化应用，有效促进节能减排水平和社会运行效率的提升。

随着我国经济社会的快速发展和人民生活水平的不断提高，未来40年交通运输货物周转量与旅客周转量预计都将持续上升，带来交通运输、仓储和邮政业的能源消费量也在不断上升，而随着交通领域低碳发展政策措施的不断强化，以及更加先进高效绿色的交通方式与运输技术不断发展和普及，我国交通运输、仓储和邮政业的能源消费量或将尽早达峰。

基准情景：结合对我国GDP增速的展望，本研究计算出2020～2060年交通运输、仓储和邮政业GDP增速情况。

产业结构调整情景：该情景下服务领域改革持续深化，第三产业发展质量不断提升，信息通信、互联网、大数据等新一代技术逐渐崛起，现代服务业、新兴服务业迅猛发展。2022～2030年交通运输、仓储和邮政业增速为

5.06%，2051～2060 年增速为 1.06%。

能源结构调整情景和技术减排情景下，交通运输、仓储和邮政业 GDP 保持基准情景增速。

综合情景是以基准情景为参考，各情景综合作用的结果，交通运输、仓储和邮政业活动水平与产业结构调整情景保持一致，详情见表 4-29。

表 4-29 交通运输、仓储和邮政业 GDP 展望

情景		2022～2030 年	2031～2040 年	2041～2050 年	2051～2060 年
基准情景		4.22%	2.95%	1.77%	0.89%
结构减排情景	产业结构调整	5.06%	3.54%	2.13%	1.06%
	能源结构调整	同基准情景			
技术减排情景		同基准情景			
综合情景		同产业结构调整情景			

批发和零售业、住宿和餐饮业作为第三产业的重要组成部分，是连接生产和消费的桥梁和纽带，是发挥消费基础作用和拉动消费增长的重要着力点。近年来，我国批发和零售业、住宿和餐饮业总体规模不断扩大，行业结构持续优化，发展质量稳步提升，区域布局日趋合理，对国民经济发展的贡献日益显著。

近年来，面对外部压力加大、市场竞争激烈、消费需求变化，批发和零售业、住宿和餐饮业企业主动转型调整，不断推进供给侧结构性改革，行业结构逐步优化，大众消费市场亮点频现、充满活力。国家也不断出台了一系列稳增长促消费、优化营商环境、减税降费、金融支持实体经济等利好政策，批发和零售业、住宿和餐饮业企业效益质量稳步提高。

随着“简政放权、放管结合、优化服务”成为全面深化改革的主旋律，对激发市场主体活力的关键性作用日益显现。小微企业数量成倍增加，对刺激消费、促进创新、扩大就业起到了积极推动作用。

基准情景：本研究计算出 2020～2060 年批发和零售业、住宿和餐饮业 GDP 增速情况。

产业结构调整情景：该情景下批发和零售业、住宿和餐饮业增速加快。2022～2030 年增速为 6.06%，2051～2060 年增速为 1.27%。

能源结构调整情景和技术减排情景下，批发和零售业、住宿和餐饮业 GDP 保持基准情景增速。

综合情景是以基准情景为参考，各情景综合作用的结果，批发和零售业、住宿和餐饮业活动水平与产业结构调整情景保持一致，详情见表 4-30。

表 4-30　批发和零售业、住宿和餐饮业 GDP 展望

情景		2022～2030 年	2031～2040 年	2041～2050 年	2051～2060 年
基准情景		5.05%	3.54%	2.12%	1.06%
结构减排情景	产业结构调整	6.06%	4.24%	2.55%	1.27%
	能源结构调整	同基准情景			
技术减排情景		同基准情景			
综合情景		同产业结构调整情景			

其他第三产业未来不断融入互联网，开展以生态文化、生态旅游、生态教育、生态金融、生态物流、生态供给为基因的生态服务业。通过加强第三产业的引领作用，不仅推动城市的循环经济建设，实现城市生活领域的节能减排，还可以影响改变人们在城市中的生活消费方式，为城市生态化发展升级，让生态城市更具魅力、竞争力和生命力。

基准情景：本研究计算出 2020～2060 年其他第三产业 GDP 增速情况。2022～2030 年其他第三产业 GDP 增速为 5.61%，因为基数变大，2051～2060 年我国第三产业增速下降至 1.18%。

产业结构调整情景：该情景下其他第三产业增速加快。2022～2030 年增速为 6.73%，2051～2060 年增速为 1.41%。

能源结构调整情景和技术减排情景下，其他第三产业 GDP 保持基准情景增速。

综合情景是以基准情景为参考，各情景综合作用的结果，其他第三产业活动水平与产业结构调整情景保持一致，详情见表 4-31。

表 4-31　其他第三产业 GDP 展望

情景		2022～2030 年	2031～2040 年	2041～2050 年	2051～2060 年
基准情景		5.61%	3.93%	2.36%	1.18%
结构减排情景	产业结构调整	6.73%	4.71%	2.83%	1.41%
	能源结构调整	同基准情景			
技术减排情景		同基准情景			
综合情景		同产业结构调整情景			

3）第三产业能耗强度展望

第三产业要适应碳达峰碳中和的要求，就要加快发展现代服务业，提升服务业低碳发展水平；运用高新技术和先进适用技术改造推动传统制造业水平提升，严控高耗能高排放行业产能，发展战略性新兴产业；提升产品增加值率，生产更多绿色低碳产品。

图 4-38 呈现出 2000～2021 年第三产业各部门能耗强度变化趋势。由图可知，交通运输、仓储与邮政业能耗强度最大，2021 年能耗强度达到 0.88。批发和零售业、住宿和餐饮业与其他第三产业能耗强度相差不大且日益趋同。

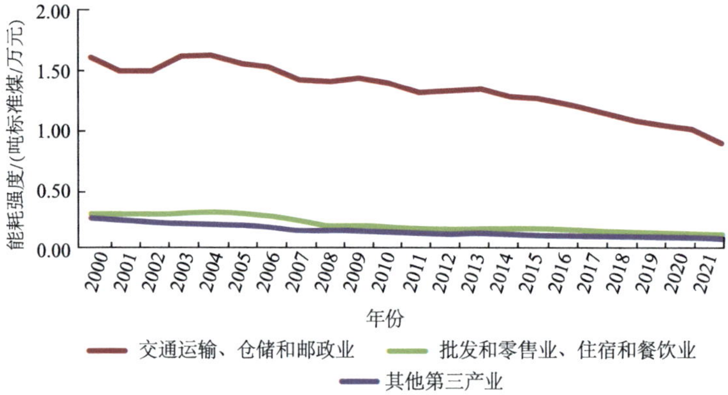

图 4-38 2000～2021 年第三产业各部门能耗强度

表 4-32 呈现出交通运输、仓储和邮政业各情景下的能耗强度。由表可知，交通运输、仓储和邮政业在基准情景下，2025 年能耗强度为 0.6656 吨标准煤/万元，2060 年能耗强度大幅下降为 0.1063 吨标准煤/万元。产业结构调整情景下第三产业增速加快，该情景下能耗强度最低，2060 年降低为 0.0687 吨标准煤/万元。技术减排情景降低了煤炭相关企业能耗水平，从而带动能耗强度下降，该情景下 2060 年能耗强度为 0.1060 吨标准煤/万元。综合情景则是各情景加成的结果。

表 4-32 交通运输、仓储和邮政业各情景下的能耗强度 （单位：吨标准煤/万元）

情景		2025 年	2030 年	2035 年	2040 年	2045 年	2050 年	2055 年	2060 年
基准情景		0.6656	0.4761	0.3554	0.2653	0.2071	0.1617	0.1311	0.1063
结构减排情景	产业结构调整	0.6283	0.4191	0.2944	0.2068	0.1535	0.1139	0.0885	0.0687
	能源结构调整	同基准情景							
技术减排情景		0.6653	0.4756	0.3548	0.2647	0.2066	0.1612	0.1307	0.1060
综合情景		0.6977	0.5283	0.4143	0.3250	0.2646	0.2154	0.1809	0.1520

表 4-33 呈现出批发和零售业、住宿和餐饮业各情景下的能耗强度。由表可知，批发和零售业、住宿和餐饮业在基准情景下，2025 年能耗强度为 0.0788 吨标准煤/万元，2060 年能耗强度大幅下降为 0.0137 吨标准煤/万元。产业结构调整情景下第三产业增速加快，该情景下能耗强度最低，2060 年降低为 0.0090 吨标准煤/万元。技术减排情景降低了煤炭相关企业能耗水平，从而带动能耗强度下降，该情景下 2060 年能耗强度为 0.0111 吨标准煤/万元。综合情景则是各情景加成的结果，受活动水平提高，能耗强度相应增加。

表 4-33　批发和零售业、住宿和餐饮业各情景下的能耗强度　（单位：吨标准煤/万元）

情景		2025 年	2030 年	2035 年	2040 年	2045 年	2050 年	2055 年	2060 年
基准情景		0.0788	0.0572	0.0433	0.0327	0.0259	0.0204	0.0167	0.0137
结构减排情景	产业结构调整	0.0746	0.0507	0.0362	0.0258	0.0194	0.0146	0.0115	0.0090
	能源结构调整	同基准情景							
技术减排情景		0.0766	0.0538	0.0395	0.0290	0.0224	0.0172	0.0138	0.0111
综合情景		0.0806	0.0601	0.0466	0.0360	0.0290	0.0234	0.0195	0.0162

表 4-34 呈现出其他第三产业各情景下的能耗强度。由表可知，其他第三产业在基准情景下，2025 年能耗强度为 0.0545 吨标准煤/万元，2060 年能耗强度大幅下降为 0.0155 吨标准煤/万元。产业结构调整情景下第三产业增速加快，该情景下能耗强度最低，2060 年降低为 0.0115 吨标准煤/万元。技术减排情景降低了煤炭相关企业能耗水平，从而带动能耗强度下降，该情景下 2060 年能耗强度为 0.0141 吨标准煤/万元。综合情景则是各情景加成的结果，受其他第三产业活动水平提高的影响，能耗强度相应增加。

表 4-34　其他第三产业各情景下的能耗强度　（单位：吨标准煤/万元）

情景		2025 年	2030 年	2035 年	2040 年	2045 年	2050 年	2055 年	2060 年
基准情景		0.0545	0.0433	0.0355	0.0290	0.0245	0.0207	0.0179	0.0155
结构减排情景	产业结构调整	0.0524	0.0398	0.0312	0.0245	0.0200	0.0163	0.0137	0.0115
	能源结构调整	同基准情景							
技术减排情景		0.0538	0.0422	0.0340	0.0275	0.0229	0.0191	0.0164	0.0141
综合情景		0.0557	0.0455	0.0381	0.0319	0.0274	0.0236	0.0208	0.0183

4）第三产业能源结构展望

从能源结构来看,第三产业的未来发展方向将是推动生产性服务业向专业化和价值链高端延伸，推动现代服务业与先进制造业、现代农业的深度融合，加快推进生活性服务业向高品质和多样化升级，积极推进制造业服务化转型以及培育服务业的“智造”元素。

道路交通的未来发展方向将是完全电动化,电动车比内燃机车效率更高,因而电动化可以使得中国的公路和铁路交通在出行需求大量增长的条件下实现最终能源消费量减少。目前，中国高铁已经实现了电气化，随着高铁运营总长度继续扩展，高铁的电气化也将成为路面交通电气化的重要组成部分。在船运航空领域应用电动机的空间较小，并不能利用电气化带来能效的显著提高。对于船运和航空，短距离交通的电气化可能性在逐渐增加，但是长距离交通的脱碳化则必须依靠零碳的新型燃料开发，如长距离航空交通的脱碳化将依靠可持续的生物质航空燃油。

基准情景：图 4-39 呈现出基准情景下交通运输、仓储和邮政业能源结构展望。未来我国交通运输、仓储和邮政业终端能源消费结构中化石燃料占比将维持相对高位，但电力占终端能源的比重也会持续上升。

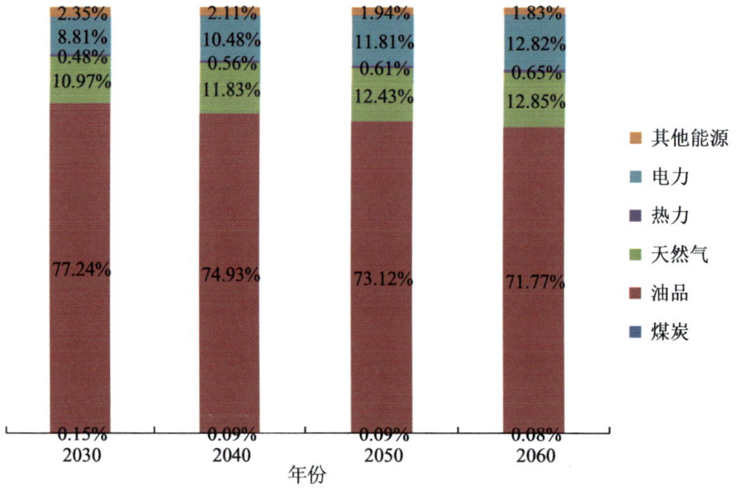

图 4-39　基准情景下交通运输、仓储和邮政业能源结构

能源结构调整情景和技术减排情景不对能源消费结构进行改变，所以保持基准情景能源消费结构展望。

能源结构调整情景：图 4-40 呈现出能源结构调整情景下交通运输、仓储和邮政业能源结构展望。未来交通运输部门将呈现深度电气化、低碳化发展趋势，化石燃料占比不断降低，电力占终端能源的比重持续上升。预计到 2060 年，我国交通运输部门电气化率将提升至 14.90%。

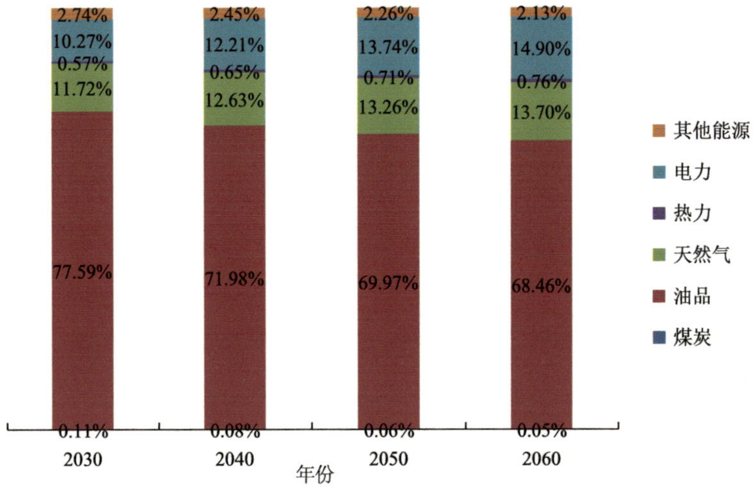

图 4-40　能源结构调整情景下交通运输、仓储和邮政业能源结构

综合情景下，交通运输、仓储和邮政业终端能源消费结构和能源结构调整情景的结构保持一致。

批发和零售业、住宿和餐饮业不断促进低碳饮食，减少有关食品的碳排放，如推广植物性食物的菜单；致力于节约水资源，并带动供应商和合作伙伴一起改善水资源的使用质量；减少不必要一次性用品的使用，同时对肥皂进行回收，有效避免了肥皂填埋。

基准情景：图 4-41 呈现出基准情景下批发和零售业、住宿和餐饮业能源结构展望。预计到 2060 年，我国批发和零售业、住宿和餐饮业终端能源消费结构中电气化率将提升至 74.30%，化石燃料占比将保持在 19%左右。

能源结构调整情景和技术减排情景不对能源消费结构进行改变，所以保持基准情景能源消费结构展望。

能源结构调整情景：图 4-42 呈现出能源结构调整情景下批发和零售业、住宿和餐饮业能源结构展望。预计到 2060 年，我国批发和零售业、住宿和餐饮业终端能源消费结构中电气化率将提升至 76.64%，化石燃料占比将保持在 8%左右。

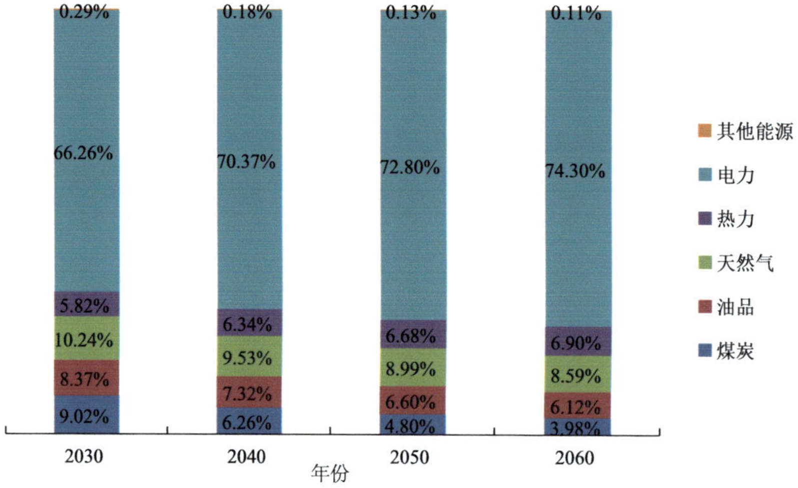

图 4-41 基准情景下批发和零售业、住宿和餐饮业能源结构

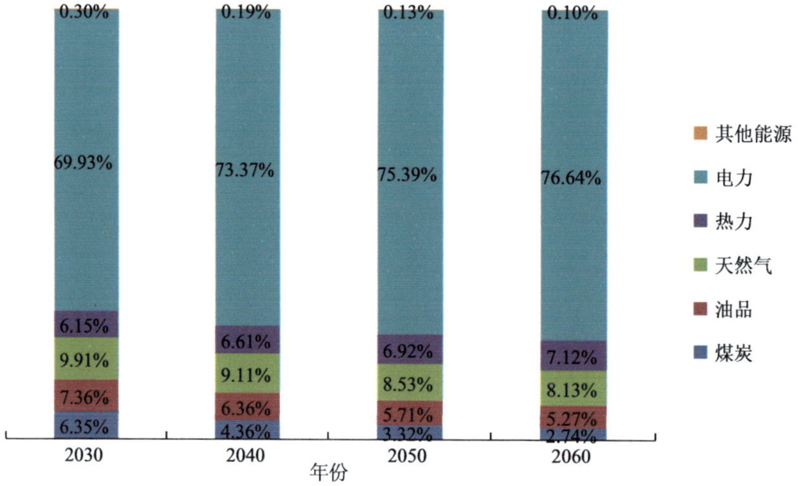

图 4-42 能源结构调整情景下批发和零售业、住宿和餐饮业能源结构

综合情景下批发和零售业、住宿和餐饮业终端能源消费结构和能源结构调整情景的结构保持一致。

其他第三产业能源结构低碳化转型加速推进。新能源技术水平和经济性大幅提升，风能和太阳能利用实现跃升发展。

基准情景：图 4-43 呈现出基准情景下其他第三产业能源结构展望。预计到 2060 年，我国其他第三产业电气化率将提升至 68.44%，化石燃料占比将保持在 27%左右。

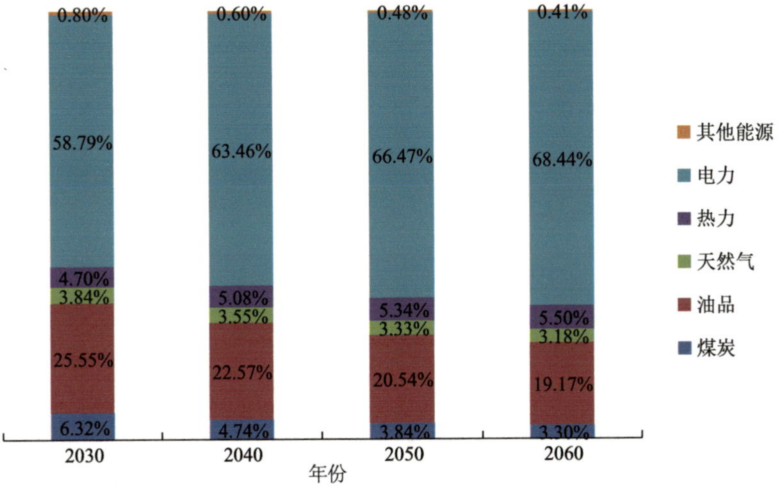

图 4-43　基准情景下其他第三产业能源结构

能源结构调整情景和技术减排情景不对能源消费结构进行改变，所以保持基准情景能源消费结构展望。

能源结构调整情景：图 4-44 呈现出能源结构调整情景下其他第三产业能源结构展望。预计到 2060 年，我国其他第三产业电气化率将提升至 72.25%，化石燃料占比将下降至 22%。

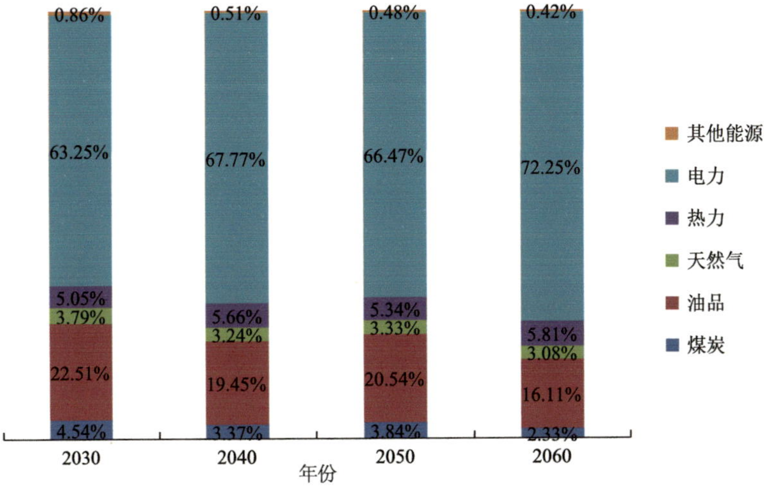

图 4-44　能源结构调整情景下其他第三产业能源结构

综合情景下交通运输、仓储和邮政业终端能源消费结构和能源结构调整情景的结构保持一致。

（四）居民生活

1）居民生活能源消费现状与趋势

能源是国家经济发展和人民生活必不可少的基本物资。随着经济社会的不断进步，能源需求量不断加大，全球能源危机日益迫近。近年来，我国居民生活能源消费量快速增长，已经成为能源消耗的主要增长点。中国迫切需要提高能源效率，缓解能源供需矛盾，但是长期以来将提高能源效率、降低能源强度的重点放在工业领域，对居民能源消费的研究不够深入。居民能源消费可直接影响到我国能源消费总量，且增长速度和能源结构也间接影响工业结构和工业能源消耗量。

2021 年正处于新冠疫情期间，受居民收入预期、消费信心和意愿、技术进步、民族和文化自信等因素影响，我国居民能源消费规模持续扩大的同时，也呈现出结构优化升级、居民能源消费倾向节能减排化、非化石能源占比走高、新能源汽车销量连续 7 年全球第一。

2）居民生活活动水平展望

2021 年，全国居民人均可支配收入 35128 元，比上年名义增长 9.1%，扣除价格因素，实际增长 8.1%；比 2019 年增长 14.3%，两年平均增长 6.9%，扣除价格因素，两年平均实际增长 5.1%。

分城乡看，城镇居民人均可支配收入 47412 元，增长 8.2%，扣除价格因素，实际增长 7.1%；农村居民人均可支配收入 18931 元，增长 10.5%，扣除价格因素，实际增长 9.7%。

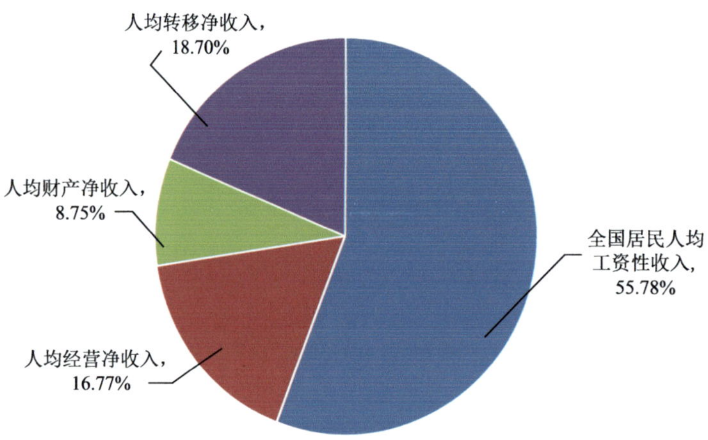

图 4-45　2021 年收入占比

图 4-45 呈现出 2021 年收入占比情况。按收入来源分，2021 年，全国居民人均工资性收入 19629 元，增长 9.6%，占可支配收入的比重为 55.78%；人均经营净收入 5893 元，增长

11.0%,占可支配收入的比重为16.77%;人均财产净收入3076元,增长10.2%,占可支配收入的比重为8.75%；人均转移净收入6531元，增长5.8%，占可支配收入的比重为18.70%。

“十四五”规划提出，到2035年，我国人均GDP达到中等发达国家水平，中等收入群体显著扩大，基本公共服务实现均等化，城乡区域发展差距和居民生活水平差距显著缩小。中国建设达到更高水平，基本实现国防和军队现代化。

坚持按劳分配为主体、多种分配方式并存，提高劳动报酬在初次分配中的比重，完善工资制度，健全工资合理增长机制，着力提高低收入群体收入，扩大中等收入群体。完善按要素分配政策制度，健全各类生产要素由市场决定报酬的机制，探索通过土地、资本等要素使用权、收益权增加中低收入群体要素收入。多渠道增加城乡居民财产性收入。完善再分配机制，加大税收、社保、转移支付等调节力度和精准性，合理调节过高收入，取缔非法收入。发挥第三次分配作用，发展慈善事业，改善收入和财富分配格局。

基准情景：表4-35呈现出各情景下城镇居民生活活动水平。本研究预计到2030年城镇居民生活GDP保持6.06%的增速，2051～2060年增速降至1.27%。

产业结构调整情景、能源结构调整情景、技术减排情景和综合情景保持基准情景增速。

表4-35　各情景下城镇居民生活活动水平

情景		2022～2030年	2031～2040年	2041～2050年	2051～2060年
基准情景		6.06%	4.24%	2.55%	1.27%
结构减排情景	产业结构调整	同基准情景			
	能源结构调整	同基准情景			
技术减排情景		同基准情景			
综合情景		同基准情景			

基准情景：表4-36呈现出各情景下农村居民生活活动水平。本研究预计到2030年农村居民生活GDP保持4.66%的增速，2051～2060年增速降至0.98%。

产业结构调整情景、能源结构调整情景、技术减排情景和综合情景保持基准情景增速。

表 4-36 各情景下农村居民生活活动水平

情景		2022～2030 年	2031～2040 年	2041～2050 年	2051～2060 年
基准情景		4.66%	3.26%	1.96%	0.98%
结构减排情景	产业结构调整	同基准情景			
	能源结构调整	同基准情景			
技术减排情景		同基准情景			
综合情景		同基准情景			

3）居民生活能耗强度展望

中国居民生活的能耗（含衣、食、住、行、用、服务六项）占全国能源消费总量的40%以上。家庭直接能耗产生的碳排放由四部分构成：用电量、用水量、用气量、耗油量。

未来 40 年随着节能减排观念的不断普及，民众不断践行低碳生活，在日常生活中更加关注节能节水，减少能源消耗。同时，政府推行阶梯电价、阶梯水价和提高垃圾收费标准等措施，也能督促民众节约用水、节约用电，早日实现减排目标。

居民生活能源消费分为直接生活能源消费和间接生活能源消费，直接生活能源消费是指居民对能源商品的直接购买和消费量，如用于炊事、照明、取暖等的燃料和电力消费量；间接生活能源消费是指为提供居民生活所需的非能源商品和服务而消耗的能源。例如，消费者购买一辆小汽车，生产小汽车需要钢铁，炼钢过程中会消耗电力；在炼钢过程中还会消耗生铁，在生铁的生产过程中也会消耗电力；而在生铁的生产过程中还会消耗冶金设备，在冶金设备的生产过程中还会消耗电力，这个无限循环的过程就称为能源间接消费。

本研究预估中国城镇化进程不断加快，2060 年我国城镇化率达到 80%。产业结构调整升级，第三产业占据主导地位，导致居民生活的能耗强度在不断降低。

表 4-37 呈现出城镇居民生活各情景下的能耗强度。由表可知，城镇居民生活在基准情景下 2025 年能耗强度为 0.0756 吨标准煤/万元，随着清洁能源利用率提高，能耗强度也在不断降低，2060 年城镇居民生活能耗强度下降为 0.0249 吨标准煤/万元。其他情景能耗强度保持不变。

表 4-37　城镇居民生活各情景下的能耗强度　（单位：吨标准煤/万元）

情景		2025 年	2030 年	2035 年	2040 年	2045 年	2050 年	2055 年	2060 年
基准情景		0.0756	0.0617	0.0517	0.0433	0.0373	0.0321	0.0283	0.0249
结构减排情景	产业结构调整	同基准情景							
	能源结构调整	同基准情景							
技术减排情景		0.0755	0.0615	0.0514	0.0430	0.0369	0.0317	0.0279	0.0245
综合情景		同技术减排情景							

目前，农村用能质量不高且清洁商品能用量少，秸秆、薪柴、煤炭等传统固体能源使用还比较广泛。表 4-38 呈现出农村居民生活各情景下的能耗强度。由表可知，农村居民在基准情景下 2025 年能耗强度为 0.2381 吨标准煤/万元，2060 年城镇居民生活能耗强度下降为 0.0984 吨标准煤/万元。其他情景能耗强度保持不变。

表 4-38　农村居民生活各情景下的能耗强度　（单位：吨标准煤/万元）

情景		2025 年	2030 年	2035 年	2040 年	2045 年	2050 年	2055 年	2060 年
基准情景		0.2381	0.2027	0.1761	0.1530	0.1357	0.1205	0.1089	0.0984
结构减排情景	产业结构调整	同基准情景							
	能源结构调整	同基准情景							
技术减排情景		0.2326	0.1925	0.1632	0.1383	0.1202	0.1045	0.0928	0.0824
综合情景		同技术减排情景							

4）居民生活能源结构展望

到 2021 年，我国常住人口城镇化率将从 2020 年的 60%提高到 64.72%。更多的人口进入城镇，需要更多的新建住房、公用设施，需要更多的能源作为支撑。据国务院发展研究中心的数据，城镇化率每提高 1%，能源消费至少会增长 6000 万吨标准煤。

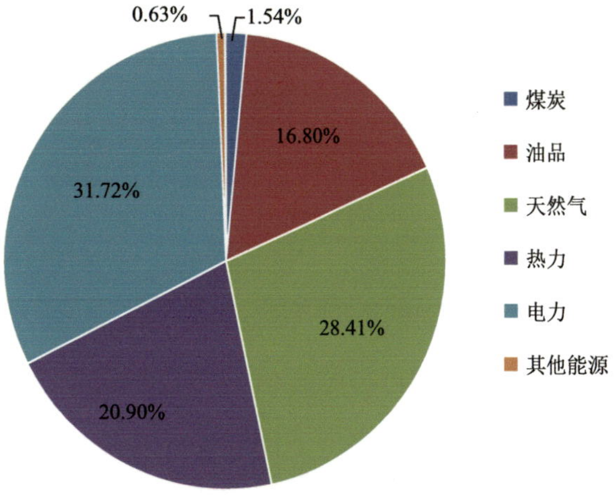

图 4-46　2021 年城镇居民生活能源消费结构

图 4-46 呈现出 2021 年城镇居民生活能源消费结构占比。由

图可知，2021 年城镇居民化石能源使用量约 50%，热力占比 20.90%，电气化程度上升空间大，占比 31.72%。

图 4-47 呈现出基准情景下城镇居民生活能源消费结构展望。未来我国城镇居民生活能源消费结构中化石燃料占比将维持相对高位，但电力占终端能源的比重也会持续上升。产业结构调整情景和技术减排情景不对能源消费结构进行改变，所以保持基准情景能源消费结构展望。图 4-48 呈现出能源结构调整情景下城镇居民生活能源消费结构展望。未来化石燃料占比不断降低，电力占终端能源的比重持续上升。预计到 2060 年，我国城镇居民生活电气化率将提升至 34.58%。

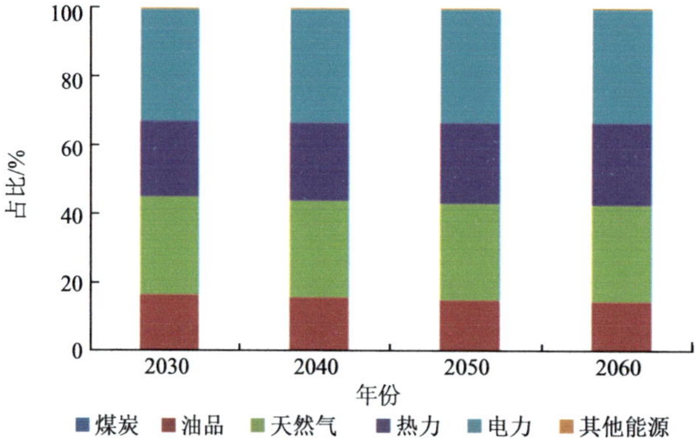

图 4-47　基准情景下城镇居民生活能源结构

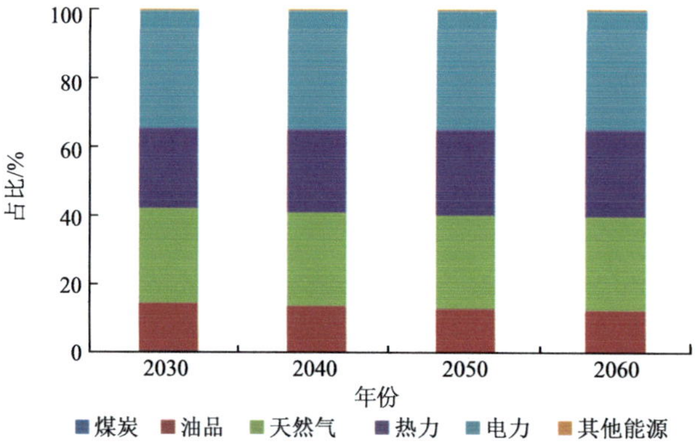

图 4-48　能源结构调整情景下城镇居民生活能源结构

图 4-49 呈现出 2021 年农村居民生活能源消费结构。由图可知，2021 年农村居民化石能源使用量约 42%，电力占比 43.82%，仍有上升空间。

2060 年基准情景下我国农村居民生活能源消费结构中化石燃料占比将下降到 33.18%，电力占比持续上升到 56.10%（图 4-50）。产业结构调整情景和技术减排情景不对能源消费结构进行改变，所以保持基准情景能源消费结构展望。图 4-51 呈现出能源结构调整情景下农村居民生活能源消费结构展望。预计到 2060 年，我国农村居民生活电气化率将提升至 59.3%。

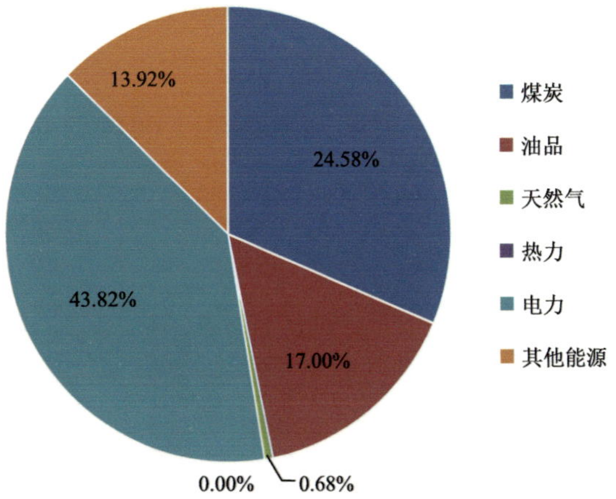

图 4-49　2021 年农村居民生活能源消费结构

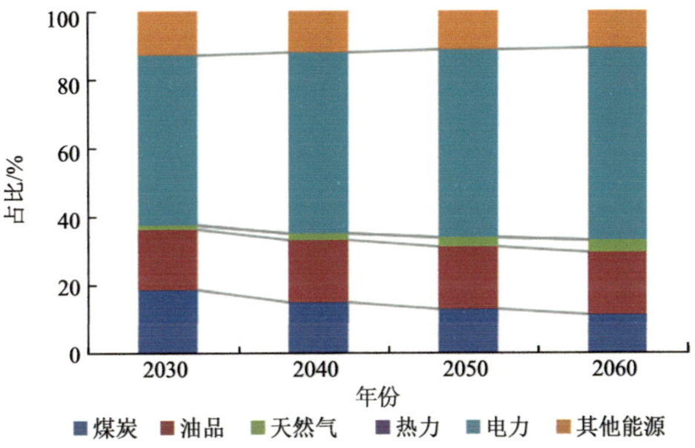

图 4-50　基准情景下农村居民生活能源结构

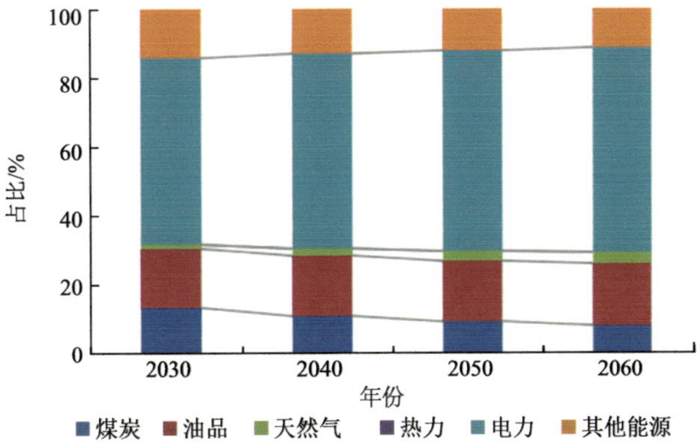

图 4-51　能源结构调整情景下农村居民生活能源结构

三、电力部门情景展望分析

（一）发电现状与趋势

2021 年电力供应能力持续增强，电力生产快速增长。图 4-52 呈现出 2015～2021 年中国发电量情况。由图可知，2021 年全国规模以上工业发电 81121.8 亿千瓦时，同比增长 8.10%，比 2019 年同比增长 11.0%，两年平均增长 5.4%。

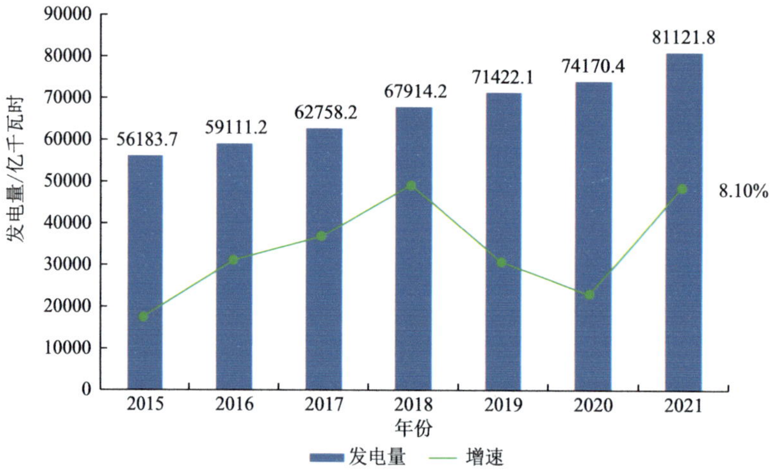

图 4-52　2015～2021 年中国发电量及其增速

从用电看，2021 年全国全社会用电量同比增长 10.3%。其中，第一产业、第二产业、第三产业和居民生活用电量同比分别增长 16.4%、9.1%、17.8%和 7.3%。分地区看，全国 19 个省（区、市）用电增速超过 10%，其中西藏、青海、湖北、江西、四川、福建、浙江、广东 8 个省（区）增速超过 13%。

受多重因素叠加影响，2021 年我国用电需求快速增长。据统计，2021 年全国全社会用电量 8.31 万亿千瓦时，同比增长 10.3%，两年平均增长 7.1%，比“十三五”时期年均增速高 1.4%；全国最高用电负荷 11.92 亿千瓦，比上年增长 10.8%。部分地区高峰时段电力供需偏紧，一些地方出现了短时限电情况。经各方共同努力，全国供用电秩序很快恢复正常，运行总体平稳，用电需求得到有效保障。

从发电结构来看，图 4-53 呈现出 2021 年中国发电结构占比。由图可见，

2021 年全国风力发电量为 5667.0 亿千瓦时，占比为 6.99%；核能发电量为 4075.2 亿千瓦时，占比为 5.02%；水力发电量为 11840.2 亿千瓦时，占比为 14.60%；太阳能发电量为 1836.6 亿千瓦时，占比为 2.26%；火力发电量为 57702.7 亿千瓦时，占比为 71.13%，其中火力发电包括燃煤发电、燃气发电以及其他火力发电。

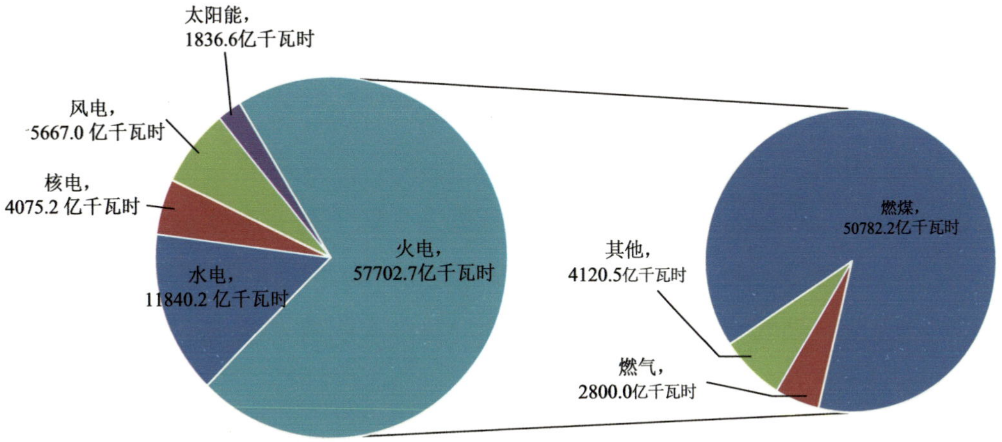

图 4-53　2021 年中国发电结构占比

综合判断，预计 2022 年全国用电量及最高用电负荷仍将较快增长。与此同时，统筹经济社会发展、能源清洁低碳转型、碳达峰碳中和等多个目标，对电力保供工作提出了更高要求。国家发展改革委将会同有关方面全力做好电力保供工作，为经济社会稳定运行提供有力支撑。

一是充分发挥各类电源保供作用。在落实调峰资源和消纳市场的基础上，加快推进以沙漠、戈壁、荒漠化地区为重点的大型风电光伏基地项目建设，全力提升供应保障能力和优化能源结构。结合各地新上调峰机组进展和电力保供需要，科学推动煤电节能降耗改造、供热改造、灵活性改造制造“三改联动”，将在役机组供电煤耗均降至 300 克标准煤/千瓦时以下，更好地发挥煤电机组的支撑性、调节性作用。

二是发挥大电网资源优化配置作用。推动跨省输电通道加快核准，并尽早开工、尽早投产，有效提升大范围资源优化配置能力。充分利用全网统一调度优势，做到余缺互济、峰谷互补。落实跨省优先发电制度，科学制定跨省电力平衡方案，切实增强全国整体保供能力。建立健全跨省优化调度的市场化机制，促进供需总体平衡。

三是发挥电力需求侧管理保民生作用。指导各地加强可中断负荷资源建设，以市场化方式引导用户错峰避峰用电，控制不合理用电需求，坚决守住确保民生用电底线。倡导简约适度、绿色低碳生活方式，加大节能节电宣传力度，引导全社会科学用电、节约用电、错峰用电。

（二）装机容量展望

2021 年能源生产结构加速转变，清洁能源占比持续提升。图 4-54 呈现出 2018～2022 年中国各发电类型发电量统计状况。2021 年，非化石能源发电装机首次超过煤电，装机容量达到 10.79 亿千瓦，占发电总装机容量的比重为 45.4%。水电、风电、太阳能发电装机均超过 3 亿千瓦，连续多年稳居世界首位。其中，水电 39094 万千瓦，比 2012 年增长 56.7%，年均增长 5.1%；风电 32871 万千瓦，增长 4.4 倍，年均增长 20.5%；太阳能发电 30654 万千瓦，年均增长 64.8%。

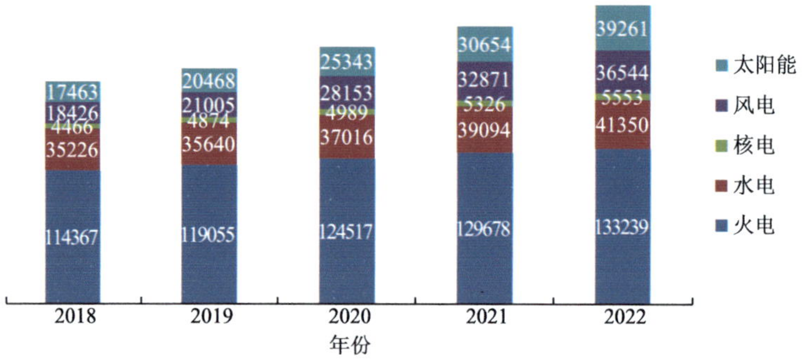

图 4-54　2018～2022 年中国各发电类型发电量统计（单位：万千瓦时）

天然气、水电、核电、新能源发电等清洁能源在能源生产结构中的占比持续上升。2021 年，天然气占一次能源生产总量的比重达 6.1%，比 2012 年提高 2.0%，一次电力及其他能源比重上升到 20.3%，提高 9.1%；而原煤比重为 67.0%，较 2012 年下降 9.2%；石油比重为 6.6%，下降 1.9%。

表 4-39 呈现出电力类型展望。由表可知，2025 年，我国电源总装机达到 29.5 亿千瓦，其中清洁能源装机 17 亿千瓦，占比 57.5%，清洁能源发电量 3.9 万亿千瓦时、占比 41.9%。煤电装机达到峰值 11 亿千瓦，风光装机分别达到 5.36 亿、5.59 亿千瓦。

表 4-39　电力类型展望

能源类型	2020 年		2025 年		2030 年		2050 年		2060 年	
	容量/亿千瓦	占比/%	容量/亿千瓦	占比/%	容量/亿千瓦	占比/%	容量/亿千瓦	占比/%	容量/亿千瓦	占比/%
风电	2.8	12.7	5.36	18.2	8	21.1	22	29.3	25	31.2
光伏发电	2.5	11.4	5.59	19.0	10.25	27.0	34.5	46.0	38	47.5
水电	3.7	16.8	4.6	15.6	5.54	14.6	7.4	9.9	7.6	9.5
煤电	10.8	49.1	11	37.4	10.5	27.6	3	4.0	0	0.0
气电	0.98	4.5	1.52	5.2	1.85	4.9	3.3	4.4	3.2	4.0
核电	0.5	2.3	0.72	2.4	1.08	2.8	2	2.7	2.5	3.1
生物质及其他	0.67	3	0.65	2.2	0.82	2.2	1.7	2.3	1.8	2.2
燃氢机组	0	0	0	0	0	0	1	1.3	2	2.5
合计	22	—	29.5	—	38	—	75	—	80	—
清洁能源装机占比/%	43.40		57.50		67.60		91.70		95.90	

刘中民、王国法等中国工程院院士提出能源革命不是把煤炭“革”掉，而是要实现煤炭行业自身革命；“双碳”也不是“去煤化”，而应是煤炭生产和利用方式转型。刘中民院士提出能源清洁化是国际大趋势，全球各国根据各自的资源禀赋，布局了可再生能源发展计划。中国正处于从高碳到低碳、无碳的过渡期。需要注意的是，未来一段时期内，我国的能源需求总量仍会增加，但还不具备实现可再生能源对煤炭供能全替代的条件。

首先，可再生能源产能难以满足全国 14 亿人的用能。我们仍然需要煤炭、石油等化石能源来保障能源供需的平衡和经济社会发展的基本需求。其次，可再生能源的产生和利用方式依然强烈地依赖地域和自然环境。要利用好可再生能源，我国需要结合区域智能能源网络的构建及新兴产业的发展统筹考虑，多种能源互补融合才能发挥最大优势，这都需要一定的时间才能实现。再次，煤炭的物质属性是难以替代的。发展以煤炭为原料的现代煤化工，不仅可弥补石油资源的不足，以及现有石油加工与石油化工行业的结构性缺陷，促进化学工业整体结构的转型升级，紧急情况下还可以成为保障油气供应的重要支撑。

目前，我国煤化工产业世界瞩目，煤制甲醇、醋酸、乙二醇及煤制油、烯烃等的产量均位居世界第一。与此同时，煤化工还有降低碳排放的空间，以陕西榆林为例，其规划的煤制含氧化合物及下游产品链项目（如陕西欣晟绿能二氧化碳乙烷耦合羰基一体化项目）通过绿氢耦合、CCUS 等技术，预计在年产值超 10 亿元的同时，可年减排二氧化碳 1.8 万吨，为煤化工低碳化提供了示范路径。可以说，煤炭资源依然是我国能源及相关工业体系中不可或缺的一部分。到 2060 年，中国难以真正实现“去煤化”，所以本研究对于《中国 2030 年能源电力发展规划研究及 2060 年展望》预测中煤炭的装机容量做出些微调整，将 2060 年煤炭的装机容量调整为 1 亿千瓦。

四、本节小结

本节对 LEAP 软件的基本功能和建模原理进行了介绍,强调了借助 LEAP 模型进行长期能源与碳排放规划的优势，并基于我国现行发展规划和政策导向设置了基准情景和 4 种政策情景，政策情景是以基准情景为参照，把握未来发展新趋势并以此作为侧重点进行分析。之后参考相关政策、权威报道以及国内外专家预测结果，分行业对第一产业、第二产业、第三产业、居民生活四大类的活动水平、能耗强度、能源结构进行详细预测，同时也对加工转换板块的装机容量等进行了预测。将所有参数输入软件进行调试，确定软件可行方案，为后续的结果分析提前做好准备。

第三节　碳中和愿景下中国中长期能源需求预测分析

一、分品种能源需求量预测分析

为分析各情景下能源结构演化特性，探究不同政策干预对于终端能源结构产生的影响，本研究分品种从生物质、热力、电力、石油、天然气和煤炭方面梳理中国能源结构优化的可行路径，借助 LEAP 能源规划软件对不同情景下我国能源需求量进行预测。

（一）基准情景

对基准情景下分品种能源需求量变化趋势进行预测，预测结果如图 4-55 所示。

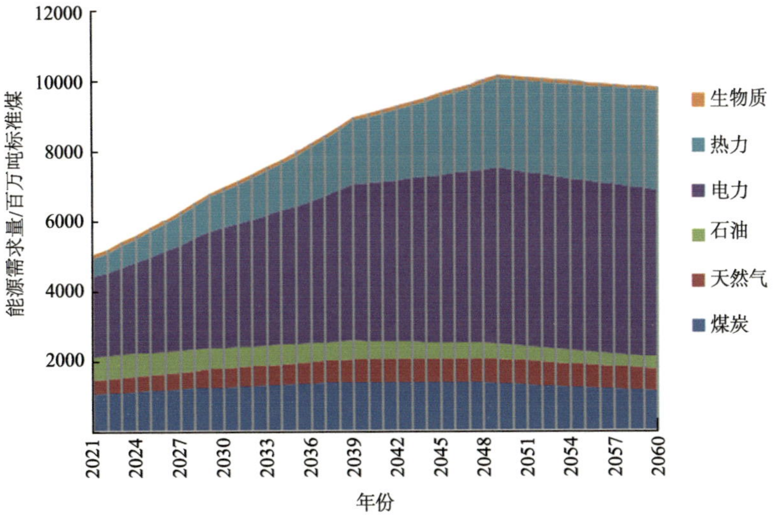

图 4-55　基准情景下分品种能源需求量

由图 4-55 可知，在基准情景下，由于没有强制性能源消费控制与大气环境保护政策的约束，能源需求总量一直处于增长态势并在 2049 年才达到峰值，且该峰值突破了 101 亿吨标准煤。由于煤炭在短期内主体地位不会改变，所以减少对煤炭依赖的过程或将持续一段时间。随着我国“双碳”政策不断推进，且煤炭的易得性和低价优势渐低，煤炭等化石能源必然会被其他更清洁的能源替代。因此 2050 年之后，煤炭资源需求量开始回落。

与此同时，电气化进程不断加快，2060 年约占能源需求总量的 48%。推动电力供应结构向绿色低碳转变，加大开发利用非化石能源，从源头上实现清洁能源电力化、电力供应低碳化。在消费侧，更加强调提高能源电力利用效率，降低电力消费强度。

随着中国经济的稳步发展，中国热力生产和供应行业的市场规模也在不断扩大，2060 年约占能源需求总量的 28%，比 2021 年上升 18.5%。供热方式也进入新阶段，从传统的煤炭供热转换为热泵供热。随着“双碳”政策的全面推进，热泵技术应用在各领域前景广阔。在建筑行业，可应用于新建建筑、既有建筑改造以及被动式建筑的供暖制冷和热水供应；对于工业生产，大容量的高温工业热泵是解决工业能源脱碳的有效方案之一；对农业部门，在农业环境调控、农产品干燥中的应用可节能 20%～60%；另外，在电动汽车空调、地铁等轨道交通领域均有广阔的应用情景。

此外，随着工业化水平的发展，焦炭和石油等工业能源强度将不断降低，而汽油需求量则会有一个先上升再下降的过程，这一方面是因为传统依靠汽油、柴油燃料的交通运输工具逐渐完成了向新型能源动力系统的改革，另一方面随着人口总量的达峰，人均汽车保有量也将有一定程度的下降，这两个因素综合作用的结果则会导致石油需求量的变化。

（二）产业结构调整情景

对产业结构调整情景下分品种能源需求量变化趋势进行预测，预测结果如图 4-56 所示。

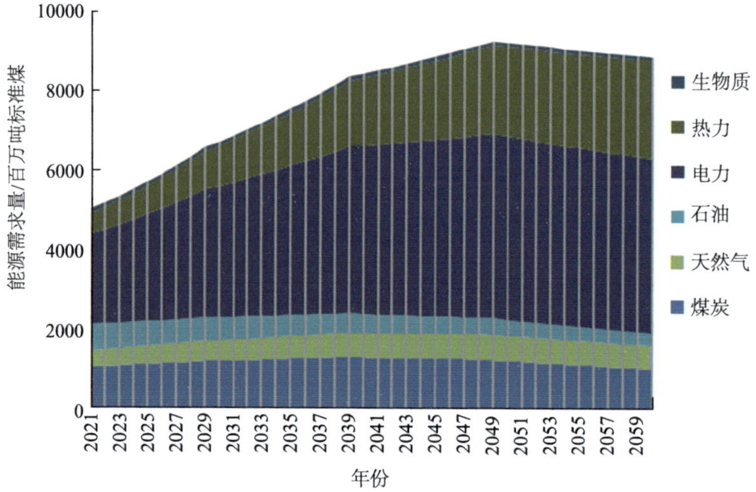

图 4-56　产业结构调整情景下分品种能源需求量

结果显示，在产业结构调整情景下，能源需求量得到了较好的约束，2049 年基本可以达到峰值。在产业结构转型升级政策的作用下，第三产业规模持续扩大，第二产业增速放缓，三次产业实现融合发展。

服务业相对于制造业更加节能环保，对化石能源的依赖性降低，对电力的需求量提高，导致第三产业中的互联网和相关服务业、软件和信息技术服务业、充换电服务业与城市公共交通运输业等行业近年来用电量持续快速增长。产业结构调整情景下电气化程度提高，在 2040 年达到峰值之后缓慢下降，维持在一个合理区间，在 2060 年电气化程度约为 50%。根据本研究的预测结果，在该情景下煤炭需求量在 2041 年达到峰值后开始进入下降态势，并有希望在 2060 年降到 10 亿吨标准煤左右。

天然气需求量经历了“先增后减”的过程，伴随着煤炭资源的快速淘汰，天然气作为替代能源必须尽快填补这样的需求空缺，所以天然气的需求量在持续稳步增长，直至 2049 年与煤炭同步达到峰值。之后我国逐步降低对天然气的依赖，提高清洁能源利用力度，保障我国能源安全。

（三）能源结构调整情景

对能源结构调整情景下分品种能源需求量变化趋势进行预测，预测结果如图 4-57 所示。

由图 4-57 可知，在煤炭消费量控制与清洁替代政策的作用下，能源需求量在 2049 年达到峰值，与基准情景保持一致，但是化石能源需求量与基准情景相比有了显著下降，化石能源占比约为 18%。

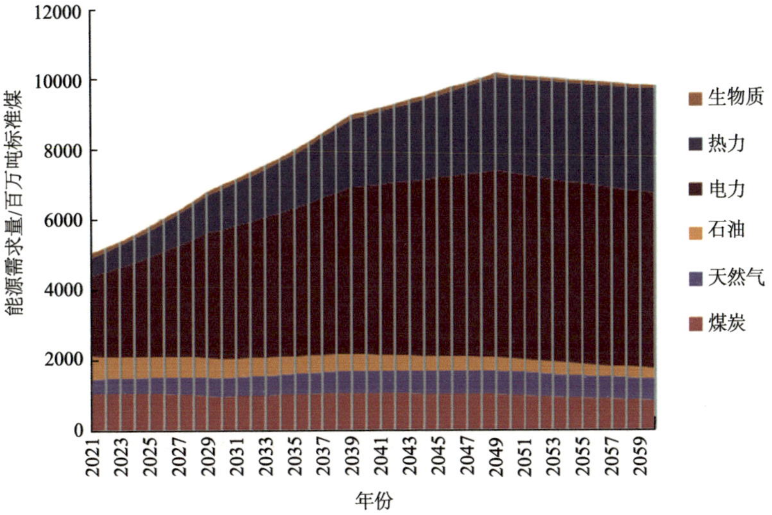

图 4-57　能源结构调整情景下分品种能源需求量

该情景以《中共中央 国务院关于完整准确全面贯彻新发展理念做好碳达峰碳中和工作的意见》为政策依据，基本实现了到 2060 年非化石能源消费比重达到 80%以上的目标。

能源结构调整情景的重要特征是强化能源革命，以减煤、控油、增气、跨越式发展可再生能源来实现低碳转型。根据本研究的预测结果，2039 年煤炭需求量达到峰值，比基准情景煤炭达峰年限提早 10 年，之后煤炭保持快速下降态势，在 2060 年煤炭需求量降低到能源需求总量的 8%左右。除了煤炭，其他化石能源的需求量也有了较大回落，相对于基准情景，能源结构调整情景下天然气的终端能源需求量占比下降了约 0.3%，天然气作为最清洁的化石能源，中短期内仍存在重要使用价值，但是为保障我国能源安全，正在稳步降低其需求量。石油终端能源占比相较于基准情景下降约 0.4%，这得益于中国新能源汽车政策持续加力，加速了中国新能源汽车渗透率，提高了中国新能源汽车保有量，加速了中国石油需求量下降速度。

该情景的另一个重要特征是清洁能源需求量的增长率显著高于基准情景，因为伴随着化石能源的快速淘汰，清洁能源作为替代能源必须尽快填补这个需求空缺。电能占终端能源消费的比重稳步提升，在 2049 年达到峰值后开始下降，逐渐维持在一个合理区间内，2060 年电力需求总量接近 50 亿吨标准煤；此外，未来清洁化供热也将成为发展重点，利用生物质、热泵等代替煤炭供热，大幅降低供热产生的碳排放，助力早日实现“双碳”目标。

（四）技术减排情景

对技术减排情景下分品种能源需求量变化趋势进行预测，预测结果如图 4-58 所示。

由图 4-58 可知，该情景下 2049 年实现达峰，相较基准情景下降了约 13 亿吨标准煤。通过提高煤炭开发利用效率，降低煤炭相关企业能耗水平，带动全行业减少煤炭用量。2039 年煤炭产量达到峰值之后在煤炭行业科技不断进步的推动下，大型矿井建设、特厚煤层综放开采、煤与瓦斯共采、燃煤超低排放发电、高效煤粉型和水煤浆浆体化工业锅炉、现代煤化工技术达到国

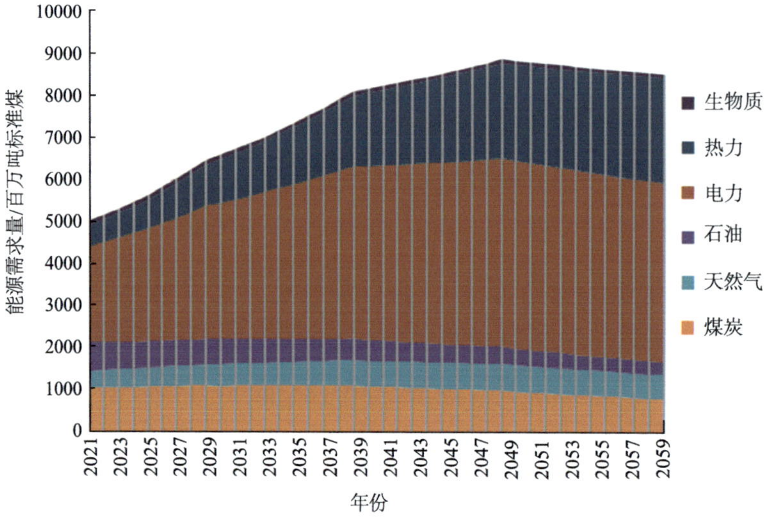

图 4-58　技术减排情景下分品种能源需求量

际领先水平，主要煤机装备和大型粉煤气化技术实现了国产化，煤机装备制造水平位于世界前列，引领了国际煤炭智能化开采和清洁高效转化的发展方向，2060年煤炭需求量降低到10亿吨标准煤之内，约占能源需求总量的10%。

在能源结构中，天然气的需求量经历了“先增后减”的过程，在2049年达到峰值后稳步下降，到2060年需求量下降至6亿吨标准煤之内，而石油需求量一直呈现下降态势，从2021年到2060年下降幅度超过50%。随着化石能源需求峰值点的前移，油气行业转型升级压力加大，未来将大力开发推广先进适用的低碳零碳负碳技术，打造绿色技术支撑，建立绿色低碳竞争力。加大节能技术研发；研究氢能制运储销全产业链技术，重点解决好可再生能源制绿氢的成本问题，尽快找到可行的商业模式；加强低成本二氧化碳捕集技术研发，推进以二氧化碳为原料生产化工产品和高端材料的技术研发。

虽然未来大力推进低碳能源替代高碳能源、可再生能源替代化石能源，但短期内化石能源作为主要能源供给保障的地位不会发生改变，因此实现化石能源高效、清洁、低碳利用，是推动能源革命和转型，构建清洁低碳、安全高效能源体系的重中之重。

（五）综合情景

对综合情景下分品种能源需求量变化趋势进行预测，预测结果如图4-59所示。

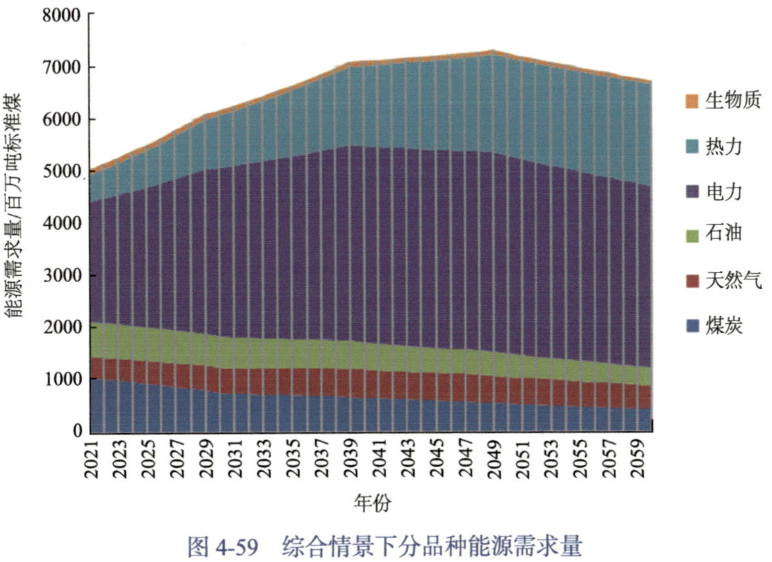

图4-59 综合情景下分品种能源需求量

由图 4-59 可知，在综合情景下我国能源需求量最快能在 2049 年达到峰值，并且随着煤炭消费总量强化控制工作的不断推进，能源需求总量在达峰后持续下降，预计在 2060 年能够降低到 70 亿吨标准煤以下。综合情景作为各情景作用的加成，与其他情景的能源需求总量变化情况差异主要表现在三点。

第一，能源需求总量最低，2060 年能源需求总量较基准情景下降超 30 亿吨标准煤。得益于综合情景以国家“十四五”规划和 2035 年远景目标为依托，将产业结构调整、能源结构调整、技术减排作为抓手，充分从各方面推动高质量发展和助力实现“双碳”目标。

第二，达峰后下降速度更加合理。综合情景下，化石能源需求总量一直处于较为平稳的下降阶段，煤炭和油类燃料需求量下降速度、天然气需求量“先升后降”速度都更加平稳，这样的能源需求量变化更加符合我国经济发展规律和能源供应能力。

第三，能源消费结构优化效果更显著。2060 年，煤炭、石油、天然气占化石能源消费总量的比重大幅下降。水力、核能、风能、太阳能等非化石能源逐步成为能源供应主体，2060 年非化石能源占比超过 81%。这种强化的综合情景能够助力早日实现“双碳”目标。

二、分行业能源需求量预测分析

由上一部分可知五种动态情景下各终端能源需求结构占比情况，为进一步探究中国中长期能源结构优化路径，本节从第一产业、第二产业、第三产业、居民生活四大行业出发，对各情景下分部门能源需求量进行分析。

（一）基准情景

对基准情景下各终端产业部门能源需求量变化趋势进行预测，预测结果如图 4-60 所示。

由图 4-60 可知，在延续目前“十四五”规划和 2035 年远景目标的政策下，不加以其他政策干预，预计 2049 年达到峰值，之后稳步下降，2060 年能源需求总量降至 98 亿吨标准煤左右。第一产业终端能源需求量占比从 2021 年开始持续下降，未来随着农业现代化进程的加快，占比将维持在一个区间范围内。

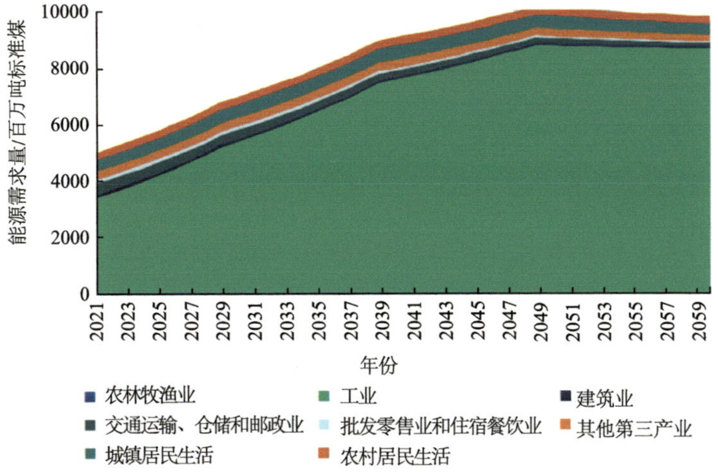

图 4-60　基准情景下各终端产业部门能源需求量

第二产业包括工业和建筑业两个部门，工业用能量达到第二产业总用能量的 97%左右，在 2021 年工业能源需求量低 35 亿吨标准煤，2060 年攀升至超过 86 亿吨标准煤，这是因为目前我国正处于工业化快速发展阶段，工业领域用能持续增长，能源需求保持刚性增长态势；同时，各行业为实现“双碳”目标，减少能源需求量或替代使用清洁能源，但第二产业作为我国化石能源消费主战场，短期内无法完成能源转型。

第三产业的终端能源需求量在 2021 年为约 8 亿吨标准煤，其中交通运输、仓储和邮政业占比最高；其他第三产业占比第二；批发零售业和住宿餐饮业占比最低。随着非化石能源逐步成为主要消费能源，第三产业的能源需求量持续下降，在 2060 年迅速降低约为 4 亿吨标准煤。目前，发展新能源汽车已经成为全球主要国家的普遍共识，中国计划到 2025 年有 25%的销售类型为新能源车型。得益于政府大力支持新能源汽车行业发展，2060 年末我国新能源车占比高达 60%以上，极大地降低了汽油的需求量，助力交通领域的电气化进程，有助于促进交通领域“双碳”目标的达成。在基准情景下，到 2060 年交通运输、仓储和邮政业在第三产业能源需求总量中的占比下降约 19%。

在居民生活用能方面，我国采取多种政策及技术手段，促进电力、天然气、太阳能、风能等清洁能源和新能源的使用比例，减少居民煤炭需求量，持续优化调整居民生活能源结构，缩小城乡居民生活用能结构差距，从而全面提高人均生活能效水平。到 2060 年，随着城乡协调发展的推进，城乡居民能源需求量差距将持续缩小。

（二）产业结构调整情景

对产业结构调整情景下各终端产业部门能源需求量变化趋势进行预测，预测结果如图 4-61 所示。

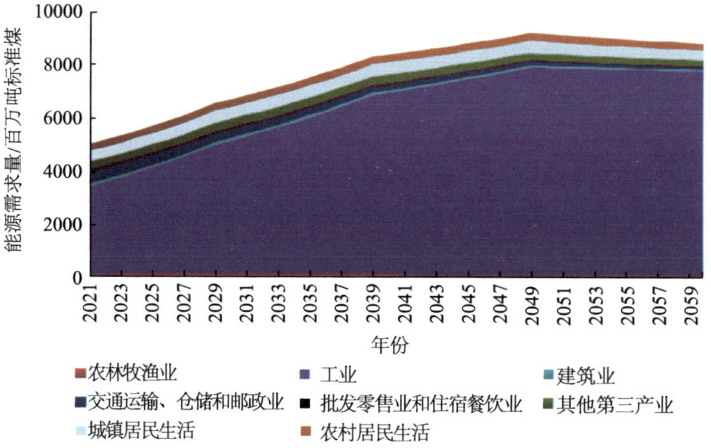

图 4-61 产业结构调整情景下各终端产业部门能源需求量

由图 4-61 可知，相对于基准情景能源需求总量减少约 9 亿吨标准煤，产业转型政策带动第三产业蓬勃发展，而第三产业低能源需求量属性从总量上控制了能源需求量，也对终端产业结构造成一定影响，第一产业和居民生活能源需求量不变；第二产业、第三产业能源需求量下降，第二产业能源需求总量相对于基准情景下降了约 8 亿吨标准煤，终端产业能源需求量占比大幅下降。第三产业能源需求量也小幅下降，其中交通运输、仓储和邮政业的能源需求量下降最快。该情景放缓了第二产业活动水平增速，导致第二产业能源需求量相应减少，同时第三产业发展质量不断提升，信息通信、互联网、大数据等技术逐渐崛起，交通运输、仓储和邮政业、现代服务业等行业迅猛发展，导致第三产业电气化进程加快，对煤炭、石油等化石燃料的需求降低。

（三）能源结构调整情景

对能源结构调整情景下各终端产业部门能源需求量变化趋势进行预测，预测结果如图 4-62 所示。

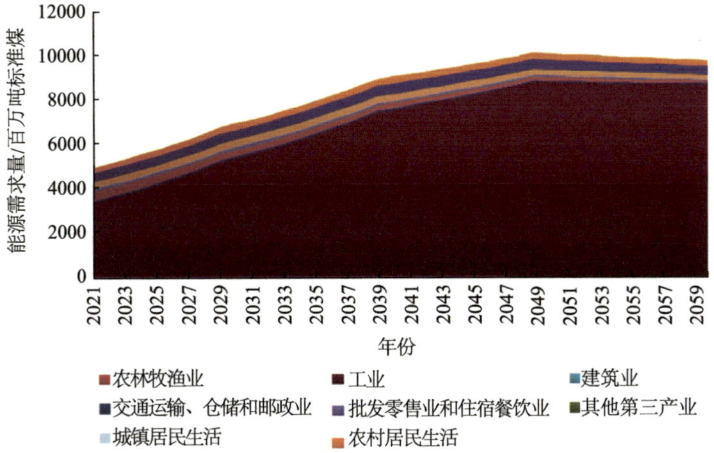

图 4-62　能源结构调整情景下各终端产业部门能源需求量

由图 4-62 可知，该情景终端产业用能结构与基准情景的用能结构完全一致。这是因为该情景依据《中国碳达峰碳中和进展报告（2021）》《中共中央 国务院关于完整准确全面贯彻新发展理念做好碳达峰碳中和工作的意见》等政策，严格控制化石能源消费量，积极发展非化石能源，因地制宜地开发水能，加快发展风电、光伏发电，有序发展核电。通过这一系列的措施助力“双碳”目标的实现，达到降碳减排的效果，因此该情景主要是对能源结构产生影响，对于各终端产业能源消费结构不产生影响。

（四）技术减排情景

对技术减排情景下各终端产业部门能源需求量变化趋势进行预测，预测结果如图 4-63 所示。

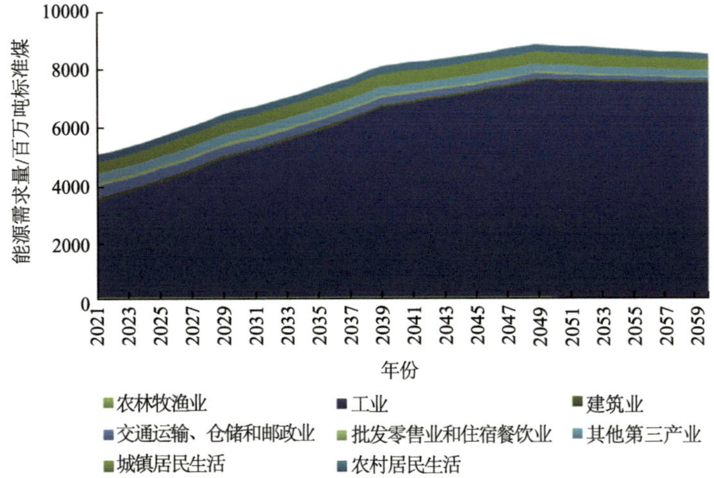

图 4-63　技术减排情景下各终端产业部门能源需求量

由图 4-63 可知，该情景的能源需求量低于 90 亿吨标准煤。由于技术减排情景是依据《国家中长期科学和技术发展规划纲要（2006-2020 年）》《能源发展战略行动计划（2014-2020 年）》《中国制造 2025》等政策，不断提升我国煤炭行业科技创新能力，持续突破关键核心技术。在未来煤炭开发科技创新中要突出“智能”“绿色”“安全”“健康”“低碳”特色。“智能”是科技创新的热点、亮点，要结合煤矿的具体条件，突出智能煤矿“时空一体化、万物互联、数据融合、全息感知、业务联动、智能决策”特点。“绿色”要突出新形势下对绿色开采的新要求，加大与其他相关行业的交叉融合；“安全”要突出新形势下煤矿安全新趋势、新特点，开展井下多种灾害的智能协同联动控制研究；“健康”要突出井下工作环境、空气质量的改善，井下工人身心健康及矿山职业病的预防。“低碳”要突出煤炭开发过程瓦斯抽采利用、共伴生资源与大宗固体废物资源化利用，开展煤炭开发利用碳处置技术攻关以实现碳减排。

在煤炭行业强大技术的加持下，我国单位 GDP 能耗持续降低，相关产业的能源需求量也相应下降。2060 年，在技术减排情景下，第一产业的能源需求量相对于基准情景小幅下降。第二产业作为煤炭消费大户，在技术减排情景下能源需求量下降幅度最大，在 2060 年能源需求量超过 75 亿吨标准煤。第三产业中交通运输领域能源需求量相差不大，因为交通领域（铁路、公路、水运、航空和管道运输）主要消费的能源是汽油、柴油和电力，批发零售业和住宿餐饮业、其他第三产业的能源需求量都有不同程度的下降。居民生活能源需求总量相应下降。目前，农村地区农宅取暖有着传统能源与现代能源并存、清洁商品能源较少的特点。传统固体能源如秸秆、薪柴、煤炭等材料使用还比较广泛。全国有 44%和 24%的农户以柴草、煤炭作为主要炊事取暖燃料，在技术减排情景下农村居民能源需求量直接减少了 0.4 亿吨标准煤。

（五）综合情景

对综合情景下各终端产业部门能源需求量变化趋势进行预测，预测结果如图 4-64 所示。

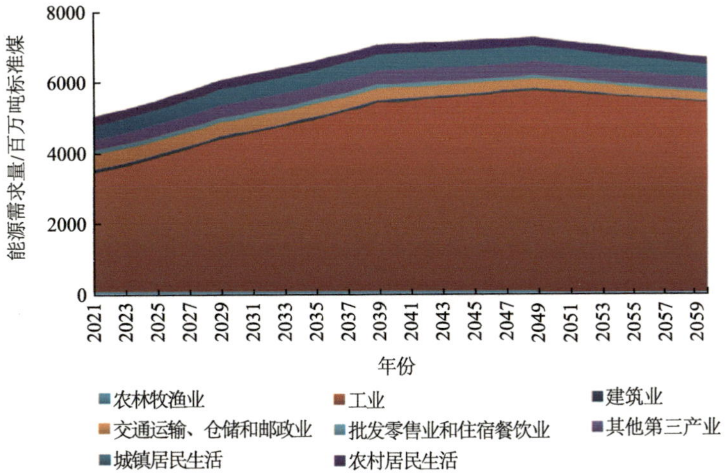

图 4-64　综合情景下各终端产业部门能源需求量

由图 4-64 可知，2060 年综合情景下能源需求量最低。该情景在基准情景的基础上，叠加了产业结构调整情景、能源结构调整情景和技术减排情景，达到了最优效果。其中，第二产业需求量占比大幅降低，基准情景下 2060 年第二产业需求量占比超过 88%，综合情景下第二产业需求量占比下降了约 8%，而第三产业和居民生活 2060 年需求量则相对增长，其中增速最快的是交通运输领域，综合情景下约占能源需求总量的 3%。该情景下中国将会在 2060 年全面建立绿色低碳循环发展的经济体系和清洁低碳安全高效的能源体系，能源利用效率会达到国际先进水平，非化石能源消费比重达到 80%以上，成功实现碳中和目标，开创人与自然和谐共生新境界。

三、加工转换部门能源需求量预测分析

加工转换部门能源需求量指各种能源经过加工转换后产出的各种二次能源产品（包括不作能源使用的其他副产品和联产品），如火力发电产出的电力，热电联产同时产出的电力、蒸汽、热水，洗煤产出的洗精煤、洗中煤、煤泥等，炼焦产出的焦炭、焦炉煤气和其他焦化产品，炼油产出的汽油、煤油、柴油、燃料油、液化石油气、炼厂干气和其他石油制品（石脑油、各种原料油、溶剂油、石蜡、润滑油、石油沥青等），制气产出的焦炉煤气、其他煤气、焦炭和其他焦化产品（煤焦油、粗苯等）。加工转换部门能源需求量含能源损失，所以较终端能源需求量更高。

（一）基准情景

对基准情景下加工转换部门能源需求量变化趋势进行预测，预测结果如图4-65所示。

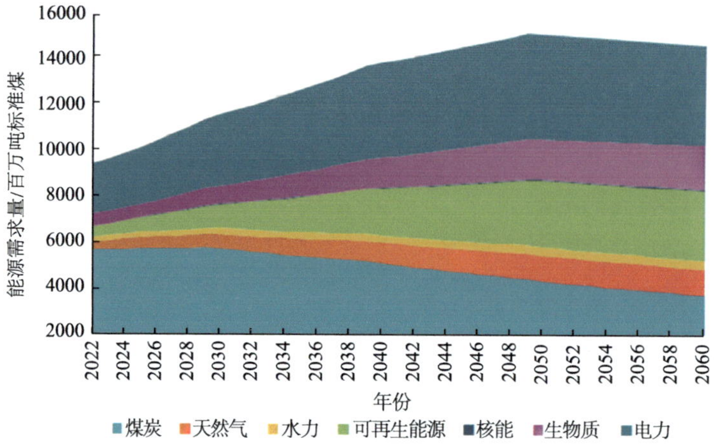

图4-65 基准情景下加工转换部门能源需求量

由图4-65可知，2049年达到峰值后稳步下降。2022年煤炭占能源需求总量的50%，随着清洁能源的广泛运用，化石能源需求量逐渐降低。到2060年，煤炭能源的需求量仅占能源需求总量的14%，非化石能源需求量占比约为77%，电气化趋势明显。

（二）产业结构调整情景

对产业结构调整情景下加工转换部门能源需求量变化趋势进行预测，预测结果如图4-66所示。

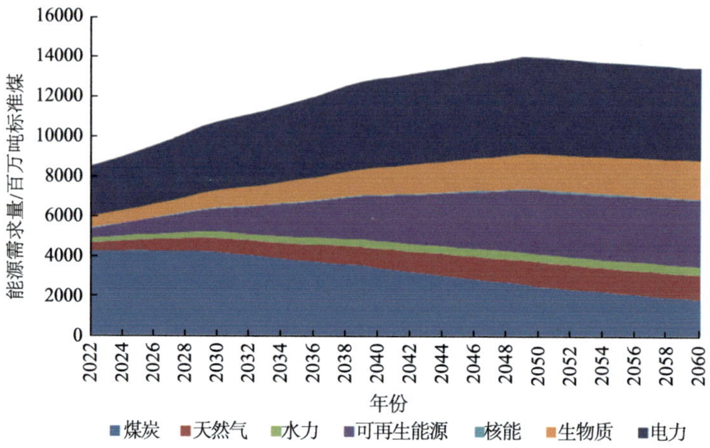

图4-66 产业结构调整情景下加工转换部门能源需求量

由图 4-66 可知，2049 年达到峰值后稳步下降。该情景下达峰总量较基准情景降低了 11 亿吨标准煤，说明产业结构调整政策效果明显。2060 年，各能源占比结构与基准情景大致相同，并无显著变化。

（三）能源结构调整情景

对能源结构调整情景下加工转换部门能源需求量变化趋势进行预测，预测结果如图 4-67 所示。

由图 4-67 可知，2049 年达到峰值后稳步下降。该情景着重优化了能源结构，对能源需求总量不产生影响，能源需求总量与基准情景基本持平。但直接导致化石能源占比下降，2060 年煤炭约占能源需求总量的 11%，天然气约占能源需求总量的 9%。非化石能源占比相应提高，2060 年非化石能源约占能源需求总量的 80%。

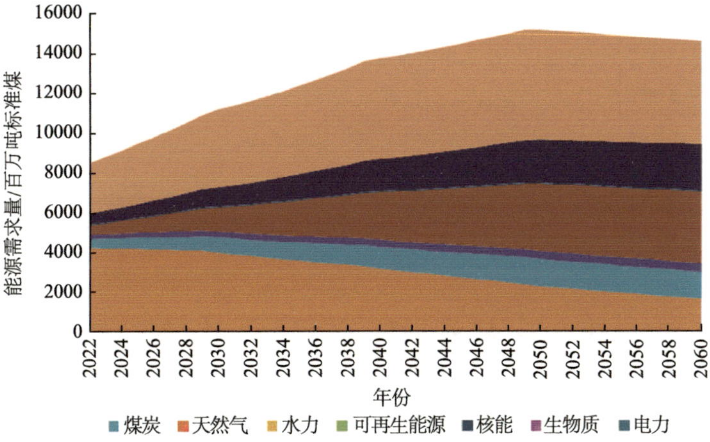

图 4-67　能源结构调整情景下加工转换部门能源需求量

（四）技术减排情景

对技术减排情景下加工转换部门能源需求量变化趋势进行预测，预测结果如图 4-68 所示。

由图 4-68 可知，2049 年达到峰值后稳步下降，能源总量较基准情景下降明显，这得益于煤炭行业科技进步，煤炭生产效率大幅提高。该情景下 2060 年能源需求总量中煤炭需求量占比约为 12%。

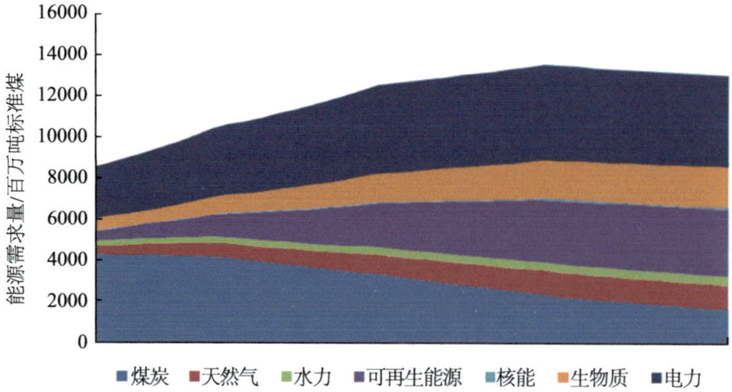

图 4-68 技术减排情景下加工转换部门能源需求量

（五）综合情景

对综合情景下加工转换部门能源需求量变化趋势进行预测，预测结果如图 4-69 所示。

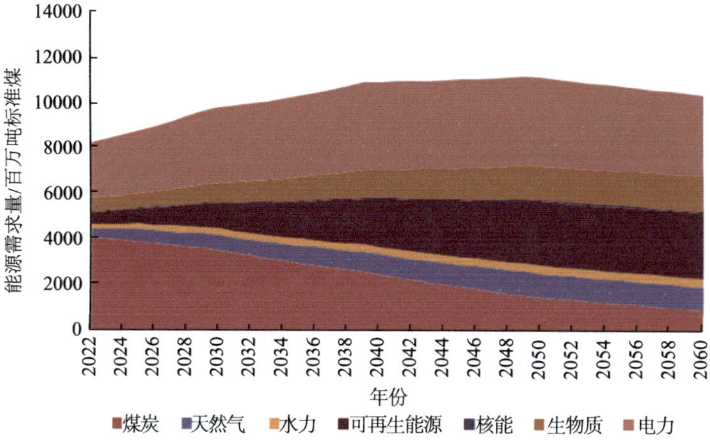

图 4-69 综合情景下加工转换部门能源需求量

由图 4-69 可知，2049 年达到峰值后稳步下降，该情景下所需能源最低，同时能源结构优化效果最显著。到 2060 年，煤炭能源需求量占比约为 9%。非化石能源占比高达 81%，达成《中国能源电力发展展望 2020》中 2060 年非化石能源占一次能源比重约 80%的目标，顺利实现碳中和目标。

四、本节小结

本节主要对 LEAP 软件计算的未来我国不同情景下中长期能源需求预测结果进行了分析。围绕设置的 5 种情景，分部门从第一产业、第二产业、第三产业，以及分品种从煤炭、天然气、非化石等维度梳理中国2022～2060年能源需求情况。研究发现：①在各种情景下能源消费总量都将呈现持续上升，到达峰值后稳步下降。其中，基准情景与能源结构调整情景的能源需求量并列第一，综合情景的能源需求量最低。②分品种能源需求来看，化石能源占比逐渐下降，非化石能源逐渐处于主导地位，且电气化进程加快。③分产业能源需求来看，第二产业能源需求量一直占比最大，第三产业在新能源电动车蓬勃发展的背景下占比逐步下降，第一产业和居民生活总体变化趋势不明显。④加工转换部门的化石能源占比大幅下降，其中煤炭降幅最大，可再生能源实现高质量跃升发展，电气化发展总体呈现稳步向好态势。

第四节 碳中和愿景下中国中长期碳排放预测分析

一、分品种碳排放量预测分析

为分析不同情景下碳排放变化趋势，探究不同政策干预对碳排放量变化产生的影响，本研究分品种从煤炭、天然气、石油、生物质、乙醇和其他方面出发，借助LEAP能源规划软件对不同情景下我国碳排放量进行预测。

（一）基准情景

对基准情景下碳排放量变化趋势进行预测，预测结果如图4-70所示。

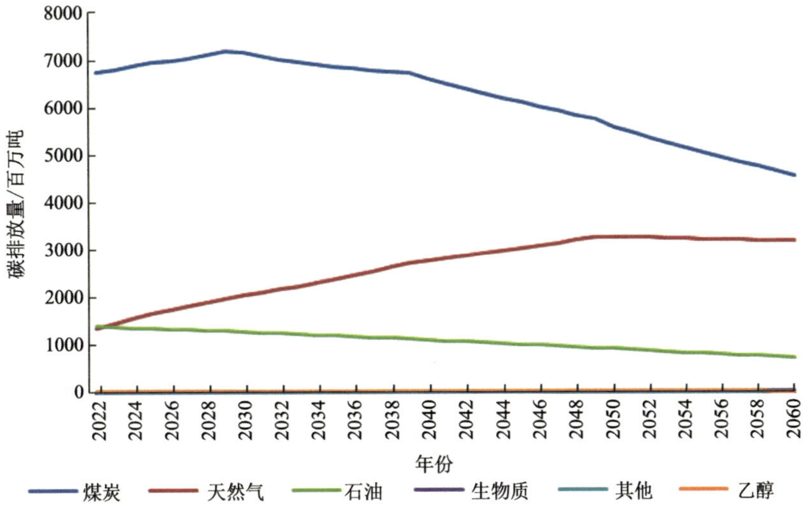

图4-70 基准情景下碳排放量

由图 4-70 可知，碳排放量预计在 2030 年达到峰值。新冠疫情后全球经济严重依赖煤炭来推动复苏，所以由煤炭导致的碳排放量快速增加，直至 2029 年达到峰值之后在“双碳”等政策的推动下下降，2060 年已经下降到 46 亿吨之内，而天然气作为煤炭的短期替代资源，需求量稳步上升导致碳排放量不断增长，2050 年达到峰值后基本保持在 30 亿吨左右。我国为保障能源安全，大力推进化石能源清洁高效利用，优先发展可再生能源，安全有序发展核电，加快提升非化石能源在能源供应中的比重。风电、光伏发电、水电等非化石能源既不排放污染物，也不排放温室气体，是天然的绿色能源，自 2022 年非化石能源占比稳步提高后碳排放总量得到大幅限制，但是距离实现 2060 年碳中和目标仍有较大差距。

（二）产业结构调整情景

对产业结构调整情景下碳排放量变化趋势进行预测，预测结果如图 4-71 所示。

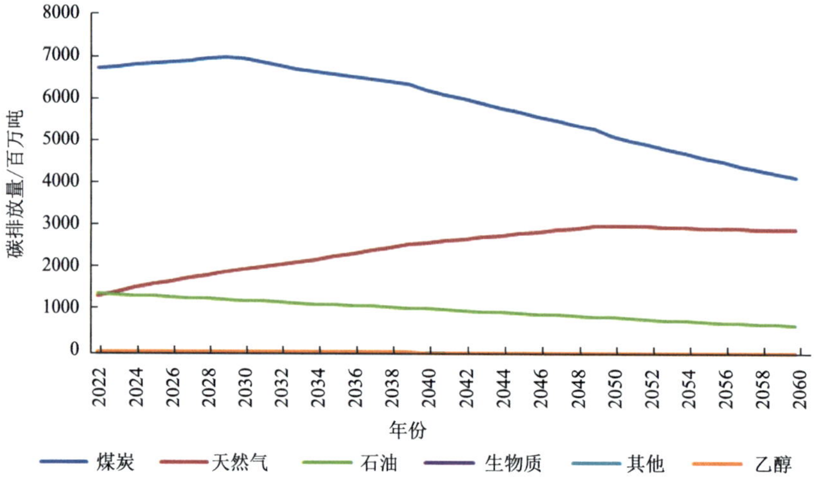

图 4-71　产业结构调整情景下碳排放量

由图 4-71 可知，碳排放量在 2029 年达到峰值，在 2060 年降至 78 亿吨之内。产业结构调整情景下碳排放变化趋势与基准情景大致相同，但是在产业结构调整政策的作用下，化石能源的下降幅度加快，化石能源碳排放总量比基准情景下降了约 7 亿吨。

（三）能源结构调整情景

对能源结构调整情景下碳排放量变化趋势进行预测，预测结果如图 4-72 所示。

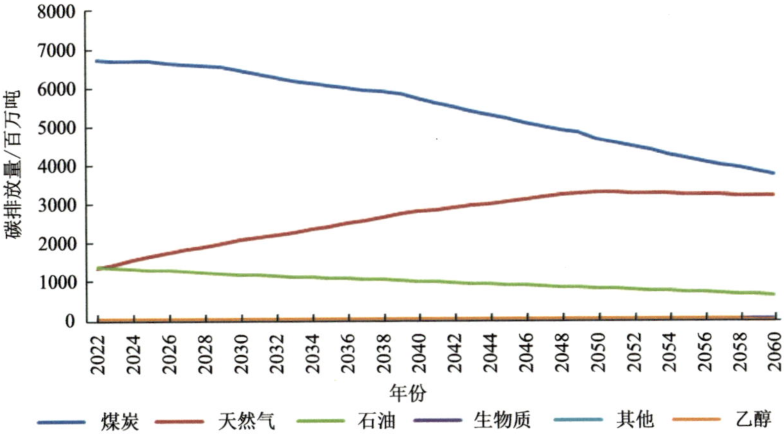

图 4-72　能源结构调整情景下碳排放量

由图 4-72 可知，碳排放量在 2029 年达到峰值。该情景强化能源结构转型，新能源技术水平和经济性大幅提升，风能和太阳能利用实现跃升发展。天然气和油品碳排放量变化不大，而煤炭减排获得突出成效，呈持续下降态势，在 2060 年碳排放量较基准情景下降了约 8 亿吨。

（四）技术减排情景

对技术减排情景下碳排放量变化趋势进行预测，预测结果如图 4-73 所示。

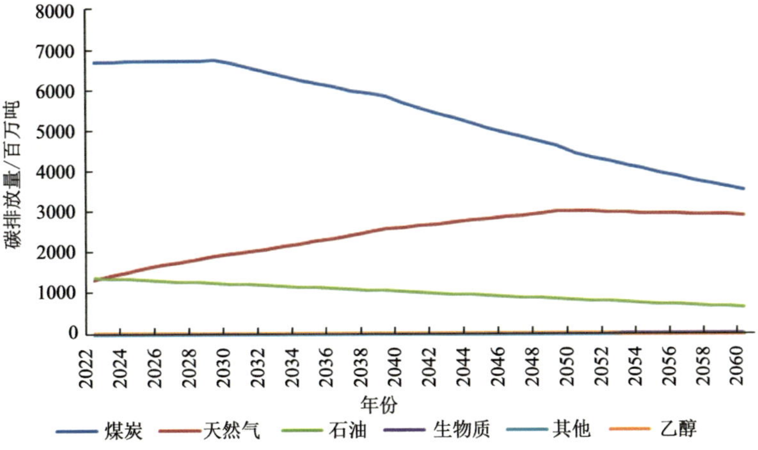

图 4-73　技术减排情景下碳排放量

由图 4-73 可知，碳排放量在 2029 年达到峰值，之后迅猛下降，在 2060 年降至约 71 亿吨。技术减排情景下煤炭行业科技水平提升，煤耗水平下降，导致煤炭碳排放量大幅降低，截至 2060 年，煤炭碳排放量约为 35 亿吨。非化石能源占主体地位，天然气、石油等化石能源的消费量降低拉低其碳排放量，2060 年技术减排情景化石能源总碳排放量约为 71 亿吨。

（五）综合情景

对综合情景下碳排放量变化趋势进行预测，预测结果如图 4-74 所示。

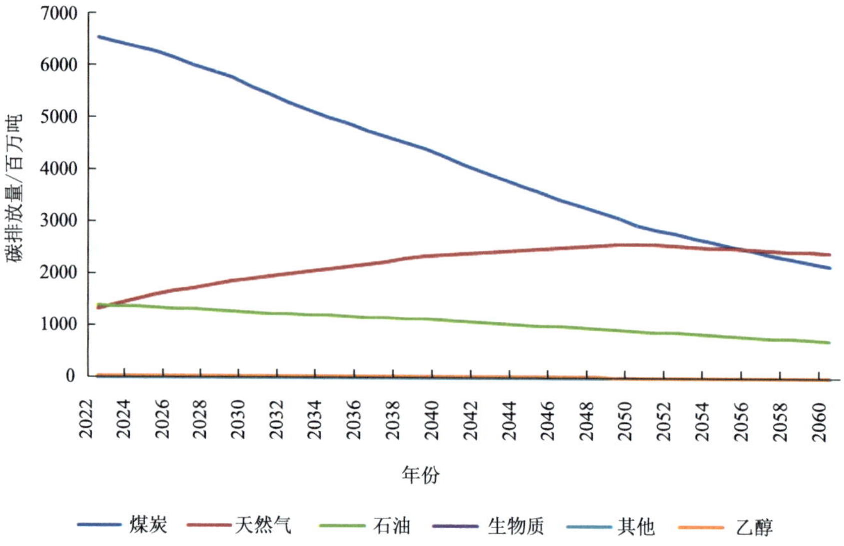

图 4-74　综合情景下碳排放量

由图 4-74 可知，碳排放量在 2022 年达到峰值，在 2060 年降至 55 亿吨之内，综合情景减排效果最优，该情景下煤炭 2060 年碳排放量大幅降低，天然气成为碳排放量最高的能源，石油碳排放量在稳步下降，之后在“双碳”等政策的驱动下，煤炭和石油将进一步减排降碳，天然气碳排放量将在达到峰值后稳定在一个合理范围内。

总体来说，五种情景下的碳排放量变化趋势基本一致。需要说明的是，本研究中关于碳排放总量的情景展望分析并未将碳汇、CCUS 等技术的负排放效益计算在内，因此到 2060 年仍存在一定的剩余排放量。

二、分部门碳排放量预测分析

由上一部分可知五种动态情景下碳排放结构占比情况，为进一步探究中国中长期碳排放优化路径，从第一产业、第二产业、第三产业、居民生活四大行业及其子行业出发，对各情景下终端产业碳排放量进行分析。

（一）基准情景

对基准情景下各终端产业部门碳排放量变化趋势进行预测，预测结果如图 4-75 所示。

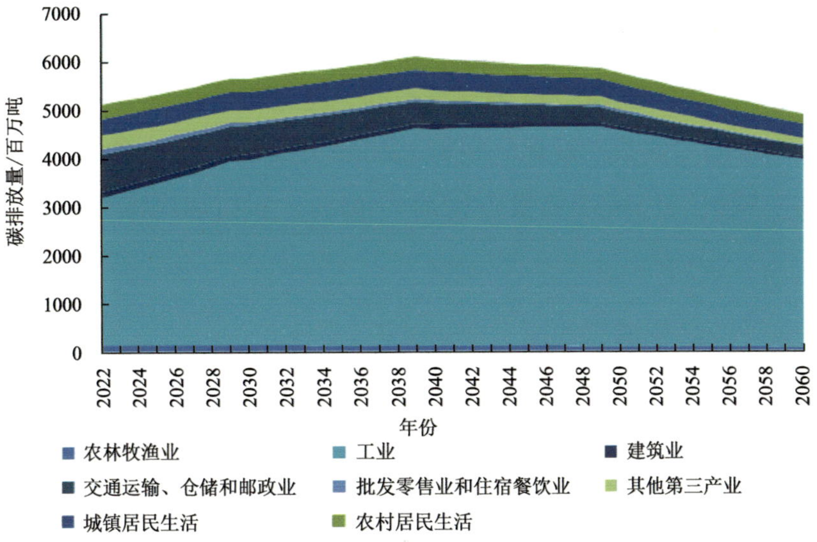

图 4-75　基准情景下终端产业部门碳排放量

由图 4-75 可知，该情景下终端产业的碳排放量在 2039 年达到峰值。第一产业碳排放量最低，2025 年后得益于国家战略的有力推动、能源与农用物资利用效率的不断提升以及大型牲畜保有量的大幅缩减，农业碳排放量一直处于下降态势，且降幅日渐扩大，到 2060 年第一产业碳排放量降至 1 亿吨之内。第二产业碳排放量在总体碳排放量中始终占较大比重，其中工业又占第二产业碳排放量的 97%左右。工业领域近一半的碳排放来自生产水泥、钢铁、合成氨、化工等。主要包括三个方面：一是来自原料生产过程，如作为水泥生产原料的石灰石和合成氨过程中所用的天然气；二是来自工业生产中高温加热的燃料燃烧，如高炉炼铁所用的燃料；三是来自用于生产中间产品、低温供热等的化石燃料。第二产业碳排放量在2039年达到峰值时，此时工业碳排放也同步达到峰值，工业碳排放量达到第二产业的约98%，伴随着工业领域优化产业结构、调整能源消费结构、强化新一代信息技术的工业应用，能源资源利用效率得到提高；建筑行业通过提升节能减排标准来合理引导用能方式、降低用能需求，通过政策设计加快高效减碳技术产品的推广，碳减排工作取得重大成效。

得益于可再生清洁能源的开发、能源消费结构的优化、节能技术的推广以及能源立法的加强，第三产业减排效果明显，碳排放量稳步下降，2060年碳排放量降至4亿吨以内，其中交通运输、仓储和邮政业下降幅度最大。居民生活的碳排放量在2029年达峰，随着国民素质的提高和减排降碳宣传力度的加强，居民节能减排意识日益提高，通过衣食住行等一系列生产生活方式的改变来助力实现“双碳”目标。2060年，居民生活碳排放量达到约5亿吨，其中城镇居民碳排放量占比约为61%，农村居民碳排放量占比约为39%。

（二）产业结构调整情景

对产业结构调整情景下各终端产业部门碳排放量变化趋势进行预测，预测结果如图4-76所示。

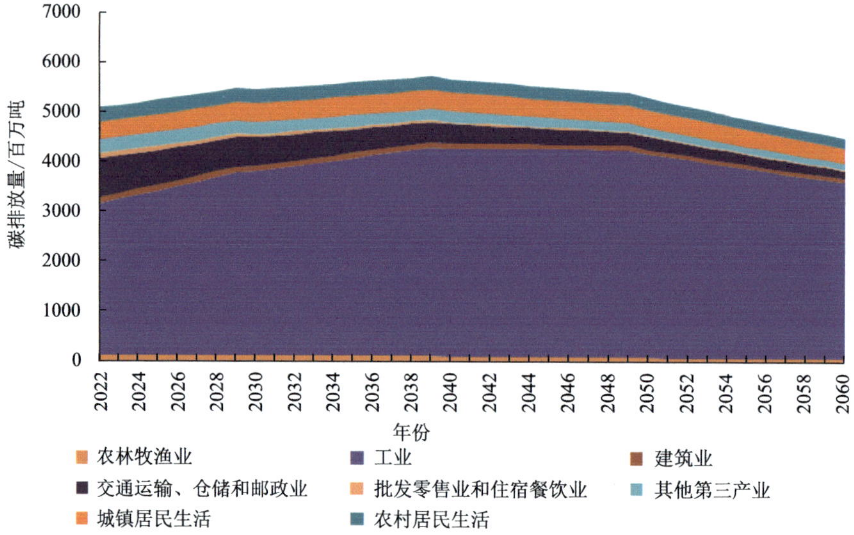

图4-76 产业结构调整情景下终端产业部门碳排放量

由图 4-76 可知，该情景下终端产业碳排放量在 2039 年达到峰值。该情景着重调整了第二产业和第三产业的活动水平增速，带动调整了第二产业、第三产业的碳排放量，所以对第一产业和居民生活的碳排放量不产生影响。在产业调整政策的作用下，第三产业 GDP 比重提高，第二产业 GDP 比重逐步降低；第二产业内部在严格控制高耗能高排放行业增速的同时，提升低耗能低排放行业的比重；产品结构调整的重点是提升产品附加值，从而降低单位增加值能耗和碳排放强度。这一系列政策方针直接带动了第二产业实现降碳减排，该情景下 2060 年第二产业碳排放量降低至约 36 亿吨。同时，第三产业蓬勃发展虽然相对能源需求量提高，但得益于清洁能源利用率的提高以及能源科技创新的推动。

（三）能源结构调整情景

对能源结构调整情景下各终端产业部门碳排放量变化趋势进行预测，预测结果如图 4-77 所示。

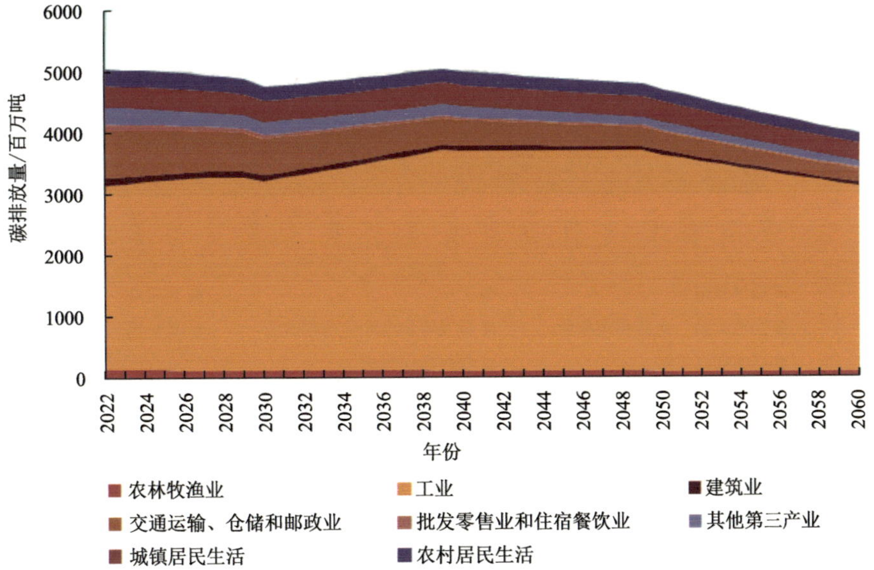

图 4-77　能源结构调整情景下终端产业部门碳排放量

由图 4-77 可知，该情景碳排放量最大值为 2022 年，2039 年达到约 50 亿吨后，下降幅度增快。该情景的第一显著特征是碳排放量变化趋势相对平缓，直到 2050 年碳排放量降低趋势才达到 2%。第二显著特征是各终端行业碳排放量都呈下降态势，其中第二行业减排力度最大，这是因为第二行业中工业碳排放基数最大且是减排重点行业，提高设备的能源利用率，采用高效的设备和工艺；优化生产过程和流程，采用先进的自动化控制技术；对已有的设备和工艺进行改造；采用清洁能源代替传统能源；加强能源管理，制定能源消耗指标、建立能源管理体系等政策的作用下，工业有效控制了能源的消耗和减少污染物的排放。其余各行业在能源结构调整政策的作用下都实现了不同程度的节能减排。

（四）技术减排情景

对技术减排情景下各终端产业部门碳排放量变化趋势进行预测，预测结果如图 4-78 所示。

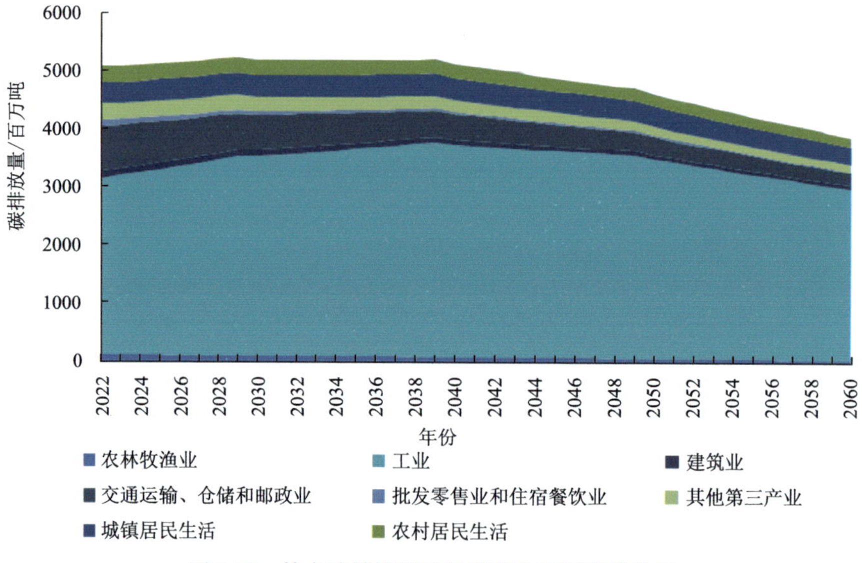

图 4-78　技术减排情景下终端产业部门碳排放量

由图 4-78 可知，该情景能够顺利实现 2030 年达峰目标，技术减排情景下 2029 年达到峰值，2040 年减排趋势明显。目前我国尚未完成工业化，仍然处于对能源和原材料消费最旺盛的阶段。近年来，通过持续进行能源结构调整，大力支持非化石能源发展，能源弹性系数逐步下降，煤炭仍占到我国一次能源生产量的 68.8%和能源消费量的 57.7%，未来在清洁能源加速发展的驱动下，2040 年有望大幅降低煤炭能源的消费量。该情景下我国推行煤炭革命，不是“去煤化”，而是煤炭生产和利用方式转型，特别是以第四次煤炭技术革命为契机，推动这一传统产业向数字化、智能化新产业和新业态转型，强调煤炭清洁高效利用。

综上所述，在技术减排情景下，煤炭行业的升级改造带动各行业实现节能减排降碳，2060 年该情景碳排放总量约为 39 亿吨。第一产业农林牧渔业碳排放总量降至 1 亿吨之内；第二产业煤炭消费最多，碳减排力度最大，2060 年第二产业碳排放总量实现重大突破，降至 30 亿吨内；第三产业和居民生活都实现了不同程度的减排降碳。

（五）综合情景

对综合情景下各终端产业部门碳排放量变化趋势进行预测，预测结果如图 4-79 所示。

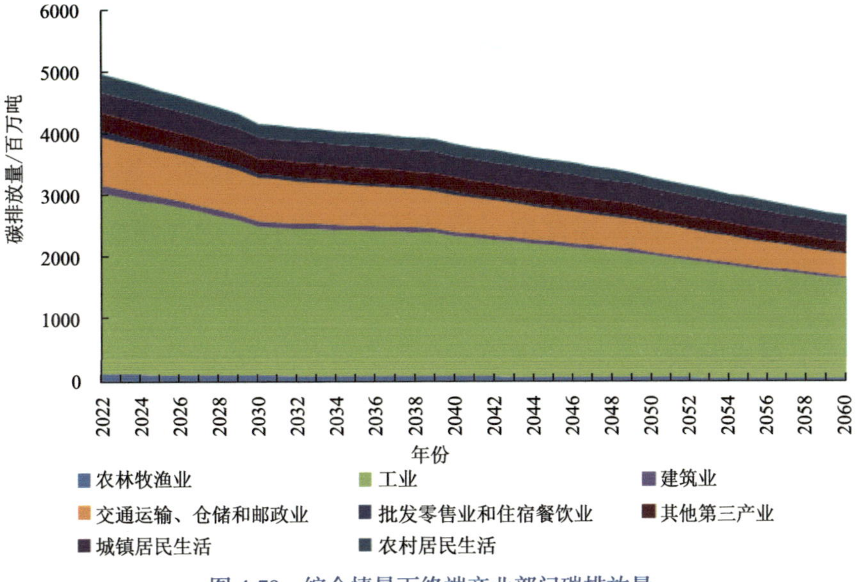

图 4-79　综合情景下终端产业部门碳排放量

由图 4-79 可知，该情景在 2022 年就实现了碳达峰目标，之后各终端产业部门的碳排放量都快速降低。综合情景下为实现“双碳”目标，“十四五”期间加快推动能源革命，建设清洁低碳、安全高效的能源体系，提高能源供给保障能力。在供给端，提升能源清洁生产的能力，充分利用各地资源禀赋，重点建设一批多能互补的清洁能源基地，逐步提升非化石能源比重。在需求端，发展能源低碳替代途径，推进以电代煤、以电代油，大幅度提高能源利用效率。

在配置端，加强“源网荷储”衔接，提高特高压输电通道利用率，加快抽水蓄能电站建设和新型储能技术规模化应用。在数字化场景方面，推进智慧能源领域的应用工程，实现多能协同互补、需求智能调控。

除了能源产业以外，近年来工业、交通、建筑等产业也不断转型升级，节能减排取得明显成效。工业重点突出绿色制造，推动高耗能产业的低碳转型，包括大力提高电能利用比重、加快技术研发与商业化应用、淘汰落后产能设备、提升产业聚集度、推进资源节约与循环利用，2060 年工业碳排放量仅有 30 亿吨以下。建筑领域提升节能标准，加快新型绿色建材研发应用、推动高性能智能家电的普及利用、推广清洁能源采暖与楼宇节能系统改造。交通领域实现绿色低碳交通方式，突破新能源汽车与智能联网汽车的关键技术，在高速公路与中小县城推进充换电设施建设，发展城市公共交通、建设自行车道、步行道等。

三、加工转换部门碳排放量预测分析

加工转换部门碳排放量主要包括输配电、发电、供热、煤炭开采四部门。本研究为理想情况，假设输配电过程中不产生损耗，因此输配电过程中碳排放量为 0。

（一）基准情景

对基准情景下加工转换部门碳排放量变化趋势进行预测，预测结果如图 4-80 所示。

由图 4-80 可知，该情景下加工转换部门碳排放量预计在 2030 年达峰。目前，发电仍以火力发电为主，产生碳排放量大，是当前重点的节能减排领域，未来随着发电方式清洁化，可再生能源开发利用规模快速扩大，水电、风电、光伏发电累计装机容量均居世界前列，发电产生的碳排放量大幅降低，到 2060 年发电产生的碳排放量约为 15 亿吨。随着城镇化率提升和乡村振兴事业的发展，我国供热面积还将进一步增长，未来南方地区将成为供暖市场的蓝海。在“双碳”目标下，供热需求“存量”的低碳转型和“增量”的清洁低碳化任重道远，加快推动传统供热向清洁供热转变的任务艰巨。

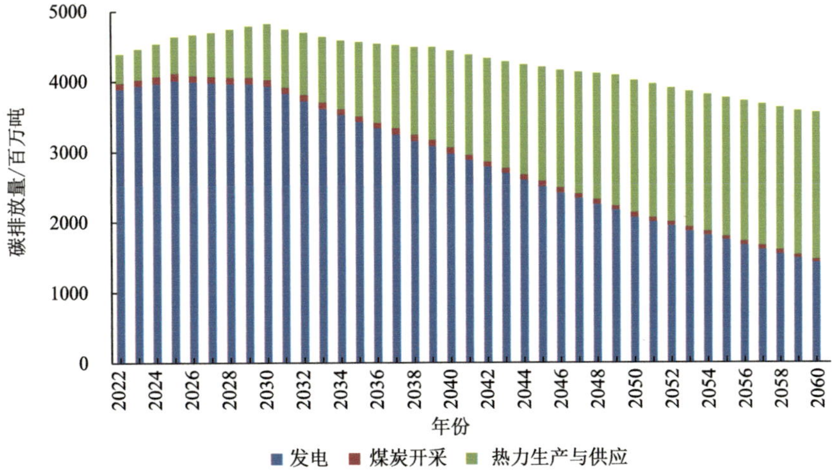

图 4-80　基准情景下加工转换部门碳排放量

（二）产业结构调整情景

对产业结构调整情景下加工转换部门碳排放量变化趋势进行预测，预测结果如图 4-81 所示。

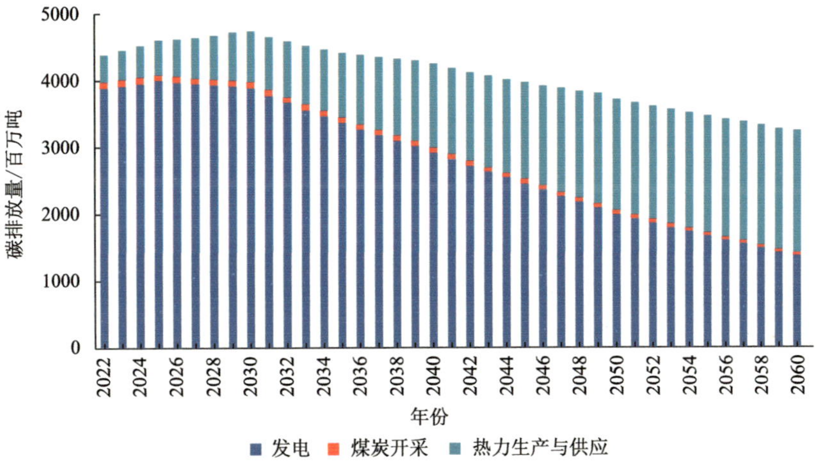

图 4-81　产业结构调整情景下加工转换部门碳排放量

由图 4-81 可知，该情景下加工转换部门碳排放预计在 2030 年达峰，到 2060 年，碳排放量将大幅下降。该情景下各部门产生的碳排放量都略低于基准情景。

（三）能源结构调整情景

对能源结构调整情景下加工转换部门碳排放量变化趋势进行预测，预测结果如图 4-82 所示。

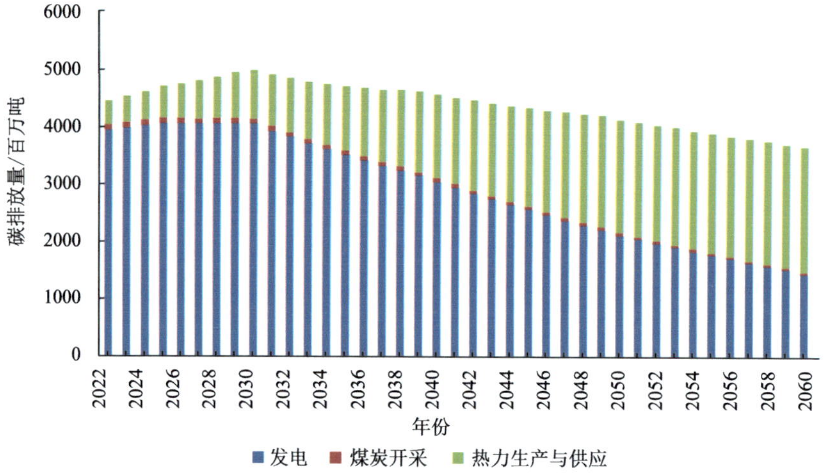

图 4-82 能源结构调整情景下加工转换部门碳排放量

由图 4-82 可知，该情景下加工转换部门碳排放量预计在 2030 年达峰，到 2060 年，碳排放量将大幅下降。该情景对于碳排放控制力度低于基准情景，主要归结于热力生产与供应部门消费量小幅上升。

（四）技术减排情景

对技术减排情景下加工转换部门碳排放量变化趋势进行预测，预测结果如图 4-83 所示。

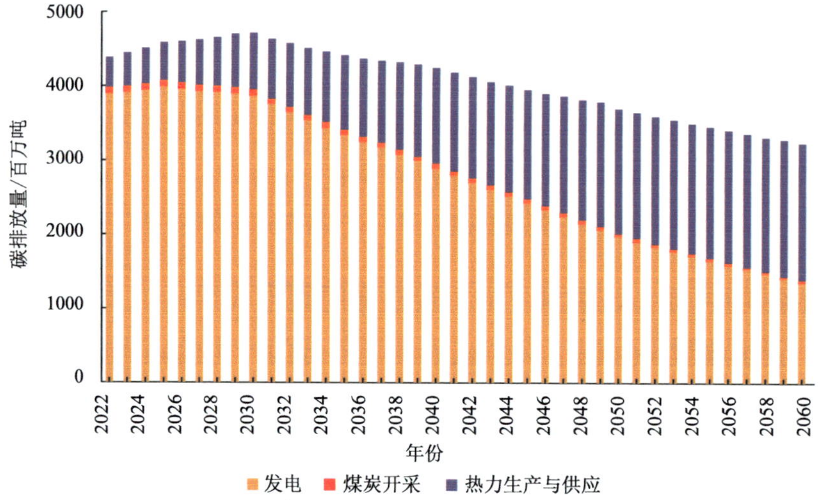

图 4-83 技术减排情景下加工转换部门碳排放量

由图 4-83 可知，该情景下加工转换部门碳排放预计在 2030 年达峰，到 2060 年，排放量将大幅下降。

（五）综合情景

对综合情景下加工转换部门碳排放量变化趋势进行预测，预测结果如图 4-84 所示。

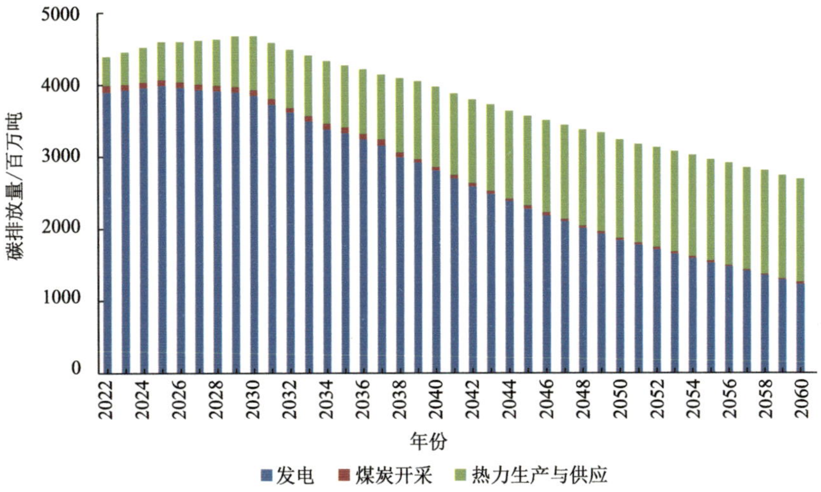

图 4-84　综合情景下加工转换部门碳排放量

由图 4-84 可知，该情景下加工转换部门碳排放量预计在 2030 年达峰，到 2060 年，碳排放量将大幅下降，减排力度最大，发电部门和供热部门产生的碳排放量基本各占 50%。

四、本节小结

本节结合情景分析法，构建了 LEAP-CHINA 模型，设置了基准情景、产业结构调整情景、能源结构调整情景、技术减排情景和综合情景，对碳中和愿景下我国中长期能源产生的碳排放量进行分析，侧重于从分品种碳排放量、终端产业分部门碳排放量以及加工转换部门碳排放量三方面进行分析，得到以下结论：①不同情景下碳排放总量的变化趋势与能源需求总量大致相同，各情景都能顺利完成碳达峰目标，其中综合情景减排效果最优，预计该情景下 2022 年碳排放量达到峰值。②终端产业部门碳排放量的各情景达峰年限明显推迟，产业结构调整情景、基准情景、技术减排情景在 2039 年达到峰值。综合情景在 2030 年后减排后续乏力，导致下降幅度减缓。③在各情景下加工转换部门都在 2030 年达到峰值后下降。其中，能源结构调整情景碳排放量最高，技术减排情景和产业结构调整情景碳排放量基本一致，综合情景碳排放量最低。

第五章

煤炭行业全生命周期碳排放核算及预测研究

第一节　煤炭行业全生命周期各阶段碳排放核算

现阶段已经有部分学者针对能源消费碳排放展开了深刻的研究，但是考虑到我国煤炭资源消费现状，煤炭开发利用全过程都会为环境带来不同程度的污染和破坏，提高煤炭控制效果也不应当单纯从消费侧入手，而应该从煤炭生命周期各个环节落实低碳发展，控制好每一个环节的排放。为了规划未来我国煤炭全生命周期碳排放，首先应该对现状有大概的了解，因此本章对2000～2020年我国煤炭生命周期各环节碳排放进行了计算和分析，并进一步呈现出2020年我国能源消费物质流、煤炭消费物质流及碳排放流等。

一、煤炭行业全生命周期定义及阶段划分

煤炭行业全生命周期指煤炭作为商品能源，从生产，到加工转换，再到消费利用，最后到废渣料再利用的过程，即煤炭开发利用全产业链的所有过程，其中还包括煤炭及其产品在各环节之间的运输（图 5-1）。下面针对煤炭行业全生命周期各阶段的定义及划分进行更加详细的说明。

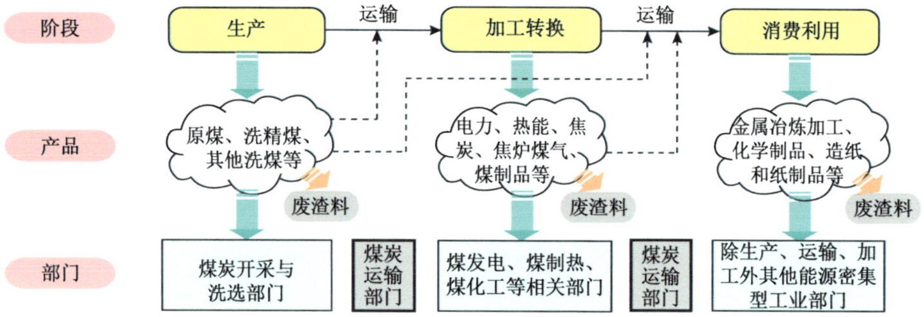

图 5-1 煤炭行业全生命周期包含的环节

（一）生产阶段

煤炭生产包括煤开采与洗选两个阶段。煤炭的开采是指将煤炭资源从原始自然环境中挖掘出来的过程，且根据煤炭资源所处的位置分为露天开采和地下开采：煤炭洗选是指通过专业的机械化手段对直接开采出的含有矸石和其他杂质的毛煤进行洗选、筛分等工序，清除杂质和矸石，使煤的各方面质量达到国家规定的基本要求。由于煤炭的运输成本和环境代价较高，大多数煤炭企业选择同时运营这两个业务，并且一般选煤厂会在煤矿周边就近设置，以最大限度地降低运输成本。也正是因为煤炭开采与洗选两个环节之间有着密切关联，我国行业划分规则中一直将煤炭的开采与洗选合并为“煤炭采选业”，官方发布的工业行业数据也是对二者进行合并，因此本研究中也将这两者进行合并，不单独对开采与洗选两个环节进行区分。

（二）存储阶段

煤炭存储主要是指煤炭从生产地向消费地的运输过程中，运输设备有限、供求关系失衡或政策性储备而导致的煤炭资源堆放和滞留。煤炭存储按照存储环境可以分为室内存储和露天存储两种，由于煤炭资源堆积体积大，一般情况下企业为了节约存储成本会选择露天堆积的方式。对于煤炭存储环节相关问题的讨论主要集中在三个方面：露天存储烟粉尘控制、存储经济损耗以及存储信息化技术。由于煤炭表面遍布粉尘，同时运输过程中的颠簸和冲撞会产生很多细碎煤块，这些细碎煤块在堆积状态时遇风极易起尘。现阶段主要采取覆盖防风网和洒水两种方式降低煤炭堆积场的扬尘。煤炭存储是煤炭供应链的关键环节之一，但是煤炭的堆积会引起重量损失，并且随着堆积时间的延长，煤炭的低位热值会有一定的下降，所以煤炭的堆放本身存在一定的价值损失。为了降低存储损耗，企业必须根据市场价格和产销量变化制定最佳储存计划，同时还需要考虑存储的场地租金、设备成本和人力成本，以及存储地点设置和存储规模设计等问题，这些问题的融合则需要煤炭存储管理信息化技术来解决。煤炭存储信息化技术以多目标规划方法为主要手段，借助计算机技术，搭载煤炭输入输出数据，以实现扬尘最少、成本最小、损失最小的存储管理目标。

（三）运输阶段

煤炭运输宏观上是指煤炭资源作为一般商品从供应地向需求地的运输和周转，但从微观角度来看，煤炭运输包括：煤炭在矿井内的运输、煤炭从矿井向地上的运输、从煤矿到选煤厂的运输、从选煤厂到产地煤仓的运输、从产地煤仓到用地煤仓之间的运输，以及煤炭在不同用地之间的周转等过程，煤炭及其加工品在各部门之间的流动与运输情况可以用图 5-2 简单表示。

我国煤炭资源空间分布不均匀，生产与消费格局失衡，区域间供需矛盾突出，如何降低煤炭运输成本和环境污染一直是国家经济高质量发展中备受关注的话题。在讨论宏观经济时，为了简化研究模型，学者倾向选择从宏观角度研究煤炭运输相关问题，一般只考虑煤炭从产地向消费地的公路、铁路和

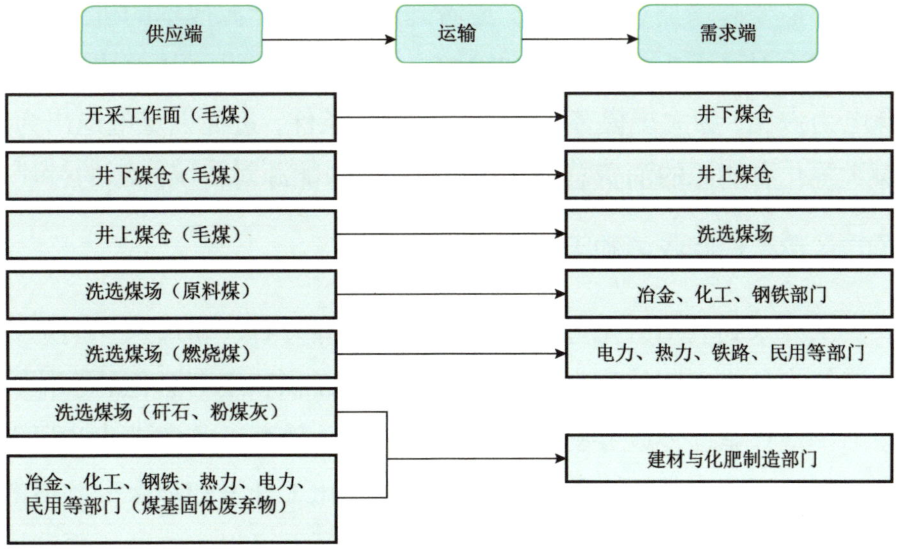

图 5-2　各部门之间煤炭及其制品运输示意图

水路运输。同时，对于持有微观数据的非上市企业，缺乏强制性和规范化的数据公开机制，真实数据的获取难度相当大。因此，除部分专业性和技术性研究之外，不妨假设煤炭的运输为煤炭的公路、铁路和水路运输，并且只计算运输总量，不单独区分中转地间的运入和运出。

（四）加工转换阶段（中间消费）

煤炭加工转换阶段是煤炭全生命周期的中间消费环节，指将煤炭作为化工原料进行加工转化产生衍生品，包含煤发电、煤制热、煤焦化、煤气化、煤液化等。该环节在对煤炭进行增值转换过程中，除了消耗大量的原煤，也会消耗一定量的其他能源。

（五）消费利用阶段（终端消费）

煤炭全生命周期的核心阶段即为煤炭的消费，主要消费方式是直接作为燃料进行燃烧和消耗煤炭衍生品，如焦煤等。煤炭长久以来作为支撑我国经济发展的最主要能源，曾经是“功臣”一般的存在，但煤炭燃烧和利用产生的大量二氧化碳、硫化物、粉尘与颗粒物等是导致全球气候变暖、酸雨、雾霾等环境问题的重要原因。虽然煤电退出已经成为国际趋势，但是在我国现有技术条件下，煤电仍然是整体成本最为低廉的电力，因此煤电退出除了政治决心，还需要有增加煤电成本，或者降低可再生能源成本的机制。相关部门要快速加大对可再生能源发电和输配电基础设施建设，从而快速提升可再生能源电力占比，为大规模替代煤炭资源创造条件，进而以煤电退出为起点，降低煤炭等化石能源的消费总量比重，加快清洁能源对传统能源的替代节奏。

（六）废渣料回收再利用阶段

煤炭从开采到利用的全过程会产生大量的煤矸石、粉煤灰、锅炉煤渣、煤气化渣等多种煤基固体废弃物，有限的土地面积和逐渐恶化的水体、土壤环境逐渐倒逼煤基固体废弃物的回收与再利用。随着工艺的进步和研发力度的加大，煤基固废在充填、热量回收、建材、化工开发和环保等领域的利用方式逐渐多样化和专业化。煤炭采选产生的煤矸石可以直接循环再利用：就地充填处置，实现废弃矸石的井下充填和地下水保护；用作土地复垦修复材料回填地表采砂坑和沉陷区；或用作公路施工路基或底基层填料；矸石、粉煤灰可以根据含碳量和发热量的不同，用作砖、水泥等建材的原料，或用作水泥混合材料、混凝土骨料、保温材料等建材。另外，煤矸石中含有大量的铝、硅、铁、钙等微量元素，因此可以用于制备铝盐、白炭黑、碳化硅、4A分子筛、复合肥料等新型化工产品。

煤炭行业全生命周期共分为开采与洗选、存储、运输、加工转换、终端消费和废渣料回收再利用五个阶段，详细地划分了煤炭开发利用全产业链的所有过程，有利于我们从煤炭生命周期的各个环节有针对性地落实煤炭行业绿色低碳发展，为未来我国煤炭行业全生命周期碳排放规划提供保障。

二、煤炭行业全生命周期碳排放核算模型

（一）计算边界与基本假设

根据上一部分内容，煤炭全生命周期理论上应当包含煤炭在煤矿和选煤厂的开采与洗选、煤炭在消费地的燃烧与转化、废渣料的回收再利用以及各环节之间的运输，并且各个环节理论上都会产生一定量的二氧化碳。但是结合本研究的实际情况，需要从数据的可获得性以及碳排放的可计算性两个角度对煤炭全生命周期进行更加明确的界定。

考虑到煤基固体废弃物再利用工序的复杂化和多样化，同时该环节碳排放总量的数量级远小于煤炭全生命周期的其他环节碳排放总量，并且针对该部分内容并没有详细的能源、经济、环境等领域的统计数据，难以用数量模型进行深入的二氧化碳排放研究，相关数据可以统一并入煤炭消费环节。因此，在可计算碳排放的前提下，本研究设定煤炭全生命周期具体包含四个阶段：煤炭生产阶段、煤炭运输阶段、煤炭加工转换阶段、煤炭消费利用阶段。

为了精简研究工作量，并尽量保证不出现碳排放的重复计算，因此在计算各阶段碳排放量之前，需要提出以下假设：

（1）一般意义碳的排放是对温室气体排放的总称或简称，具体包含二氧化碳、一氧化碳、甲烷、氟氯烃、臭氧等。其中，二氧化碳排放比重最大，并且其他温室气体可以通过一定的计算方法换算成二氧化碳当量，因此在本研究中碳排放即指二氧化碳排放。

（2）为了避免重复计算，研究视角设定为参与煤炭全生命周期的全国各个行业，并按照煤炭全生命周期不同阶段将行业划分为四大类：煤炭生产部门、煤炭运输部门、加工转换部门、其他煤炭及其加工品（如焦炭）消费大户，具体划分见图 5-3。

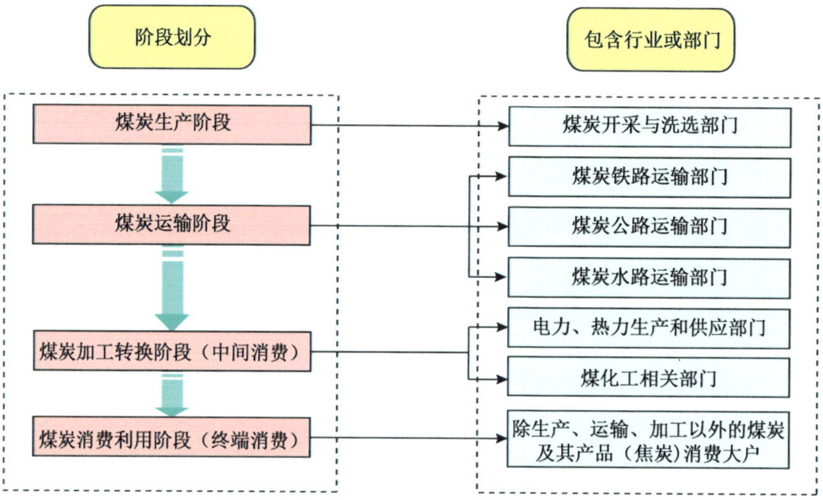

图 5-3 煤炭行业生命阶段划分示意图

（二）煤炭生产阶段碳排放核算模型

煤炭生产阶段二氧化碳排放途径可以分为燃料燃烧直接排放二氧化碳以及机械设备消耗电力间接排放二氧化碳，其中二次能源电力消耗隐含的碳排放将在煤炭消耗部门进行计算，煤炭生产阶段碳排放只计燃料燃烧直接排放的二氧化碳。IPCC《国家温室气体排放清单指南》提供的标煤化石燃料碳排放因子为全球缺省值，精确性不高，现有实际的各个试点或者企业核算过程中，基本也没有用标煤来计算的概念，只是在不知道煤种的情况下，才会选择默认值。因此，本研究根据《省级温室气体清单编制指南》中的相关参数，采用物料平衡法计算化石燃料碳排放。物料平衡法主要计算公式如下：

$$CO_2^{P}=\sum_{i=1}^{n}E_i\cdot\beta_i\cdot\varphi_i\cdot\vartheta_i\cdot\frac{44}{12} \quad (5\text{-}1)$$

式中，CO_2^{P} 为煤炭生产阶段能源消耗的碳排放总量；E_i 为煤炭生产阶段第 i 类能源的消费量；β_i 为第 i 类能源的平均低位发热量；φ_i 为第 i 类能源单位热值含碳量；ϑ_i 为氧化率（一般为 98%）；$\frac{44}{12}$ 为分子量；$\beta_i \cdot \varphi_i \cdot \vartheta_i \cdot \frac{44}{12}$ 为化石燃料碳排放因子。由于电力属于二次能源，在使用过程中不会直接排放二氧化碳，其生产过程中的碳排放量将在加工转换阶段予以考虑，为避免重复计算，此阶段不考虑电力资源的碳排放量。各类能源折标煤系数和碳排放系数见表 5-1。

表 5-1　各类能源折标煤系数和碳排放系数

种类	原煤	焦炭	原油	汽油	煤油	柴油	燃料油	天然气
平均低位发热量/（千焦耳/千克）	20908	28437	41816	43070	43070	42652	41816	38931
折标煤系数/（千克煤炭当量/千克）	0.7143	0.9714	1.4286	1.4714	1.4714	1.4571	1.4286	1.3300
单位热值含碳量/（吨碳/太焦）	26.37	29.5	20.1	18.9	19.5	20.2	21.1	15.3
碳氧化率	0.94	0.93	0.98	0.98	0.98	0.98	0.98	0.99
燃料碳排放系数/（千克 CO_2/千克）	1.9003	2.8604	3.0202	2.9251	3.0179	3.0959	3.1705	2.1622
标煤碳排放系数/（千克 CO_2/千克）	2.6604	2.9446	2.1141	1.9880	2.0510	2.1247	2.2193	1.6257

注：除天然气碳排放系数单位为千克 CO_2/立方米之外，其他能源碳排放系数单位均为千克 CO_2/千克。

实际上，煤炭生产环节排放甲烷量远大于二氧化碳量，因此在温室气体计算中这部分的甲烷是不能忽略的，《2006 年政府间气候变化专门委员会报告》对煤矿开采产生的甲烷逃逸排放计算进行了指导，由于现阶段并没有全国所有矿井的实测甲烷涌出量数据，难以直接通过数据汇总的方式计算。本书采用另一种近似计算的方法：将煤矿分为国有重点、国有地方和乡镇分别确定排放因子和产量，求和得到总排放量。《省级温室气体清单编制指南》中对各类矿井的甲烷逃逸因子做了如下规定：重点煤矿、地方煤矿和乡镇煤矿井工开采的甲烷逃逸因子分别为 8.37 立方米/吨、8.35 立方米/吨和 6.93 立方米/吨。露天开采为 2 立方米/吨，再结合我国各类煤矿年产量数据，可以得到煤矿开采产生的甲烷逃逸量。另外，根据《气候变化 1995：IPCC 第二次评估报告》给出的全球变暖潜势值，如 1 吨甲烷=21 吨二氧化碳，可以将甲烷排放量转化成二氧化碳排放量，具体计算公式如下：

$$CO_2^{CH_4} = 21\left[P_{jg}\left(8.37I_{zd} + 8.35I_{df} + 6.93I_{xz}\right) + 2P_{lt}\right] \cdot 0.0007174 \quad (5\text{-}2)$$

式中，$CO_2^{CH_4}$ 为甲烷逃逸的碳排放总量；P_{jg} 为煤炭年井工开采量；I_{zd} 为重点（大型）煤矿产量占总产量比重；I_{df} 为地方（中型）煤矿产量占总产量比重；I_{xz} 为乡镇（小型及 3 万吨以下）煤矿产量占总产量比重；P_{lt} 为煤炭年露天开采量。1 立方米的天然气等于 0.0007174 吨。

（三）煤炭运输阶段碳排放核算模型

煤炭运输环节同样会消耗燃料并排放温室气体，由于煤炭运输方式的特殊性，以铁路、公路和水路为主，并且公路运输中以 20 吨以上重型卡车为主，因此与其他环节不同的是煤炭运输环节主要消耗柴油这一种化石能源。我国铁路运输动力主要包括电力机车和内燃机车，分别消耗电力和柴油，电力不在一次能源碳排放的计算范围内，因此只需要计算内燃机车所消耗的柴油。煤炭进出口水运主要依靠远洋船运，国内水运也是长距离船舶，基本都是柴油机驱动。另外，参考 IPCC 关于交通运输活动中的移动源燃烧碳排放计算规则，可以直接用柴油消耗量与碳排放系数的乘积得到碳排放量，具体公式如下（相关数据来源于《中国统计年鉴》的交通运输板块）：

$$\mathrm{CO}_2^{\mathrm{T}} = \mathrm{CO}_2^{\text{铁}} + \mathrm{CO}_2^{\text{公}} + \mathrm{CO}_2^{\text{水}} \tag{5-3}$$

$$\mathrm{CO}_2^{\text{铁}} = \sum T^{\text{铁}} \cdot R^{\text{燃}} \cdot F^{\text{铁}} \cdot \mathrm{EF}_{\mathrm{CO}_2} \cdot 10^3 \tag{5-4}$$

$$\mathrm{CO}_2^{\text{公}} = \sum T^{\text{公}} \cdot F^{\text{公}} \cdot \mathrm{EF}_{\mathrm{CO}_2} \cdot 10^3 \tag{5-5}$$

$$\mathrm{CO}_2^{\text{水}} = \sum T^{\text{水}} \cdot F^{\text{水}} \cdot \mathrm{EF}_{\mathrm{CO}_2} \cdot 10^3 \tag{5-6}$$

$$T = V \cdot D \tag{5-7}$$

式中，$\mathrm{CO}_2^{\mathrm{T}}$ 为煤炭运输阶段能源消费的碳排放总量；$\mathrm{CO}_2^{\text{铁}}$、$\mathrm{CO}_2^{\text{公}}$、$\mathrm{CO}_2^{\text{水}}$ 分别为铁路、公路和水运的碳排放总量（万吨）；$R^{\text{燃}}$ 为铁路运输中内燃机车占比（%）；T 为煤炭周转量（亿吨・千米）；F 为单位煤炭周转量消耗的柴油量（千克/万吨・千米）；$\mathrm{EF}_{\mathrm{CO}_2}$ 为柴油燃烧对应的 IPCC 缺省碳排放因子（3211.92 千克/吨）；V 为煤炭年货运量（亿吨）；D 为煤炭年平均运距（千米）。

（四）煤炭加工转换阶段碳排放核算模型

煤炭加工转换阶段是煤炭全生命周期的中间消费环节，指将煤炭作为化工原料进行加工转化产生衍生品，包含煤发电、煤制热、煤炼焦、煤气化、煤制品加工等。该环节在对煤炭进行增值转换过程中，除了消耗大量的原煤，也会消耗一定量的其他能源。碳排放计算公式同式（5-1）。具体计算方法如下：

$$CO_2^q = \sum_{i=1}^{n} E_i \cdot \beta_i \cdot \varphi_i \cdot \vartheta_i \cdot \frac{44}{12} \tag{5-8}$$

式中，CO_2^q 为煤炭加工转换阶段能源消耗的碳排放总量；E_i 为煤炭加工转换阶段第 i 类能源的消费量；β_i 为第 i 类能源的平均低位发热量；φ_i 为第 i 类能源单位热值含碳量；ϑ_i 为氧化率（一般为 98%）；$\frac{44}{12}$ 为分子量；$\beta_i \cdot \varphi_i \cdot \vartheta_i \cdot \frac{44}{12}$ 为化石燃料碳排放因子。

（五）煤炭消费利用阶段碳排放核算模型

煤炭消费利用阶段参与主体为所有消耗煤炭的行业或部门（除开采与洗选、运输、加工转换），碳排放量仍然用能源消耗碳排放系数与各种类能源消耗量的乘积来表示，但为了避免碳排放的重复计算，该部分不应考虑煤炭采选业、交通运输业中的煤炭运输部分，即煤炭消费利用阶段碳排放可以视为碳排放总量减去生产环节和运输环节的碳排放量，具体计算方法如下：

$$CO_2^s = \sum_{i=1}^{n} E_i \cdot \beta_i \cdot \varphi_i \cdot \vartheta_i \cdot \frac{44}{12} \tag{5-9}$$

式中，CO_2^s 为煤炭消费利用阶段能源消耗的碳排放总量；E_i 为煤炭消费利用阶段第 i 类能源的消费量（该阶段主要包含原煤和煤炭加工产品两类）；β_i 为第 i 类能源的平均低位发热量；φ_i 为第 i 类能源单位热值含碳量；ϑ_i 为氧化率（一般为 98%）；$\frac{44}{12}$ 为分子量；$\beta_i \cdot \varphi_i \cdot \vartheta_i \cdot \frac{44}{12}$ 为化石燃料碳排放因子。

三、煤炭行业全生命周期碳排放测算结果

为了从生命周期视角研究和对比我国煤炭资源从生产、运输、加工转换、消费利用各阶段碳排放情况，本研究搜集了 2000～2020 年各行业和部门相关数据，根据上一部分所介绍的碳排放计算方法，对四个阶段近年来的碳排放情况进行初步计算。通过掌握煤炭资源开发利用全过程的温室气体排放量及其变化情况，探索后期各阶段节能减排工作方案制定和目标规划。

（一）煤炭生产阶段二氧化碳排放量

1）煤炭开采与洗选过程中能源消耗的碳排放量

煤炭开采与洗选过程中能源消耗量如表 5-2 所示。从图 5-4 中可以看出，2000～2020 年，我国煤炭采选业二氧化碳排放水平变化可以大致分为四个阶段：2000～2003 年的低排放阶段，2004～2007 年的中等排放阶段，2008～2013 年的高排放阶段以及 2014～2020 年的减排阶段，并且相邻两阶段之间有明显的分界线。从表 5-2 中的能源消耗量情况可以看出，造成碳排放量波动的主要原因是煤炭消费量的变化，这也说明了 2014 年之前煤炭采选业的生产方式对煤炭的依赖程度还比较高。2013 年 9 月正式出台的《大气污染防治行动计划》对各行业清洁生产提出高要求，煤炭采选业的原煤消耗量应要求而降低，因此行业碳排放量在 2014 年之后有了大幅度的下降。总的来看，煤炭采选业碳排放量的波动与行业煤炭消耗量的变化是密切挂钩的，并且由于行业的特殊性，煤炭对于采煤行业来说必然是一种“自产自销”的低成本能源，因此短期内对煤炭的依赖情况难以改变。

表 5-2　煤炭开采与洗选过程中能源消耗量（实物量）

年份	原煤/万吨	洗精煤/万吨	其他洗煤/万吨	焦炭/万吨	焦炉煤气/亿立方米	汽油/万吨	煤油/万吨	柴油/万吨	燃料油/万吨	液化石油气/万吨	天然气/亿立方米
2000	2003.32	176.06	202.15	53.06	0.71	36.32	5.37	54.46	5.61	0.08	0.10
2001	2163.45	187.41	193.41	52.27	0.77	35.29	5.50	56.72	5.00	0.09	1.00
2002	1668.05	118.16	180.63	47.73	0.64	30.10	5.99	54.73	5.00	0.05	1.00
2003	2703.11	147.00	288.53	45.70	1.06	33.04	6.37	52.73	5.00	0.20	1.00
2004	4817.95	175.21	275.27	25.55	0.79	17.69	4.37	65.46	6.15	0.21	1.07
2005	4917.87	175.21	292.39	36.79	1.12	14.56	3.26	61.90	4.95	0.25	1.57
2006	5122.60	155.08	299.22	41.08	1.03	17.00	2.93	62.42	5.26	0.28	1.72
2007	5922.90	173.42	309.97	44.10	1.15	18.29	2.71	65.92	4.93	0.24	2.01
2008	5997.35	189.01	373.43	34.79	0.61	22.33	2.87	90.33	6.44	0.25	1.96
2009	5854.58	233.35	351.02	27.83	1.07	21.19	2.90	108.40	4.83	0.05	1.86
2010	6083.00	96.24	333.47	43.11	1.66	20.11	2.53	140.92	2.32	0.13	2.33
2011	6219.97	75.69	419.51	51.16	8.59	22.52	2.30	212.2	1.08	0.04	2.66
2012	6262.02	123.13	545.36	65.41	2.77	16.33	2.16	214.98	0.89	0.05	7.84
2013	6612.10	124.82	643.52	80.45	11.73	14.41	2.43	211.45	0.69	0.01	4.25
2014	2805.93	102.95	731.68	87.92	6.76	12.49	1.89	196.25	0.45	0.06	5.95
2015	2718.69	110.55	692.77	63.00	4.27	10.64	1.72	164.84	0.40	0.08	7.14
2016	1959.33	11.18	1337.02	75.21	5.08	8.88	1.59	152.95	0.47	0.07	8.62
2017	2666.30	10.63	1192.25	74.92	2.89	7.22	0.81	155.51	0.28	0.04	11.58

续表

年份	原煤/万吨	洗精煤/万吨	其他洗煤/万吨	焦炭/万吨	焦炉煤气/亿立方米	汽油/万吨	煤油/万吨	柴油/万吨	燃料油/万吨	液化石油气/万吨	天然气/亿立方米
2018	2118.45	7.41	956.44	33.73	9.31	6.15	0.67	163.07	0.22	15.39	12.70
2019	1628.55	5.50	1297.11	48.92	1.04	4.95	0.75	152.60	0.27	41.75	14.35
2020	1115.16	4.16	867.99	4.91	0.95	3.22	0.61	147.42	0.20	36.44	8.66

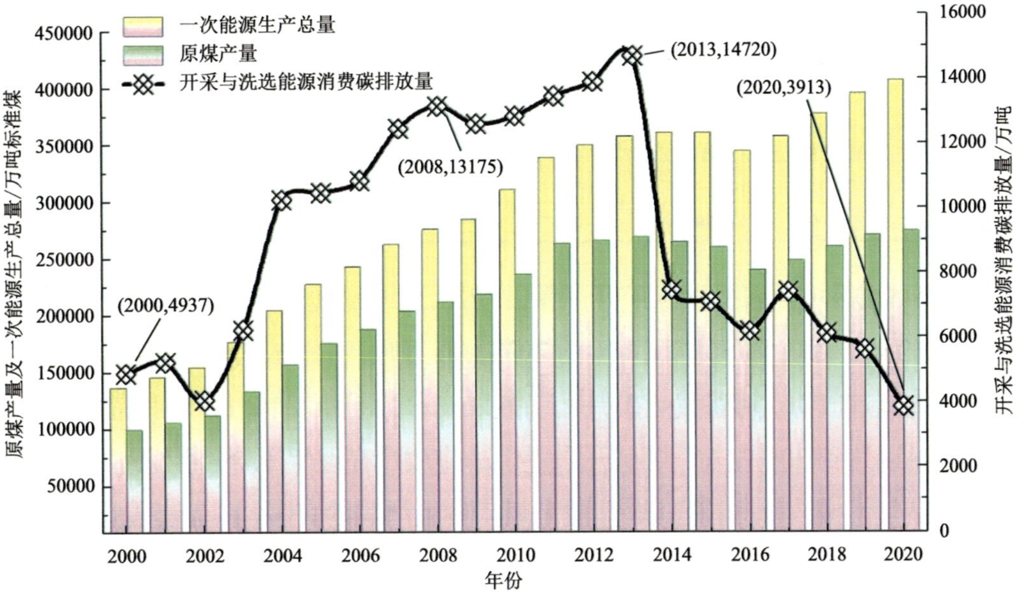

图 5-4　煤炭开采与洗选过程中能源消耗的碳排放量

2）煤炭开采过程中甲烷逃逸的碳排放量

本研究进一步核算了煤炭开采过程中甲烷逃逸的碳排放量，具体结果如表 5-3 所示。

表 5-3　煤炭开采过程中甲烷逃逸的碳排放量

年份	一次能源生产总量/万吨标准煤	原煤占比/%	甲烷逃逸碳排放量/万吨
2000	138570	72.9	10634.70
2001	147425	72.6	11267.72
2002	156277	73.1	12026.54
2003	178299	75.7	14209.31
2004	206108	76.7	16698.88
2005	229037	77.4	18725.95
2006	244763	77.5	20037.55

续表

年份	一次能源生产总量/万吨标准煤	原煤占比/%	甲烷逃逸碳排放量/万吨
2007	264173	77.8	21710.27
2008	277419	76.8	22581.79
2009	286092	76.8	23287.77
2010	312125	76.2	25208.36
2011	340178	77.8	28050.90
2012	351041	76.2	28351.35
2013	358784	75.4	28672.49
2014	362212	73.5	28217.02
2015	362193	72.2	27809.76
2016	345954	69.8	25679.92
2017	358867	69.6	26562.12
2018	378859	69.2	27880.70
2019	397317	68.5	28943.27
2020	408000	67.6	29331.00

图 5-5 显示，随着我国煤矿开采量的增加，甲烷逃逸导致的碳排放量从 2000 年的 10634.70 万吨上升到 2020 年的 29331.00 万吨，一跃成为我国煤炭开采阶段最主要的碳排放源。随着我国矿井瓦斯抽采技术的不断发展，近年甲烷回收利用率已经可以达到 30%左右，煤矿开采甲烷净排放量在逐年下降。甲烷逃逸不仅会带来温室气体排放，矿井瓦斯爆炸更是煤矿中最严重的灾害，具有较强的破坏性、突发性，往往造成大量的人员伤亡和财产损失。因此，煤矿开采环节的甲烷抽采是我国控制温室气体排放和降低煤矿安全风险都要共同面对的议题。

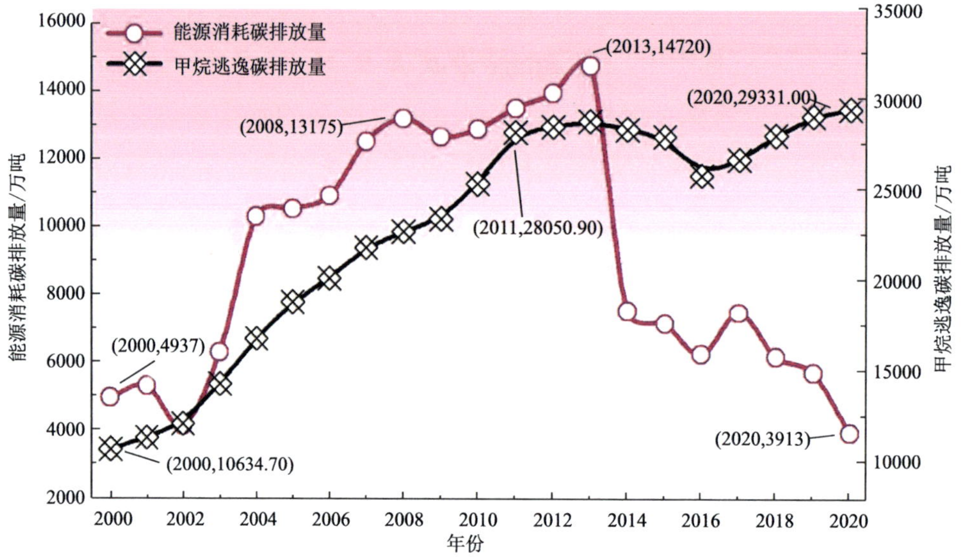

图 5-5 2000～2020 年煤炭行业生产阶段的碳排放量

在我国先后出台《大气污染防治行动计划》和《能源发展战略行动计划（2014—2020 年）》等文件之后，各行业煤炭消费总量开始显著降低，有效控制了燃煤排放的大气污染，煤炭产量也开始有一定程度的降低。在此基础上，2015 年末中央经济工作会议部署了煤炭行业去产能工作，要求通过去产能、去库存、去杠杆、降成本和补短板，来实现资源的优化再配置。煤炭采选业作为急需淘汰落后产能的行业，首当其冲地成为供给侧结构性改革的重点行业之一。随着大批小型煤矿的关闭，中型煤矿的合并，煤炭产量在 2013～2016 年显著降低，但与此同时煤炭优质产能逐渐释放，生产水平和规模逐渐扩大，煤炭采选业的生产模式正在迎来集约、绿色、高效时代，煤炭清洁生产水平的提高必然能够有效降低能源强度和碳排放量，这也是我国煤炭采选业的发展趋势，相信未来我国煤炭低碳生产仍然有进一步的发展空间，能够为我国 2060 年近零排放目标做出重要的贡献。

（二）煤炭运输阶段二氧化碳排放量

由于我国煤炭资源空间分布不均，煤炭运输工作量巨大，运输方式主要有铁路、公路、水路（海运和内河运输）。其中，省际煤炭运输主要依靠铁路和水运，煤炭公路运输总量相对较小，并且随着国家铁路网建设逐渐发达，煤炭铁路运量明显增加。另外，随着我国宏观经济回暖，带动了煤炭需求的增长，进而增加了煤炭的运量。同时，国家政策提出东北和长三角地区的大部分煤炭港口运输要逐渐向铁路运输转变，且由于公路对煤炭运输设置了许多限制，更多的煤炭运输转向铁路。2016 年煤炭供给侧结构性改革后，东北和河北、山东等地区煤炭产能退出明显，相应地增加了对于西北煤炭的需求，进而提升了西煤东运的数量，未来铁路和水路将是我国煤炭内销和进出口的主要运输方式。

结合本研究的煤炭全生命周期视角，煤炭运输阶段直接碳排放主要由运输工具消耗柴油而产生。考虑碳排放计算的可行性，仅铁路运输部门有完整的煤炭周转量和单位周转量的柴油消耗量数据（表 5-4），煤炭公路和水路运输周转量、单位周转耗油量等数据较难获得。由于煤炭铁路运输量占煤炭运输总量的比重较大，因此煤炭铁路运输碳排放量的变化与煤炭运输碳排放总量的变化趋势理论上应当相似。考虑到公路和水路运输能源消耗资料难以获得，本研究借鉴袁旭梅的处理方式，仅计算煤炭铁路运输的单一运输方式，并用计算出的煤炭铁路运输碳排放量变化来近似反映煤炭运输环节碳排放总量的变化趋势。具体结果如图 5-6 所示。

表 5-4 煤炭铁路运输的碳排放量

年份	货运量/万吨	货物周转量/(百万吨·千米)	平均运距/千米	铁路运输中内燃机车占比/%	单位煤炭周转量消耗的柴油量/(千克/万吨·千米)	柴油燃烧碳排放因子/(千克/吨)	柴油消耗/千克	铁路运输碳排放量/万吨
2000	68545.00	380605	555.00	0.75	25.8	3211.92	736470675	236.55
2001	76625.00	427604	558.00	0.73	25.7	3211.92	802227864	257.67
2002	81852.00	463886	566.74	0.74	25.9	3211.92	889083908	285.57
2003	88132.00	505540	574.00	0.70	25.4	3211.92	898850120	288.70
2004	99210.00	571290	575.85	0.70	25	3211.92	999771500	321.12
2005	107082.00	637383	595.00	0.69	24.6	3211.92	1.082×10^9	347.50
2006	112034.00	672849	601.00	0.67	24.3	3211.92	1.095×10^9	351.85
2007	122080.63	741632	607.00	0.65	24.6	3211.92	1.186×10^9	380.89
2008	134325.00	836028	622.00	0.64	24.9	3211.92	1.332×10^9	427.92
2009	132720.15	847819	639.00	0.61	25.2	3211.92	1.303×10^9	418.60
2010	156020.00	1001551	642.00	0.55	26.4	3211.92	1.454×10^9	467.09
2011	172126.00	1124668	653.00	0.52	26.4	3211.92	1.544×10^9	495.90
2012	168515.00	1087436	645.00	0.49	26.8	3211.92	1.428×10^9	458.67
2013	167946.00	1086168	647.00	0.46	27.3	3211.92	1.364×10^9	438.11
2014	164131.00	1059626	646.00	0.43	27.2	3211.92	1.239×10^9	398.07
2015	143221.00	886754	619.00	0.41	26.5	3211.92	963458221	309.46
2016	131791.00	825267	626.00	0.42	26.5	3211.92	914825761	293.83
2017	149130.00	970716	651.00	0.40	26.5	3211.92	1.029×10^9	330.49
2018	166422.00	1096365	659.00	0.39	26.5	3211.92	1.122×10^9	360.38
2019	172263.00	1133499	658.00	0.37	26.5	3211.92	1.112×10^9	357.27
2020	169692.00	1113155	656.00	0.37	26.5	3211.92	1.081×10^9	347.23

注：数据来源于《中国统计年鉴》中的按货类分国家铁路货物运输量。

1）煤炭铁路运输的碳排放量

图 5-6 显示，我国煤炭铁路运输产生的碳排放量在 2000～2011 年一直处于增长态势，但随后 5 年，铁路煤炭运输量和碳排放量均逐年下降。结合上面的分析，煤炭产量的缩减可以在一定程度上解释这种变化发生的原因。

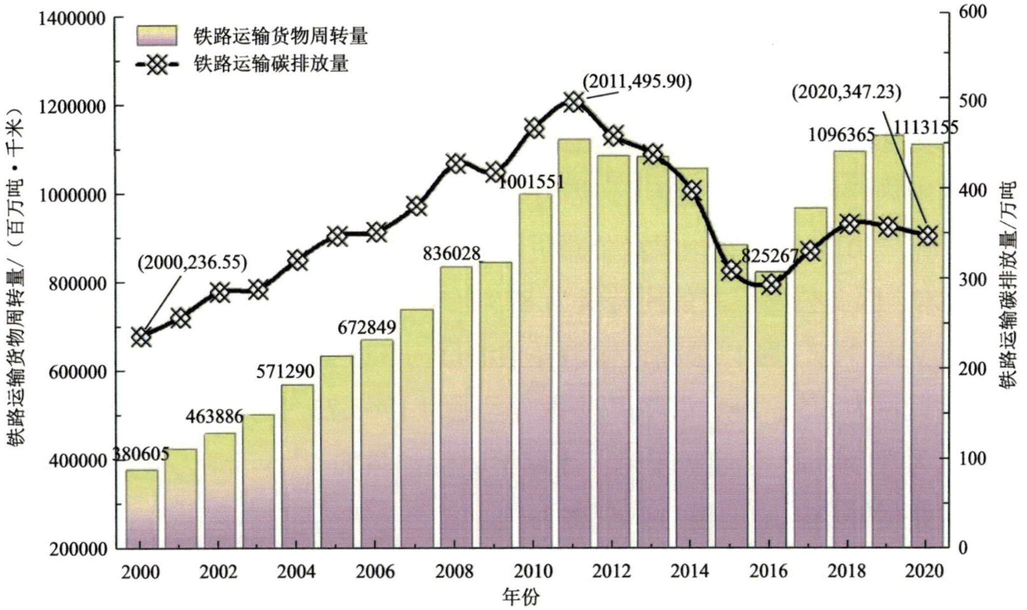

图 5-6　煤炭铁路运输的碳排放量

2011 年后煤炭总周转量与产量同步下降，并且到 2016 年周转量下降到最低值 825267 百万吨·千米。之后随着生产量的提升以及国家大宗物流运输政策对铁路运煤的鼓励，煤炭铁路周转量开始大幅增加。从运输环节碳排放量和周转量相对值的变化中可以看出，2000～2019 年我国煤炭铁路运输碳排放强度在持续下降，从 2000 年的 6.186 千克/千米下降到 2019 年的 2.809 千克/千米，并且下降幅度在 2010 年之后显著提升。这说明，在铁路运输成本控制的要求下，内燃机节能减耗工作取得了一定的成果，煤炭铁路运输碳排放强度也因此大幅度降低。在这期间铁路内燃机车占比从 2000 年的 75%下降到 2020 年的 37%，未来在铁路运输机组动力改革的趋势下，内燃机车将逐渐被电力机车取代，煤炭运输环节的近零排放将有希望提前完成。

2）煤炭公路和水路运输的碳排放量

考虑到碳排放计算的可行性，仅铁路运输部门有完整的煤炭周转量和单位周转量的柴油消耗量数据，煤炭公路和水路运输周转量、单位周转耗油量等数据较难获得。由于煤炭铁路运输量占煤炭运输总量的比重较大，因此煤炭铁路运输碳排放量的变化与煤炭运输碳排放总量的变化趋势理论上应当相似。考虑到公路和水路运输能源消耗资料难以获得，因此本小节以具体的案例进行分析。

2011 年，我国铁路运煤量为 22.7 亿吨，铁路煤炭平均运距为 645 千米，因此铁路煤炭的周转量为 14643.177 亿吨·千米，其中内燃机车占 53.6%，电力机车占 46.4%，由此得出，内燃机车煤炭周转量为 7848.74 亿吨·千米。铁路运输中内燃机车耗油 26.8 千克/万吨·千米，所以铁路运输消耗柴油量为 210 万吨。2011 年，我国煤炭公路货运量为 3.5 亿吨，公路煤炭平均运距为 250 千米，因此公路煤炭的周转量为 875 亿吨·千米。公路运输耗油量为 600 千克/万吨·千米，所以公路运输消耗柴油量为 525 万吨。2011 年，我国煤炭水路货运量为 6.5 亿吨，水路煤炭平均运距为 1768.75 千米，因此水路煤炭的周转量为 11496.88 亿吨·千米。水路运输耗油量为 21.5 千克/万吨·千米，所以水路运输消耗柴油量为 247.18 万吨。

由比例推演可知，可获取历年煤炭三种运输方式的碳排放量（表 5-5）。

表 5-5 煤炭三种运输方式的碳排放量

年份	铁路运输碳排放量/万吨	公路运输碳排放量/万吨	水路运输碳排放量/万吨	合计
2000	236.55	590.40	277.97	1104.92
2001	257.67	643.11	302.79	1203.57
2002	285.57	712.74	335.58	1333.88
2003	288.70	720.57	339.26	1348.54
2004	321.12	801.47	377.35	1499.95
2005	347.50	867.31	408.35	1623.15
2006	351.85	878.19	413.47	1643.52
2007	380.89	950.66	447.60	1779.15
2008	427.92	1068.04	502.86	1998.83
2009	418.60	1044.78	491.91	1955.28
2010	467.09	1165.81	548.89	2181.80
2011	495.90	1237.72	582.75	2316.36
2012	458.67	1144.78	538.99	2142.45
2013	438.11	1093.47	514.83	2046.41
2014	398.07	993.53	467.78	1859.37
2015	309.46	772.36	363.65	1445.47
2016	293.83	733.38	345.29	1372.50
2017	330.49	824.87	388.37	1543.74
2018	360.40	899.46	423.49	1683.33
2019	357.27	891.71	419.84	1668.82
2020	347.23	866.64	408.03	1621.89

图 5-7 为 2000～2020 年煤炭行业运输阶段碳排放量变化趋势。由图可知，煤炭资源运输阶段碳排放量可以大致分为三个阶段：2000～2011 年的快速增长阶段、2012～2016 年的快速下降阶段、2016～2020 年的波动增长阶段。其中,煤炭铁路运输的碳排放量从 2000 年的 236.55 万吨上升到 2011 年的 495.90 万吨，随后波动下降到 2020 年的 347.23 万吨。进一步对这种变动原因进行分析可知，2013～2016 年的煤炭铁路运输的碳排放量呈现出下降趋势，这主要是由于 2011 年后煤炭总周转量与产量同步下降，并且到 2016 年周转量下降到最低值 825267 百万吨·千米。之后随着煤炭生产量的提升以及国家大宗物流运输政策对铁路运煤的鼓励，煤炭铁路周转量开始大幅增加。未来在铁路运输机组动力改革的趋势下，内燃机车将逐渐被电力机车取代，煤炭运输环节的近零排放将有希望提前完成。

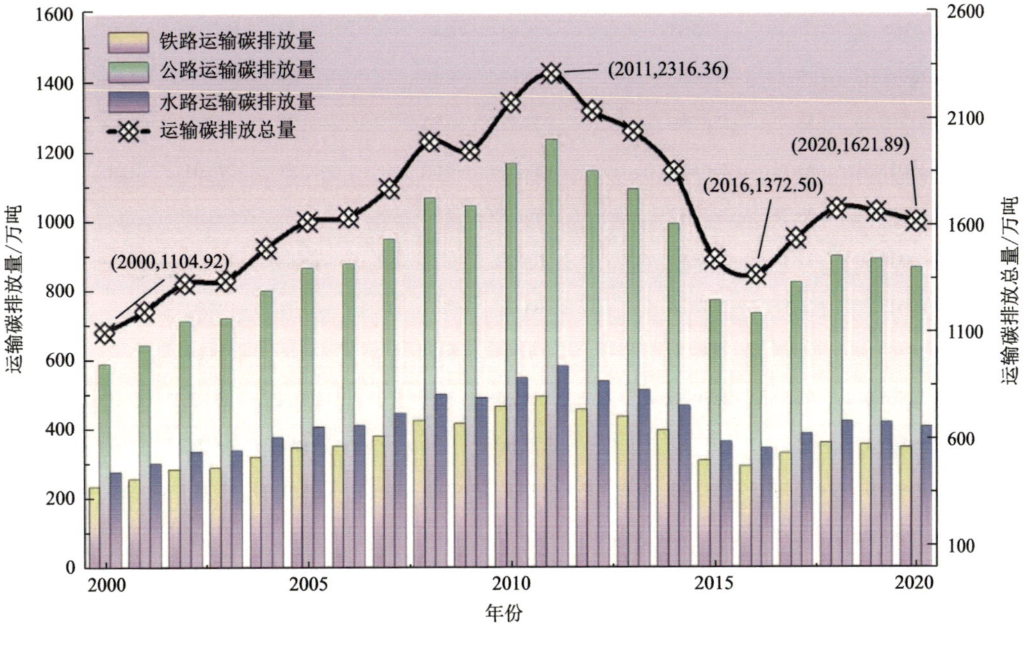

图 5-7 2000～2020 年煤炭行业运输阶段碳排放量

（三）煤炭加工转换阶段二氧化碳排放量（中间消费）

煤炭加工转换阶段是煤炭全生命周期的中间消费环节，指将煤炭资源作为原料进行加工转换产生其他衍生品，包含煤发电、煤制热、煤焦化、煤气化、煤液化等。在我国，煤发电、煤制热在煤炭转换阶段占有重要位置，同时包括煤焦化、煤气化、煤制品加工在内的煤化工行业也是重要的煤炭加工转换工业之一。基于此，在加工转换阶段，本研究选取包括煤发电、煤制热、煤焦化、煤气化、煤制品加工等在内的五类煤炭资源加工转换最典型的下游产业作为研究对象。该阶段在对煤炭资源增值转换过程中，除了消耗大量的原煤，也会消耗一定量的其他能源。

1）煤炭加工转换阶段煤发电过程中二氧化碳排放量

煤炭加工转换阶段煤发电过程中能源消耗量如表 5-6 所示。

表 5-6 煤炭加工转换阶段煤发电过程中能源消耗量（实物量）

年份	原煤/万吨	洗精煤/万吨	其他洗煤/万吨	焦炭/万吨	焦炉煤气/亿立方米	汽油/万吨	煤油/万吨	柴油/万吨	燃料油/万吨	液化石油气/万吨	天然气/亿立方米
2000	−54500.10	−105.70	−1205.40		−10.69	−1.00		−227.66	−814.22	−1.90	−15.21
2001	−58470.00	−113.36	−1214.50		−10.62	−0.60		−240.39	−838.54	−1.05	−13.00
2002	−67240.00	−117.30	−1242.73		−13.68	−0.62		−225.99	−912.66	−1.54	−11.05
2003	−80302.12	−113.17	−1550.55		−11.35	−0.40		−74.11	−1156.72	−1.56	−13.24
2004	−89868.15	−156.58	−1936.83		−25.08	−0.30		−124.34	−1429.19	−2.20	−19.03
2005	−101709.20	−85.75	−1867.99		−37.42	−0.80		−81.90	−1068.74	−0.12	−30.12
2006	−116038.34	−63.74	−2661.83		−56.36	−0.09		−73.16	−796.04	−0.01	−57.56
2007	−124662.51	−25.77	−3228.97		−79.53	−0.12		−65.95	−565.59		−80.68
2008	−129312.30	−31.14	−3308.93		−104.03	−0.12		−65.09	−347.53		−81.97
2009	−140613.20	−16.85	−3337.24		−88.42	−0.09		−43.74	−193.02		−134.24
2010	−150507.09	−4.69	−3230.70		−105.48	−0.09		−40.05	−123.89		−161.78
2011	−172866.61	−52.62	−2659.30		−118.60	−0.03		−39.22	−60.85		−197.83
2012	−180847.53	−58.34	−2625.12		−132.80	−0.04		−35.63	−43.09		−204.41
2013	−192534.01	−55.56	−2587.81		−152.80	−0.06		−35.59	47.28	−0.02	−218.65
2014	−186945.91	−32.17	−2547.22	−49.94	−166.21	−0.04	−0.01	−25.83	−35.55	−0.02	−228.19
2015	−176893.54	−31.82	−2643.02	−5.92	−169.63	−0.17		−22.36	−31.52		−291.59
2016	−179635.55	0.00	−3030.10	−5.12	−193.14	−0.02	−0.01	−29.19	−31.13	−0.13	−332.42
2017	−190693.32	0.00	−3231.34		−194.66	−0.01	−0.01	−23.88	−16.62	−0.16	−349.87
2018	−201156.41	−0.01	−4040.83	−6.31	−185.50			−26.35	−15.14	−0.20	−394.65
2019	−205517.23	0.01	−4641.77	−25.30	−208.01			−24.18	−13.94	−0.11	−391.87
2020	−206845.78	0.00	−4789.09	−250.03	−217.85			−27.58	−29.43	−0.14	−411.37

基于此，本研究计算出 2000～2020 年煤炭加工转换阶段煤发电过程中能源消耗的碳排放量，具体数值如表 5-7 所示。

表 5-7　煤炭加工转换阶段煤发电过程中能源消耗的碳排放量（单位：万吨）

年份	2000	2001	2002	2003	2004	2005	2006
碳排放量	109163	116790	133661	159206	178952	200329	228203
年份	2007	2008	2009	2010	2011	2012	2013
碳排放量	245051	253491	275406	294548	337198	352521	374851
年份	2014	2015	2016	2017	2018	2019	2020
碳排放量	364808	347073	353731	375290	397023	406155	41009

2）煤炭加工转换阶段煤制热过程中二氧化碳排放量

煤炭加工转换阶段煤制热过程中能源消耗量如表 5-8 所示。

表 5-8　煤炭加工转换阶段煤制热过程中能源消耗量（实物量）

年份	原煤/万吨	洗精煤/万吨	其他洗煤/万吨	焦炭/万吨	焦炉煤气/亿立方米	汽油/万吨	煤油/万吨	柴油/万吨	燃料油/万吨	液化石油气/万吨	天然气/亿立方米
2000	−8621.17	−6.25	−166.65		−9.62	−0.20			−291.23		−14.25
2001	−8774.00	−6.43	−171.06		−7.03	−0.12			−299.62		−16.41
2002	−8783.90	−6.90	−182.93		−4.83	−0.12		−3.08	−206.66	−1.41	−17.02
2003	−10649.12	−8.00	−238.33		−4.73	−0.08		−2.85	−260.80	−5.19	−14.00
2004	−11333.54	−11.75	−201.27		−14.22	−0.15		−9.63	−224.62	−7.20	−20.37
2005	−13322.92	−6.70	−212.38		−16.90			−3.61	−171.14	−3.16	−23.17
2006	−14255.52	−19.20	−337.74		−51.39			−3.22	−159.10	−5.27	−16.23
2007	−14956.94	−19.20	−464.77		−12.83	−0.01		−6.17	−131.48	−5.13	−19.83
2008	−14539.66	−6.51	−515.29		−54.07	−0.01		−4.40	−129.79	−6.19	−21.40
2009	−14739.30	−3.22	−617.22		−69.58			−12.85	−100.71	−1.09	−25.70
2010	−16765.47	−10.53	−777.08		−72.83			−3.78	−201.34	−0.88	−27.96
2011	−18498.83	−22.31	−813.03		−68.66			−2.35	−183.75	−0.55	−28.37
2012	−23008.49	−42.71	−728.50		−73.18	−0.04		−2.38	−187.34	−0.07	−33.12
2013	−21974.95	−34.37	−700.21		−75.13	−0.05	−0.02	−2.61	−167.15	−0.47	−41.66
2014	−21719.56	−39.07	−686.30	−213.04	−61.68	−0.05	−0.02	−4.73	−164.91	−2.73	−52.03
2015	−23390.24	−56.03	−669.11			−0.07		−6.22	−165.13	−3.27	−61.70
2016	−25803.92	0.00	−773.41	−1.05	−57.93	−0.07		−6.06	−158.45	−3.50	−78.82
2017	−28053.05	0.00	−929.92		−48.39	−0.02		−5.90	−67.02	−3.81	−95.47
2018	−31187.41	0.00	−1200.64	−14.95	−44.49	−0.07		−5.19	−59.53	−3.81	−128.97
2019	−33027.91	−0.01	−1413.87	−47.51	−62.54	−0.05		−5.30	−60.21	−4.05	−143.19
2020	−35434.18	0.00	−1499.10	−280.28	−57.17			−2.91	−231.38	−7.71	−169.66

基于此，本研究计算出 2000～2020 年煤炭加工转换阶段煤制热过程中能

源消耗的碳排放量，具体数值如表 5-9 所示。

表 5-9　煤炭加工转换阶段煤制热过程中能源消耗的碳排放量（单位：万吨）

年份	2000	2001	2002	2003	2004	2005	2006
碳排放量	17936	18280	18031	21753	23110	26779	28798
年份	2007	2008	2009	2010	2011	2012	2013
碳排放量	29981	29556	30177	34596	37879	46538	44665
年份	2014	2015	2016	2017	2018	2019	2020
碳排放量	44924	47257	52601	57049	64027	68310	74724

3）煤炭加工转换阶段煤炼焦过程中二氧化碳排放量

煤炭加工转换阶段煤炼焦过程中能源消耗量如表 5-10 所示。

表 5-10　煤炭加工转换阶段煤炼焦过程中能源消耗量（实物量）

年份	原煤/万吨	洗精煤/万吨	其他洗煤/万吨	焦炭/万吨	焦炉煤气/亿立方米	其他焦化产品/万吨
2000	−5870.41	−10589.99	−36.00	11960.54	239.04	178.00
2001	−6497.00	−11400.44	−38.93	13491.26	250.00	191.00
2002	−6672.80	−11906.90	−45.02	14032.81	259.59	198.72
2003	−7953.00	−15631.14	−55.72	17540.81	288.50	212.41
2004	−5222.00	−20862.67	−64.91	20229.78	349.40	272.30
2005	−5717.18	−27585.35	−143.15	26200.65	504.00	351.80
2006	−6690.44	−31675.90	−32.32	29768.31	548.86	457.75
2007	−6198.02	−35396.16	−64.81	32773.00	559.23	514.10
2008	−5616.13	−35752.75	−92.78	32031.50	656.82	642.24
2009	−5299.84	−40004.38	−87.51	35510.10	649.44	644.76
2010	−6642.10	−43251.77	−56.49	38409.60	718.38	923.31
2011	−6889.76	−49102.13	−67.99	43226.97	808.80	970.37
2012	−7431.45	−49284.77	−52.23	43643.96	781.11	897.88
2013	−8635.81	−53833.52	−66.22	48169.08	840.92	1140.72
2014	−8572.46	−55290.19	−81.22	47844.31	849.58	1143.77
2015	−7121.22	−53674.91	−77.43	44633.92	817.32	1183.11
2016	−7130.70	−53518.08	0.00	44879.57	832.82	1223.50
2017	−7614.10	−51296.14	0.01	43168.38	844.06	1230.72
2018	−7660.80	−53942.40	0.00	44751.44	901.98	1265.18
2019	−9961.92	−55710.70	0.00	47295.80	955.61	1387.39
2020	−10960.01	−55007.63	0.00	47188.23	1032.53	1350.21

基于此，本研究计算出2000～2020年煤炭加工转换阶段煤炼焦过程中能源消耗的碳排放量，具体数值如表5-11所示。

表5-11　煤炭加工转换阶段煤炼焦过程中能源消耗的碳排放量（单位：万吨）

年份	2000	2001	2002	2003	2004	2005	2006
碳排放量	643	675	737	413	336	387	370
年份	2007	2008	2009	2010	2011	2012	2013
碳排放量	993	171	103	1407	1497	1966	1815
年份	2014	2015	2016	2017	2018	2019	2020
碳排放量	6079	8859	7591	7973	9460	10401	10329

4）煤炭加工转换阶段煤制气过程中二氧化碳排放量

煤炭加工转换阶段煤制气过程中能源消耗量如表5-12所示。

表5-12　煤炭加工转换阶段煤制气过程中能源消耗量（实物量）

年份	原煤/万吨	洗精煤/万吨	其他洗煤/万吨	焦炭/万吨	焦炉煤气/亿立方米	液化石油气/万吨	天然气/亿立方米
2000	−575.01	−373.96	−11.02	223.48	2.72		
2001	−586.26	−402.73	−13.08	239.51	3.00		
2002	−600.65	−358.03	−14.52	220.53	2.75		
2003	−680.00	−359.00	−15.81	234.90	3.20		
2004	−881.51	−417.60	−17.32	307.80	4.23		
2005	−784.64	−476.39	−15.93	311.05	4.53		−4.10
2006	−665.61	−567.57	−23.90	306.05	5.30		−5.61
2007	−865.85	−593.90	0.00	332.28	13.14		−4.23
2008	−587.29	−639.92	0.00	282.44	19.66		−6.04
2009	−555.76	−594.89	0.00	233.95	18.81		−3.07
2010	−603.37	−436.68	0.00	248.23	23.77		−3.92
2011	−539.89	−330.58	0.00	206.03	16.64		−3.11
2012	−615.56	−233.04	0.00	187.49	17.72		−2.75
2013	−627.11	−218.47	0.00	178.74	12.91		−2.35
2014	−698.14	−153.99	−6.31				−1.78
2015	−1182.67	−130.76	−7.02	188.62	3.90		3.24
2016	−1192.39	0.00	−19.47	31.91	0.34	−4.79	18.65
2017	−1632.41	0.00	−30.89			−4.75	33.13
2018	−1884.84	0.00	−125.46			−4.73	44.04
2019	−2293.81	0.00	−164.89			−3.69	64.73
2020	−3150.59	−0.01	−158.35			−3.72	69.94

基于此，本研究计算出 2000～2020 年煤炭加工转换阶段煤制气过程中能源消耗的碳排放量，具体数值如表 5-13 所示。

表 5-13 煤炭加工转换阶段煤制气过程中能源消耗的碳排放量（单位：万吨）

年份	2000	2001	2002	2003	2004	2005	2006
碳排放量	1427	1462	1428	1544	1820	1865	1906
年份	2007	2008	2009	2010	2011	2012	2013
碳排放量	2131	1834	1742	1391	1173	1119	1159
年份	2014	2015	2016	2017	2018	2019	2020
碳排放量	1743	1931	1806	2436	2788	3160	4668

5）煤炭加工转换阶段煤制品加工过程中二氧化碳排放量

煤炭加工转换到煤制品加工过程中能源消耗量如表 5-14 所示。

表 5-14 煤炭加工转换到煤制品加工过程中能源消耗量（实物量）

年份	原煤/万吨	其他洗煤/万吨	型煤/万吨
2000	−728.13	−15.00	817.38
2001	−797.00	−10.00	857.00
2002	−838.98	−10.00	910.00
2003	−108.38	−1120.00	1087.00
2004	−104.88	−1265.27	1125.92
2005	−152.25	−1265.27	1137.40
2006	−108.90	−1828.27	1460.15
2007	−151.23	−1991.38	1731.81
2008	−154.75	−1967.57	1778.24
2009	−228.72	−2001.76	1832.82
2010	−203.05	−2268.00	2022.51
2011	−270.32	−2206.00	1974.51
2012	−189.19	−2478.00	1957.06
2013	−186.24	−2346.00	1904.20
2014	−172.24	−2284.00	1924.58
2015	−338.19	−2092.00	1925.93
2016	−376.98	−1454.00	1527.86
2017	−336.71	−1388.74	1449.48
2018	−307.18	−1370.21	1387.24
2019	−395.25	−1275.11	1390.48
2020	−447.82	−1149.18	1356.13

基于此，本研究计算出 2000～2020 年煤炭加工转换阶段煤制品加工过程中能源消耗的碳排放量，具体数值如表 5-15 所示。

表 5-15　煤炭加工转换阶段煤制品加工过程中能源消耗的碳排放量（单位：万吨）

年份	2000	2001	2002	2003	2004	2005	2006
碳排放量	453	533	551	229	343	420	609
年份	2007	2008	2009	2010	2011	2012	2013
碳排放量	561	487	603	639	752	929	834
年份	2014	2015	2016	2017	2018	2019	2020
碳排放量	713	806	611	550	545	600	595

6）煤炭加工转换阶段各子行业合计二氧化碳排放量

图 5-8 为 2000～2020 年煤炭行业煤炭加工转换阶段碳排放量变化趋势。由图可知，煤炭行业加工转换阶段，各类煤炭加工转换工业的碳排放量均呈现出波动上升的趋势。其中，煤发电工业碳排放量从 2000 年的 109163 万吨波动上升到 2020 年的 410049 万吨，年均增长 6.84%。煤制热工业碳排放量从 2000 年的 17936 万吨波动上升到 2020 年的 74724 万吨，年均增长 7.40%。煤炼焦工业碳排放量从 2000 年的 643 万吨波动上升到 2020 年的 10329 万吨，年均增长 14.89%。煤制气工业碳排放量从 2000 年的 1427 万吨波动上升到 2020 年的 4668 万吨，年均增长 6.10%。煤制品加工业碳排放量从 2000 年的 453 万吨波动上升到 2020 年的 595 万吨，年均增长 1.37%。

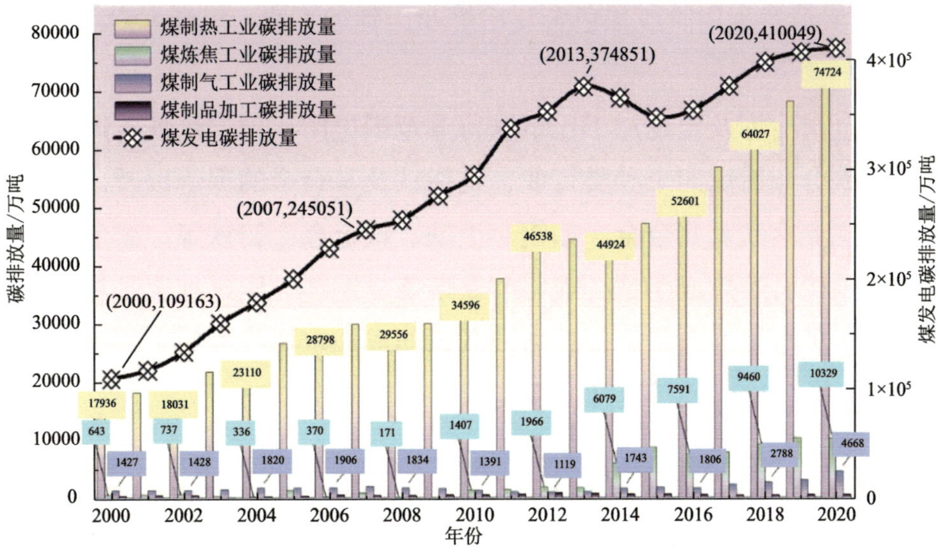

图 5-8　2000～2020 年煤炭行业煤炭加工转换阶段碳排放量

（四）煤炭消费利用阶段二氧化碳排放量（终端消费）

煤炭消费利用阶段是煤炭全生命周期的终端消费环节，指对转换阶段的产出品（焦炭、焦炉煤气等）及原煤等进行消费利用。该阶段主要考察除生产、运输、加工转换外的煤炭及其产品消费大户的碳排放量。由《中国能源统计年鉴》中的能源平衡表可知，在加工转换节点，除了电力、热力外，焦炭产出量最大。因此，该阶段将除生产、运输、加工转换外的煤炭及焦炭消费大户作为研究主体。2020 年，焦炭消费量超过 100 万吨的行业有 7 个，包括黑色金属矿采选业、化学原料及化学制品制造业、非金属矿物制品业、黑色金属冶炼及压延加工业、有色金属冶炼及压延加工业、金属制品业、通用设备制造业，其中化学原料及化学制品制造业、黑色金属冶炼及压延加工业焦炭消费量分别为 4289 万吨、40335 万吨，两者合计占焦炭消费总量的 92.37%。此外，2020 年，除了能源生产、加工转换及焦煤消费大户外，工业领域煤炭消费超过 3000 万吨的行业包括造纸和纸制品业、非金属矿物制品业、有色金属冶炼及压延加工业等。基于此，在煤炭消费利用阶段，本研究选取包括黑色金属冶炼及压延加工业、化学原料及化学制品制造业、造纸及造纸制品业、非金属矿物制品业、有色金属冶炼及压延加工业等在内的五类煤炭资源消费利用最典型的下游产业作为研究对象。该阶段在对煤炭资源增值转换过程中，除了消耗大量的原煤，也会消耗一定量的其他能源。

1）煤炭消费利用阶段黑色金属冶炼及压延加工业（焦炭大户）二氧化碳排放量

黑色金属冶炼及压延加工比钢铁行业范围更广，包含炼铁、炼钢、钢压延工业和铁合金冶炼四个种类行业，是指铁及其合金的提炼以及压延加工。黑色金属主要指铁及其合金，如钢、生铁、铁合金、铸铁等。黑色金属冶炼通常指将铁矿石熔炼成生铁，或将生铁熔炼成钢坯。压延加工是将钢坯轧制成钢板或各种型钢对金属施加压力使其延伸成一定形状的加工。煤炭消费利用阶段黑色金属冶炼及压延加工业能源消耗量如表 5-16 所示。

表 5-16　煤炭消费利用阶段黑色金属冶炼及压延加工业能源消耗量（实物量）

年份	原煤/万吨	洗精煤/万吨	其他洗煤/万吨	焦炭/万吨	焦炉煤气/亿立方米	汽油/万吨	煤油/万吨	柴油/万吨	燃料油/万吨	液化石油气/万吨	天然气/亿立方米
2000	3476.63	356.67	311.00	8016.99	149.44	34.04	5.37	73.44	290.97	0.76	1.68

续表

年份	原煤/万吨	洗精煤/万吨	其他洗煤/万吨	焦炭/万吨	焦炉煤气/亿立方米	汽油/万吨	煤油/万吨	柴油/万吨	燃料油/万吨	液化石油气/万吨	天然气/亿立方米
2001	3572.40	386.62	279.95	8916.33	161.76	35.22	5.50	81.32	271.14	0.73	1.64
2002	3467.79	288.43	273.54	9621.29	165.94	35.48	7.94	88.01	223.14	1.14	2.24
2003	4312.72	550.93	732.90	12790.03	190.26	36.85	3.00	99.62	255.10	1.36	3.16
2004	4293.47	1083.11	108.75	15218.35	218.37	22.13	1.92	87.66	204.46	6.91	7.19
2005	4893.37	1184.14	157.55	21310.19	323.55	21.17	1.92	91.68	123.79	11.28	9.76
2006	5669.09	1298.18	358.00	23530.37	313.80	25.23	1.71	92.45	88.05	13.08	11.22
2007	6115.70	1499.04	511.18	25956.55	349.55	26.55	1.61	97.58	70.15	15.15	13.15
2008	7207.02	1715.32	507.48	26937.61	378.54	24.72	2.25	114.40	97.69	24.24	16.66
2009	8236.51	1927.14	475.71	31143.91	371.58	15.52	1.39	101.72	58.61	28.58	18.76
2010	9007.38	1924.22	379.42	33371.99	336.33	13.40	0.47	99.01	23.45	34.39	20.52
2011	10189.04	2362.36	363.28	35386.54	357.06	11.13	0.31	83.52	8.91	54.19	26.80
2012	10275.92	2347.63	461.89	38331.52	345.53	13.89	0.22	89.40	7.82	23.21	31.35
2013	10857.58	2316.19	461.19	39294.19	357.75	13.96	0.22	80.48	7.80	25.87	35.74
2014	10452.64	3023.96	455.88	39924.90	357.11	13.09	0.17	74.84	5.47	17.26	37.42
2015	9860.08	3137.15	383.04	37057.27	345.38	11.32	0.24	67.62	3.80	17.53	35.14
2016	10415.89	249.01	475.80	38433.09	340.03	8.34	0.20	59.94	2.86	18.13	35.17
2017	10247.50	267.63	513.44	37520.60	370.51	6.61	0.09	59.91	2.13	11.90	35.17
2018	9183.62	122.83	621.75	37151.72	368.20	3.49	0.02	50.81	0.88	9.65	46.10
2019	8451.73	89.94	669.94	39247.40	343.31	3.35	0.02	52.53	0.64	9.60	46.60
2020	8804.84	112.61	884.10	40335.40	353.69	2.50	0.02	40.95	0.27	8.85	48.30

基于此，本研究计算出2000～2020年煤炭消费利用阶段黑色金属冶炼及压延加工业能源消耗的碳排放量，具体数值如表5-17所示。

表5-17 煤炭消费利用阶段黑色金属冶炼及压延加工业能源消耗的碳排放量（单位：万吨）

年份	2000	2001	2002	2003	2004	2005	2006
碳排放量	33224	36071	37580	49723	57247	76733	84925
年份	2007	2008	2009	2010	2011	2012	2013
碳排放量	93655	99511	113785	121166	130463	139066	143017
年份	2014	2015	2016	2017	2018	2019	2020
碳排放量	145726	136416	134492	131854	128723	133129	137286

2）煤炭消费利用阶段化学原料及化学制品制造业（焦炭大户）二氧化碳排放量

化学原料及化学制品制造业习惯上称为“化学工业”，是指利用化学工艺生产经济社会所需的各种化学产品的社会生产部门的总称，在国民经济中拥有举足轻重的地位。根据《国民经济行业分类与代码》（GB/T 4754—2019），化学原料及化学制品制造业主要可以分为基础化学原料制造、肥料制造、农药制造、涂料、油墨、颜料及类似产品制造、合成材料制造、专用化学产品制造及日用化学产品制造八个子行业。煤炭消费利用阶段化学原料及化学制品制造业能源消耗量如表 5-18 所示。

表 5-18 煤炭消费利用阶段化学原料及化学制品制造业能源消耗量（实物量）

年份	原煤/万吨	洗精煤/万吨	其他洗煤/万吨	焦炭/万吨	焦炉煤气/亿立方米	汽油/万吨	煤油/万吨	柴油/万吨	燃料油/万吨	液化石油气/万吨	天然气/亿立方米
2000	4934.78	94.54	158.99	1097.58	9.08	51.05	8.73	120.36	331.87	97.54	88.73
2001	5171.80	101.81	173.71	1151.65	9.80	57.06	8.94	129.46	300.91	95.26	93.97
2002	5962.31	77.53	200.08	1270.54	12.26	62.53	12.60	134.66	289.09	114.67	99.44
2003	6914.11	123.65	210.61	1226.12	12.49	45.18	9.68	134.75	334.00	112.50	119.13
2004	10629.40	482.07	164.63	1176.27	6.81	45.72	8.70	140.04	364.05	82.97	122.52
2005	12114.59	527.03	172.74	1713.30	8.91	42.14	6.09	137.17	285.13	99.72	138.60
2006	12599.28	577.65	172.74	2335.09	8.24	48.28	4.58	140.81	286.01	104.69	173.49
2007	13817.43	633.32	178.95	2501.19	9.48	45.00	4.20	148.71	237.12	63.12	202.24
2008	14245.85	791.29	220.97	2504.71	14.22	51.75	3.87	172.84	256.66	64.34	162.09
2009	14703.18	800.44	207.71	2483.77	14.93	49.80	3.69	160.48	195.33	75.89	170.84
2010	14927.90	868.65	197.33	2475.30	19.93	48.20	5.02	162.08	134.45	106.19	146.13
2011	16557.26	896.68	167.73	2931.62	33.11	45.15	2.94	79.29	126.59	114.33	197.99
2012	16570.19	880.91	190.95	3104.78	34.24	42.72	3.56	69.74	95.18	124.90	217.27
2013	17242.22	827.69	175.86	3200.02	42.65	39.47	3.22	67.06	82.78	131.09	240.89
2014	16999.44	1080.22	151.68	3382.02	53.20	37.83	3.08	62.54	72.60	172.99	229.85
2015	19202.47	1268.63	128.11	3576.25	52.70	35.52	3.44	61.09	148.32	242.42	185.69
2016	16860.88	350.18	188.62	3997.23	54.59	35.06	3.13	56.84	81.03	414.06	168.95
2017	14361.51	314.15	221.92	3674.38	52.68	28.47	2.17	50.34	50.81	554.26	175.24
2018	13425.69	333.92	187.43	3744.32	72.82	18.76	1.92	39.57	46.36	836.92	184.01
2019	11475.78	335.93	175.06	3955.42	79.54	12.09	1.90	37.97	44.02	1058.99	206.99
2020	11855.34	198.87	229.71	4059.94	90.42	8.79	2.00	25.49	29.78	840.30	186.67

基于此，本研究计算出 2000～2020 年煤炭消费利用阶段化学原料及化学制品制造业能源消耗的碳排放量，具体数值如表 5-19 所示。

表 5-19 煤炭消费利用阶段化学原料及化学制品制造业能源消耗的碳排放量（单位：万吨）

年份	2000	2001	2002	2003	2004	2005	2006
碳排放量	17015	17729	19731	22064	30036	34774	38467
年份	2007	2008	2009	2010	2011	2012	2013
碳排放量	41763	42234	43048	43151	48122	48796	50910
年份	2014	2015	2016	2017	2018	2019	2020
碳排放量	52148	56673	51159	45133	44704	42797	42775

3）煤炭消费利用阶段造纸和纸制品业（煤炭大户）二氧化碳排放量

造纸和纸制品业是通过机械的、化学的或者两者相结合的方法把植物纤维加工成纸浆，然后通过手工或机器抄造的方法将纸浆及其添加剂混合均匀而制成纸或纸制品的工业行业，在国民经济中拥有举足轻重的地位。造纸和纸制品业主要可以分为纸浆制造、纸及纸板制造、纸制品制造三个子行业。煤炭消费利用阶段造纸和纸制品业能源消耗量如表 5-20 所示。

表 5-20 煤炭消费利用阶段造纸和纸制品业能源消耗量（实物量）

年份	原煤/万吨	洗精煤/万吨	其他洗煤/万吨	焦炭/万吨	焦炉煤气/亿立方米	汽油/万吨	煤油/万吨	柴油/万吨	燃料油/万吨	液化石油气/万吨	天然气/亿立方米
2000	1332.47	10.57	46.65	1.57		13.62	3.61	24.02	17.44	0.77	0.29
2001	1425.93	10.20	46.71	1.71		13.92	3.70	23.37	19.00	0.91	0.26
2002	1535.33	10.25	49.05	1.74		17.78	3.60	31.43	20.05	1.63	0.26
2003	1478.52	11.56	51.12	2.12		19.10	1.90	36.91	21.05	1.99	0.26
2004	1990.42	21.29	82.88	7.15	0.13	8.88	0.91	26.28	26.12	8.01	0.35
2005	2268.53	23.27	57.93	4.35	0.18	8.05	0.91	23.90	28.08	8.37	0.50
2006	2336.51	23.58	57.90	10.64	0.17	9.11	0.81	24.10	30.34	6.69	0.59
2007	2440.22	24.03	56.78	6.53	0.19	9.58	0.76	25.45	25.97	5.62	0.69
2008	2650.80	26.30	71.25	7.30	0.11	11.96	0.91	33.00	22.40	3.60	3.24
2009	2987.92	23.29	57.00	4.35	0.12	12.83	0.41	28.54	18.75	2.58	1.06
2010	2996.40	23.76	55.29	2.19	0.09	11.32	0.22	28.00	18.03	2.78	1.27
2011	2971.50	24.51	50.87	1.92	0.01	8.81	0.13	21.94	12.17	1.45	1.84
2012	2604.32	18.74	22.89	0.51	0.01	9.05	0.09	20.16	7.10	1.03	1.29
2013	2333.14	16.65	36.62	0.61	0.01	8.29	0.13	19.42	7.62	1.00	1.33
2014	1830.18	16.65	33.66	0.83	0.01	6.52	0.02	18.79	5.15	1.04	1.42
2015	1589.64	15.89	23.06	0.77	0.01	6.14	0.05	17.49	5.43	0.68	1.56
2016	1437.34	11.87	44.96	0.99	0.01	5.44	0.39	16.90	5.41	0.65	2.07
2017	1389.49	14.77	47.39	0.47	0.01	4.80	0.02	15.59	4.20	0.73	3.07
2018	947.91	14.36	45.39	0.03	0.11	3.10		14.60	2.14	1.93	4.11
2019	654.92	21.27	39.31	0.23	0.09	2.51	0.01	14.99	8.01	1.90	4.86
2020	512.11	28.28	43.34	7.93	0.07	1.63		9.23	2.72	1.42	5.11

基于此，本研究计算出2000～2020年煤炭消费利用阶段造纸和纸制品业能源消耗的碳排放量，具体数值如表5-21所示。

表5-21 煤炭消费利用阶段造纸和纸制品业能源消耗的碳排放量（单位：万吨）

年份	2000	2001	2002	2003	2004	2005	2006
碳排放量	2806	2987	3239	3158	4176	4675	4830
年份	2007	2008	2009	2010	2011	2012	2013
碳排放量	5005	5498	6031	6036	5947	5165	4659
年份	2014	2015	2016	2017	2018	2019	2020
碳排放量	3687	3213	2948	2876	2045	1532	1271

4）煤炭消费利用阶段非金属矿物制品业（煤炭消费大户）二氧化碳排放量

非金属矿物制品业指以非金属矿物和岩石为基本或主要原料，通过深加工或精加工制备的具有一定功能的现代新材料，属于重工业范畴，在国民经济中拥有举足轻重的地位。非金属矿物制品业，含水泥、石灰和石膏制造，石膏、水泥制品及类似制品制造，砖瓦、石材等建筑材料制造，玻璃制造，玻璃制品制造，玻璃纤维和玻璃纤维增强塑料制品制造，陶瓷制品制造，耐火材料制品制造，石墨及其他非金属矿物制品制造9个行业中类，37个行业小类。煤炭消费利用阶段非金属矿物制品业能源消耗量如表5-22所示。

表5-22 煤炭消费利用阶段非金属矿物制品业能源消耗量（实物量）

年份	原煤/万吨	洗精煤/万吨	其他洗煤/万吨	焦炭/万吨	焦炉煤气/亿立方米	汽油/万吨	煤油/万吨	柴油/万吨	燃料油/万吨	液化石油气/万吨	天然气/亿立方米
2000	7925.11	97.53	1616.14	312.35	3.13	51.73	2.43	308.45	313.43	63.61	2.46
2001	8977.37	99.44	2003.82	345.33	3.92	54.07	2.49	327.48	320.00	68.25	2.76
2002	8991.27	110.04	2098.50	404.44	3.36	63.29	2.11	325.83	307.99	80.36	3.41
2003	12637.73	205.00	1705.01	322.72	2.70	59.14	1.52	302.68	373.63	82.50	3.74
2004	16830.71	452.90	3558.35	213.81	3.63	34.41	3.06	242.53	498.40	68.35	18.40
2005	19182.37	495.14	3797.83	208.27	3.84	24.03	3.06	252.89	525.63	73.46	23.81
2006	20025.74	514.58	2997.34	331.20	3.55	26.72	2.75	258.71	547.25	85.64	23.78
2007	22099.36	608.64	3383.21	326.64	3.96	31.56	2.58	272.23	530.67	86.16	28.91
2008	22728.78	801.57	3549.02	351.35	8.32	38.03	2.32	314.65	515.13	86.81	54.62
2009	23878.10	884.15	4110.07	368.16	10.82	36.95	1.23	272.24	411.12	95.30	44.62
2010	24292.65	979.19	4739.03	385.72	16.78	37.47	1.16	289.95	353.57	110.57	33.55
2011	26562.12	919.94	4958.26	903.50	28.45	33.72	3.48	248.73	312.08	96.04	49.61
2012	25003.65	896.36	5534.48	986.74	30.06	33.16	4.69	260.67	231.15	86.41	57.27
2013	25218.27	916.83	4592.35	1047.55	37.42	33.15	1.27	282.30	213.88	82.43	61.97
2014	25148.52	638.73	6409.76	1039.94	40.40	29.46	1.09	293.93	191.91	76.62	70.77

续表

年份	原煤/万吨	洗精煤/万吨	其他洗煤/万吨	焦炭/万吨	焦炉煤气/亿立方米	汽油/万吨	煤油/万吨	柴油/万吨	燃料油/万吨	液化石油气/万吨	天然气/亿立方米
2015	23221.75	621.01	7032.86	904.24	36.24	30.08	2.46	293.05	207.40	73.51	54.69
2016	19971.96	76.08	9964.43	881.40	35.23	27.04	1.58	287.58	181.21	74.91	32.31
2017	16869.09	97.76	9451.63	773.28	29.12	23.92	1.00	280.25	155.82	70.69	32.31
2018	15803.33	97.46	8079.53	965.96	32.35	17.08	0.82	283.14	147.28	63.21	35.74
2019	13725.93	98.41	8413.71	1340.43	35.94	14.75	0.83	314.07	96.29	61.41	36.98
2020	14089.42	194.57	9828.51	1463.15	38.27	12.92	0.53	232.27	58.29	54.47	42.44

基于此，本研究计算出2000～2020年煤炭消费利用阶段非金属矿物制品业能源消耗的碳排放量，具体数值如表5-23所示。

表5-23　煤炭消费利用阶段非金属矿物制品业能源消耗的碳排放量（单位：万吨）

年份	2000	2001	2002	2003	2004	2005	2006
碳排放量	20449	23103	23466	30071	40874	45933	47147
年份	2007	2008	2009	2010	2011	2012	2013
碳排放量	51861	54467	56891	58385	64414	62242	61920
年份	2014	2015	2016	2017	2018	2019	2020
碳排放量	63326	59611	54818	47904	44895	42378	45007

5）煤炭消费利用阶段有色金属冶炼及压延加工业（煤炭消费大户）二氧化碳排放量

有色金属通常指除去铁（有时也除去锰和铬）和铁基合金以外的所有金属。有色金属可分为重金属（如铜、铅、锌）、轻金属（如铝、镁）、贵金属（如金、银、铂）及稀有金属（如钨、钼、锗、锂、镧、铀）。有色金属冶炼及压延加工业指将有色金属原矿石熔融，还原成一定纯度的金属锭、坯、模等压延加工将冶炼浇铸后形成的金属锭、坯、模，通过轧制、锻打或挤压等外力手段，使其成为需要的形状或结构形式，属于重工业范畴，在国民经济中拥有举足轻重的地位。有色金属冶炼及压延加工业通常包含有色金属冶炼、贵金属冶炼、稀有稀土金属冶炼、稀有稀土金属冶炼、有色金属压延加工5个行业中类，21个行业小类。煤炭消费利用阶段有色金属冶炼及压延加工业能源消耗量如表5-24所示。

表 5-24 煤炭消费利用阶段有色金属冶炼及压延加工业能源消耗量（实物量）

年份	原煤/万吨	洗精煤/万吨	其他洗煤/万吨	焦炭/万吨	焦炉煤气/亿立方米	汽油/万吨	煤油/万吨	柴油/万吨	燃料油/万吨	液化石油气/万吨	天然气/亿立方米
2000	793.37	52.53	62.20	208.23	0.19	12.49	0.59	44.06	55.31	0.93	0.49
2001	734.48	36.00	65.58	232.19	0.18	12.78	0.60	46.46	59.00	1.06	0.52
2002	899.15	37.10	70.56	236.77	0.19	12.52	0.77	46.71	67.13	1.38	0.64
2003	1067.79	40.04	55.12	247.26	0.20	11.94	1.14	54.81	71.54	2.35	0.80
2004	1239.81	161.40	48.09	268.42	4.77	7.06	2.32	63.85	83.92	4.41	2.65
2005	1413.04	176.45	62.95	367.53	6.81	6.14	2.32	52.72	88.00	5.74	3.87
2006	1950.38	191.55	63.00	363.84	6.30	6.90	2.07	53.17	103.52	6.88	4.56
2007	2075.71	213.21	64.75	488.73	7.57	7.25	1.94	56.15	107.82	6.75	5.35
2008	2179.97	209.96	80.00	490.47	10.44	7.00	2.18	70.16	97.73	8.63	6.90
2009	2197.09	205.68	64.00	618.57	8.85	10.14	1.65	59.53	77.31	12.41	6.69
2010	2055.73	216.09	70.40	557.63	11.69	10.35	1.78	63.65	96.84	11.60	7.69
2011	2073.90	233.94	63.36	652.18	9.19	9.05	1.80	60.17	78.70	9.53	9.99
2012	1955.78	214.42	69.70	593.35	9.43	7.71	2.35	55.53	63.59	6.54	14.49
2013	1996.85	224.26	117.41	574.34	10.88	7.83	1.35	50.19	53.27	5.58	17.53
2014	1987.42	213.16	115.41	588.01	10.60	7.12	0.89	47.30	50.65	4.44	18.32
2015	1885.72	198.25	84.38	564.52	9.76	6.67	0.73	44.40	44.66	4.86	18.23
2016	1830.78	7.72	119.50	527.98	9.42	5.95	0.94	39.12	41.78	3.09	19.95
2017	1921.10	8.21	147.25	517.75	10.10	4.94	1.08	38.40	27.92	3.43	19.95
2018	2121.55	8.73	216.49	402.56	18.78	4.28	0.84	36.33	20.76	3.66	20.32
2019	2098.02	7.21	256.64	406.15	19.34	3.39	0.54	33.38	13.82	3.24	20.75
2020	2019.58	8.96	280.49	399.66	23.62	2.48	0.37	24.24	7.72	2.77	21.89

基于此，本研究计算出 2000～2020 年煤炭消费利用阶段有色金属冶炼及压延加工业能源消耗的碳排放量，具体数值如表 5-25 所示。

表 5-25 煤炭消费利用阶段有色金属冶炼及压延加工业能源消耗的碳排放量（单位：万吨）

年份	2000	2001	2002	2003	2004	2005	2006
碳排放量	2668	2610	2975	3360	4167	4854	5968
年份	2007	2008	2009	2010	2011	2012	2013
碳排放量	6667	6953	7229	6935	7227	6819	6942
年份	2014	2015	2016	2017	2018	2019	2020
碳排放量	6925	6556	5931	6064	6240	6225	6094

6）煤炭消费利用阶段各子行业合计二氧化碳排放量

图 5-9 为 2000～2020 年煤炭行业消费利用阶段碳排放量变化趋势。由图可知，煤炭产品消费利用转换阶段，除造纸和纸制品业外，其他各类焦炭、

煤炭利用工业的碳排放量呈现出波动上升的趋势。其中，黑色金属冶炼及压延加工业的碳排放量从2000年的33224万吨波动上升到2020年的137286万吨，年均增长7.35%。化学原料及化学制品制造业的碳排放量从2000年的17015万吨波动上升到2020年的42775万吨，年均增长4.72%。非金属矿物制品业的碳排放量从2000年的20449万吨波动上升到2020年的45007万吨，年均增长4.02%。有色金属冶炼及压延加工业的碳排放量从2000年的2668万吨波动上升到2020年的6094万吨，年均增长4.22%。

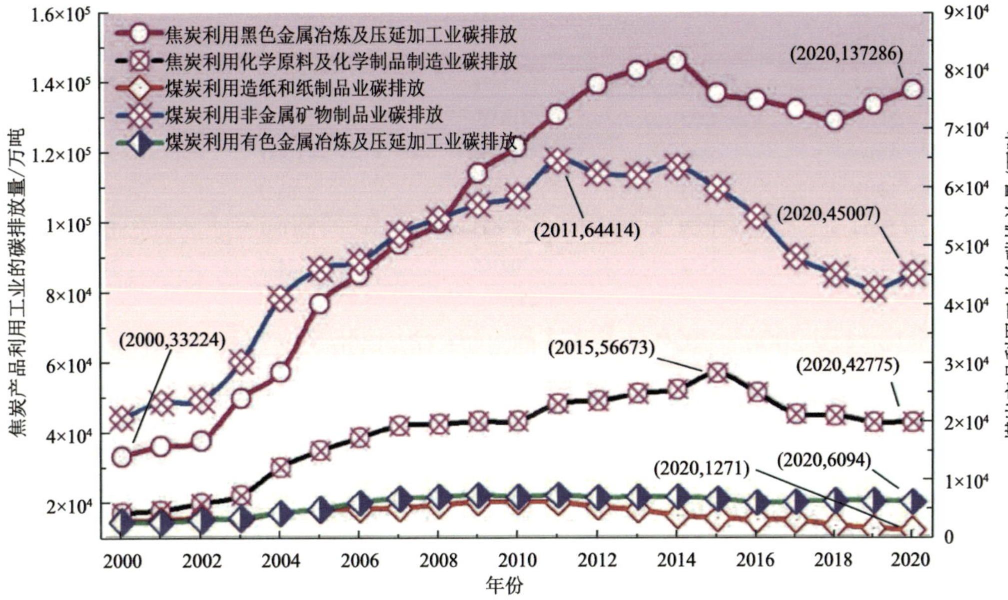

图5-9 2000～2020年煤炭行业煤炭消费利用阶段碳排放量

四、煤炭行业全生命周期碳排放数据汇总

基于前文分析，本研究绘制了煤炭行业全生命周期碳排放汇总表，四个阶段各年度碳排放情况如表5-26所示。

表5-26 煤炭行业全生命周期碳排放汇总

年份	煤炭生产阶段/万吨	煤炭运输阶段/万吨	煤炭加工转换阶段/万吨	煤炭消费利用阶段/万吨	碳排放量合计/万吨
2000	15572	1105	129623	76162	222462
2001	16547	1204	137740	82501	237992
2002	16146	1334	154408	86990	258878
2003	20490	1349	183144	108369	313352
2004	26981	1500	204561	136500	369542

续表

年份	煤炭生产阶段/万吨	煤炭运输阶段/万吨	煤炭加工转换阶段/万吨	煤炭消费利用阶段/万吨	碳排放量合计/万吨
2005	29236	1623	230781	166968	428608
2006	30920	1644	259885	181336	473785
2007	34198	1779	278717	198952	513646
2008	35757	1999	285538	208663	531957
2009	35926	1955	308031	226984	572896
2010	38078	2182	332581	235673	608514
2011	41536	2316	378499	256173	678524
2012	42272	2142	403073	262087	709574
2013	43392	2046	423324	267449	736211
2014	35718	1859	418266	271811	727654
2015	34951	1445	405926	262469	704791
2016	31908	1373	416339	249348	698968
2017	34013	1544	443299	233832	712688
2018	34036	1683	473843	226607	736169
2019	34615	1669	488625	226061	750970
2020	33244	1622	500365	232432	767663

图 5-10 呈现 2000～2020 年煤炭行业全生命周期碳排放量。由图可知，煤炭行业全生命周期碳排放量在 2000～2020 年处于波动上升的态势。2000～2020 年中国煤炭行业碳排放量从 222462 万吨增加到 767663 万吨，年均增长 6.39%。其中，加工转换阶段为煤炭行业碳排放的主要贡献者，该阶段碳排放量从 129623 万吨增加到 500365 万吨，年均增长 6.99%。其次为消费利用阶段，该阶段碳排放量从 76162 万吨增加到 232432 万吨，年均增长 5.74%。

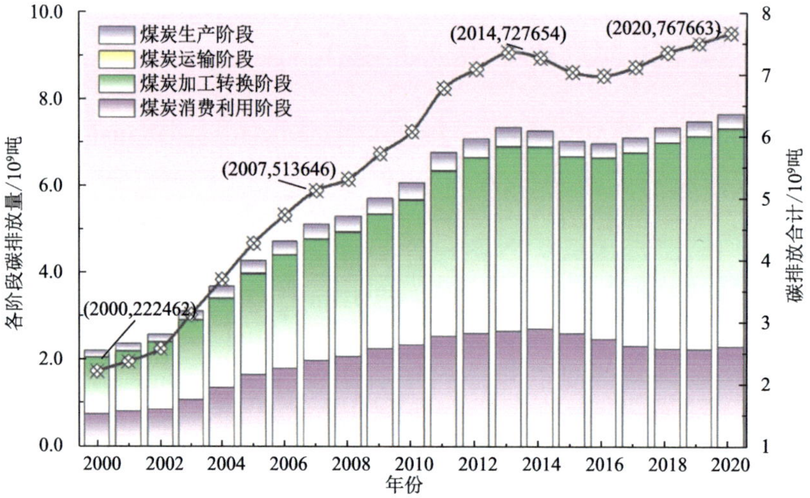

图 5-10 2000～2020 年煤炭行业全生命周期碳排放量

五、2020 年能源消费-煤炭消费及其碳排放流通

（一）2020 年能源消费物质流

图 5-11 呈现出 2020 年中国能源消费物质流。由图可知，2020 年我国能源消费总量为 49.83 亿吨标准煤，其中工业部门能源消费总量为 33.26 亿吨标准煤，占比最大。在工业部门中，制造业能源消费总量为 27.97 亿吨标准煤。

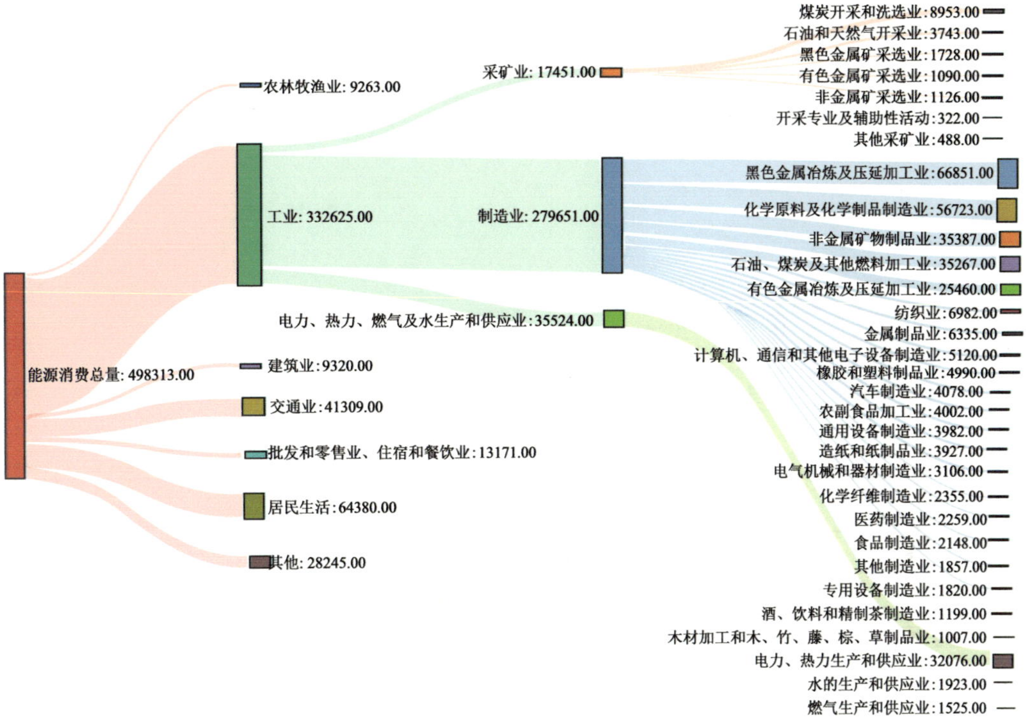

图 5-11　2020 年中国能源消费物质流（单位：万吨标准煤）

（二）2020 年煤炭消费物质流

图 5-12 呈现出 2020 年中国煤炭消费物质流。由图可知，2020 年我国煤炭消费总量为 40.49 亿吨，其中工业部门煤炭消费总量为 39.09 亿吨，占比最大。工业领域中，采矿业煤炭消费总量为 1.79 亿吨，制造业煤炭消费总量为 15.98 亿吨，电力、热力、燃气及水生产和供应业煤炭消费总量为 21.32 亿吨。

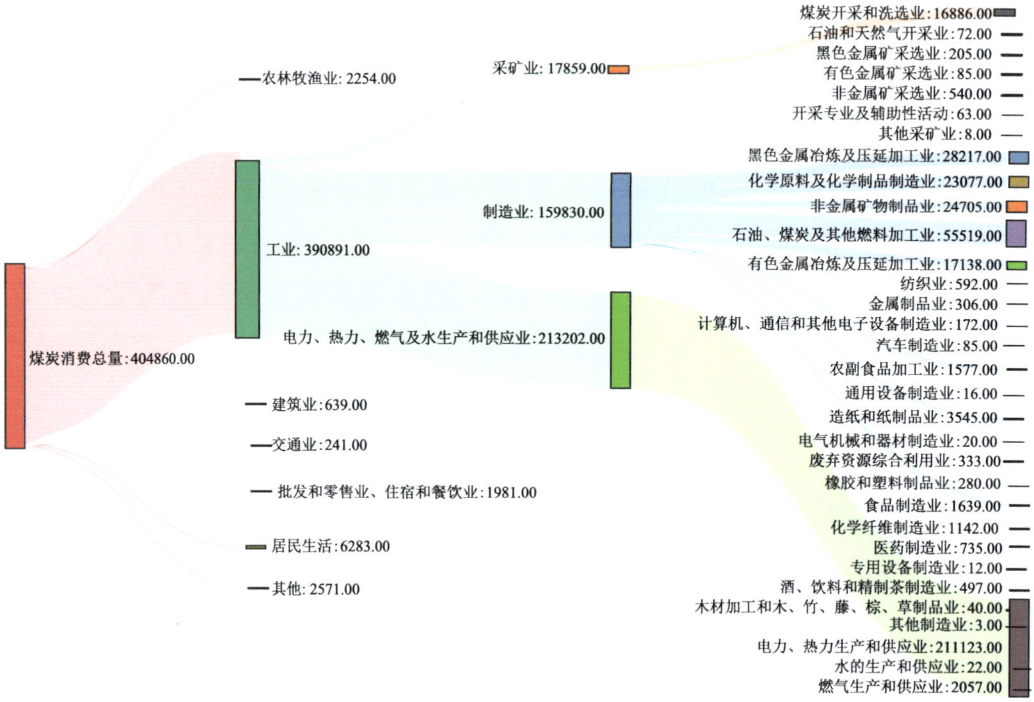

图 5-12 2020 年中国煤炭消费物质流（单位：万吨）

（三）2020 年煤炭行业全生命周期碳排放

图 5-13 呈现出 2020 年中国煤炭行业全生命周期碳排放流通情况。由图可知，2020 年中国煤炭行业碳排放总量为 767663 万吨。其中，煤炭资源生产阶段碳排放量为 33244 万吨，占比 4.33%；煤炭资源运输阶段碳排放量为 1622 万吨，占比 0.21%；煤炭资源加工转换阶段碳排放量为 500365 万吨，占比 65.18%；煤炭资源消费利用阶段碳排放量为 232432 万吨，占比 30.28%。总体而言，煤炭资源的全生命周期过程（包含生产、运输、加工转换、利用等）阶段都产生了大量的碳排放，其中煤炭行业各子行业碳排放量从大到小依次为：煤发电工业（53.41%）、黑色金属冶炼及压延加工业（17.88%）、煤制热工业（9.73%）、非金属矿物制品业（5.86%）、化学原料及化学制品制造业（5.86%）、开采甲烷逃逸（3.82%）、煤炼焦工业（1.35%）等。这些煤炭行业中的子行业是中国碳排放的重点行业，该类行业能否实现碳减排将是中国煤炭行业高质量发展的重要抓手，也是落实国家“双碳”目标的重要途径。

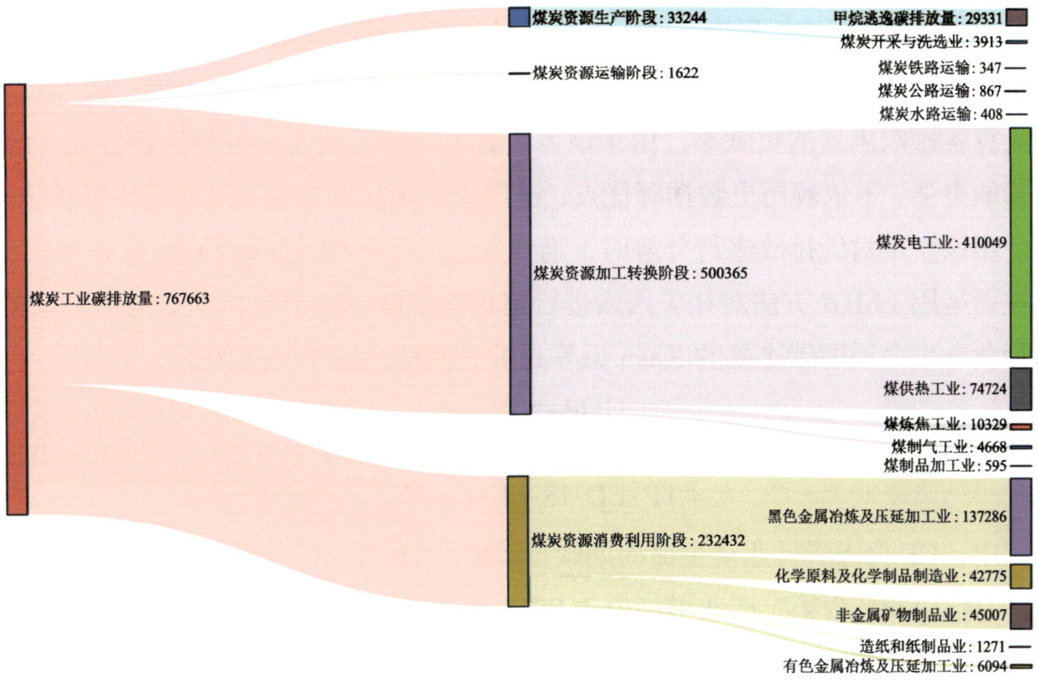

图 5-13　2020 年中国煤炭行业全生命周期碳排放量（单位：万吨）

六、本节小结

本节内容主要是 20 年以来我国煤炭全生命周期各环节碳排放现状分析，首先按照生命周期理论对我国煤炭商品的生命周期环节进行了定义，具体包括生产、存储、运输、加工转换、消费和废弃物回收五个阶段；然后结合碳排放计算方法和规则，对五个阶段进行筛选，排除其中数据难以获得和计算边界模糊的环节，确定煤炭生命周期碳排放计算的边界为生产、运输、加工转换、消费利用四个阶段，并分别列出具体的碳排放计算公式；接着搜集数据并代入公式计算，对得到的各环节碳排放数据进行整理，绘制图表以形象地展示数据的变化情况，在分析数据变化趋势和特点的同时尝试结合生产特性和当时政策分析各组数据变化或波动的原因。

第二节　煤炭行业全生命周期碳排放驱动因素解析

一、煤炭行业全生命周期碳排放分解模型

碳排放影响因素分析研究中，学者通常使用结构分解法（SDA）和指数

分解法（IDA）进行研究，其中对数平均迪氏指数法（LMDI）属于指数分解法的一种，其核心思想为把一个目标变量分解为影响因素的组合形式，然后计算各影响因素的贡献率。由于该方法具有分解无残差、分解路径独立、解释能力强、不依赖历史数据等优点，已广泛应用在碳排放、能源消耗等领域。使用该模型对碳排放进行分解时，通常先结合实际构建扩展板 Kaya 恒等式，进而运用 LMDI 方法对相关因素进行定量化分解。基于此，本节构建了煤炭行业全生命周期碳排放的 Kaya 恒等式扩展模型，具体公式如下：

$$\begin{aligned}\mathrm{CE} &= \mathrm{TP}\cdot\frac{\mathrm{GDP}}{\mathrm{TP}}\cdot\frac{\mathrm{SIV}}{\mathrm{GDP}}\cdot\frac{\mathrm{EC}}{\mathrm{SIV}}\cdot\frac{\mathrm{CC}}{\mathrm{EC}}\cdot\frac{\mathrm{CE}}{\mathrm{CC}}\\ &= \mathrm{TP}\cdot\mathrm{ED}\cdot\mathrm{IS}\cdot\mathrm{EE}\cdot\mathrm{CS}\cdot\mathrm{TL}\end{aligned} \tag{5-10}$$

式中，CE 为煤炭行业全生命周期碳排放量；TP 为人口总量；GDP 为国内生产总值；SIV 为第二产业增加值；EC 为能源消费总量；CC 为煤炭消费量；ED 为经济发展水平，以人均 GDP 表示；IS 为产业结构，以第二产业生产增加值占 GDP 的比重表示；EE 为能源利用效率，以单位SIV 的能源消耗量表示；CS 为煤炭利用强度，以煤炭消费量占能源消费总量的比重；TL 为煤炭清洁利用水平，以单位煤炭消费的碳排放量表示。

基于上述恒等式，运用 LMDI 因素分解方法建立碳排放影响因素分解模型，根据 LMDI 加法分解形式，煤炭行业碳排放量变化可以由如下公式表示：

$$\begin{aligned}\Delta\mathrm{CE}^{T-0} &= \mathrm{CE}^{T}-\mathrm{CE}^{0}=\Delta\mathrm{SD}+\Delta\mathrm{PD}\\ &= \left(\Delta\mathrm{TP}+\Delta\mathrm{ED}+\Delta\mathrm{IS}\right)+\left(\Delta\mathrm{EE}+\Delta\mathrm{CS}+\Delta\mathrm{TL}\right)\end{aligned} \tag{5-11}$$

式中，$\Delta\mathrm{CE}^{T-0}$ 为基期到 T 期碳排放量变化量；CE^{T} 为 T 时期碳排放量；CE^{0} 为基期碳排放量；ΔSD 为供应侧差异；ΔPD 为需求侧差异；ΔTP 为人口规模效应；ΔED 为经济发展效应；ΔIS 为产业结构效应；ΔEE 为能源效率效应；ΔCS 为能源结构效应；ΔTL 为煤炭清洁利用效应。各影响因素作用效果计算公式如下。

$$\Delta\mathrm{TP}=\sum\frac{\mathrm{CE}^{T}-\mathrm{CE}^{0}}{\ln\mathrm{CE}^{T}-\ln\mathrm{CE}^{0}}\cdot\ln\left(\frac{\mathrm{TP}^{T}}{\mathrm{TP}^{0}}\right) \tag{5-12}$$

$$\Delta\mathrm{ED}=\sum\frac{\mathrm{CE}^{T}-\mathrm{CE}^{0}}{\ln\mathrm{CE}^{T}-\ln\mathrm{CE}^{0}}\cdot\ln\left(\frac{\mathrm{ED}^{T}}{\mathrm{ED}^{0}}\right) \tag{5-13}$$

$$\Delta\mathrm{IS}=\sum\frac{\mathrm{CE}^{T}-\mathrm{CE}^{0}}{\ln\mathrm{CE}^{T}-\ln\mathrm{CE}^{0}}\cdot\ln\left(\frac{\mathrm{IS}^{T}}{\mathrm{IS}^{0}}\right) \tag{5-14}$$

$$\Delta EE = \sum \frac{CE^T - CE^0}{\ln CE^T - \ln CE^0} \cdot \ln\left(\frac{EE^T}{EE^0}\right) \quad (5\text{-}15)$$

$$\Delta CS = \sum \frac{CE^T - CE^0}{\ln CE^T - \ln CE^0} \cdot \ln\left(\frac{CS^T}{CS^0}\right) \quad (5\text{-}16)$$

$$\Delta TL = \sum \frac{CE^T - CE^0}{\ln CE^T - \ln CE^0} \cdot \ln\left(\frac{TL^T}{TL^0}\right) \quad (5\text{-}17)$$

式（5-12）～式（5-17）中，效应数值表示碳排放量增量中该因素所构成的影响大小。当结果为正值时表示该影响因素对碳排放有促进作用，即增加碳排放量；当结果为负值时表示该影响因素对碳排放有抑制作用，即降低碳排放量。绝对值越大影响效果越强，各个效应的总和为碳排放总量。

二、煤炭行业全生命周期碳排放驱动因素分析

基于前文分析，本研究使用式（5-10）～式（5-17）分别对中国煤炭行业总体及各阶段碳排放的驱动因素进行了解析，具体计算结果如图 5-14 所示。

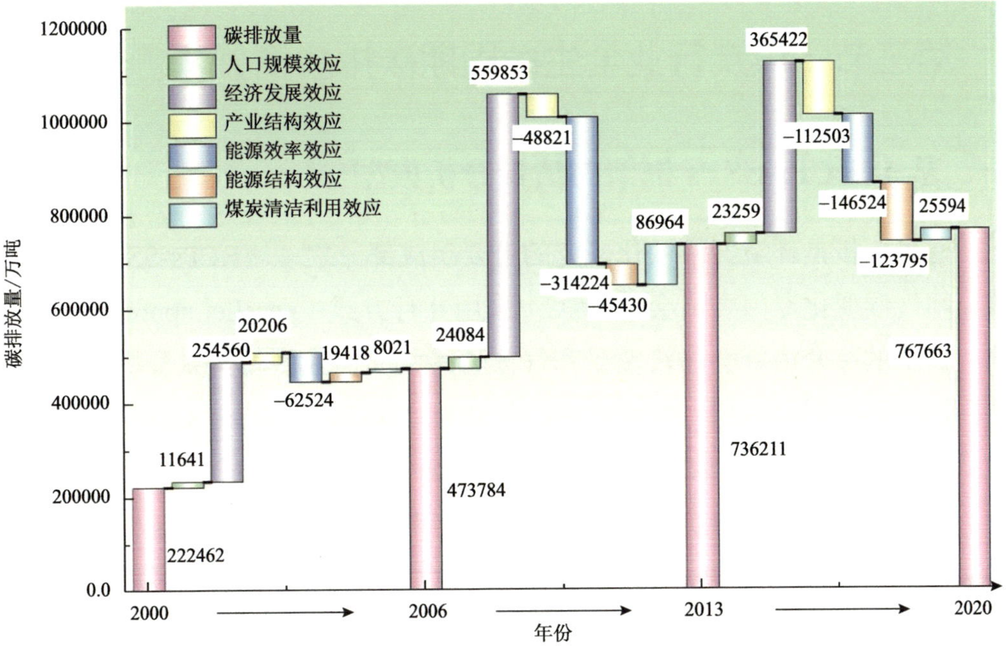

图 5-14　各驱动因素对中国煤炭行业碳排放的贡献

由图 5-14 可知，2000～2020 年中国煤炭行业碳排放从 222462 万吨增加到 767663 万吨，年均增长 6.39%。其中，人口规模、经济发展、清洁利用等

因素对煤炭行业碳排放表现为正向驱动效应，驱动效应从大到小依次为：经济发展效应（1179835 万吨）>煤炭清洁利用效应（120579 万吨）>人口规模效应（58985 万吨），而产业结构、能源效率、能源结构等因素对煤炭行业碳排放表现为负向抑制效应，抑制效应从大到小依次为：能源效率效应（–523272 万吨）>能源结构效应（–149807 万吨）>产业结构效应（–141118 万吨）。进一步从各因素的驱动效应变化趋势来看，产业结构和能源结构对碳排放的抑制效应呈现出增加的趋势，能源效率对碳排放的抑制效应呈现出先增加后减少的趋势，人口规模和经济发展对碳排放的驱动效应呈现出先增加后减少的趋势。煤炭清洁利用是通过人为手段从根本上减少温室气体的方式，本研究发现煤炭清洁利用对煤炭行业碳排放表现为正向驱动效应，这主要是由于虽然全国煤炭消费总量增速放缓，但是煤炭行业中煤炭消费总量及其增速仍相对较大，这表明煤炭清洁利用对煤炭行业碳排放减排效应仍存在较大的上升空间。综合来看，未来可以进一步激发能源效率提升、能源结构调整、产业结构调整、煤炭清洁利用等因素对于煤炭行业碳减排的作用。

第三节　煤炭行业全生命周期碳排放情景预测分析

一、基于 RCPs-SSPs 框架的情景分析模型

情景分析是环境气候变化研究的重要组成部分之一。RCPs-SSPs 框架是政府间气候变化专门委员会（IPCC）采用并行方式（parallel approach）的思路，提出的一套由社会经济情景和气候情景共同构成的新情景分析框架。其中，社会经济情景由共享社会经济路径（shared socioeconomic pathways, SSPs）表示，气候情景由典型浓度路径（representative concentration pathways, RCPs）表示，二者同步开发构成 RCPs-SSPs 情景矩阵。由于 RCPs-SSPs 框架可描绘未来社会经济系统发展的不同轨迹，能够捕捉不同社会经济发展模式与气候变化之间的关联，已成为新一代气候变化情景的重要组成部分，在碳排放等温室气体变化预估和决策支撑领域得到广泛的应用。采用 RCPs-SSPs 框架进行情景分析研究时，具体研究思路如图 5-15 所示。

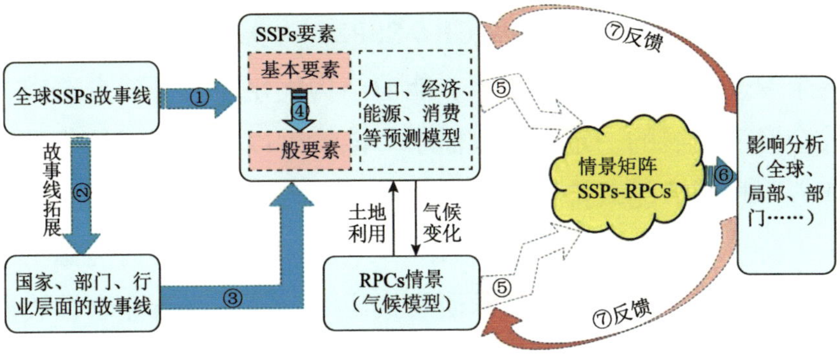

图 5-15 基于 RCPs-SSPs 框架的情景分析研究路线

二、煤炭行业碳排放研究情景及参数设定

为科学模拟中国煤炭行业未来碳排放的演化趋势与减排潜力，基于前文 RCPs-SSPs 情景分析框架，并结合煤炭行业碳排放现状、“十四五”规划社会经济发展目标、“双碳”目标，本研究设定以下四种未来社会经济发展情景（图 5-16）：现状延续型情景、经济导向型情景、可持续导向型情景和强低碳导向型情景。

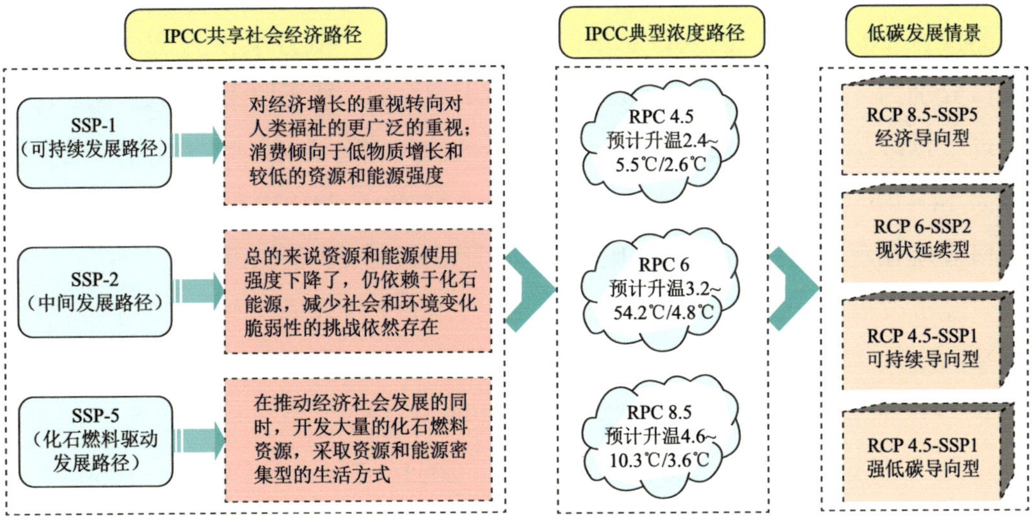

图 5-16 基于 RCPs-SSPs 框架的社会经济发展情景

（1）经济导向型情景：参考 RCP 8.5-SSP5，基于过去中国城市发展路径，假设政府仍以经济增长为主要目标，不出台新的绿色低碳措施、采取资源和能源密集型生产生活方式，继续放任碳排放增长趋势外推得到的情景。该情景假定未来经济发展速度会超过“十四五”规划。

（2）现状延续型情景：参考 RCP 6-SSP2，为实现碳达峰目标继续在短期和中期内采取一定的低碳经济政策、能源结构优化政策等减少碳排放量，同时满足社会经济发展的一定碳排放需求。该情景以中国现行的节能减排政策和“十四五”规划节能减排目标为基础。

（3）可持续导向型情景：参考 RCP 4.5-SSP1，适当提升能源利用效率、适当调整能源结构、加速低碳技术研发推广等，使煤炭行业碳排放量得到一定程度的减少。该情景在确保经济平稳增长的同时转变社会发展模式，由高速发展向高质量发展转变。

（4）强低碳导向型情景：参考 RCP 4.5-SSP1，大力提升能源利用效率、大力调整能源结构、加速低碳技术研发推广和健全低碳发展体制机制，使碳排放量明显减少。该情景的政策内涵是将低碳发展置于绝对优先地位。

各情景参数设置如下：

人口规模：《国家人口发展规划（2016—2030 年）》提出，到 2020 年，全面两孩政策效应充分发挥，总和生育率逐步提升并稳定在适度水平，2020 年全国总人口达到 14.2 亿人左右，2030 年达到 14.5 亿人左右。《中国人口预测报告 2021》对中国人口总量的预测，高、中、低方案预测 2040 年中国人口分别为 13.99 亿人、13.45 亿人、13.18 亿人。基于以上参考，本研究设定现状延续型情景下，2030 年、2040 年、2050 年、2060 年中国人口规模分别为 14.4195 亿人、13.9912 亿人、13.5412 亿人、12.9628 亿人。其余各情景人口规模在现状延续型情景基础上浮动–1.50%、3.00%、1.00%。

经济发展：我国“十四五”规划指出，2035 年左右人均 GDP 达到中等发达国家水平，这表明未来 15 年年均 GDP 增速在 4.5%左右。此后，由于 GDP 总量加大，我国经济增速将放缓至 3.0%～3.5%。基于以上参考，本研究设定现状延续型情景下，2021～2030 年、2031～2040 年、2041～2050 年、2051～2060 年中国 GDP 增速分别为 4.5%、4.0%、3.5%、3.0%。其余各情景增长率在现状延续型情景基础上浮动 10%、2%、–2%。

产业结构：《中国现代化报告 2018：产业结构现代化研究》指出产业结构现代化，既是经济现代化的核心内容，也是建设现代化经济体系的战略要求，同时提出了产业结构调整的基本思路：我国产业结构现代化水平到 2035 年要进入世界前 40 位，产业结构水平到 2050 年要进入世界前 30 位，分别完成向服务经济和知识经济的转型。同时，“十四五”规划指出，“十四五”期末第二产业比重将降至35.5%左右。基于以上参考，本研究设定到2060年，现状延续型情景、经济导向型情景、可持续导向型情景、强低碳导向型情景的第二产业占比相比2020年分别下降20%、10%、30%、40%。

能源效率：“十四五”规划指出，“十四五”期间单位GDP能耗降低13.5%。相关文献指出，预计2060年我国单位GDP能耗将降至0.08吨标准煤/万元（2020年可比价），相比2021年降低约80%。基于以上参考，本研究设定到2060年，现状延续型情景、经济导向型情景、可持续导向型情景、强低碳导向型情景的能源效率相比2020年分别下降30%、15%、45%、60%。

煤炭占比：《世界与中国能源展望（2021年版）》指出，碳中和目标要求下，中国能源消费中煤炭占比将持续下降，到2030年降至43%，2060年降至5%。基于以上参考，本研究设定到2060年，现状延续型情景、经济导向型情景、可持续导向型情景、强低碳导向型情景的煤炭占比相比2020年分别下降35%、20%、65%、80%。

其余情景参数依据其政策内核和煤炭行业高质量发展潜力，在既定政策情景设定参数上波动。各情景参数设置详见表5-27。

表5-27　情景参数设置

情景	参数	2020年	2030年	2040年	2050年	2060年
现状延续型情景	人口规模/亿人	14.1212	14.4195	13.9912	13.5412	12.9628
	经济发展/万亿元	101.5986	157.7827	233.5499	329.4455	442.7418
	产业结构	0.3782	0.3593	0.3404	0.3215	0.3026
	能源效率	1.2960	1.1988	1.1016	1.0044	0.9072
	煤炭占比	0.5680	0.5183	0.4686	0.4189	0.3692
经济导向型情景	人口规模/亿人	14.1212	14.2032	13.7813	13.3381	12.7684
	经济发展/万亿元	101.5986	164.7117	253.3595	369.6515	511.4494
	产业结构	0.3782	0.3687	0.3593	0.3498	0.3404
	能源效率	1.2960	1.2474	1.1988	1.1502	1.1016
	煤炭占比	0.5680	0.5396	0.5112	0.4828	0.4544
可持续导向型情景	人口规模/亿人	14.1212	14.8521	14.4109	13.9474	13.3517
	经济发展/万亿元	101.5986	161.2878	243.3823	439.3281	476.3437
	产业结构	0.3782	0.3498	0.3215	0.2931	0.2647
	能源效率	1.2960	1.1502	1.0044	0.8586	0.7128
	煤炭占比	0.5680	0.4757	0.3834	0.2911	0.1988

续表

情景	参数	2020 年	2030 年	2040 年	2050 年	2060 年
	人口规模/亿人	14.1212	14.5637	14.1311	13.6766	13.0924
	经济发展/万亿元	101.5986	151.1178	215.2371	293.4973	363.7899
强低碳导向型情景	产业结构	0.3782	0.3404	0.3026	0.2647	0.2269
	能源效率	1.2960	1.1016	0.9072	0.7128	0.5184
	煤炭占比	0.5680	0.4300	0.3408	0.2272	0.1136

三、煤炭行业碳排放情景预测分析

图 5-17 为四种情景下中国煤炭行业碳排放预测。由图可知，现状延续型情景下，煤炭行业碳排放量预计在 2040 年左右达到峰值，峰值碳排放量约为 1362276 万吨；经济导向型情景下，煤炭行业碳排放量预计在 2050 年左右达到峰值，峰值碳排放量约为 171.93 亿吨；可持续导向型情景下，由于节能减排、能源结构调整、产业结构调整等的深入推进，煤炭行业碳排放量预计在 2030 年左右达到峰值，峰值碳排放量约为 100.45 亿吨；强低碳导向型情景下，煤炭行业碳排放量预计在 2030 年左右达到峰值，峰值碳排放量约为 79.25 亿吨，但此条件较为苛刻；可持续导向型情景是中国煤炭行业在实现预期社会经济发展目标情况下通过更全面、积极的举措所能达到的碳排放状态，也是相对合理的一种“双碳”实施路径。

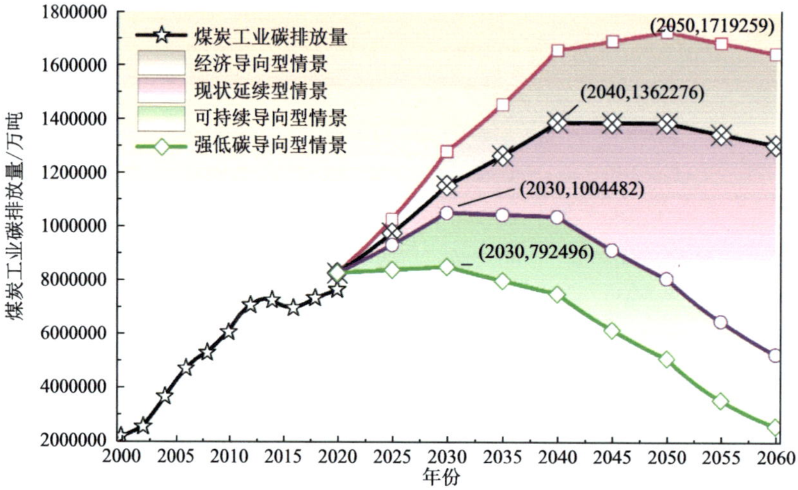

图 5-17　四种情景下中国煤炭行业碳排放预测

可持续导向型情景下，煤炭行业 2030 年碳排放总量达到 100.45 亿吨，较2020年增加23.68亿吨，较现状延续型情景2030年减排10.83亿吨，碳减排效果明显。到2060年，碳排放量为44.79亿吨，较2030年削减55.41%，且碳排放量仅为现状延续型情景下2060年排放量的35.17%。

第四节　煤基能源动态碳中和的碳排放核算

考虑到我国煤炭能源利用现状，现如今大力推广的煤基能源虽拓宽了煤炭利用方式，使传统煤炭固态燃烧利用高碳排放的结果变为低碳排放的液气态清洁利用途径，但是在煤基能源利用的过程中仍然有一定量的碳产出。因此，不仅需要对煤炭行业全生命周期的碳排放进行核算，还需要对煤基能源动态碳中和的碳排放进行核算。

一、考虑技术学习曲线的煤基能源体系碳排放核算

我国煤基能源是指以煤炭为基础的能源，其主要包括煤炭、煤电、煤制油、煤基燃气（煤层气开采、地面煤气化、煤炭地下气化）、煤制氢等。我国以煤为主的能源结构实现低碳排放，2060年CO_2排放量将比传统煤炭利用方式降低75%～87%，排放总量少于之前预测的碳中和允许碳排放量，既能确保我国能源自主安全可靠，也能兼顾碳中和。按照煤制油、地面煤制气、地下气化和煤制氢等技术所消耗原煤实物量的标煤换算量（不考虑技术进步带来的变化），各个技术的转化系数分别为4∶1（4吨原煤产1吨油）、1∶400（1吨原煤产400立方米天然气）、2∶1（2吨原煤产1吨合成氨）、350/325∶1（2050年350克原煤发1千瓦时电，2060年325克原煤发1千瓦时电）和7∶1（7千克煤产1千克氢气）。根据以上转换系数，可以测算得到煤基能源技术的减排潜力将达到30%～46%。随着煤制油、煤制气、煤炭地下气化和煤制氢等技术进步和转换效率的提升，煤基能源技术的减排潜力将进一步提高。

$$y = A_1 \times e^{-(-x/t)} + y_0 \tag{5-18}$$

式中，y为单位产品的CO_2排放系数；A_1为初始的CO_2排放系数；x为年份；t为CO_2排放系数随时间变化的速率；y_0为CO_2排放系数的平衡值或最终值。

本研究采用学习曲线模型[式（5-18）]预测中国2022～2060年煤基能源因技术进步导致CO_2排放系数变化趋势，其中y表示单位产品的CO_2排放系

数，x 表示年份，分别计算煤制油、富油煤、煤制气、煤制氢、煤炭地下气化的 CO_2 排放系数变化趋势，而煤层气产气、流态化制氢、流态化制合成氨以及流态化发电因未查询到数据文献而未考虑其技术进步。最终得到 2022～2060 年煤基能源碳排放系数（表 5-28）、碳排放系数公式（表 5-29）以及煤基能源碳排放系数百分比变化（图 5-18）。

表 5-28 煤基能源碳排放系数

年份	煤制油 CO_2 排放系数/(亿吨 CO_2/亿吨油)	地面煤制气 CO_2 排放系数/（万吨 CO_2/亿立方米 CH_4）	煤制氢 CO_2 排放系数/（亿吨 CO_2/亿吨 H_2）	煤炭地下气化 CO_2 排放系数/（万吨 CO_2/亿立方米 CH_4）	富油煤产油 CO_2 排放系数/(亿吨 CO_2/亿吨油）
2022	4.1801	61.18	22.2901	12.1001	1.7605
2030	3.5563	50.41	18.8201	9.9331	1.5473
2035	3.3001	45.72	17.4070	9.1080	1.4562
2040	3.1146	42.13	16.1579	8.5501	1.3881
2050	2.8834	37.41	14.3631	7.9097	1.2984
2060	2.7624	34.72	13.2147	7.6131	1.2479

说明：以煤制油为例，其生产过程排放系数 4.1801 亿吨 CO_2/亿吨油来源于《中国能源统计年鉴》中的煤制油转换系数 41.816 兆焦耳/千克和单位煤制油生产过程的碳排放系数为 0.1 千克 CO_2/兆焦耳，由此可得煤制油生产过程排放系数为 4.1816 千克 CO_2/千克油，经转换后得到 4.1801 亿吨 CO_2/亿吨油。

表 5-29 煤基能源碳排放系数公式

	公式	R^2
煤制油	$y=1.81456\times10^{12}\cdot\exp(-x/73.6783)+1.99333$	0.9999
煤制气	$y=5.38178\times10^{27}\cdot\exp(-x/28.92101)+0.00379$	1
煤制氢	$y=3.10963\times10^{56}\cdot\exp(-x/15.71823)+18.07422$	0.99986
煤炭地下气化	$y=1.51867\times10^{37}\cdot\exp(-x/21.70498)+7.63172\times10^{-4}$	1
富油煤	$y=4.39048\times10^{36}\cdot\exp(-x/23.79929)+1.27557$	0.9996

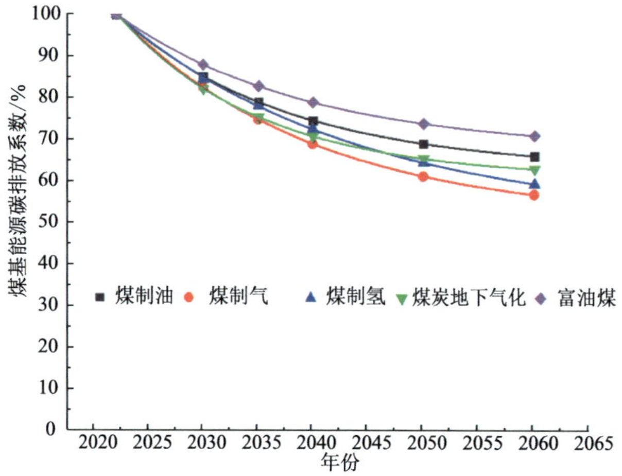

图 5-18 煤基能源碳排放系数百分比变化

二、基于系统动力学模型的煤基能源动态碳中和模式超低碳能力研究

煤炭系统低碳发展中，是以低碳理念为先导，利用科技手段在煤炭开采、转换、使用等环节中降低碳排放量，进而实现煤炭资源利用率的目的。煤炭系统的低碳发展具有技术性特征，通过利用技术来实现能源利用率的不断提升，在此过程中不断控制碳排放量，在消耗同等能源的基础上，保证能源服务水平不降低；在排放同等温室气体的基础上，保证人们生活条件与福利水平不降低，这两个保证就需要利用先进的能效技术、温室气体减排技术实现，通过技术更新和改革来实现产业化发展。目前，学者对煤炭系统的低碳发展研究方面做了很多开拓性的工作，但很少有采用系统动力学方法进行分析研究的。这在一定程度上限制了煤炭系统的低碳发展研究。影响煤炭系统低碳发展的各项因素之间联系复杂，利用传统的方法难以清楚剖析，采用系统动力学模型能够很好地解决这些问题，能够模拟出未来不同路径的低碳发展状况，从而选择出低碳发展的最优路径。

系统动力学是一种通过计算机平台刻画一系列非线性系统内部要素间相互作用的研究方法。它强调系统间的相互联系与作用，能够梳理系统的发展现状，并预测事物的演进趋势。对于煤炭系统的低碳发展研究包括经济、生态、市场、社会、技术等方面，其各个要素之间联系复杂且相互影响。系统动力学模型能够兼顾不同系统要素之间的复杂关系，可以将定性定量分析并用，可以解决多重反馈的复杂系统问题并从中获取关键信息，为所研究的问题提供最优解。运用系统动力学方法能够预测并模拟仿真煤炭系统未来的低碳发展趋势，并且能够对比不同发展方案下的发展态势，进而选择出煤炭低碳发展的最优路径。

系统动力学模型的应用步骤如下：

（1）运用系统动力学的理论和方法对煤炭系统进行分析，明确研究问题的背景，确定系统的边界。

（2）建立模型框架。划分煤炭系统层次与子块，确定总体和局部的反馈机制。根据拟解决的问题和已确定的目标，结合已有的信息，建立系统的因果回路关系图。

（3）建立数学的、规范的模型。绘制系统流图，并建立系统动力学方程。

（4）计算模型的各个参数等，得到模型测试的结果。

（5）调节参数得到不同方案下的仿真结果，对比并确定煤炭低碳发展路径的最优方案，并据此提供合理且可行的建议。

针对部分颠覆性技术的分析，结合系统动力学模型分析并预测煤基能源动态碳中和的超低碳能力。由于煤炭的清洁利用是未来发展的必然趋势，不同的煤基能源技术会带来不同的减碳效益，并且随着技术的进步其减碳效益也会有相应的改变。煤基能源因果回路反馈如图 5-19 所示。

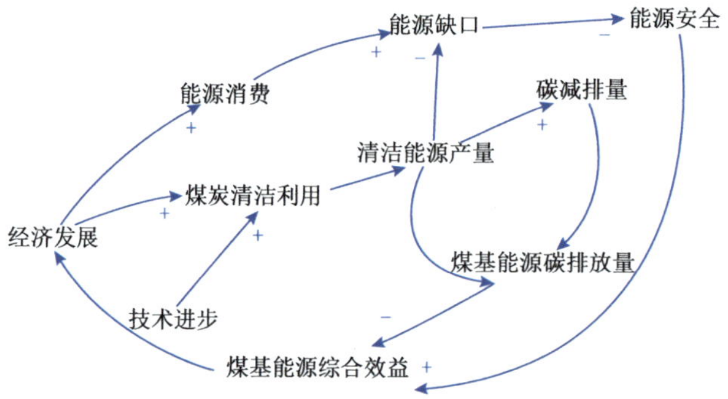

图 5-19　煤基能源因果回路反馈

主要包含以下回路：

回路 1：经济发展→煤炭清洁利用→清洁能源产量→碳减排量→煤基能源碳排放量→煤基能源综合效益→经济发展（正反馈回路）

回路 2：经济发展→能源消费→能源缺口→能源安全→煤基能源综合效益→经济发展（正反馈回路）

回路 3：清洁能源产量→能源缺口→能源安全→煤基能源综合效益→经济发展→煤炭清洁利用→清洁能源产量（正反馈回路）

回路 4：碳减排量→煤基能源碳排放量→煤基能源综合效益→经济发展→煤炭清洁利用→清洁能源产量→碳减排量（负反馈回路）

基于煤基能源碳中和问题的复杂性，本研究在建立系统动力学模型时做出如下设定：

（1）煤基能源碳排放考虑关键颠覆性技术，包括煤制油、煤制气、煤制氢的清洁转化利用、煤炭地下气化、煤层气的煤系气转型利用以及富油煤油气开发技术所产生的碳排放。

（2）经济发展水平作用于系统外部，且具有阶段性的特征。

（3）传统煤化工技术相对成熟，因此没有纳入低碳化煤基能源的范畴。

（4）各种煤基能源的清洁利用水平是外生给定的，是由我国能源结构优化的中长期发展规划确定的。

为厘清煤基能源碳排放各要素之间的相互作用及其反馈机制，基于系统边界的确定及模型假设，对系统内部结构关系进行描述，煤基能源的清洁转化碳排放核算具体包括煤制油、煤制气、煤制氢、富油煤、煤炭地下气化所产生的碳排放，其具体关系如图 5-20 所示。

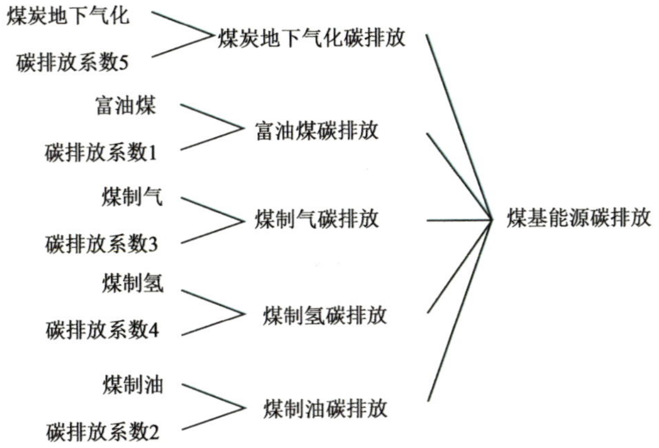

图 5-20　煤基能源碳排放因果树

本小节通过系统动力学模型来分析并预测煤基能源在不同发展情景下的超低碳能力。不同煤基能源技术的碳排放会随着技术的进步而降低，将学习曲线模拟得到的未来煤基能源的碳排放变化趋势内生到系统动力学模型中，最终建立煤基能源碳排放的系统动力学流图如图 5-21 所示。煤基能源碳排放系统动力学模型分为煤炭与经济耦合模块、碳排放测算模块、技术革新模块等内容。该模型中涉及的关键方程如表 5-30 所示。

煤基能源的碳减排潜力主要从以下几个方面来分析：①煤基能源体系相比煤炭的传统利用方式具有一定的降碳潜力。②考虑技术学习曲线，煤基能源各技术的碳排放量会随着技术的进步而降低。③对于煤层气而言，其主要成分是甲烷。每利用 1 亿立方米甲烷，相当于减排二氧化碳约 150 万吨。煤层气的开发利用具有巨大的减排潜力。

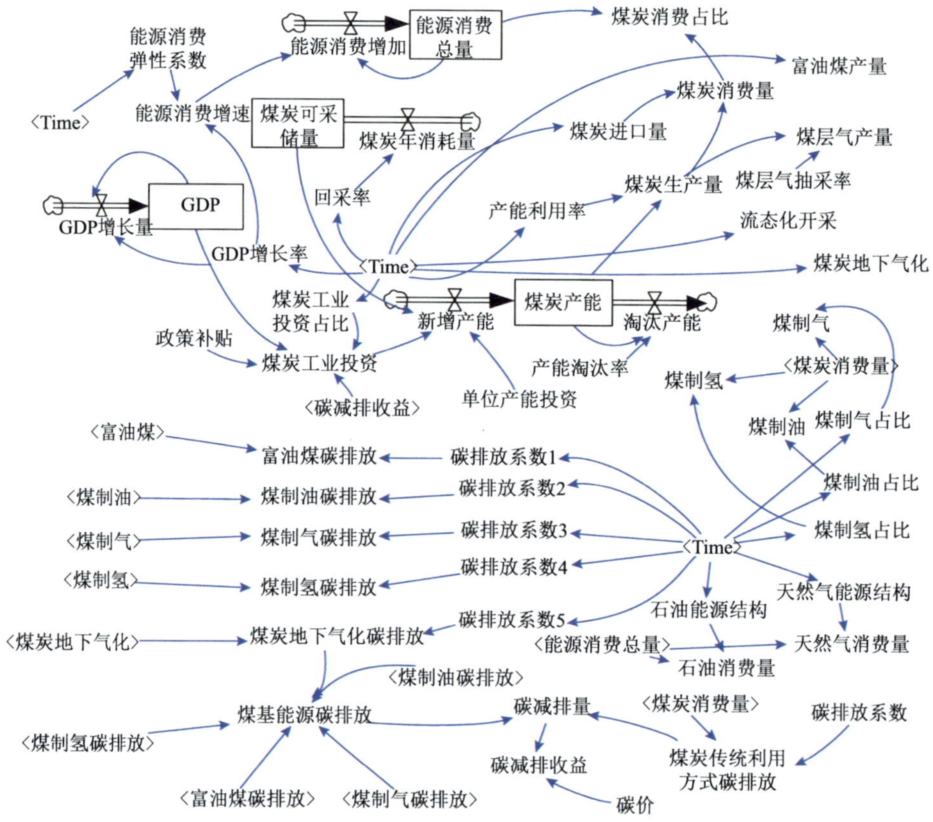

图 5-21 煤基能源碳排放系统动力学流图

表 5-30 系统动力学模型关键方程

参数	单位	公式
GDP	亿元	INTEG（GDP 增长量，410354）
煤炭产能	亿吨	INTEG（新增产能–淘汰产能，41.94）
能源消费总量	亿吨标准煤	INTEG（能源消费增加，36.1）
能源消费增速	%	GDP 增长率/能源消费弹性系数
煤炭生产量	亿吨	煤炭产能×产能利用率
煤炭消费量	亿吨	煤炭进口量+煤炭生产量
煤制油碳排放	亿吨 CO_2	$1.81456\times10^{12}\cdot\exp(-\mathrm{Time}/73.6783)+1.9933$
煤制气碳排放	亿吨 CO_2	$5.38178\times10^{27}\cdot\exp(-\mathrm{Time}/28.92101)+0.00379$
煤炭地下气化碳排放	亿吨 CO_2	$1.51867\times10^{37}\cdot\exp(-\mathrm{Time}/21.70498)+7.64\times10^{-4}$
煤制氢碳排放	亿吨 CO_2	$3.10963\times10^{56}\cdot\exp(-\mathrm{Time}/15.7182)+18.07422$
富油煤碳排放	亿吨 CO_2	$4.39048\times10^{36}\cdot\exp(-\mathrm{Time}/23.79929)+1.27557$
煤基能源碳排放	亿吨 CO_2	煤制油碳排放+煤制气碳排放+煤炭地下气化碳排放+煤制氢碳排放+富油煤碳排放

注：INTEG 函数用于计算状态变量（存量）随时间变化的累计值，其表达形式为 INTEG(变化量，初始值)，变化量即为单位时间内存量的变化量，初始值即为存量在仿真初始时刻的值。

在此基础上，考虑煤基能源的发展规模以及替代水平，将未来发展水平分为低（50%替代率）、中（75%～87%替代率）、完全替代（100%替代率）三个水平，并在此基础上考虑不同的发展情景并设置了如下情景。

基准情景（低替代水平）：煤炭清洁利用水平稳步增长但总体利用规模不高，新能源以及储能技术快速发展，在该情景下，2030 年和 2060 年非化石能源的消费占比分别达到 24%和 71%；2060 年煤基能源清洁转化用煤占煤炭消费比例为 50%。

煤炭清洁利用情景（中替代水平）：以 2030 年碳达峰为目标，更加注重煤基能源发展质量，煤炭清洁利用进入快速发展阶段。煤基能源转化技术取得突破，煤炭清洁利用水平大幅提高。在该情景下，2060 年煤基能源清洁转化用煤占煤炭消费比例为 87%。

极端气候保供情景（中替代水平）：考虑到极端气候对能源供应的影响，这部分需求由煤炭清洁转换提供，即极端气候保供情景。在该情景下，2060 年煤基能源清洁转化用煤占煤炭消费比例为 75%。

突发事件保供情景（中替代水平）：考虑到突发战争对油气保供的影响，这部分需求可以由煤基油气替代，即突发战争保供情景。在该情景下，2060 年煤基能源清洁转化用煤占煤炭消费比例为 77%。

煤基能源利用情景（完全替代水平）：以煤炭清洁利用情景为基准，假定煤基能源完全替代情景，即煤炭清洁利用水平达到 100%。在该情景下，2060 年清洁转化用煤为 13 亿吨标准煤。其中，地面煤转化、地下煤气化以及流态化转化分别为 5.3 亿吨、4.1 亿吨、3.6 亿吨。

不同情景下煤基能源各技术的碳排放量如图 5-22 所示，基准情景下，其碳排放量在 2030 年左右达到峰值之后缓慢降低。该情景下煤炭主要发挥基础保障性能源作用，使得经济社会发展能够兼容碳中和目标的碳约束量需求。预计 2030 年、2060 年的碳排放量分别将达到 6.2 亿吨和 4.5 亿吨；煤炭清洁利用情景下，通过全面提升煤炭清洁利用水平、扩大煤基能源产业规模、优化能源结构、提升能效水平等措施，煤基能源产量迅速扩大。在这种情况下，煤基能源迅速发展，即使各技术的碳排放因子随着技术的进步有所降低，但碳排放量仍呈现出缓慢增加的趋势，在 2030 年和 2060 年的碳排放量分别达到 7.1 亿吨和 9.2 亿吨；在保供情景（极端气候和突发事件）下，能源的供应受到外界因素的影响，这部分的能源缺口由煤基能源保供，因此相比煤炭清洁利用情景，保供情景下的煤基能源产量进一步扩大。在2060年保供情景下煤基能源的碳排放量分别为9.7亿吨和12.3亿吨，比煤炭清洁利用情景多增加0.5亿吨和3.1亿吨。

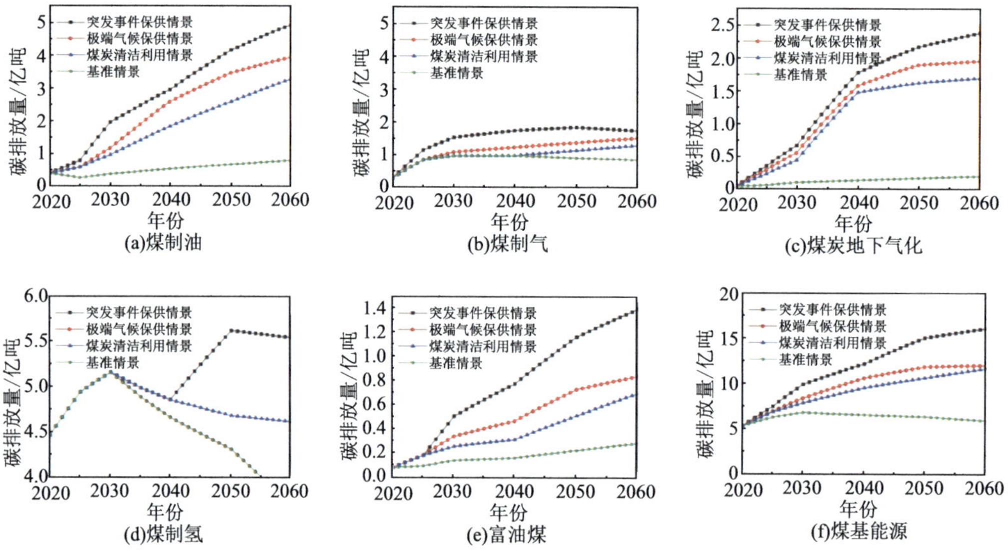

图 5-22 不同情景下煤基能源各技术的碳排放量

为评估不同情景下煤基能源的减碳效益，通过将煤炭清洁利用方式产生的碳排放与传统利用方式（本研究假定以燃煤发电为例）所产生的碳排放进行对比。基于本研究的结果，利用式（5-19）计算传统利用方式所产生的碳排放量：

$$Q=\varepsilon \times c_1\beta \tag{5-19}$$

式中，Q为碳排放量；ε为碳排放系数（本研究趋势为2.46吨CO_2/吨标准煤）；c_1为各煤基能源转化系数；β为煤基能源产量。

不同情景下煤基能源与传统能源利用方式对比如图5-23所示，基准情景下，煤基能源产业规模不大，2060年的碳排放量为4.4亿吨，相比传统利用方式碳排放量降低了1.75亿吨；煤炭清洁利用情景下，考虑技术进步，煤炭清洁利用水平稳步提升，煤基能源产业结构不断优化，在2060年煤基能源的碳排放量为9.2亿吨，相比传统利用方式碳减排潜力可达55%；保供情景下，煤基能源产业规模进一步扩大从而保障因极端气候和突发事件所带来的能源供应缺口。结果显示，在保障能源供应安全的同时，煤基能源产业规模的扩大将进一步助力煤炭行业碳减排。预计在 2060 年相比传统利用方式其碳减排潜力将分别达到 47%和 46%。因此，不同情景下煤基能源体系可实现 46%～55%的减排潜力。

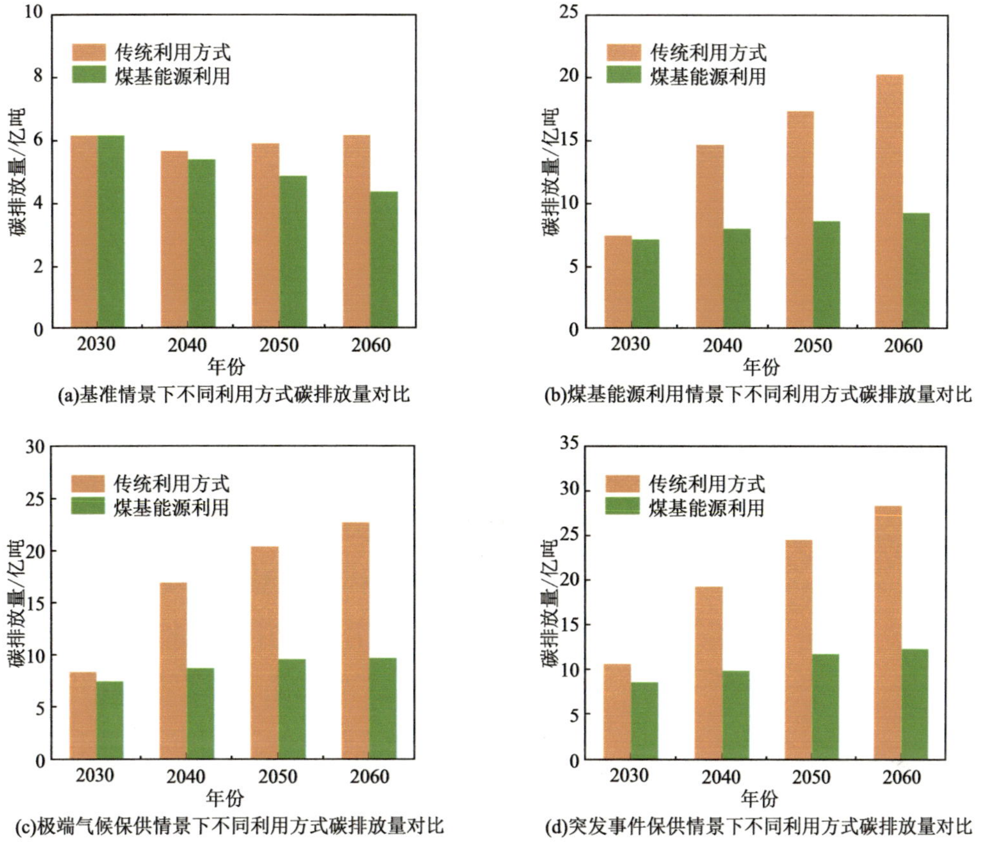

(a)基准情景下不同利用方式碳排放量对比

(b)煤基能源利用情景下不同利用方式碳排放量对比

(c)极端气候保供情景下不同利用方式碳排放量对比

(d)突发事件保供情景下不同利用方式碳排放量对比

图 5-23 不同情景下煤基能源与传统能源利用方式对比

在此基础上考虑煤基能源与 CCUS 耦合，CCUS 将进一步大幅减少煤基能源 CO_2 排放。以煤炭清洁利用情景为例，在 2060 年煤基能源体系（煤基能源利用占比 87%，煤炭传统利用方式占比 13%）仍有 13.6 亿吨的碳减排需求。通过煤基 CCS（4.8 亿吨）、矿区 CCUS（假设理想条件下采空区 5%的空间可用来封存二氧化碳，煤炭地下气化空腔的二氧化碳储存率为 70%，矿区 CCUS 捕集封存率为 90%）可降低 12.8 亿吨（38%）的碳排放，剩余的碳排放可通过矿区碳汇、负排放技术吸收，进而实现煤基能源零碳排放。煤炭清洁利用情景下 2060 年煤基能源动态碳中和“减碳-用碳-固碳”结构如图 5-24 所示。

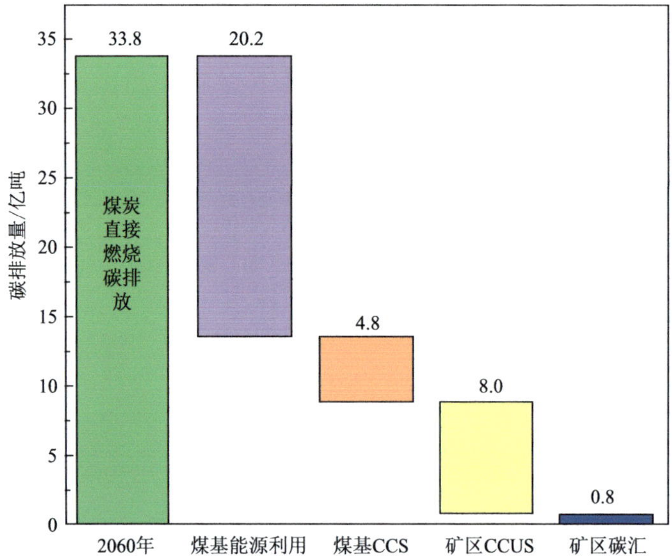

图 5-24 煤炭清洁利用情景下 2060 年煤基能源动态碳中和“减碳-用碳-固碳”结构

煤层气是煤基能源动态碳中和体系中重要的新能源技术，其主要成分甲烷（占 90%～99%）同时也是造成温室效应的关键气体，其温室效应为二氧化碳的 25 倍，每利用 1 吨甲烷就相当于减少二氧化碳排放 25 吨。因此，煤层气的开发利用具有巨大的减碳效益。不同情景下煤层气产量如图 5-25 所示。煤层气在我国有着得天独厚的资源优势，可以保障我国天然气供应的增加以及碳中和目标的实现。在煤炭清洁利用情景下，煤层气产业快速发展，2030 年之前增长速度趋势较快，随后稳步上升。煤层气的产量在 2030 年和 2060 年分别达到 350 亿立方米、800 亿立方米，相当于分别减排了二氧化碳 5.75 亿～6.25 亿吨、13 亿～14.25 亿吨。

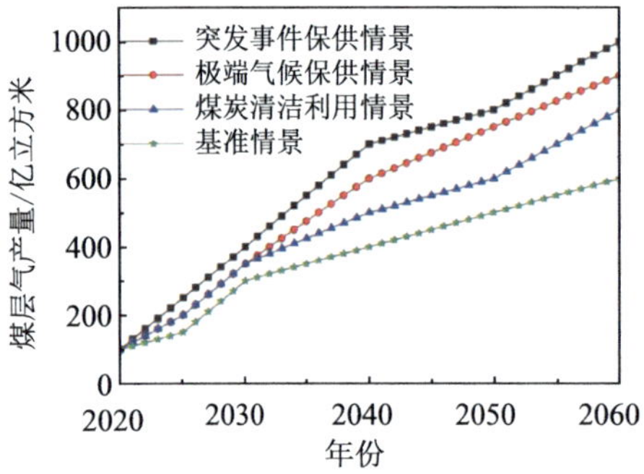

图 5-25 不同情景下煤层气产量

通过以上分析可知，煤基能源体系在未来有着巨大的减碳潜力。但就目前来说，煤基能源体系还处于初步起始阶段，仍存在很多的问题和挑战。

随着煤炭转化程度的加深，其 CO_2 排放量也会增加。产生大量高浓度 CO_2 的煤制油、煤制气等关键煤化工行业应成为减排的重要对象。因此，要加快关键核心技术攻关，在煤炭绿色开发、煤炭液化等关键领域，实现产品深加工“延链”，耦合新能源“补链”，发展煤基新材料和煤基特种燃料“强链”。

煤化工行业要明确现代煤化工产业的战略意义，进行产业合理布局；加快CCUS技术示范应用，推进产业碳减排进程。在“双碳”背景下，煤基能源要持续发挥能源供应稳定器的作用，要从技术储备、项目储备、资金储备、人才储备等方面着手，为构建新能源占比不断提升的新型电力系统和现代能源体系做好准备。煤基能源企业应优化自身能源结构，大力发展太阳能发电、风电、新型储能、氢能、煤层气等低碳和零碳能源，促进我国能源转型升级；在大力推广低碳技术，提高能源转换效率的同时，将减碳技术投入能源生产，助力“双碳”目标的提前实现。

综上所述，未来煤基能源的发展方向应聚焦于以下几个方面：

（1）煤基石油作为战略技术可以显著提高石油来源多元化程度，建议政府在能源政策中鼓励煤基石油储备的战略价值，实现能源结构多元化。

（2）煤层气开发利用和煤炭地下气化需要制定稳健的发展目标、政策支持和严格的环境保护标准，确保开发过程中的环境影响最小化，实现非二氧化碳温室气体排放的降低。

（3）在煤基能源开发利用过程中，应不断推动技术创新，提高能源利用效率，减少碳排放。鼓励企业投资研发清洁煤技术，实现能源的可持续发展。

（4）富油煤开发、煤炭地下气化是两个近中期安全可行稳妥可控的油气替代方案，远期来看，煤炭流态化开发是煤炭能源缩短循环周期和降低碳足迹的颠覆性技术。

（5）煤基能源动态碳中和模式的建立是以煤基能源产业发展为基础，以煤基CCS技术、碳储科学与工程、二氧化碳资源化利用为支撑的体系革新，在煤炭能源转向煤基能源的转型过程中，碳金融政策的支持必不可少。

第三篇

煤基能源协调发展篇

第六章

煤基能源结构及现状

第一节　煤基能源结构组成

为了落实我国以煤为主体的能源结构，并同步实现近期保供、远期降碳，要构建以煤基能源为主体的低碳能源体系，其架构为“一主体、三支撑、一突破”。其中，“一主体”是指将清洁煤炭、煤电作为电力主体，即使将来可再生能源占比为70%～80%，煤电也应当作为一种清洁化的主体存在，是能源体系的根基，起到保底作用。“三支撑”是指要发挥煤制油在国家油品安全中的支撑作用；要挖掘地下气化的潜力，作为国家天然气安全的工作保障；要通过煤层气制氢，支撑国家氢能体系。“一突破”是指要通过矿区CCUS来实现动态碳中和，将采煤产生的二氧化碳就地填埋。如果煤炭或者煤基能源能够清洁利用，那么它也是新能源。能源新旧不能以出身来论，应当以最后的高排放和低排放来论。

第二节　国内外煤基能源发展现状

一、煤炭燃烧

包括一些发达国家在内的世界各国，煤炭在一次能源结构中仍占有不小的比重[120]。

（一）国外

煤炭燃烧利用在国际上主要用于集中发电，发达国家燃煤发电占比超过80%。近年来主要燃煤发电国家都在研发多能互补发电技术、智能发电技术。以日本及欧美发达国家为主，采用脱硫、脱硝和其他多种污染物联合控制技术的燃煤发电锅炉技术已广泛商业化应用[121]。

除电力领域外，煤炭燃烧利用形式主要为中、小型燃煤工业锅炉供热。燃煤工业锅炉目前在欧洲等发达国家和地区仍有应用，且基本上均已达到很高水平，对污染物排放要求并不严格。例如，欧盟国家燃煤工业锅炉 NO_x 排放标准为低于 200 毫克/标准立方米[122]。

同时，国外在燃煤工业炉窑的清洁燃料制备、高效燃烧及炉型结构、低 NO_x 燃烧技术和燃烧烟气的深度治理方面已掌握了核心技术，且应用成效显著。例如，法国的 Stein 和德国的 LOI 等技术领先，炉窑热效率高、超低排放、智能运行，且多种煤质燃烧适应性技术先进。

（二）国内

我国煤炭燃烧利用占煤炭消费量的比重超过 80%[123]，但是煤炭集中燃烧仅占全部耗煤量的 48%，未配套建设污染物治理装置的散煤燃烧设施数量极其庞大，是造成大气污染的关键因素。因此，我国积极采取多项措施大幅提高煤炭集中燃烧比例，同时加强散煤炭清洁高效利用技术的研发和推广。

同时，我国目前仍是世界上生产和使用燃煤工业锅炉最多的国家，以链条炉技术为主，近年来煤粉工业锅炉、循环流化床锅炉技术也得到了很好的应用。总体上形成 35 吨/小时、65 吨/小时、75 吨/小时、130 吨/小时、240 吨/小时的蒸汽锅炉系列。但我国燃煤工业锅炉普遍存在燃烧技术落后、燃料适用性差、污染物排放高、控制及管理水平落后等问题[124]。

此外，为提升工业炉窑的煤炭利用水平，我国引进和发展了高炉喷煤技术、富氧/全氧冶金技术、水泥窑分级燃烧等技术。但我国燃煤工业炉窑的平均热效率较国外先进水平低 15%，污染排放更高。

二、煤炭转化

（一）国外

煤制油方面，只有中国和南非成功地将煤制油技术工业化，世界煤制油产能主要集中在南非和中国。南非富煤贫油，煤炭探明储量约占全非洲的2/3。1927年，南非开始探索煤制油技术。2012年，沙索公司的煤制油产能达到16万桶/日，年产量在3000万吨左右[125]。

煤制气方面，尽管美国、英国、丹麦和德国等发达国家早在20世纪前半叶就已开展煤制气技术研发，但多数国家只作为技术储备而未投入商业运行，目前仅美国和南非在发展煤制气项目。

（二）国内

1）煤制油

我国煤制油项目研究起始于20世纪70年代末。目前，从事煤制油项目（包括拟建）的企业主要如表6-1所示[126]。其中，神华煤直接液化项目是全球唯一的直接煤制油商业化的项目，国家能源集团宁夏煤业有限责任公司的400万吨/年煤炭间接液化项目为全球单体最大的煤制油项目，标志着国内已完全掌握了间接法和直接法两种煤制油技术。

表6-1　我国主要煤制油项目

投资企业	项目名称
国家能源集团宁夏煤业有限责任公司	400万吨/年煤间接液化项目 400万吨/年煤制油二期项目
中国神华煤制油化工有限公司	神华煤直接液化项目 神华鄂尔多斯煤制油分公司煤直接液化项目
潞安集团	高硫煤清洁利用油化电热一体化示范项目
内蒙古伊泰集团有限公司	16万吨/年间接煤制油项目 伊泰化工-120万吨精细化工品项目 伊犁能源-100万吨煤制油项目 新疆能源-200万吨煤制油项目 煤制油-200万吨煤间接液化项目
兖矿能源集团股份有限公司	100万吨/年陕西未来能源煤制油项目 榆林400万吨/年煤炭间接液化项目
贵州渝富能源开发股份有限公司	贵州渝富毕节（纳雍）200万吨/年煤炭间接液化示范项目

中国煤制油产能产量提升迅速。2015 年全国煤制油产能为 278 万吨，全年平均产能利用率仅为 47.5%[127]。至 2021 年，煤制油总产能达到 931 万吨，较 2014 年提升 471.17%（图 6-1）。同时，2016～2020 年煤制油产品产量逐年增加。2020 年我国煤制油产品产量较 2016 年增长 387.37%（图 6-2）。

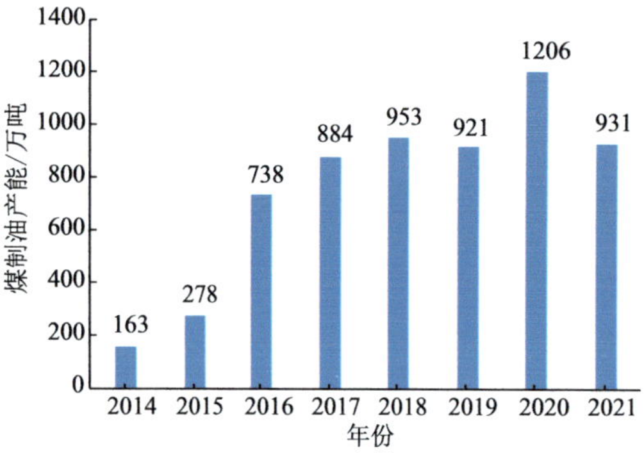

图 6-1　2014～2021 年中国煤制油总产能

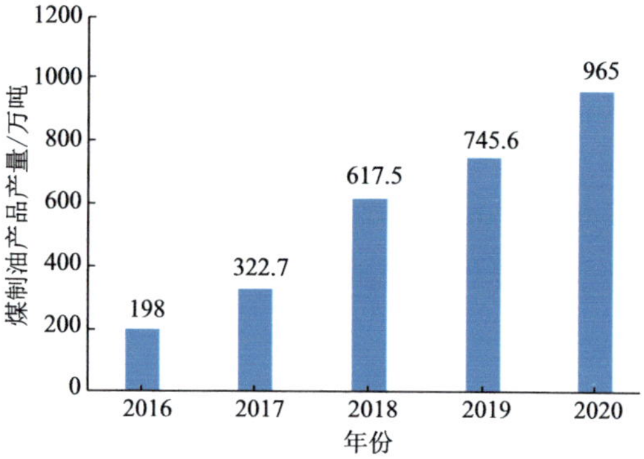

图 6-2　2016～2020 年煤制油产品产量

2）煤制气

截至 2018 年，国家发展改革委已先后核准 7 个煤制气项目（表 6-2），产能共计 251 亿立方米/年，其中 4 个项目建成投产，涉及产能 51.1 亿立方米/年，占已核准产能的 21%[128]。

表 6-2　国家发展改革委已核准的煤制气项目进展情况

建设单位	设计规模/（亿立方米/年）	核准时间	投产时间	投产规模/（亿立方米/年）
大唐克旗煤制天然气公司	40	2009 年 8 月	2013 年 12 月	13.35
新疆庆华能源集团有限公司	55	2012 年 7 月	2014 年 12 月	13.75
汇能控股集团有限公司	16	2009 年 12 月	2014 年 11 月	4
辽宁大唐国际阜新煤制天然气有限责任公司	40	2010 年 3 月	建设中	6（计划）
苏新能源和丰有限公司	40	2016 年 10 月	建设中	6（计划）
北控清洁能源集团鄂尔多斯子公司	40	2017 年 5 月	建设中	40（计划）
伊犁新天煤化工有限责任公司	20	2017 年 5 月	2017 年 3 月	20

目前，我国的煤制气产业仍处于起步阶段。2020 年煤制气产能为 47 亿立方米，与“十三五”规划的 170 亿立方米相去甚远，几家已投产的煤制气

示范项目均出现不同程度的亏损。而我国发展煤制气产业，主要面临环境保护、资源消耗和企业短期经济性的压力和挑战[128]。

三、煤气化

煤气化技术是煤炭清洁高效利用的有效途径之一，已实现工业化 200 余年，是解决煤炭传统开采利用环境问题的一条重要途径[129]，在欧美、日本等国快速发展，我国经过多年探索，也取得了瞩目成绩。

（一）国外

1）美国

美国有一些历史最悠久、规模大、效率高的煤气化厂[130]，虽然面临着苛刻的环境、技术和经济挑战，但专注于多联产的新设施的建设已经启动。美国主要煤气化项目如表 6-3 所示[131]。

表 6-3　美国主要煤气化项目

项目名称	项目概况
印第安纳州的瓦巴什河项目	瓦巴什河 IGCC（整体煤气化联合循环）电厂的生产能力为 262 兆瓦，它能够生产大约 135000 标准立方米/小时 $CO+H_2$
大平原合成燃料厂项目	气化过程使用 14 个鲁奇马克Ⅳ气化炉，运行温度为 1200 摄氏度，消耗 1.8 万吨/天褐煤，产生约 553 万立方米/天的气体
肯珀县 IGCC 项目	净产能为 524 兆瓦，峰值净产量为 582 兆瓦，通过 IGCC 工艺从 12000 吨/天的密西西比褐煤（在工厂附近地区广泛供应）中获得
爱德华兹波特项目	装机容量为 618 兆瓦，包括两个 GE 气化炉（通用电气气化炉）并联，两个 GE-7fb 燃烧涡轮并联（每个 236 兆瓦电力）和一个 GEG13 蒸汽涡轮（322 兆瓦电力）
波尔克电站	现代高效的联合循环机组增加了约 460 兆瓦的发电能力，效率提高了 37%。采用选择性催化还原技术，NO_x 排放量减少了 75%以上
得克萨斯州清洁能源项目	得克萨斯州清洁能源项目是一个 IGCC 多联产设施，具有完全集成的二氧化碳捕获功能，每年捕获约 2 万吨二氧化碳，用于提高石油采收效率

2）南非

南非富煤而缺油。在南非的一级能源中，煤占 87.68%。南非煤系被晚期灰绿岩侵入所切割，因此其中 3/4 的煤资源不能用机械开采，煤的地下气化成为一种最好的选择[132]。南非主要煤气化项目如表 6-4 所示。

表 6-4 南非主要煤气化项目

项目名称	项目概况
马久巴煤田项目[133]	产量在 3000 标准立方米/小时，由 7 千米管道通向马久巴发电试点厂。2010 年对 2100 兆瓦电站开始进行工程与环境影响评估
沙索 UGC 项目[134]	位于塞康达，有氧进料，2008 年 9 月开始建井

3）日本

受煤炭消费迅速增加的影响，日本政府正积极推动煤气化的研究和开发，以提高能源效率和碳捕获能力。IGCC 发电系统正在成为实现该目标的一项关键技术。日本主要煤气化项目如表 6-5 所示。

表 6-5 日本主要煤气化项目

项目名称	项目概况
Osaki CoolGen 项目（大崎清洁煤发电示范项目）	该项目作为“综合煤气化燃料电池联合循环（IGFC）示范项目”实施，煤炭处理能力为 1180 吨/天，输出功率为 166 兆瓦
Nakoso air/oxygen-blown IGCC 项目（中域空气/氧气吹入式集成气化联合循环（IGCC）项目）	产能为 1700 吨/天，设施是基于 Nakoso PP 型气化炉（干煤进料、空气吹制、加压两级、夹层床）

（二）国内

我国煤质种类繁多、煤化工产品路线各异，截至 2020 年全年通过煤气化转化的原料煤近 3 亿吨，占我国煤炭消费总量的 6%左右[135]。

1）国内主要煤气化技术

我国煤气化技术发展历史较短，但发展势头迅猛，研发综合实力不断增强。20 世纪 50～60 年代以后我国煤气化技术开发工作取得实质性进展，实现工业化应用的煤气化技术达 30 多种，占全球煤气化技术的 1/3 左右[135]。国内主流煤气化技术如表 6-6 所示[136]。

表 6-6 国内主流煤气化技术[137]

序号	气化技术	类型	炉型	技术拥有方	煤种	气化剂	优点	缺点
1	Lurgi（卢尔基）固定床加压气化技术	固定床	鲁奇炉	德国鲁奇公司	褐煤、不黏或弱黏结性煤	氧气和蒸汽	连续制气、操作简单、生产强度大、碳转化率达 80%～84%	需空分装置、投资大
2	灰熔聚粉煤循环流化床气化技术	流化床	U 型气化炉	美国煤气研究所（IGT）	褐煤、烟煤、无烟煤	氧气或空气	具有循环流化床工艺的所有优点、煤气中无焦油、不排废气	出口气灰含量高、运行周期短

续表

序号	气化技术	类型	炉型	技术拥有方	煤种	气化剂	优点	缺点
3	Texaco（德士古）水煤浆加压气化技术	气流床	Texaco水煤浆气化炉	兖矿能源集团股份有限公司、华东理工大学	低灰熔融温度的煤	纯氧	原料范围广、碳转化率达94%～98%、产能高	氧耗高、投资大
4	道康宁公司Destec水煤浆气化技术	气流床	Destec气化炉	美国Dow化学公司	以褐煤为主的各煤种	纯氧	产能大、氧耗低、产率高	排渣口易堵、管道口飞灰易沉积、耐火砖寿命短
5	壳牌粉煤气化技术	气流床	壳牌Shell气化炉	谢尔国际石油公司	煤种基本无限制	氧气和蒸汽	煤种适应性好、气化效率高于98%、前景广	投资大、水冷夹套寿命短
6	干煤粉煤气化技术	气流床	西门子气化装置	德国西门子公司	煤种基本无限制	氧气和蒸汽	$CO+H_2$占产出气体的90%～93%、残碳量低、氧耗低、水耗低、煤种适应性好	运行周期较短

2）国内主要煤气化项目

我国煤气化技术有150多年的应用和发展历史，在煤气化基础研究和工程应用领域发展处于引领层面[137]。国内主要煤气化项目如表6-7所示。

表6-7　国内主要煤气化项目

类型	项目名称	建设单位	项目概况
固定床	第3代气化炉MARK-Ⅳ型鲁奇炉制氨项目	山西天脊煤化工集团有限公司	已实现年产45万吨，后推出的第4代加压气化炉的单炉生产能力较第3代有大幅提高
流化床	3.0兆帕加压灰熔聚流化床粉煤气化中试平台	中国科学院山西煤炭化学研究所、山西晋城无烟煤矿业集团有限责任公司	气化炉内径为800毫米，气化压力1.0～3.0兆帕，设计投煤量50～100吨/天。2006年，设计了6套0.6兆帕灰熔聚工业气化炉
气流床	先进高效的预膜式和四喷嘴对置式粉煤气化炉	华东理工大学	已在兖矿国泰化工有限公司建成了2套原煤处理量1150吨/天的中试装置
	壳牌煤气化装置	中国石油化工股份有限公司安庆分公司	壳牌煤气化装置应用于年产30万吨合成氨和52万吨尿素的大化肥项目
	烯烃项目黑水泵干煤粉气化炉	神华宁夏煤业集团有限责任公司煤化学工业分公司	采用西门子GSP干粉煤气化技术，全球首次用于百万吨级规模的煤化工项目
	多原料适应性高效水煤（焦）浆气化成套技术开发及工业应用	华东理工大学、中国石油化工股份有限公司	入选中国石化“十条龙”科技攻关项目，在中国石化镇海炼化建设3套单炉投煤（焦）量1000吨/天的示范装置，于2019年投料运行
	两段式粉煤加压气化工业示范装置	中国华能集团有限公司	投煤量2000吨/天，配套250兆瓦IGCC电站，2012年4月装置建成，9月实现全流程贯通
	高灰熔点煤加压气化技术开发与工业示范	兖矿能源集团股份有限公司、华东理工大学	863计划重点项目，2007年投入运行投煤量30吨/天的水冷壁粉煤加压气化炉中试装置
	单炉投煤量3000吨/天级气化炉	河南晋开化工投资控股集团有限责任公司	工业示范列入国家重点研发计划项目，截至2020年9月，该技术已推广应用于国内51家企业，在建和运行气化炉117台

续表

类型	项目名称	建设单位	项目概况
其他	地下气化技术的研究开发及工程示范	中国矿业大学（北京）	1984 年，中国矿业大学（北京）开始煤炭地下气化技术的研究，建成了我国唯一的煤炭地下气化综合试验台和测控系统[138]
	加氢气化技术的研究开发及工程示范	新奥集团股份有限公司	2016 年 4 月，在内蒙古达拉特旗建设投煤量 400 吨/天工业示范装置，2018 年 12 月建成，2019 年 9 月完成 72 小时连续运行
	超临界水气化中试装置	新奥集团股份有限公司	完成高水褐煤气化试验研究，积累大量数据，完成煤的超临界水气化百吨级工艺包开发
	10 兆瓦煤等离子体裂解制乙炔示范装置	浙江大学、广东粤泰科技有限公司	乙炔回收率在 17.4%～20.8%

四、煤层气

煤层气是与煤伴生、共生的气体资源，是近一二十年在国际上崛起的洁净、优质能源和化工原料[139]。

（一）国外

1）资源现状

世界煤层气资源储量为 256 万亿立方米，主要分布于俄罗斯、加拿大、中国、美国、澳大利亚等 12 个国家，其中俄罗斯、美国、中国、加拿大、澳大利亚五国合计占 90%，如表 6-8 所示。

表 6-8 主要国家煤层气资源量

序号	国家	煤层气资源量/万亿立方米
1	俄罗斯	113
2	加拿大	76
3	中国	36
4	美国	19
5	澳大利亚	14

2）开采技术现状

国外煤层气工业化开发以中低煤阶为主，美国、英国、德国、俄罗斯等国煤层气的开发利用起步较早，主要采用煤炭开采前抽放和采空区封闭抽放技术，产业发展较为成熟。国外改造低渗透煤层常用水力压裂技术。美国圣胡安和粉河盆地厚煤层主要使用裸眼洞穴完井[140]。对于高煤阶、硬煤质，则主要使用定向羽状水平井技术[141]。

3）利用现状

煤层气其热值与天然气相当，可以与天然气混输混用，是上好的工业、化工、发电和居民生活燃料[142]。目前，煤层气发电和作为民用燃料比较普遍。美国主要用于民用燃料，其次为就地利用和发电，而德国、法国、加拿大、俄罗斯和澳大利亚都是主要用来发电[143]。

（二）国内

1）资源现状

我国煤层气资源丰富，截至 2021 年，资源量达 36 万亿立方米，居世界第三。目前，中国煤层气可采资源量约 10 万亿立方米。2021 年煤层气新增探明地质储量 779 亿立方米，如图 6-3 所示。

图 6-3　2015～2021 年中国煤层气探明储量变化情况
数据来源：自然资源部

据煤层气资源评价，我国埋深 2000 米以浅煤层气地质资源量约 36 万亿立方米，主要分布在华北和西北地区，全国大于 1000 亿立方米的盆地（群）有 15 个，如图 6-4 所示。

国家统计局数据显示，2015～2021 年中国煤层气探明产量整体上呈上升趋势，到 2021 年中国煤层气探明产量达到 104.7 亿立方米，同比上升 2.35%，如图 6-5 所示。

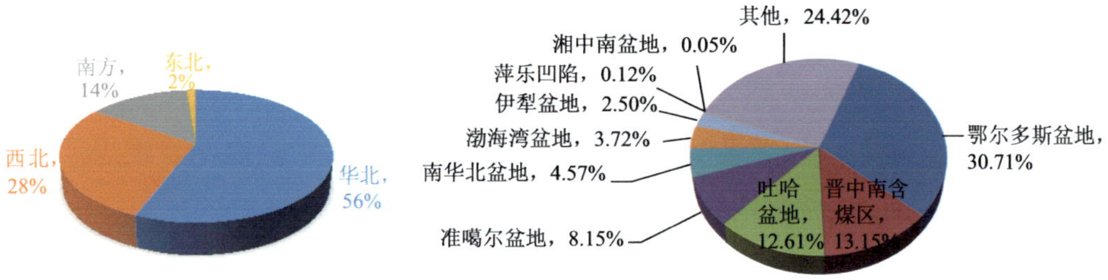

图 6-4　2021 年煤层气主要分布

图 6-5　2015～2021 年中国煤层气探明产量变化情况

2）开采技术现状

中国煤层渗透率低，大多数井都采用水力压裂增产技术。目前，我国煤层气井开始应用智能化排采装备，大部分区块已逐步实现了精细化控压排采，如表 6-9 所示。

表 6-9　煤层气排采技术现状及应用效果

类别	特色技术	特色工具	效果	适用储层
排采工艺	煤层气回注水排采工艺	水平井注水工艺和远程自动化排采控制	多分支水平井最高产气量达到 15000 立方米/天	中高阶煤
	“变速排采－低恒套压”排采	—	单位压降产水量均高于传统排采管控方法	高阶煤
	分阶段量化排采控制	新型无杆举升	—	中低阶煤
	定量化疏导式排采控制	—	相比八字方针排采，达产时间缩短 2～4 年	高阶煤
	低套压/无套压排采	—	日产气量稳定在 2800～3000 立方米	深部煤
	智能化排采控制	煤层气水平井智能排采控制程序、煤层气井智能排采控制系统	排采人员无须值守，日产量控制精度高	排采制度对产气量影响大的储层

3）利用现状

我国煤层气产量主要来自井下抽放系统，生产的煤层气主要用作民用燃料和工业锅炉燃料，少量用于发电和生产化工产品。目前，我国已经实现将煤层气用于制作纳米洋葱碳和金刚石等高附加值产品[144]。我国煤层气资源丰富，除作为重要的低碳能源补充外，煤层气开采还能减少煤矿瓦斯事故、降低环境污染，兼具社会效益和生态效益[145]。

五、富油煤

（一）我国富油煤分布现状

目前，我国富油煤资源主要分布在陕西、内蒙古、宁夏、甘肃、新疆五省份。富油煤分布区的煤炭开发强度大，西部五省份的煤炭总产能约为 2.6×10^9 吨/年；2019 年煤炭产量为 2.074×10^9 吨，超过全国煤炭产量的 50%[146]。

（二）我国富油煤利用的技术途径

在目前情况下，采取新型快速热解方式热解 1 吨富油煤，平均可以回收 8%～9%的煤焦油，生产大约 300 立方米的富氢气体（H_2＞30%），同时生产 650 千克高活性无烟清洁半焦。

（三）我国富油煤利用现状

富油煤热解产品主要为煤气、煤焦油、半焦，其主要用途为燃料、化工品、发电。煤炭资源保有储量中超过半数属于高油、富油煤，但是超过 80%的煤炭直接作为燃料[147]，不到 1/10 的煤炭为化工行业所用，造成了煤炭资源的浪费。

第三节　煤基能源的主体煤电技术创新

为应对气候变化，煤炭从主体能源逐步向基础能源和调峰能源转变。煤电机组的升级改造向清洁化、低碳化方向发展。

一、清洁高效煤电技术

超超临界燃煤发电。该技术能实现更高的热效率和更少的气体排放。通过技术转让和自主研发，目前我国具有该技术先进水平的设计制造平台，百万千瓦级超超临界高效发电技术供电煤耗最低可达到264克/千瓦时，处于全球先进水平。并且，超超临界高效发电技术和示范工程已经在全国推广，2022年占煤电总装机容量的26%。

超临界CO_2（supercritical carbon dioxide，S-CO_2）布雷顿循环发电。该技术具有效率高、经济性好、结构紧凑且环境友好的特点，非常适用于分布式能源系统，是未来煤炭清洁利用发电技术的重要研究方向。2021年12月，中国华能集团有限公司自主研发的S-CO_2循环发电试验机组顺利投运，这是目前国内外运行参数最高、容量最大的S-CO_2循环发电机组。

循环流化床锅炉。循环流化床（circulating fluidized bed，CFB）锅炉的低热值燃料利用特性和低污染物排放特性决定了其在未来能源转型和实现碳中和过渡过程中的价值和贡献。目前，我国CFB锅炉设计技术处于世界领先地位。截至2020年底，我国共有48台在役的超临界CFB锅炉，其中有3台600～660兆瓦级和45台350兆瓦级机组。

IGCC发电。华能天津IGCC电站是中国自主设计和建造的第一座、世界第六座大型IGCC电站，于2012年投产，并且配备了国内首套燃烧前CO_2捕集装置，达到天然气的排放标准，在装机容量相同的条件下，发电效率比常规发电机组高。但目前IGCC技术还存在一些问题，仍处于工程示范阶段。

二、煤炭机组耦合发电技术

煤炭耦合生物质/固废发电。欧洲得益于成熟的碳排放交易市场，是采取生物质掺烧技术最多的地区。2018年，我国通过84个煤炭耦合生物质/固废发电试点项目。2019年12月，大唐长山热电厂首台660兆瓦超临界燃煤发电机组耦合20兆瓦生物质发电示范项目顺利通过试运行。

煤炭耦合光热发电。该技术可以提高发电系统的整体稳定性和可靠性，降低化石能源使用率和污染物排放量。目前，研究集中在燃煤发电系统侧、对集成方案和运行模式的对比分析，对于复合系统工况特性、能量迁移机理和模型研究较少。

煤炭耦合氢氨燃料发电。在燃煤电厂掺烧氨燃料可以大幅降低碳排放量。2021 年，日本的 JERA 发电企业宣布将拟开发首个商业化混氨燃煤电厂。2022 年 1 月，国家能源集团完成了 40 兆瓦燃煤锅炉混氨燃烧工业试验，掺氨比例达到 35%。虽然证明了燃煤电站掺混氨燃料发电的技术可行性，但该技术仍需进一步研究。

三、灵活智能燃煤发电

我国在灵活智能燃煤发电方面不断寻求突破。2016 年起，国家发展改革委、能源局联合多部门出台一系列政策拟通过试点项目，带动火电灵活性改造。2022 年，国家能源局发布《关于进一步提升煤电能效和灵活性标准的通知》。目前，我国基本完成了燃煤电厂的自动化与信息化，但智能发电发展起步较晚，尚处于起步阶段。未来，开发具备自诊断、自感知、自决策、自执行等特征显著的智能发电技术及控制系统，实现燃煤电厂的无人值守将是主要研究方向。

四、燃煤发电创新技术

瓦斯与煤粉爆燃发电。为了提高煤粉利用效率，同时解决井下开采的污染及安全问题，2021 年，中国矿业大学（北京）聂百胜教授团队提出了流态化开采过程中原位煤粉爆轰发电的技术构想，即直接利用煤粉爆轰产生的能量驱动发电机高速运转，该技术构想突破了煤炭资源传统的燃烧热利用方式，推动“边开采、边利用”的安全、高效、清洁化的煤炭资源利用方式的发展。

纳米水煤浆发电。水煤浆是由大约 65%的煤、34%的水和 1%的添加剂通过物理加工得到的一种低污染、高效率、可管道输送的代油煤基流体燃料。2022 年，国家准能集团有限责任公司研发出纳米水煤浆发电技术，试验结果是每千瓦时发电减少 50 克煤耗，减排 127 克二氧化碳。中国矿业大学（北京）葛世荣校长表示，至 2050 年，保留 2 万亿千瓦时煤电，若以纳米水煤浆发电，可减少煤耗 1 亿吨，减排 2.5 亿吨二氧化碳。

第四节　煤基能源的低碳能源支撑体系

一、煤制油

我国近年来石油消费量不断攀升，且主要依靠进口，能源安全问题日趋严重。如图 6-6 所示，2022 年我国石油表观消费量约 7.19 亿吨，同比下降 0.6%；我国原油产量达到 2.05 吨，同比增长 2.9%；我国进口原油 5.08 亿吨，同比下降 0.9%，这也导致我国石油对外依存度降至 71.2%。我国石油资源相对匮乏，但同时又是能源消耗大国。因此，为了减少对进口石油的依赖，亟须开发出新的能源用以代替石油资源。

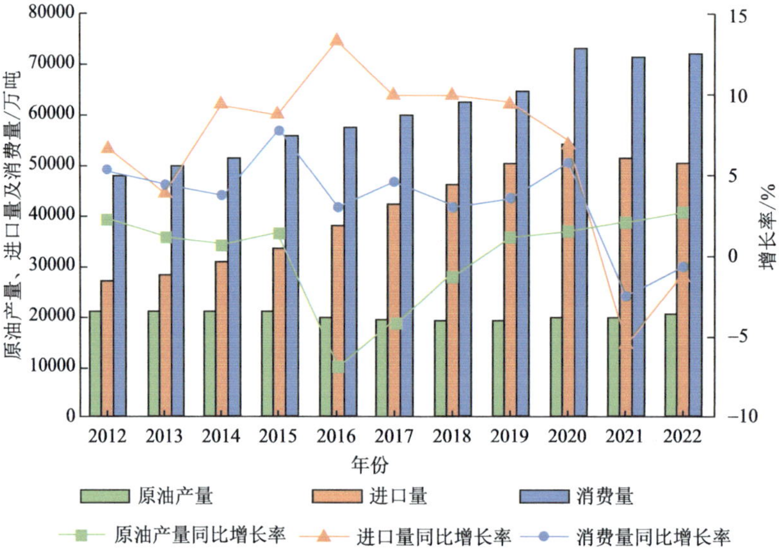

图 6-6　我国原油产量、进口量及消费量的增长情况

煤制油工艺是指通过化学方式，将煤炭资源转化为石油资源或者化工产品的技术。到 2021 年底，我国煤制油总产能 823 万吨/年、产量 679.5 万吨，产能利用率 82.6%，煤制油碳排放量约为 4563 万吨。同时，煤制油工艺技术可根据加氢工艺的不同，分为煤炭直接液化工艺技术和煤炭间接液化工艺技术。煤炭直接液化工艺因为其生产效率高而处于主导地位。

煤直接液化是指煤粉在高温高压条件下通过催化加氢直接液化合成液态烃类燃料的技术。此项技术经过近百年的发展，多国都发展出了拥有自主产权的工艺技术，均已实现了规模化的工业生产。该技术转化率高，吨油耗煤少。但对所需煤种和反应条件要求高，且生成油品品质较差，必须经过进一步加工才能得到目的产物。

煤间接液化是先将煤粉转化成合成气在一定的温度压力及催化剂的作用下生成油品及石油化工产品的技术。南非是世界上最早采用煤间接液化技术的国家，后传入我国，并在我国得到广泛应用。该技术地域适用性较广，操作条件温和，对煤种要求较低，生成的油品品质较高，对环境造成的影响较小。但是该技术成本较高，转化率较低，吨油耗煤消耗较大。

近年来，我国已经建成投运了多个煤制油项目，如神华鄂尔多斯项目（该装置投运于2008年，年耗煤345万吨）和神华宁煤间接液化项目（该项目配套了百万吨级石脑油蒸汽裂解装置，能够有效实现煤间接液化和直接液化之间的融合）。目前，煤制油项目很大程度上缓解了我国对于原油进口的依赖，保证了国家能源安全。未来，需要在做好政策扶持的同时做好多方面建设，进一步保障我国煤制油行业的健康持续发展。

二、煤基燃气

我国天然气的使用长期依赖进口，对外依存度高。就2022年而言，天然气在我国一次能源消费结构中的占比约为8.4%，表观消费量达到3726亿立方米，同比增长12.7%。同时，我国天然气产量比上年增长6.4%，达到2178亿立方米，连续5年增产超过100亿立方米。虽然我国2022年天然气进口量为10925万吨，比上年下降9.9%，但是我国已成为全球最主要的天然气进口市场之一。我国天然气产量、进口量及消费量的增长如图6-7所示。

煤基燃气可以显著降低煤炭直接燃烧利用的碳排放，不仅实现了煤炭向低碳能源的转化，还可以降低我国天然气对外依存度。煤基燃气是指以煤为原料制取的气体，主要包括煤层气和由煤气化制得的气体（空气煤气、半水煤气、水煤气）。它的加工方法主要包括煤层气开采、地面煤气化、煤炭地下气化三种技术途径。

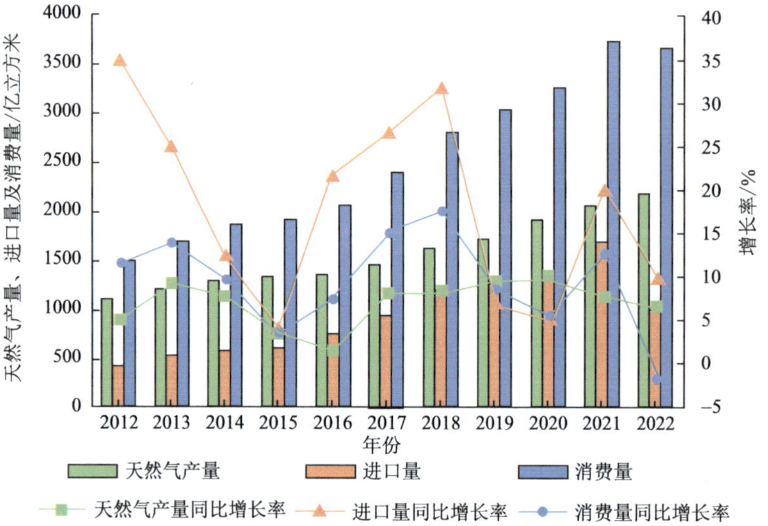

图 6-7　我国天然气产量、进口量及消费量的增长

煤层气开采。煤层气又称为煤气层甲烷，是重要的化工燃料，属于低碳能源。2022 年，我国煤层气资源储量居世界第三，目前已探明可采储量约为 470 亿立方米。美国和加拿大率先成功开发煤层气资源，1970 年圣胡安盆地的煤层气成为成熟的燃料产品。20 世纪 80 年代开始，我国的煤层气资源开始广泛勘探。2015 年，我国煤层气产量为 171 亿立方米甲烷，其中 4.43 亿立方米来自地表钻井，标志着中国开始进入大规模煤层气开发时代。考虑到甲烷气体巨大的温室效应和全球气候变暖的背景，开发高效安全的煤层气利用技术成为迫切需求。

地面煤气化。地面煤气化是以进入气化炉的煤为气化原料，以空气、氧气、二氧化碳或水蒸气为气化剂，在气化炉内生产以一氧化碳、氢气为主要成分的煤气的工艺过程。近年来，煤气化技术的应用日益广泛，主要行业包括煤制油、煤制烯烃、煤制天然气、煤制乙醇、合成氨、煤制燃料气等行业。截至 2022 年底，我国煤制油投产项目累计完成投资约 1280 亿元，煤制油年总产能 823 万吨，年产量 732.8 万吨，产能利用率达 89%，比上年提升 6.4 个百分点，全年营业收入合计 512.8 亿元，利润达到 71.7 亿元。

煤炭地下气化技术能够有效避免因采煤引起的安全和生态环境问题，提高资源利用效率。并且，能变物理采煤为化学采气，是我国低碳高效煤炭能源结构转型的必由之路。中国煤炭地下气化资源量与天然气资源量对比如图6-8所示，我国陆上埋深1000～3000米的煤炭资源量约为3.77×10^{12}立方米，主要分布在鄂尔多斯、准噶尔、塔里木、二连、海拉尔、松辽等含油气盆地中，按气化动用率40%计算，是常规天然气资源量的3倍，与非常规天然气资源量的总和基本相当，开发潜力巨大。

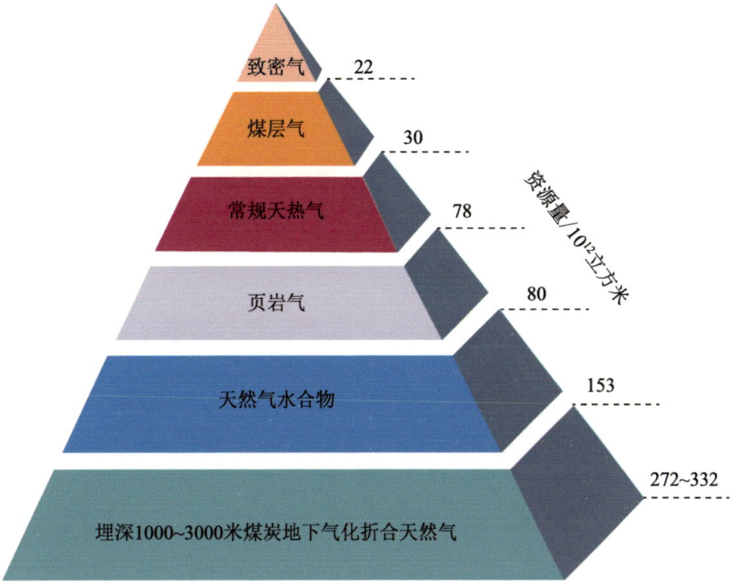

图6-8　中国煤炭地下气化资源量与天然气资源量对比[①]

三、煤制氢

煤制氢是化石能源制氢中另外一种成熟的制氢技术，在我国具有广泛的应用，主要用于合成氨和甲醇。该技术具有原料成本低、装置规模大、技术成熟度高等优点。但是装置占地面积大、配套设施多、单位装置投资高、工艺流程较长、操作相对复杂、碳排放量高、气体分离成本高。

煤制氢可以实现煤炭向零碳能源的转变。《中国氢能源及燃料电池产业白皮书》（2019版）预测，2030年氢气年均需求约3500万吨。到2050年，氢气需求量接近6000万吨。以煤为主的化石能源配合二氧化碳资源化利用方案制蓝氢将是氢能产业上升期最符合我国国情的主流供氢方式。煤

---

① 财联社. 澳大利亚煤制氢项目开张 首批液态氢产品正运至日本[EB/OL].（2022-01-21）[2023-08-02]. https://baijiahao.baidu.com/s?id=1722561938841724716&wfr=spider&for=pc.

制蓝氢是指利用煤等碳质物质通过高温高压进行气化，生成含氢气体，并通过后续工艺制备成蓝氢燃料。该技术具有清洁、高效和安全的优点。国家能源集团、山西焦化集团有限公司等大型能源企业均已投入了煤气化制蓝氢的生产，而美国、澳大利亚、欧洲等国家和地区也在积极开展相关研究和应用。

第七章

煤基能源动态碳中和模式及减碳技术

煤基能源拓宽了煤炭利用方式，是传统煤炭固态燃烧利用高碳排放的结果变为低碳排放的液气态清洁利用途径。但是在煤基能源利用过程中仍然有一定量的碳产出，因此，实现煤基能源零碳甚至负碳排放的更高愿景，迫切需要建立煤基能源动态碳中和模式，增强其内在减碳能力。

国际局势演进和应对气候变化双重挑战叠加，迫切需要建立煤基能源动态碳中和模式，助力建成以煤为主的自主可控安全可靠且低碳的新型能源体系。后疫情时代，世界经济复苏将进一步拉高能源需求，能源价格急剧攀升，俄乌冲突进一步加剧了世界能源供需失衡，国际能源贸易紧张局势迫使煤炭对于我国经济社会发展的稳定器作用日益凸显，而煤炭能源持续降碳能力是保障我国履行气候承诺的关键。因此，我国以煤为主的能源结构需要继续支撑社会经济长期平稳运行，为能源安全乃至国家安全和实现“双碳”目标发挥至关重要的作用。

打造煤基能源动态碳中和模式是保障能源安全兼顾实现碳中和目标的重要途径。为适应新时代保障能源安全和实现碳中和目标的双重重任，煤炭行业亟待从传统的煤炭能源转向煤基能源体系，从煤炭燃料转变为煤基原料思维，变固态燃用为液气态低碳使用，聚焦煤炭清洁高效开发利用新方向探索煤基能源体系的新思维、新路径、新技术。本章从煤基能源动态碳中和模式的内涵、架构、降碳能力入手，分析煤基能源动态碳中和的颠覆性技术构成、引领性模式及其超低碳能力，基于学习曲线模型模拟了不同煤基能源技术的降碳潜力，在此基础上采用系统动力学模型模拟煤基能源动态碳中和模式超低碳能力。

第一节　煤基能源动态碳中和实现机制

一、煤基能源动态碳中和架构

煤基能源开发利用的这一过程使得产碳能力有效降低，通过用碳和固碳，进一步挖掘其降碳能力。煤炭清洁高效开发利用是保障我国能源安全兼顾碳中和的可实现路径，主要从煤炭智能开采推动“低碳”、矿区生态修复形成“储碳”、高效利用助力“减碳”、清洁转化驱动“替碳”、碳基原料利用形成“用碳”、CCS 实现“固碳”（含“负碳”）六个维度，同时考虑碳会计“查碳”和碳金融“买/卖碳”对于企业碳资产的经济管理功能，形成煤炭开发、利用、转化、碳捕集、碳埋存、碳会计、碳金融和碳汇的封闭碳循环产业链，全面推动煤炭清洁高效利用技术革命。煤基能源动态碳中和架构体系如图 7-1 所示。

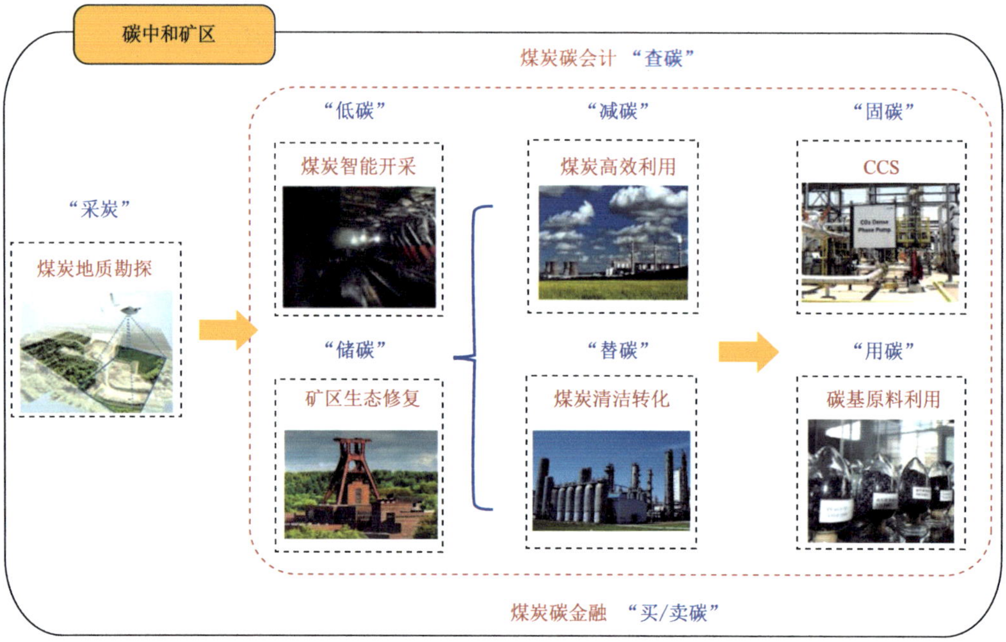

图 7-1　煤基能源动态碳中和架构体系

二、煤基能源动态碳中和实现过程

煤基能源动态碳中和是指通过捕集、利用和储存或转化碳排放，使煤基能源系统的净碳排放达到零或接近零的过程。从热力学定律和化学与量子力学角度分析，可以理解煤基能源动态碳中和的理论基础如下。

煤炭的化学组成主要为碳和氢，煤是一种化石燃料，当燃烧时会释放能量，并伴随产生二氧化碳等温室气体，在这个过程中高价值的化合物都变成了较低价值的二氧化碳和水，其价值没有得到有效的利用。煤炭的燃烧是一种能量转化过程，热力学第二定律指出了能量自然向低温方向转移的趋势。在煤的燃烧过程中，部分能量会以不可逆的方式转化为热能损失，如烟气中的热量。通过热力学分析，可以评估燃烧过程的效率，找到降低热能损失的方法，提高能源利用效率。在煤基能源碳的利用过程中，热力学循环的设计可以最大限度地回收热能。例如，在煤气化过程中，通过合理的热力学循环，可以收集产生的废热并用于其他热能需求，提高整体能源效率。热力学第二定律强调了不可避免的能量损失，这在环境保护角度也具有重要意义。热力学分析可以帮助优化燃烧过程，减少有害气体的排放，从而降低环境负荷，而量子力学为我们提供了研究分子级别的燃烧反应的工具和理论基础。通过量子力学计算，可以探索燃烧反应的速率、能量变化和反应产物的形成过程。在燃烧过程中，碳与氧气之间的反应速率受到多个因素的影响，包括温度、压力、化学浓度等。量子力学计算可以用于预测和优化燃烧反应的速率常数，并模拟不同条件下反应过程的动力学行为，有助于理解燃烧的热力学和动力学特性，并为设计更高效的燃烧过程提供指导，此外，量子力学还可以揭示燃烧过程中发生的能量转移和转化。它可以计算和分析反应的能垒、活化能和反应通道，揭示燃烧反应中的能量变化和反应路径，对于控制燃烧反应的产物分布和增强能量转化效率至关重要。量子力学计算在煤基能源动态碳中和中具有重要意义，帮助理解煤炭燃烧过程中的化学反应机理，优化燃烧条件，减少二氧化碳的生成，并探索其他可替代燃料和技术。通过结合热力学定律和量子化学的原理，能够更好地实现煤基能源的动态碳中和，推动可持续能源的发展。

三、煤基能源动态碳中和“降碳-用碳-固碳”能力

该模式的“降碳”能力体现如下：①煤炭勘探环节生态扰动小。在煤炭勘查中应充分体现节约、高效、绿色的工作理念，是支撑实现煤炭智能柔性保供的基石。开展煤炭资源绿色精细勘查的重要性主要体现在：摸清我国煤炭资源数量、质量和赋存规律，增加煤炭资源可采储量，为矿区规划和矿井建设提供资源基础；减少勘查环节对地质和生态环境的损害，为绿色低碳开采提供地质依据；为开展矿区资源综合利用与碳封存提供地质保障。②煤炭开发环节节能减排。煤炭绿色智能开发能够有效提高煤炭开发效率，降低煤炭开采与洗选过程中的能耗，推进煤炭开发的清洁化和低碳化。例如，煤矸石井下处理技术，我国每生产 1 亿吨煤炭，排放矸石 0.14 亿吨左右，煤矸石中的碳含量平均为 14.2%，实现煤矸石井下处理，对构建绿色低碳友好型矿区环境至关重要；智能无人开采、智能感知、协同控制等有效提高煤炭产量、降低煤矿灾害和提高回采率。煤层气开发利用需要通过煤与瓦斯共采技术有效阻止将煤层中的瓦斯（主要成分包括甲烷和二氧化碳等）释放到大气，减缓瓦斯非二氧化碳气体排放引起的温室效应；煤炭地下气化开采则能够将自身绿色低碳开采、清洁高效利用的特性融入动态碳中和循环模式这一先进理念，构成闭环系统的重要一环。③煤基能源低碳转化。煤基能源能够对传统的煤炭能源进行改造和转化，以实现煤炭资源的高效利用和减少环境污染。例如，煤炭地下气化开采通过在地下煤层原位燃烧制取燃气，用以发电或转化利用。由于整个开采过程均在地下完成，因而可直接将产出的二氧化碳及时进行埋存，充分体现 CCUS 技术对于煤炭绿色开采的重要集成作用。在地下气化合成气高效热电领域，主要依靠灵活、智能、高效发电/发热技术装备创新驱动，推进应用清洁高效热电联产技术、特殊煤种超超临界循环流化床等一系列清洁发电技术，大幅提高热电效率、降低过程能耗，降低煤炭发电/发热过程碳排放；在地下气化合成气清洁转化领域，重点是加快煤气化、煤制油、煤制烯烃、煤制醇类等关键技术攻关，推动由燃料向高端化工原料和碳基新材料领域的转型发展。

该模式的“用碳”能力体现在：CCU 技术是实现煤炭清洁化利用的碳闭合技术体系的重要环节。以煤炭地下气化开采技术为例，由于整个利用与转

化过程均在地下完成，煤炭地下气化产生的二氧化碳除了利用气化腔就地封存固碳以外，还可以将煤炭地下气化合成气制备化学品，其脱碳阶段会排放出大量纯度很高的二氧化碳，由于其纯度高，有助于大幅降低捕集环节总成本，通过加氢制甲醇实现资源化有效利用，此外，这些二氧化碳还可能在煤矿驱替煤层气、油田驱油增产等方面发挥重要价值。

该模式的“固碳”能力体现在：①地质封存（咸水层）与深地原位地下封存相结合，实现煤基二氧化碳捕集封存。以煤炭地下气化开采技术为例，其气化腔理论上具备所产生二氧化碳 70%的封存潜力。因此，通过技术耦合与集成，开展煤炭清洁转化领域碳固存和碳循环利用关键技术攻关，实现碳、氧、氢资源高效转化和循环利用，构建循环式低碳产业链。②直接空气捕集与封存（DACCS）和生态增汇进一步挖掘矿区碳汇潜力，通过产生负排放可抵消整个循环中多余碳排放，是推动形成动态碳中和模式的托底技术保障。DACCS 从空气中直接捕集二氧化碳，并将其注入深层地质构造以永久封存，其土地资源占用小且高度灵活，可利用矿井采空区或废弃矿井地下空间满足封存需求，其设施布置灵活，可满足长距离运输需求。矿区生态修复是增加生态碳汇的有效途径，推动开展全生命周期矿山生态修复理论与技术链，发展减沉保水协调开采、充填开采、土壤修复与生物多样性恢复关键技术等，修复矿区损毁土地，改善土壤碳截获能力，增加植物碳储量。

第二节　煤基能源动态碳中和的颠覆性技术

一、煤基 CCUS

从 CCUS 与煤基能源体系的作用、特点、趋势分析可以看出，二者呈现出相互契合、协同互补的发展态势，具有耦合发展的潜力。CCUS 技术的作用、特点能够较好地契合中国未来煤基能源低碳转型的发展趋势和需求。

地域空间分布上煤基能源与 CCUS 具有较好的契合度。中国煤炭生产进一步向西北部集中，同时依托煤炭基地建设若干煤电、现代煤化工示范基地带动碳排放源向西北地区集中，而中国适宜二氧化碳地质封存的地下空间主要位于西北部地区，排放源西移可增大配对比例，缩短输送距离，有利于集中建设和优化区域输送管网，提高源汇匹配度，从而减少运输成本且提高CCUS贡献度。

煤基能源规模化、基地化布局发展，为CCUS发展提供了产业化发展的基础条件。排放源集中化、大型化带来的全流程规模效应，可降低CCUS减排成本。在包含煤炭、煤电、煤化工、油气开采等多行业的综合能源基地内，便于发挥CCUS跨行业的特点，带来集聚经济效益。由于西部地区具有较多二氧化碳提高石油采收率等负成本CCUS机会，通过系统规划，可以进一步增加CCUS技术减排贡献、降低减排总成本。需要大力发展煤基CCUS技术，提高煤炭自我低碳保障能力。

现代煤化工产生的高浓度气源占比增加可降低捕集成本，增加早期低成本实施CCUS的机会。在CCUS示范应用的早期，利用高浓度碳源的低成本优势，有利于国家和企业降低示范期的总体成本，提高技术进步率，缩短技术从示范应用到发展成熟的周期。

二氧化碳增强采水在封存二氧化碳的同时驱采深层地下水加以回收利用，可以在一定程度上缓解煤基能源面临的水资源压力。在有条件的地区实施地下咸水层封存和驱采地下水，通过净化后可以成为煤基产业的新补充供水源，同时有利于调节地下地质封存空间的压力，提高封存安全性。

实施碳捕集对于煤炭转化利用过程中的污染物可以产生协同治理的环境效益。无论对燃煤电厂还是现代煤化工厂实施碳捕集，都要求对尾气进行净化处理，可有效减少硫化物、氮氧化物等污染物排放，避免污染源的区域间转移，可以产生较好的环境协同效益。因此，大力发展煤炭CCUS技术，对实现煤基碳中和具有重要意义。

二、流态化开采

资源开采在进入深部开采后将面临更大的安全、环境、经济及技术难题。基于对地球深部基本科学规律的探索，提出煤炭资源深部原位流态化开采的科学构想，以解决2000米甚至更深的资源开发难题。流态化开采就是将深地固体矿产资源原位转化为气态、液态或气固液混态物质，在井下实现无人智能化的采选充、热电气等转化的流态化开采技术。流态化开采可彻底改变目前矿业领域生产效率低、安全性差、生态破坏严重（土地塌陷、水资源破坏等）、资源采出率低、地面运输/转化能量损耗大等一系列问题，实现地下资源开采的变革。流态化开采的技术演进路线如下：2020 年前，将煤炭流态化开采作为深地研究的重要科学问题率先提出来，开展煤炭资源流态化开采前瞻性理论、基础性技术研究；2020～2035 年，建立现有煤炭开采及转化技术体系对流态化开采的基础支撑架构，部分流态开采关键技术的深部原位实现；2035～2050 年，实现流态化开采重大关键技术的突破，集成相关技术开展现场实施。

煤炭深部原位流态化开采就是将深部煤炭就地原位转化为气态、液态或气固液混态物质，在井下原位实现无人智能化的采选充、热电气等转化的流态化开采技术体系，该构想突破了固体矿产资源临界开采深度的限制，使深地煤炭开采可以像油气开发那样“钻机下井，人不下井”，实现原位开采与转化，使得煤炭开采由传统的“井下采煤出井”转变为“井下采煤不出井”，由传统的“井下只采煤”转变为“井下原位实现采煤、电、热、气一体化综合开发利用”，最终实现“地上无煤、井下无人”的绿色环保开采目标。原位流态化开采可以改变目前矿业领域生产效率低、安全性差、生态破坏严重、资源采出率低、地面运输/转化能量损耗大等一系列问题，实现深部煤炭资源开采理念与模式的变革。深部流态化开采示意如图 7-2 所示。

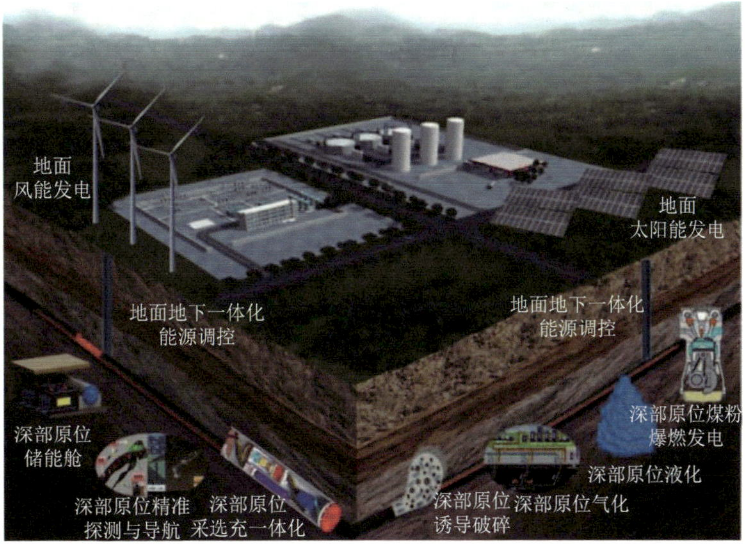

图 7-2　深部流态化开采示意

实现深部煤炭原位流态开采的关键突破是构建一套井下原位采、选、充、电、气、热、输运一体化的无人作业智能采掘与转化技术。深部原位流态化开采构想的主要技术流程可分为：①深部原位无人采掘，利用深部原位无人智能盾构实现无人采掘作业，并通过传送设施将采掘的煤岩输送至分选模块；②深部原位智能分选，煤炭与矸石通过重力分选分离，并利用分离出的矸石回填采空区；③深部原位转化，利用煤炭的液化、气化、电化、生物化等流态转化技术，进行煤炭资源的深部原位流态转化；④深部原位充填调控，利用深部原位流态转化后产生的矿渣充填采空区，以减小地表沉陷造成的环境损害，实现绿色环保开采；⑤高效传输与智能调蓄，结合深部地热资源的利用，经流态转化后的煤炭资源通过高效智能的流态传输系统传至地表，传统的煤炭企业将成为电力输出与清洁能源的调蓄基地。

煤的生物流态化开采涉及深地微生物学、能源微生物学、细胞力学、渗流力学、地质学等交叉学科，是耦合多因素求最优解的问题。这方面的研究仍需要解决以下关键技术。

（1）圈定适宜生物流态化采煤的地层。对于煤阶、煤种、热演化度、显微组分、储层渗透率、地层环境、温度、pH、盐度、氧化还原电位、营养物质和地应力等影响因素展开研究，确定什么样的煤层适宜生物流态化开采。

（2）构建高效生物激活体系，以实现原位条件下煤的快速降解。这是生物流态化采煤技术得以大规模应用的关键所在。需深入研究煤的生物降解转化机理、共代谢机理，通过基因工程、质粒育种及原位条件驯化等方法获取高效菌株和复合菌剂；补充生长必需的营养物质，从而形成稳定的共生或互生微生态降解转化体系，从根本上提高降解速率和效率。

（3）突破“地上监控地下发酵”技术的应用转化，制定详细可行的微生物注入方案。例如，菌种及注入方式的选择；预处理措施；注采工艺和设备的设计；反应速度、产物及储层损伤的控制；特殊采煤法的控制技术。

（4）结合煤层原位特点，总结、分析原位地层条件下生物流体的传输特性，梳理传输过程中的理论框架。对注入、反应和抽提分离过程展开相应的数值模拟研究，以达到现场的动态预测，优化施工工艺参数，预测增产效果。

（5）优化注采方法、工艺和技术。在产物控制基础上实现多维度、多梯度利用，采用多联产技术实现能量流、物质流的最优化；研制出更智能、高效、可靠、耐用的设备；通过总结实践经验，不断改进和完善生物流态化采煤的工艺，建立多层次生物流态化采煤工艺理论，并向完全无人操作和高效高产方向发展。

三、煤层气开发

煤层气（亦称煤矿瓦斯）是煤的伴生气，主要成分为甲烷，其作为一种热值高、燃烧产物对环境污染少的优质燃料，被广泛应用于发电、民用、化工、燃料等领域。从能源的角度来看，煤层气是一种清洁能源。煤层气的热值是通用煤的 2～5 倍，1 立方米纯煤层气的热值相当于 1.13 千克汽油、1.21 千克标准煤，其热值与天然气相当，可以与天然气混输混用，而且燃烧后很洁净，几乎不产生任何废气，是上好的工业、化工、发电和居民生活燃料。因此，开发利用煤层气，有利于改善能源结构，促进国民经济的发展。从环保的角度看，煤层气的主要成分为甲烷，直接排放到大气中所产生的温室效应约为二氧化碳的 25 倍。因此，开发利用煤层气，可以有效减少温室效应，降低大气污染，保护人类的生存环境，是积极响应国家“双碳”目标的重要举措。加快煤层气的开发和利用，对于煤炭清洁利用的推进、改善能源消费结构、促进环境质量改善、助力“双碳”目标实现和保障国家能源安全稳定供应的意义重大。

四、煤炭地下气化

煤炭地下气化是在原位条件下，通过对煤炭资源进行有控制的燃烧获得气体资源，具有煤炭洁净化利用和低碳能源资源保障两大优势，将成为我国清洁高效现代能源体系发展的重要领域。

开展煤炭地下气化研究具有必然性。一方面，目前，我国能源结构具有“富煤、贫油、少气”的特点，煤炭地下气化将有效缓解这一情况，同时为“清洁、低碳、安全、高效”的现代能源体系建设开辟新路径；另一方面，我国 1000 米以深煤炭资源十分丰富，这些煤炭资源开采面临岩层压力大、涌水量大、地温高等难题，开采技术难度不断增大，煤炭地下气化技术作为通过原位转化进行煤炭资源利用的有效途径，被誉为第二代采煤技术。因此，在经济社会快速发展和清洁能源需求旺盛的今天，煤炭地下气化综合了煤炭资源（尤其是深部煤炭资源）清洁利用和提供天然气资源的两大优势，必将成为我国能源领域的重要研究方向之一。

五、富油煤开发

随着我国经济的发展，我国的油气需求仍将增加。然而，国内常规油气增产有限，非常规油气增产、稳产难度较大；在油气进口风险加剧的国际形势下，立足国内寻求新的油气供给途径、增强油气自主供给能力，成为保障国家能源安全的重大需求。富油煤通过中低温热解可以生产油、气和半焦，具有油气转化效率高、生产成本低的优势。我国富油煤中的潜在油气资源丰富，实施以油气为主要产品的富油煤开发与转化并推进产业的规模化发展，既是实现煤炭清洁低碳发展的合理路径，也是增加国内油气供给、缓解油气对外依存度的战略选择。

富油煤热解一体化的提效降碳潜力巨大。2019 年，西部地区用于燃烧发电和供热的富油煤约为 5.2×10^8 吨，如全部按照热解发电一体化方式进行利用，可生产油品近 5×10^7 吨；与常规燃煤发电相比，提高能效 6%，减少碳排放 2.8×10^8 吨。因此，科学开采富煤油资源是适应经济社会发展的新要求。推进绿色开发，保护生态环境。按照“绿水青山就是金山银山”的绿色发展理念，采前系统规划、采中精准控制、采后有效恢复，发展富油煤绿色开采技术，推进协同开发并构建一体化开发新模式。在提高富油煤回采率、充分开发富油煤资源的同时，积极保护西部地区脆弱的环境，实现资源开发与环境保护的协调发展；由单一煤炭资源开发拓展为煤及共伴生资源综合开发、煤与煤层气等协同开发，提高资源综合开发效率，实现煤炭资源开采变革为煤、油、气等资源联产的目标。富油煤作为煤基油气资源，首先利用其中的油，其次是气，最后是煤。针对富油煤资源的节约开发和梯级利用需求，一是对富油煤资源开发进行单独规划，研究井下无煤柱开采等技术以提高回采率；二是创新原煤分选工艺技术，攻克一批具有精细化、智能化特征的煤炭分选加工共性技术，提高富油煤洗选水平，为富油煤热解提供充足的原料用煤。在碳中和目标下，富油煤地面热解气化一体化技术是实现煤炭分级、分质转化利用，提高能源利用效率的重要途径，正成为富油煤炭清洁高效利用的发展方向。

第三节　煤基能源动态碳中和的引领性模式

一、煤基能源碳中和模式的多能互补体系

矿区煤基能源的多能互补特征是指在矿业开发全生命周期视角下在其生命周期的各个阶段尽可能促进煤基能源与其他能源的互补开发和利用。当要建立一个新的矿区，在地质勘探的过程中发现丰富的煤炭及其他能源，就具备矿区建立的条件。之后开始施工建设，在这个过程中需要充分利用矿区的地上风光，铺设太阳能板等以及储存生物质能来辅助矿区日常用能。待建设完毕进行开采时，除了煤炭资源，要重视其伴生资源煤层气、地热能等的收集利用，为矿区创造更大的经济效益。同时，井下可以利用富油煤原位热解、地下气化技术对符合条件的煤炭进行油气转化，实现能源互补。在煤炭开采完成后，利用废弃矿井的特殊条件进行抽水蓄能、核废水处置等，延长矿区生命周期。

煤基多能互补体系的建设既包括新能源新业态等要素（地热、抽水蓄能、地上风光、微电网等），也包括煤炭能源转向煤基能源技术新要素（煤炭开发、富油煤开发、煤层气与地下气化等），如图 7-3 所示。

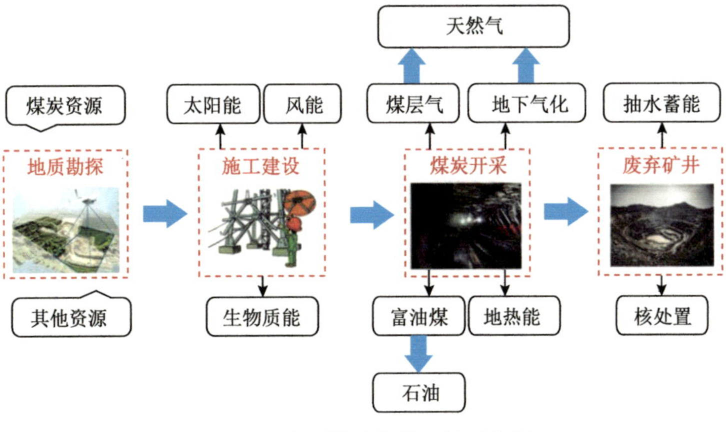

图 7-3　矿区煤基多能互补示意图

矿区煤基多能互补体系围绕四个“新”展开构建。首先，打破煤炭能源

传统燃烧利用为主的旧思路，贯彻以煤为基础多能源互补的矿区煤基能源技术新思路；其次，重视煤炭资源勘探和对废弃矿井的利用，形成延长矿区生命周期的新思维；最后，通过高效利用矿区中太阳能、风能、地热能等新能源，利用富油煤原位热解、煤炭地下气化新技术将煤炭转化为油气资源，形成矿区煤基多能互补体系。其体系的重要意义在于，可以缓解油气能源危机、推广低碳能源、减轻地质破坏、减少环境污染、促进清洁利用、延长矿区生命周期、降低用电成本、降低碳排放等，从本质上改变煤炭“高碳能源”的特质。

二、煤基能源碳中和模式的多能互补效益

从矿区开发全生命周期的视角，提出了矿区煤基多能互补新模式（图 7-4），综合利用先进技术促进煤炭能源与其他能源的互补开发和利用。

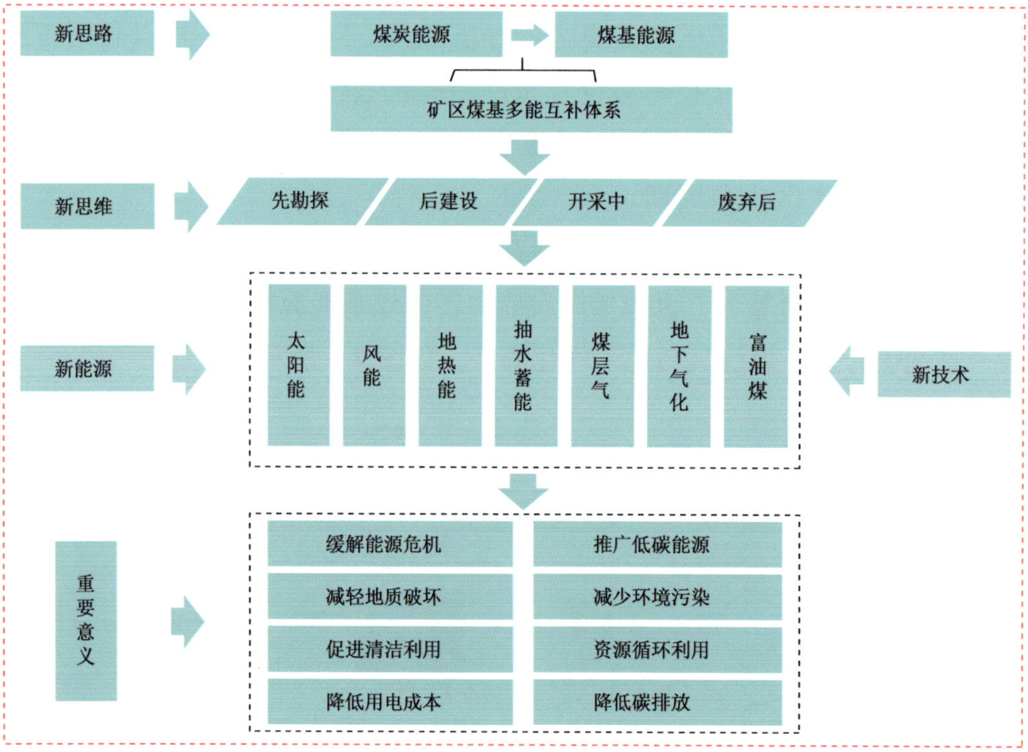

图 7-4　矿区煤基多能互补新模式

（一）富油煤开发有力支撑我国石油自主保障度提升

控制碳排放已经成为当前和未来中国社会必须解决的重大战略问题。在

碳达峰目标愿景下，煤炭行业亟须更加安全、高效和低碳的利用方法。中国西部的富油煤资源丰富，但多被直接用于燃烧发电，造成了资源浪费和环境污染。富油煤原位热解提供了一种全新的煤提油路径。该方法在原位将煤炭转化为油气资源，与传统煤炭开采手段相比，减小了采空区的体积，岩体结构变形损伤小，可以减轻对地质构造的破坏和环境污染。

与传统开采手段相比，富油煤原位热解不需要建设复杂的开采矿通道，热解的固体产物——残炭被固定在地下，减小了传统煤炭开采造成采空区的体积，不会明显改动矿区的地层结构，降低了生产隐患；避免了挖掘过程中的大量能源损耗和人力成本，省去了煤炭运输环节；可实现对埋藏较深的区域进行开采；且不需要在地面建设大型热解设备，节省了建设成本。

一是尽快出台支持鼓励富油煤合理开发利用的政策，禁止焦油产率＞9%的中油煤、避免焦油产率＞7%的富油煤直接燃烧，在技术上通过热解出油，富氢气体转化制氢气，然后再进行高活性无烟清洁半焦的燃烧和其他利用。二是尽快组织专家编写《富油煤高效合理开发利用规划》，同时会同财政部和国家税务总局尽快出台支持富油煤合理开发利用，尤其是热解出油的政策和条例。三是尽快将富油煤合理开发利用列入国家重点科技专项项目。支持富油煤强化生油基础理论和新技术探索，进行富油煤合理开发利用关键技术和装备研发，实施富油煤合理开发利用重点技术的集成示范与应用。四是在陕西和新疆等富油煤重点聚集区，尽快出台支持企业开展富油煤高效热解产油新技术应用的政策，鼓励富油煤优先热解产油。

（二）煤层气开发有力保障我国天然气安全供应可靠度

煤层气系指以煤系为气源岩，煤系成烃以气为主，以油为辅，与其相关的盆地中则以气为主。煤层气在煤储层中主要以三种相态存在，即吸附相、游离相和溶解相，而这三种相态的甲烷气体处在一个动态平衡过程中。煤层气的类型有两种，一是生储一体的天然气，它是目前非常规天然气的气体，即煤层气和页岩气（泥岩气）；二是生储分离的天然气，为从成气用母质岩系运移而来的狭义煤层气，即煤层气。实际上煤层气中既有常规气也有部分非常规气（致密岩）。

碳达峰并不是能源达峰，煤层气的发展与“双碳”目标并行不悖。“双碳”目标下要保证天然气在能源转型中起到桥梁作用。保障能源的安全，促进能源结构转型，化石能源清洁低碳化，天然气就是最现实的选择。煤层气的高效开发肩负着保障煤炭安全生产、减少瓦斯事故的责任以及保障清洁能源供应、助力实现“双碳”目标的使命。未来，清洁能源替代高碳能源是我国能源结构调整的必然选择。因此，煤层气产业也应该顺应国家的发展方向。一方面，继续扩大勘探开发力度，向“煤系气、深部煤、低阶煤”领域进军，突破目前我国煤层气储量多、产量少的困境。另一方面，要不断探索煤层气低成本高效的开发模式。同时，也要持续推进智能化、低碳化、配套化、经济化和可持续发展的开采技术，构建智慧煤层气田，推动“低碳”能源供应。

（三）矿区煤基能源与可再生能源制氢互补

当前氢气制取技术主要有煤炭制氢、甲烷（天然气）重整制氢、工业副产气提纯制氢等；未来潜在的大规模应用技术为电解水制氢技术。目前，对部分工业副产气进行提纯生产氢气是我国重要的氢气来源。但受生产工业副产气的产业规模限制，未来产量提高有限。电解水制氢产能大但成本较高，短期内不具有大规模发展可能性。同时，我国天然气资源相对贫乏且价格较高，制氢成本不具有优势。我国煤炭资源丰富，煤炭制氢技术目前具有明显的成本优势。因此，从资源禀赋、制氢成本来看，在未来一段时期内煤炭制氢仍将继续主导供氢结构，且其制氢规模将会进一步增加。

着眼于未来，氢气将在我国经济的绿色低碳转型进程中发挥重要作用。以我国现代煤化工产业示范区宁东基地为例，其将在“十四五”期间大力发展氢能。到 2025 年，基地可再生能源制氢产能将达到 30 万吨以上，降低煤炭消费 360 万吨标准煤、减排二氧化碳 700 万吨。中国氢能源及燃料电池产业创新战略联盟预计，2030 年我国氢气年需求量将达到 3700 万吨，2050 年我国氢气年需求量将接近 6000 万吨，2060 年有望突破 1.3 亿吨。若中国氢能生产逐步依赖煤制氢技术，将对降低煤炭需求和碳排放发挥重要作用。但受资源禀赋、成本等约束，煤炭制氢在未来一段时期内仍是我国氢气的主要来源，但其长期发展受高碳排放制约。为助推“碳中和”目标实现，我国的氢源结构亟须由“灰氢”向“蓝氢”“绿氢”转变。

（四）煤基能源耦合新能源开发有力支撑我国可再生能源发展

推动煤炭和新能源优化组合是实现“双碳”目标提出的新要求，也是传统煤企绿色低碳转型的重要路径。新能源主要包含太阳能、风能、水能、生物能等可再生能源及核能等非可再生能源。煤炭与新能源深度耦合利用可通过化学转化、电力、热力等多种耦合形式实现。风能、水能、太阳能等可再生能源通过发电制氢将不稳定能量转化为稳定能量，并提供煤转化过程的用氢需求，替代原有煤制氢路线，削减碳排放，形成转化利用耦合，此外，太阳能还可与燃煤形成耦合发电，以提升能源互补性；核能既可通过制氢耦合煤化工，同时可实现核能余热气化及核-煤热耦合以降低能耗，生物质可与燃煤形成耦合发电路径，并与煤形成共转化（如共热解、共气化、共液化），协同提升利用效率。

形成多元化的新能源与煤耦合利用技术体系，推动煤炭和新能源优化组合是实现“双碳”目标提出的新要求，也是传统煤企绿色低碳转型的重要路径。煤炭与新能源耦合利用，既能减少单位产品碳排放量，又能利用稳定可靠的煤炭清洁利用技术协同优化提升新能源利用质量。推动煤炭与新能源耦合协同利用，有利于煤炭利用碳减排、新能源利用规模提升，是从过程-工程耦合角度提升能源利用质量的新举措，更为煤炭清洁高效利用开辟了新路径。要加快突破新能源大规模低成本制氢技术，进一步提高电解效率，加强对风电、光电等无规律的波动性的适用性；突破纯水电解技术瓶颈，降低电解系统成本；提升可再生能源制氢系统控制水平；加快煤与太阳能光热耦合发电的系统集成研发，突破太阳能光热的高比例耦合技术与关键装备生产制造，形成调控运行策略及灵活调峰；突破煤与生物质耦合发电关键技术，探索煤与生物质共转化关键技术研发，形成产业示范。突破和建立高端煤化工和新能源协同互补体系至关重要。

从管理方式智能低碳化视角，提出了煤基能源智能化柔性供给建设体系，服务于煤基能源动态碳中和。煤基能源智能化柔性供给体系的目标是实现煤基能源的智能化生产，基本步骤如下：首先，对石油、天然气、氢气、烯烃等煤化工产品进行需求量的预测；其次，根据需求量估计煤化工所需煤炭的量，再进行生产获得目标产品并将产品的实际产量反馈到该煤化工系统；最后，判断供需是否平衡，根据供需状况进行下一步的预测，进行新一轮的循环生产。该系统需要煤炭开采技术来保证原料柔性的供给，各种煤化工技术作为基本的生产技术如煤直接制油技术相关的煤炭直接液化技术，煤间接液化和煤制氢技术相关的煤炭气化技术等。除此之外，还需要其他的技术对整个系统进行技术支撑，如物联网、大数据分析、精准预测等。整个系统需要一个监测预警平台：一是对从原料到产品各个环节的产量进行实时监控加以反馈，二是对国际环境、技术水平、市场需求以及各种产品价格进行迅速反馈，确定新的供需状况。要求整个系统高效、灵活、安全的运转，最终目标是实现供需平衡，煤基能源动态碳中和模式的基础是打造煤基能源智能化柔性供给体系（图 7-5）。

图 7-5 煤基能源智能化柔性供给示意

第八章

煤基能源协同发展关键科技创新

第一节　煤基能源协同发展关键基础问题研究

我国煤基能源协同发展的基本原则是：坚持绿色、低碳发展，构建资源节约、环境友好的煤炭开发利用模式；全面提高科技创新对煤炭清洁高效开发利用的支撑能力，推动煤炭产业优化升级和科学发展。虽然我国煤基能源协同发展整体布局的雏形已逐渐形成，如图 8-1 所示，但是仍然存在一些关键基础问题亟待突破：一是有序推进煤炭转化产业升级。按照“自主创新，重点突破；合理布局，多元发展”的原则，推进以煤炭清洁高效转化利用为目标的现代煤化工技术的研发和示范，合理规划煤基能源协同发展产业布局，推动煤基能源协同利用的规模化、大型化、一体化、基地化建设和有序发展。二是积极发展煤基能源协同发展技术。我国煤基能源的发展受困于传统社会经济运行管理体制机制的束缚，受制于煤炭占主导地位的粗放型能源消费结构与方式的影响。未来的煤基能源发展，必将从各种煤基能源产业分散发展转变为以协同发展为核心的能源产业系统融合的发展模式。

基于我国现有的煤基能源综合利用成果与现实基础，协同发展煤基能源仍然存在一系列的关键基础问题亟待突破。

一、亟须构建适合我国国情的协同发展模式

依据我国国情，建立涵盖政策、技术、市场的多维度信息协同共享机制，从而为构建煤炭与油、气、风、光、水、核等一体化协同发展的全新的煤基能源战略格局。不断提升对非常规能源的消纳能力，推动以煤基能源为主的多种能源协同优化组合模式。建立并完善有利于煤炭清洁高效利用的资源管理、产业规划、技术推广应用协同监管体系。开展围绕"一主体、三突破、一保障"的关键技术攻关研究，探索煤基能源协同融合发展新路径。充分利用煤矿地上与地下的自然资源和三维空间，挖掘煤基能源协同发展潜力，建设煤基多元能源协同清洁能源基地。基于我国当前国情，因地制宜地构建煤基能源协同发展新模式。

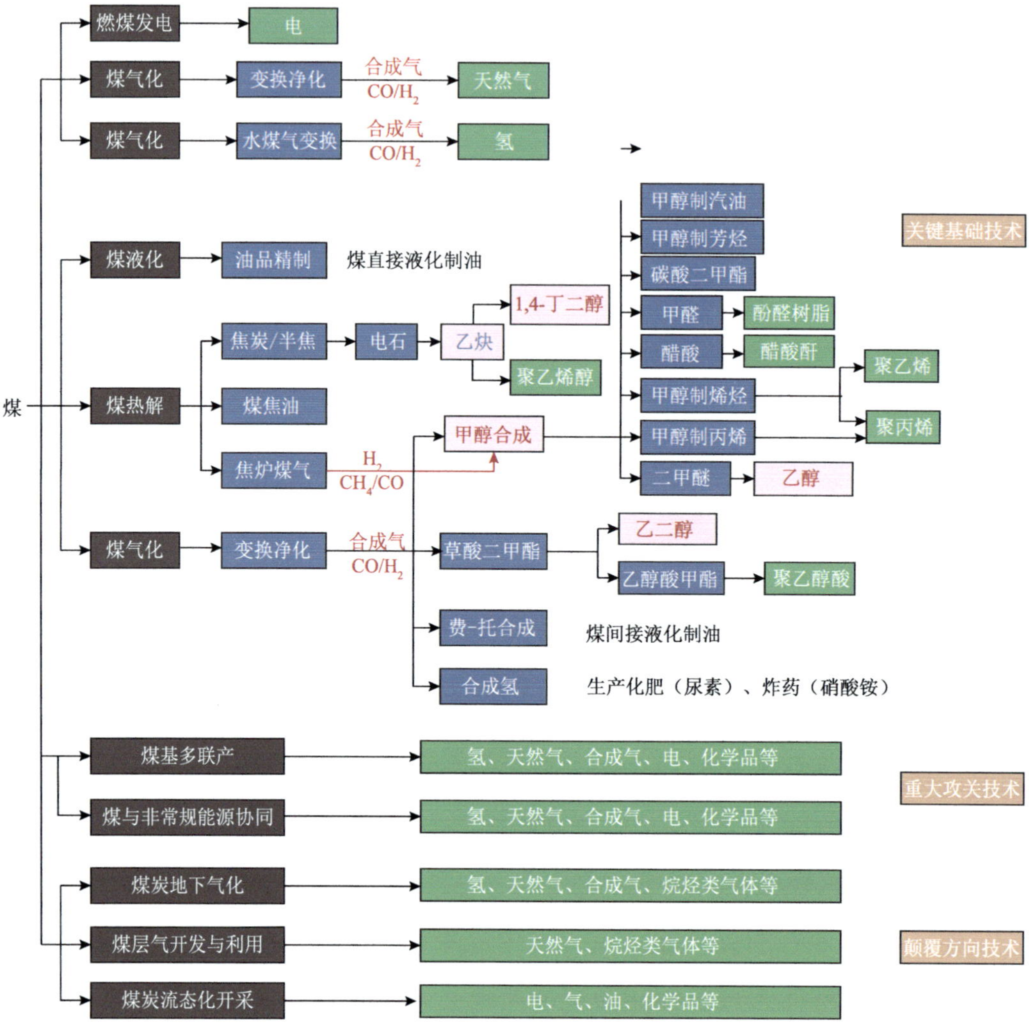

图 8-1 煤基能源协同发展路线

二、亟须突破煤基能源协同发展的关键问题

从生产端看，2021 年我国能源的消费量和产量分别为 52.4 亿吨和 43.3 亿吨标准煤，能源自给率为 83%，煤炭在其中发挥了主力军的作用；从消费端看，我国一次能源消费结构仍以煤炭为主，煤炭消费量占能源消费总量的 56%以上。我国煤炭主要用于燃煤发电、工业生产及化工原料。以 2020 年煤炭消费为例，燃煤发电占 52%，钢铁占 17%，化工占 8%。在未来较长时期内，煤炭仍是我国能源结构中的主导资源。我国能源资源禀赋决定着煤炭在经济发展中发挥压舱石作用。在煤炭能源功能的结构主体中，煤电和煤化工是当前承担弥补石油资源不足、保障能源安全的主要利用途径。特别是在当前复杂国际形势下，突破煤基能源协同发展的先进技术、实现煤基能源协同发展关键科技创新、构建煤基能源协同发展模式对保障国家能源安全及产业链、供应链安全具有极其重要的战略意义[148]。

三、颠覆性煤基能源协同发展的关键问题

（一）煤炭地下气化

煤炭地下气化是在原位条件下，通过对煤炭资源进行有控制的燃烧获得气体资源，具有煤炭洁净化利用和低碳能源资源保障两大优势，将成为我国清洁高效现代能源体系发展的重要领域[149]。现今的煤炭地下气化技术是以长距离定向钻井和远程井下控制为特征的现代化技术。我国煤炭地下气化技术经过十余年的发展，建立了地质评价与科学选址、气化炉构建技术、深部煤层点火技术、移动后退注入技术和深部火区地球物理探测技术等[150]。虽然我国煤炭地下气化技术发展历史悠久，实施试验项目也较多，但至今未取得规模产业化发展，究其原因包括：缺乏专业化、一体化的原位化学开采装备；缺乏系统化的大型工业性试验；缺乏浅层水环境污染等环保因素的深入研究。

（二）富油煤的开发利用

富油煤是具有煤-油-气复合属性的煤炭资源，焦油产率 7%～22%，主要分布在我国西部地区，是潜力巨大的油气战略资源。富油煤在地下原位隔绝

空气条件下可通过中低温热解优先提取国家紧缺的油、气资源，生成可替代无烟煤和焦煤的热解半焦，实现富油煤从燃料向“燃料+原料”的转化，同时最大限度地保留固体碳、减少传统煤炭利用 CO_2 排放、降低地表生态环境破坏。因此，突破富油煤原位解聚分采方法核心关键技术，实现以油气为主要产品的富油煤绿色低碳开发，是助力国家油气资源可靠供给的重要途径。

（三）煤层气开发与利用

煤层气的开发利用具有多重价值，不但可以大幅降低煤矿瓦斯事故率、减少矿排温室气体，还可作为洁净能源产生巨大的经济效益，对保障能源安全和降低天然气对外依存度具有十分重要意义[151]。“十三五”以来，虽然煤层气开发利用取得了长足进展，但也面临诸多问题，突出表现为矿业权垄断，社会资本难以进入；地方投入与收入严重不匹配，煤权和气权归属不统一，造成经济纠纷和安全隐患；资源总体探明率低，后备资源严重不足，总体投资力度明显走弱；已开发区低产井占比大，产能转化率低、资源动用率低、单井产量低；适用不同地质条件的勘探开发技术尚未形成等。从长远和综合来看，推进科技进步和市场化开发是我国煤层气产业发展的两个重要引擎，是煤层气产业发展的双翼。要聚焦煤层气科技瓶颈问题，加强基础研究和示范工程攻关，逐步探索适合我国各类煤层气资源的一系列技术、工艺、装备；培育并建立煤层气市场化开发机制，积极引进社会资本，打破僵化垄断局面，支持有条件的煤层气企业上市融资，有效提高煤层气产业的经济效益和社会效益，最终为我国生态文明建设和保障能源安全、能源有效供给做出应有贡献。

（四）煤炭流态化开发

煤炭流态化开发是实现固体资源原位转化、井下无人、智能遥测，甚至实现煤炭原位利用和转化的颠覆性技术，是突破传统井工开采面临的深度极限等难题的有效手段[152]。迄今，针对煤炭流态化开发进行了一些研讨，提出了分阶段的发展目标，但基本仍处于概念模型和预研阶段。因此，迫切需要开展煤炭流态化开发相关的战略规划研究，以保障关键核心技术的稳步推进，实现煤炭流态化开发在颠覆性理论、方法和技术上的突破。尤其是对地质条件适应性、多种关键技术分阶段研发的可行性及适配性、最优开采路径和利用效率、近景及远景战略规划及推广模式进行合理的规划与研究，提出近景和远景战略攻关技术，保障深层固体资源流态化开采的良性发展及推广应用。

第二节　煤基能源协同发展重大瓶颈技术攻关

一、煤炭智能化绿色化开采协同发展

先进的煤矿智能化开采技术能够减轻由煤炭开采造成的环境污染问题，显著地提高资源的利用率，切实提升煤矿的经济效益，使煤矿开采能够真正实现可持续发展。煤矿智能绿色开采技术需要以环境保护问题作为基础，全面地对水资源进行保护，更能够避免资源的浪费，在使用绿色煤矿智能化开采技术时，要根据矿区的实际情况制订具有针对性的开采方案，在确保开采效率的基础上兼具环保性。

煤炭智能化绿色化开采本质上是在安全高效开采基础上顺应自然生态规律，依靠智能化开采技术优化开采工艺，促进资源开采与生态环境保护协调发展，实现煤炭规模开采的高利用、高安全、低排放和生态系统原态的高保真度。从广义资源和生态环境角度，煤炭智能化、绿色化开采的内涵是依托透明化、自感知、自学习、自适应、自调整型智能化开采技术将煤层，以及伴生的瓦斯、水、煤矸石等进行开发利用和保护，在煤炭开采和自然生态规律之间建立复合的生态约束机制，最大限度地保持自然生态系统原态稳定，防止或尽可能减轻煤炭开采对自然生态环境的不良影响，实现采矿与生态环境相协调的智能化开采活动。煤炭智能化绿色化开采技术总体架构逻辑设计具体包括：将物联网、大数据、人工智能、云计算、移动互联网、自动控制、机器人装备等与现代矿山开发技术相融合，构建综采智能工作面、智能矿山充填、智能瓦斯抽采等绿色开采技术模块，通过智能绿色开采技术实现瓦斯、地下水等对矿山安全生产有害资源的智能共采和保护，实现煤矸石、粉煤灰、CO_2等对环境有害资源的综合利用。

二、煤炭原位化学开采与油气协同发展

（一）富油煤原位热解制备油气技术

井下原位热解是指将热量导入地下煤层并对其直接加热，在煤炭的固态有机质受热发生裂解后，将产生的液态和气态有机质抽取至地面进行处理加工的过程[153]。电加热、辐射加热、热流体加热和燃烧加热均存在热量耗费高、环保效益低的缺点，未来应结合各加热技术的优点，或引入风能、太阳能、水能、地热能甚至核能，开发高效加热技术；还应从耐高温、耐腐蚀、保热性、密封性等方面，开发使用周期长、能耗低的电加热器或燃烧加热器。通过添加催化剂，有机质的热裂解作用明显加强，产物中轻质组分含量增多，需要加强有机质热转化机理研究，研究适用于油页岩原位转化的新型催化剂及相关注入技术。富油煤转化生成油气必须通过孔隙与裂缝通道提取，孔隙与裂缝的发育程度决定了油气开采难度，需对现有的水力压裂技术进行改进，如直接采用高温蒸汽压裂、在已有的支撑剂中添加导电材料、“工厂化”压裂等，开发技术可行、经济性好的储层改造技术。地下储集空间的封闭环境不仅有助于热量的维持，防止地下水干扰生产单元，提高生产效率，还可减少转化过程中的废弃产物对地下水的污染，因此需开发地下储集空间的封闭技术。

（二）煤炭地下气化制备燃气技术

煤炭地下气化是通过向地下煤层注入氧化剂，在高温条件下将煤层转化为以氢气、一氧化碳为主的合成气，并辅以少量甲烷等气体，经导输系统抽取至地面，实现煤炭资源的原位清洁利用，无须传统固体煤炭的开采和运输[154]。为支撑煤炭地下气化资源评价和区块评价，满足构造描述、储层表征、煤岩煤质等方面的研究需求，并保障气化炉稳定运行且满足安全环保要求，需要建立针对性的综合评价模型和评价方法，形成煤炭地下气化地质选区评价的基础理论体系。气化炉井下燃烧区温度高达1200摄氏度，井筒温度300～800摄氏度，且井筒内存在氢气、二氧化碳等多组分气体的腐蚀挑战，面临套管变形、腐蚀穿孔、井口抬升、环空带压等气化炉完整性问题，需要开发超高温条件下气化炉完整性控制新技术，以及多通道耐高温防腐井口装置、高强

度定温可燃套管等新装置。连续油管作业遇卡、燃烧器点火成功率低等不确定因素影响气化过程的稳定性，需要开发连续管精确回退技术，研制具备耐高温、重复点火、气化剂雾化、温度测控、高压流体射流等功能的燃烧器。粗煤气产量和组分受气化剂、气化腔空间展布、腔内温度压力的控制，需要研究评价气化腔空间展布、监测腔内温度压力以及围岩应力场和温度场的新技术和新方法。随着气化腔形态的变化，粗煤气的组分、产量、温度和压力是动态变化的，要求地面处理系统必须具备宽范围适应能力，需要开发煤气集输处理技术和地下地上一体化工艺控制技术。

三、煤炭与清洁能源耦合协同发展

（一）煤化工制备特种油品技术

中低温煤焦油可通过催化转化产出特种油品、航空煤油或柴油，需要开发中低温煤焦油的定向催化转化技术，研发效率高、寿命长的负载型催化剂[155]。充分利用直接液化油品富含芳烃的组成特点，研发高端及特种油品、军用超低凝点柴油、航天领域火箭煤油、新一代大推力运载火箭使用的液氧煤油，以及煤基超清洁与特种油品制备技术。

（二）煤化工与绿电、绿氢耦合技术

煤化工和绿电、绿氢耦合发展能简化煤化工生产流程，理论上可将原料煤中碳都转化到甲醇等后续产品中，实现煤化工源头大幅减碳，同时又能为绿电、绿氢的发展提供巨大应用场景[156]。从绿电、绿氢行业来看，由于光伏、风力等可再生能源天然的具有能量波动性特点，实现高比例可再生能源连续发电供电、制氢供氢还面临着很多技术和经济性挑战，需要研发煤化工与绿电、绿氢耦合发展全流程的技术工艺、关键设备和系统匹配等。

第三节　煤基能源协同发展现状

一、低碳排放发电厂

作为国民经济的基础性支柱产业，火力发电行业的发展对国民经济生活

的改善具有重要的战略意义。在“双碳”大背景下，低碳排放发电厂示范基地的建设已然成为发展趋势。基于现有煤炭发电厂存在的问题，低碳排放发电应从新型发电设备和技术的应用，以及与新能源的有机耦合两个方面着手。因此，需考虑未来低碳排放发电厂示范规模和基地的选择。我国现有 10 个大型煤电基地，包括内蒙古鄂尔多斯、山西大同、陕西榆林、河南平顶山、山东兖州、宁夏宁东、河北开滦、黑龙江鹤岗、安徽淮南、吉林通化。这 10 个传统煤电基地未来可以作为低碳排放发电厂的示范基地。目前，电力碳减排取得显著成效，全国碳市场建设扎实推进。2022 年，全国单位发电量二氧化碳排放约 541 克/千瓦时，比 2005 年降低 36.9%。以 2005 年为基准年，2006～2022 年，电力行业累计减少二氧化碳排放量约 247.3 亿吨。因此，基于煤基协同能源的低碳排放发电厂的示范规模主要受制于其他能源的发电规模。

二、地面煤制油

在国家大力推行碳中和及支持新能源发展、煤炭产业结构持续调整等背景下，我国煤制油行业产能规模整体呈现增长趋势。数据显示，我国煤制油行业产能规模从 2015 年的 254 万吨增长至 2021 年的 931 万吨①，截至 2022 年底，我国煤制油投产项目累计完成投资约 1280 亿元，煤制油年总产能 823 万吨，年产量 732.8 万吨，产能利用率达 89%，全年营业收入合计 512.8 亿元，利润达到 71.7 亿元。中国煤制油产业整体技术达到国际先进水平，并成为世界瞩目和全球化工同行高度关注的一个领域。

未来，地面煤制油的应用创新示范将聚焦于大型集成、标准化、模块化、可复制的 500 万吨级、1000 万吨级系列煤炭间接液化合成油成套工艺技术与大型装备技术，进一步提升煤炭间接液化合成油系统能量利用效率，降低煤耗、水耗、污染物和二氧化碳排放，具备在应急状况下相当规模的煤制油气产能储备与释放能力，起到保障国家能源供给安全的关键作用。

---

① 我国煤制油行业发展背景及市场现状分析 产能规模接近千万吨.(2023-02-11)[2025-01-20]. https://www.chinabaogao.com/market/202302/625228.html.

三、富油煤开发

富油煤原位热解作为一种具有绿色低碳潜力的开发模式，为增加国内油气供应、助推煤炭行业绿色发展、实现“双碳”目标提供了新思路、新方法、新途径。自然资源部煤炭资源勘查与综合利用重点实验室在神木市积极开展陕北富油煤地下原位热解开采先导性试验，在高效原位热解强化产油和高效开采成套技术等方面，率先进行了一系列原创性技术研究，取得了阶段性成效。

截至 2023 年，已完成一期地下热解炉工程，实施钻井 7 口，其中加热井 1 口、生产井 1 口、监测井 5 口，放置温度传感器 18 根，钻探总进尺 1204.43 米，完成生产套管固井 1153.91 米、固井测井 1140.90 米；采取各类岩煤样 34 组 366 样次，抽水试验 5 层次，示踪试验 4 层次，采取各类水样 40 组；二期地面建设接近尾声，即将进入三期热解采油试验阶段。

富油煤在地下原位隔绝空气条件下，可通过中低温热解优先提取国家紧缺的油、气资源，生成可替代无烟煤和焦煤的热解半焦，实现富油煤从燃料向“燃料+原料”的转化，同时最大限度地保留固体碳，减少二氧化碳排放，降低地表生态环境破坏。突破富油煤原位热解开采方法关键核心技术，实现以油气为主要产品的富油煤绿色低碳开发，是助力国家油气资源可靠供给的重要途径。

四、煤制氢

全球氢能市场持续增长，在投项目多为工业和运输领域。截至 2022 年，氢能产业链上不同国家共宣布了 228 个大型氢能项目。规模化工业利用的氢能项目 90 个，氢能源运输项目 53 个，大型制氢项目 17 个。2023 年，国内氢能主要来源于煤制氢，约占我国氢产能的 64%，工业副产气制氢占 21%，天然气制氢占 14%，电解水制氢占比不到 2%。

2022 年，清洁氢能产量不足 100 吨，氢能作为能源消耗占比不足 1%。到 2050 年，全球绿氢产量 3.23 亿吨，蓝氢含量 2.04 亿吨，在全球能源总需求占比中将达到 13%。不仅如此，随着制氢技术的发展，2030 年化石能源制氢+CCUS 规模将达到 6899 万吨，电解水制氢规模将达到 7972 万吨。应用清洁氢能的推广应用是实现“双碳”目标的重要举措和必由之路。我国是全球产量最大的制氢国，氢气主要来源依然为化石能源。2021 年数据显示，我国煤制氢占比达 57.06%，天然气制氢占比 21.9%，工业副产制氢占比 18.15%，电解水制氢占比 1.42%。未来，我国氢能发展趋势的底层逻辑是，氢能已初步迈入商业化阶段，近年我国氢能产业热度攀升，发展进入快车道，但靠顶层设计全力支持推动，是未来保障国家能源安全和产业转型升级的重要举措。

五、煤炭地下气化

煤炭地下气化技术是将煤炭开采和转化利用有机结合，是煤炭高效利用的变革性技术。如果在工业化中取得进一步突破，将成为煤炭开采及清洁转化领域的颠覆性技术。煤炭地下气化现阶段定位为对传统物理采煤技术的重要补充，被列为国家《能源技术革命创新行动计划（2016-2030 年）》之煤炭无害化开采技术创新战略方向。其优势体现在：①实现了地下无人采煤，从根本上避免了矿井事故和人身伤害的发生；②避免了煤炭开采、运输环节带来的粉尘污染；③气化后的矸石、灰渣留在地下，避免了地表固体废弃物堆积带来的环境影响，以及高额的固废处理成本，同时显著减小了地表沉降；④实现了保水开采，不需要疏干地下水，减小了地表生态环境影响。

21 世纪以来，随着国际能源紧缺，煤炭地下气化技术在世界范围内重新受到关注并得到快速发展，通过引入石油工程手段实现大规模地下建炉和气化过程的精准导控，以煤层水平井和连续管移动注气技术应用为基础的现代煤炭地下气化技术日益成熟[157]。我国于 20 世纪 80 年代初，针对传统采煤矿井遗弃资源回收，提出了“长通道、大断面、两阶段”矿井式地下气化工艺，并完成多个半工业性试验及工业性试验。2007～2015 年中国矿业大学（北京）和新奥集团合作研发针对原始煤层开发的钻井式煤炭地下气化工艺，在内蒙古乌兰察布弓沟煤田建成我国首个钻井式煤炭地下气化示范项目，在埋深 285 米的褐煤煤层中完成了多个工艺路线的工业性试验，日产合成气 15 万立方米，稳定运行达 5 个月，积累了丰富的钻井式煤炭地下气化工程经验。近年来，部分民营企业涉足煤炭地下气化产业，分别进行了小规模的现场试验，但均未取得突破性进展，如中为能源唐家会矿区煤炭地下气化试验项目、新疆国利衡库木塔格沙尔湖煤田煤炭地下气化试验项目。“十四五”期间，大型油气企业也有意结合自身的技术优势和天然气产业链，试图通过煤炭地下气化将煤田变为气田，提高天然气的生产和销售业务，目前正在开展地面关键技术研究、装备研制及先导试验项目选址工作。

开展煤炭地下气化研究具有必然性。一方面，目前我国能源结构具有“富煤、气不足”的特点，煤炭地下气化将有效缓解这一情况，同时为“清洁、低碳、安全、高效”的现代能源体系建设开辟新路径；另一方面，我国千米以下的深部煤炭资源十分丰富，这些煤炭资源开采面临岩层压力大、涌水量大、地温高等难题，开采技术难度不断增大。煤炭地下气化技术是通过原位转化进行煤炭资源利用的有效途径。因此，在经济社会快速发展和清洁能源需求旺盛的今天，煤炭地下气化综合了煤炭资源（尤其是深部煤炭资源）清洁利用和提供天然气及氢能资源的两大优势，必将成为我国能源领域的重要研究方向之一。

我国煤炭地下气化产业化推进短期内重点依赖浅层，需进一步探索低环境损伤、高转化率煤炭地下气化产业化过程调控机理，建立构造煤层、多薄煤层等复杂地质条件地下气化技术体系；长远则寄希望于中深层，关键在于发展多场耦合条件下的煤炭地下气化产业化–煤层气资源–CO_2 储存与利用（UCG–CBM–CCUS）协同高效联产工艺技术；制定具有可操作性的煤炭地下气化产业化产业政策体系，为推进煤炭地下气化产业化进程提供激励机制及法规保障。

六、纳米碳氢燃料

煤基纳米碳氢燃料是由煤、水和少量添加剂经先进的纳米化处理工艺制成的一种基本颗粒，粒度为纳米级、具有较高表面活性的液态煤基特种燃料，是一种新型、高效、清洁的环保燃料，具有原料热值低、燃料固含量低、点火温度低、燃料热值高的特点。煤基纳米碳氢燃料热值较常规水煤浆提高10%～30%。基于煤基纳米碳氢燃料特性，结合煤基纳米碳氢燃料火力发电技术，国能准能集团有限责任公司相继完成了试验平台、半工业化试验台（图 8-2）、150 兆瓦循环流化床锅炉工业化应用研究，完成了煤基纳米碳氢燃料炉前存储输送、雾化控制、低温点火、燃烧调整、高效分离、布风、超低排放七项关键技术研究，建立了煤基纳米碳氢燃料火力发电技术体系。这两项技术联合应用，可使国能准能集团有限责任公司四台循环流化床锅炉发电机组供电煤耗降到国家“十四五”末全国火电平均供电煤耗降至 300 克/千瓦时以下的要求，将为煤电行业落实“双碳”目标提供重要技术支撑。利用 4000 大卡[①]热值的长焰动力煤成功制备出 50%浓度的纳米碳氢燃料，通过半工业化燃烧试验，该燃料较同浓度常规水煤浆热值提升 10%～30%，火电机组节煤达 50 克/千瓦时，降低碳排放达 128 克/千瓦时。

图 8-2 半工业化试验装置

煤基纳米碳氢燃料具有较高的成浆浓度和流动性，可用作煤气化原料，提高碳转化率和有效气体产率，其粒度细能够延长喷嘴使用寿命。经测算，料浆浓度提高 1%，有效气产率可提高 0.5%。煤基纳米碳氢燃料燃烧产物粉煤灰属于微纳米级，具有适宜多孔结构及表面结构，具有较高的活性，可开发出多种市场潜力巨大的吸附性材料，丰富煤炭高端利用途径。煤基纳米碳氢燃料着火性、流动性等性质与柴油相似，可替代柴油作为原料，研发出低成本高性能的新型煤基纳米碳氢硝铵炸药，缓解了工业炸药对石油产品的依赖。试验表明，其原材料成本较传统铵油炸药降低 12.7%，爆速高于 3100 米/秒，猛度较铵油炸药提升 20%，做功能力较铵油炸药提升 35%。优选煤基纳米碳氢燃料、柴油及复合乳化剂配比，制备出的特种煤基油品已在柴油发动机上实现了压燃点火，并平稳运行，验证了煤基纳米碳氢燃料代替柴油作为燃料的可行性，

① 1 大卡=4.1868 焦耳。

进一步探索推进煤基纳米碳氢燃料在矿用卡车上实现燃油替代。煤基纳米碳氢燃料低温燃烧特性使该燃料的灰渣活性显著提高，为准格尔矿区“高铝、富镓、富锂”的煤炭资源中铝、镓、锂等伴生资源高效提取提供了条件，助力发挥金属镓、碳酸锂在半导体、新能源动力电池等方面的价值。

七、煤层气开发与利用

煤层气作为非常规天然气产业，近年来在世界范围内发展较快。我国煤层气资源丰富，世界第三，2015 年对煤层气资源进行的动态评价表明煤层气总量接近 30 万亿立方米，可采资源总量约 12.5 万亿立方米。2020 年，我国煤层气探明储量为 3315 亿立方米，同比上升 15.71%，主要分布在华北、西北、南方、东北和青藏五大赋气区，其中华北地区资源最为丰富，占全国的 46.27%。

煤层气的利用包括地面煤层气开发利用和煤矿瓦斯抽采利用，均呈现稳步发展。2015～2021 年，中国煤层气产量呈上升趋势，2021 年中国煤层气产量达到 104.7 亿立方米，主要是地面煤层气开发，其中山西省 2021 年产量达到 89.5 亿立方米，占比为 85.48%。我国已初步建成沁水和鄂东两大煤层气产业基地。煤层气开发利用技术受地质因素影响较大，尤其是地质构造、储层参数、煤体结构以及水文条件等，不同的煤质地层差异性较大[158]。美国自 20 世纪 80 年代率先商业化后，煤层气年产量猛增，2018 年产量在 400 亿立方米左右，俄罗斯、澳大利亚、加拿大近几年也快速发展。相比美国，我国煤田地质构造复杂，煤层气储层特征差异性大，煤层气开发技术适应性差，且相关基础理论研究薄弱，限制了国内煤层气产业的快速发展。国内以中国石油天然气集团有限公司、中联煤层气有限责任公司等为代表的企业，开发利用技术日臻成熟，行业规范化水平提高，目前煤层气行业国家标准与各类行业标准共 87 项，其中国家标准 16 项、行业标准 71 项。

尽管我国煤层气行业发展存在技术基础不足、配套管网、政策支持等一些问题，但随着国家各项政策的推进、补贴的进行，以及各种问题的改善，煤层气的产能建设和实际产量将迎来快速增长期，且抽采资源的利用率也将进一步提高。煤层气开采工艺如图 8-3 所示。

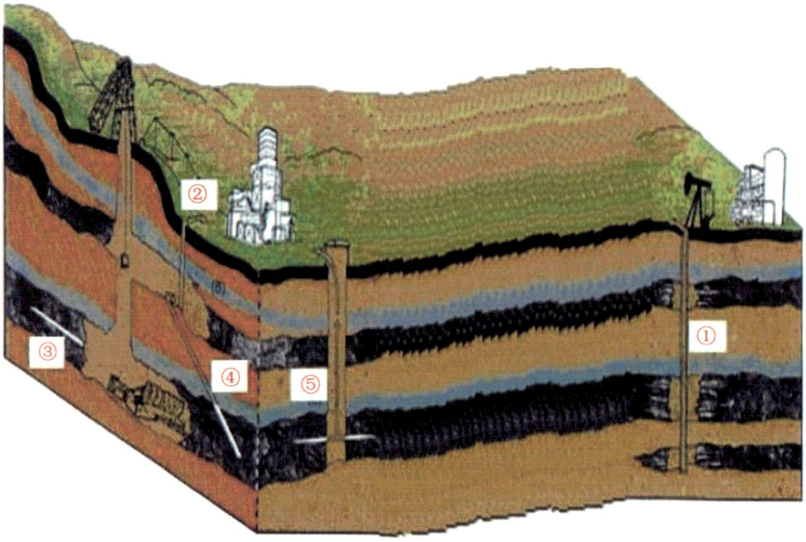

①地面垂直井或定向井开采；②废弃矿井抽放；③煤矿井下本层抽放；
④煤矿井下邻近层抽放；⑤采动区垂直井抽放

图 8-3 煤层气开采工艺

煤层气可以作为一种资源来补充或替代天然气，其可用量或产出量相当于 210 亿立方米的天然气。2025 年增至 300 亿立方米左右，2035 年升至 400 亿立方米左右，2050 年将达到近 500 亿立方米。

八、煤炭流态化开发

实现煤炭资源深部开采是煤炭行业长期可持续发展的重要方向，煤炭流态化开采是解决深部开采遇到的技术难题与环境污染问题的重要手段，是变革开发与利用方式的颠覆性开采技术。

2015 年以来，以 2000 米以深煤炭资源开发为目标，提出了深部原位流态化开采的采动岩体力学理论，深部原位流态化开采的“三场”可视化理论，深部原位流态化开采的原位转化多物理场耦合理论，深部原位流态化开采的原位开采设计、转化与输运理论；提出了深部原位流态化开采的地质保障技术、深部原位流态化开采的精准探测与导航技术、深部原位流态化开采的智能开拓布局技术、深部原位智能化洗选技术、深部原位采选充电气热一体化的流态化开采技术、深部原位无人化智能输送与提升技术、深部原位能量诱导物理破碎流态化开采技术、深部原位化学转化流态化开采技术、深部原位生物降解流态化开采技术、深部原位煤粉爆燃发电关键技术等。

为加快开展煤炭深部流态化开采示范，应加快探索煤炭深部原位流态化开采理论和技术，攻克煤炭资源开发的高效流态化和循环利用开采工艺、煤炭资源原位物理流态化工艺和技术、煤炭资源原位气化工艺和技术、煤炭资源原位液化工艺和技术等；突破煤与瓦斯物理流态化同采方法和技术，推进低碳、低生态损害的煤与瓦斯协同开采。

第四篇

全网低碳化利用与消纳篇

第九章

矿区综合能源微网资源产-消特性分析

第一节　矿区综合能源微网多元负荷能源需求来源

一、井工煤矿能源需求

井工煤矿通常是指地下煤矿，我国绝大部分煤矿属于井工煤矿。井工煤矿开采须从地面向地下开掘一系列井巷，其生产过程是地下作业，开采的煤炭通过井筒从地下运输至地面。按矿井生产能力，我国井工煤矿分为大、中、小三类。大型矿井：生产能力≥120 万吨/年，300 万吨/年及以上矿井又称为特大矿井；中型矿井：生产能力 30 万～120 万吨/年；小型矿井：生产能力≤30 万吨/年，中国排名前十的井工煤矿见表 9-1。

表 9-1　中国排名前十的井工煤矿

序号	煤矿名称	生产能力/（万吨/年）
1	中国神华能源股份有限公司大柳塔煤矿	3300
2	中国神华能源股份有限公司补连塔煤矿	2800
3	中国神华能源股份有限公司布尔台煤矿	2000
4	陕煤集团神木红柳林矿业有限公司神木红柳林矿	1800

续表

序号	煤矿名称	生产能力/（万吨/年）
5	陕煤集团神木柠条塔矿业有限公司神木柠条塔煤矿	1800
6	国能锦界能源有限责任公司锦界煤矿	1800
7	中国神华能源股份有限公司榆家梁煤矿	1630
8	中国神华能源股份有限公司上湾煤矿	1600
9	中国神华能源股份有限公司哈拉沟煤矿	1600
10	同煤大唐塔山煤矿有限公司塔山煤矿	1500

井工煤矿能源需求按功能区不同，可分为生产区负荷和生活区负荷[159]，各功能区内均包含电、热、冷、气等能源需求。井工煤矿生产区负荷具有鲜明的峰谷时段特征，即采煤时段用能较多，非采煤时段（检修期）用能较少，由于煤炭开采机械设备种类多、功率容量大，因此生产区负荷的电能需求占煤矿总电能需求的绝大部分[160]。井工煤矿生活区负荷主要涉及矿区居民生活及基础设施等方面，由于用户用能行为的差异性，矿区生活区负荷变化具有较强的随机性。图 9-1 为井工煤矿能源需求。

(a)负荷类型

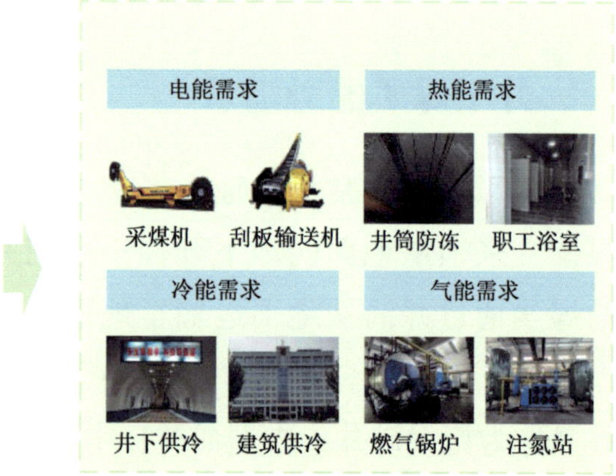

(b)能源需求形式

图 9-1　井工煤矿能源需求

（一）煤矿生产过程的能源需求（生产区负荷）

（1）电能需求：采煤机、掘进机、刮板输送机、皮带输送机、矿井提升机、辅助运输机、通风机、空压机、瓦斯抽放机、抽水泵、洗选煤厂等；

（2）热能需求：井筒防冻、生产系统厂房（机修间、材料库、综采设备周转库、器材库、输运机房、胶轮机房等）供暖；职工浴室等；

（3）冷能需求：井下供冷、建筑（空压机房、注氮站、注浆站、污水处理站等）供冷等；

（4）气能需求：燃气锅炉、注氮站等；

（5）其他形式的能源需求：燃油、水资源等。

（二）煤矿配套服务区的能源需求（生活区负荷）

（1）电能需求：行政办公室、生产指挥中心、生产救护楼、职工公寓等用电；

（2）热能需求：职工浴室用热、食堂蒸汽用热、办公楼用热等；

（3）冷能需求：夏季行政及辅助建筑供冷等；

（4）气能需求：发电机组、食堂燃气等；

（5）其他形式的能源需求：燃油、水资源等。

（三）以煤矿为核心的综合供能网络的能源需求

（1）电能需求：以矿区微网为核心的能源站向周边区域供电；

（2）热能需求：以矿区微网为核心的能源站向周边区域供热；

（3）冷能需求：以矿区微网为核心的能源站向周边区域供冷；

（4）气能需求：煤层气（副产品）供应站为周边区域供能。

井工煤矿集能源生产与消费双重身份，以煤矿为核心构建综合能源站向周边辐射，为周边农村、城市提供能源供给，保障稳定的能源供应。

二、露天煤矿的能源需求

当煤层距地表距离很近时，一般选择直接剥离地表土层进行挖掘的煤矿为露天煤矿[161]，世界上约40%的煤矿使用露天开采方式。当矿层接近地表时，采用露天开采方式较为经济。按照矿藏地质和技术经济条件，露天煤矿开采可分为连续开采、间歇-连续开采和间隙开采三种。目前，国内露天煤矿具有生产能力大、安全程度高、劳动强度低、煤层回采率高、成本低等特点。中国十大露天煤矿见表9-2。

表 9-2 中国十大露天煤矿

序号	煤矿名称	生产能力/（万吨/年）
1	中国神华能源股份有限公司哈尔乌素露天煤矿	3500
2	中国神华宝日希勒能源有限公司露天煤矿	3500
3	神华准格尔能源有限责任公司黑岱沟露天煤矿	3400
4	中煤平朔集团有限公司安家岭露天矿	3000
5	中煤平朔集团有限公司安太堡露天矿	3000
6	华能伊敏煤电有限责任公司露天矿	2200
7	中煤平朔集团有限公司东露天煤矿	2000
8	神华北电胜利能源有限公司胜利一号露天煤矿	2000
9	新疆宜化矿业有限公司五彩湾露天 1 矿	2000
10	新疆宜化矿业有限公司五彩湾露天 2 矿	2000

露天煤矿在穿爆、采装、运输、排土、辅助以及办公建筑等方面存在用能需求，能源需求主要集中在生产区负荷、生活区负荷和以煤矿为核心的综合供能网络[159]，需求形式以电能需求、热能需求、气能需求为主，因此相较于井工煤矿，露天煤矿能源需求较为简单。在设备用能方面，露天煤矿开采过程中不会产生伴生资源，所以不需要伴生资源生产相关的设备，如通风机、瓦斯抽采机等；在供热/供冷需求方面，除了煤矿配套服务区能源需求外，露天煤矿不需要井下供热/供冷。图 9-2 为露天煤矿的能源需求。

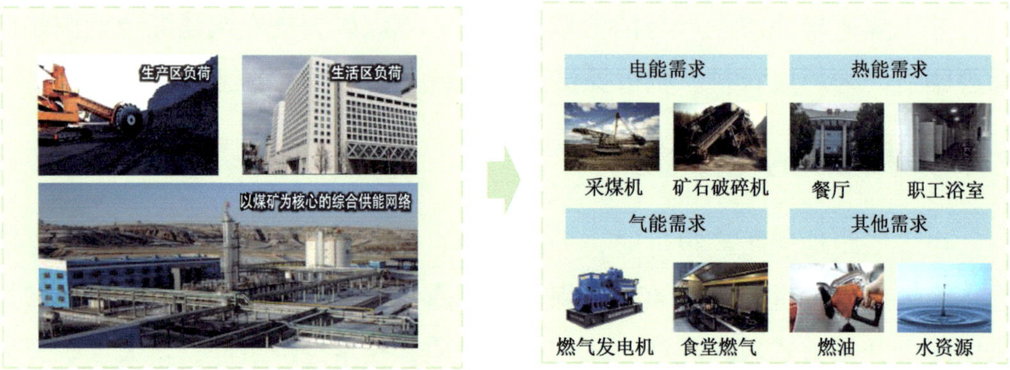

(a)负荷类型 (b)能源需求形式

图 9-2 露天煤矿的能源需求

（一）煤矿生产过程的能源需求

（1）电能需求：连续采煤机、胶带运输机、破碎机、排土机等，由于露天开采噪声及污染较大，周围建筑距离较远，露天煤矿供电方式简单，通常无单独供电网络；

（2）其他形式的能源需求：斗轮式挖掘机、单斗挖掘机（或矿用轮式装载机）、矿用自卸汽车等其他辅助设备（推土机、铺路机、平地机、压路机、洒水车、移道机、排土犁、固定或可移动的破碎站等）燃油、燃气等。

（二）煤矿配套服务区的能源需求

（1）电能需求：办公室、职工公寓、家属区等用电；

（2）热能需求：职工浴室、食堂蒸汽用热、办公楼热水用热等；

（3）冷能需求：夏季行政及辅助建筑供冷等；

（4）气能需求：发电机组、食堂燃气等；

（5）其他形式的能源需求：燃油、水资源等。

第二节　矿区综合能源微网资源特性分析

根据性质和产生方式的不同，可以将煤矿能源资源分为常规资源、煤炭伴生资源和其他资源三类。

一、常规资源

常规资源主要包括煤炭、太阳能、风能、地热能等。我国煤矿主要分布在华北、西北地区，分布区域与太阳能、风能、地热能等新能源资源富集区高度吻合，在地理空间上存在较大的重合性[159]。我国煤炭资源储量排名前十省份对应的新能源资源储量见图 9-3，在煤炭资源丰富的地区，其太阳能、风能资源在全国的占比超过 80%，地热资源在全国的占比超过 50%。

二、煤炭伴生资源

煤炭伴生资源由煤炭开采衍生而来，主要包括煤矸石、煤层气（煤矿瓦斯）、乏风瓦斯、矿井涌水等。

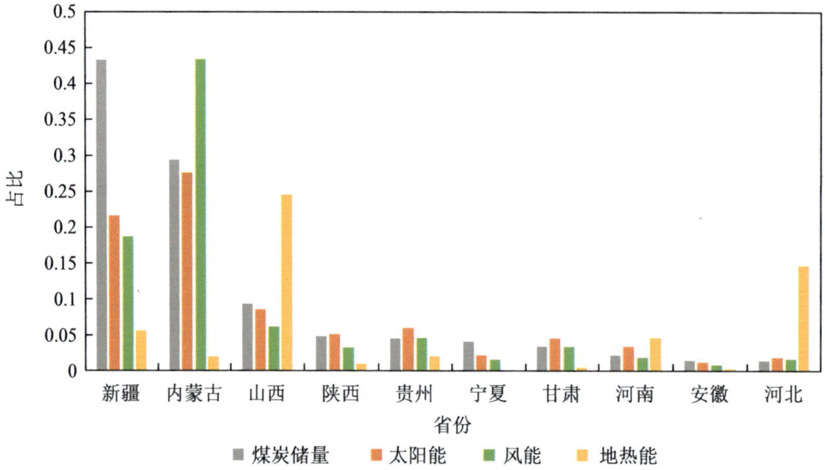

图 9-3 我国煤炭资源储量排名前十省份对应的新能源资源储量

（一）煤矸石资源

煤矸石指与煤层伴生的一种含碳量低、比煤坚硬的黑灰色岩石，包括巷道掘进过程中的掘进矸石、采掘过程中从顶板底板及夹层采出的矸石以及洗煤过程中挑出的洗矸石，其热值一般低于 6.3 兆焦耳/千克，主要成分为 Al_2O_3、SiO_2 以及含有铁、钙等的氧化物。

我国煤矸石的产量大，矸石开采率为 5%～10%，洗煤厂洗原煤的矸石产率为 18%～20%[162]，根据《2021-2022 年中国大宗工业固体废物综合利用产业发展报告》测算的数据[163]，2021 年我国煤矸石产量约为 7.43 亿吨，2017～2021 年我国原煤及煤矸石产量如图 9-4 所示。

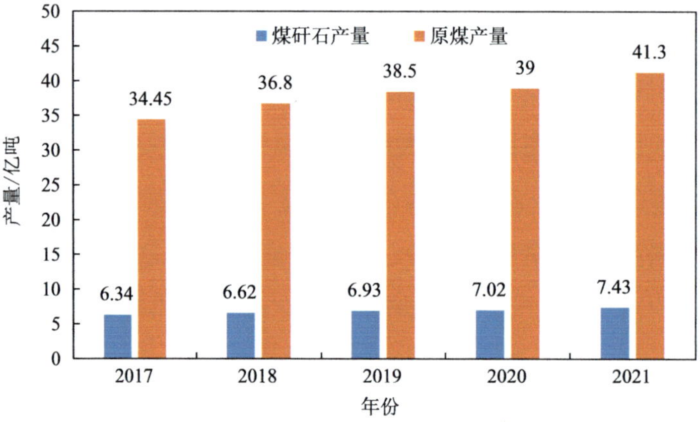

图 9-4 2017～2021 年我国原煤及煤矸石产量

我国煤矸石整体分布呈“北多南少，西多东少”的特点，全国各地区煤矸石累计排放量如图 9-5 所示，华北、西北地区煤矸石排放量较多，华南、东北地区煤矸石排放量较少[164]。其中，华北地区的煤矸石排放量近 35 亿吨，远超其他区域的排放量，占总排放量的 50%左右。

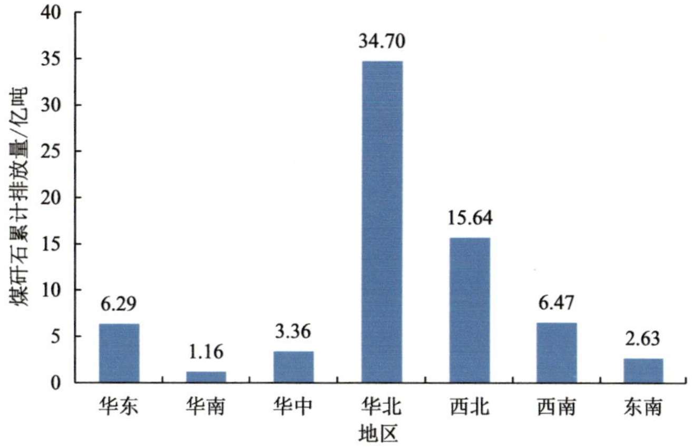

图 9-5 全国各地区煤矸石累计排放量

煤矸石堆积会占用大量土地，造成耕地、林地等面积的减少，同时煤矸石自燃会产生 SO_2 等有害气体，对环境造成严重危害。因此，国家制定了较多关于煤矸石资源利用的行业规范：《煤矸石综合利用管理办法（2014 年修订版）》强调要提高煤矸石资源利用量和利用率；2019 年 1 月发布的《国家发展改革委办公厅 工业和信息化部办公厅关于推进大宗固体废弃物综合利用产业集聚发展的通知》指出，要因地制宜地注重煤矸石的整体规划与资源整合，加大采空区煤矸石回填、煤矸石充填和筑基修路的力度，合理推动煤矸石发电、生产建材、复垦绿化等规模化利用；2021 年 3 月，国家发展改革委联合科学技术部等部门发布的《关于“十四五”大宗固体废弃物综合利用的指导意见》指出，要持续提高煤矸石和粉煤灰综合利用水平，推进煤矸石和粉煤灰在工程建设、塌陷区治理、矿井充填以及盐碱地、沙漠化土地生态修复等领域的利用，有序引导利用煤矸石、粉煤灰生产新型墙体材料、装饰装修材料等绿色建材。

（二）乏风资源

煤矿井下空气环境较差，空气中还含有一定浓度的瓦斯，为保障井下工作人员安全，需向井下不断送入空气，以排除或稀释矿井中有毒有害气体和粉尘。排出的瓦斯与空气混合后形成的气体称为乏风，乏风瓦斯又称煤矿风排瓦斯，其甲烷浓度低于0.75%，虽然甲烷浓度低，但乏风排放量很大，我国每年排入大气中的乏风瓦斯超过 1.5×10^{10} 立方米[165]。

乏风所含甲烷占煤矿瓦斯甲烷总量的80%以上，如果不加以利用直接排空，不仅污染环境，同时也造成了资源浪费，因此近几年国家相关部门及能源大省陆续发布相关政策，鼓励煤矿企业加强对煤矿乏风瓦斯的利用。2021年9月，生态环境部在对十三届全国人大四次会议第6429号建议的答复中指出，将加强低浓度瓦斯安全利用技术研究和推广，包括低浓度瓦斯发电、低浓度瓦斯直接燃烧、乏风蓄热氧化供热发电等技术，推动低浓度瓦斯的高效利用，助力实现碳达峰目标和碳中和愿景；2022年8月，山西省能源局在《关于推动煤矿瓦斯综合利用的指导意见》中指出煤矿企业可采用发电、制热等方式开展低浓度瓦斯利用，鼓励煤矿建设乏风蓄热氧化等示范工程；随着《“十三五”控制温室气体排放工作方案》和《国家应对气候变化规划（2014—2020年）》等能源政策的实施，山西潞安、阳泉和安徽淮南等矿区先后建设运行了20余个瓦斯蓄热氧化利用项目，年处理煤矿乏风瓦斯及抽采低浓度瓦斯总量超过3亿立方米，氧化产热被应用于蒸汽轮机发电、供热、冷热电联供及煤泥烘干等，在有效减少低品位煤层气直接排放的同时，缓解了煤矿清洁能源供应紧张的局面。

（三）煤层气资源

煤层气来源于煤和围岩中的 CH_4、CO_2 和 N_2 的混合气体，其热值与天然气热值相当，是一种非常清洁、高热值的优质能源[166]。我国每年直接排放的低浓度瓦斯总量约为13.2亿立方米[167]，2017～2021年我国煤层气产量如图9-6所示。

我国煤矿瓦斯抽采防治理念的发展先后经历了“局部防突措施为主、先抽后采、抽采达标和区域防突措施先行”四个阶段[168]。目前，国内外还没有一个统一的煤矿瓦斯抽采方法分类标准。以按与煤层开采的时间关系为例，具体的抽采方法分为三类：采前抽采（预抽）、采中抽采（边采边抽）、采后抽采。

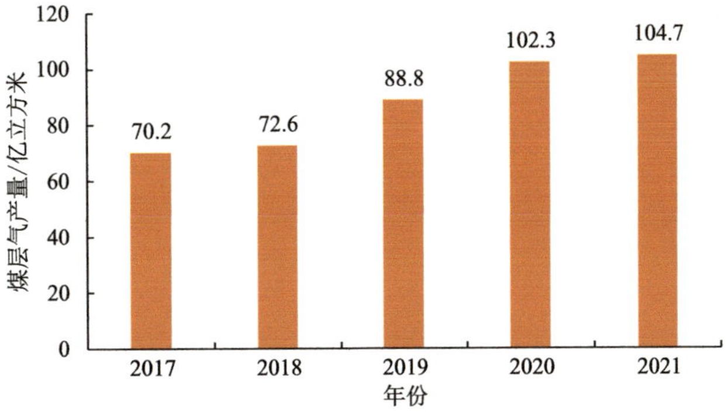

图 9-6　2017～2021 年我国煤层气产量

煤层气如果不加以利用而直接排放到空气中，会对生态环境造成严重破坏，加强煤层气的综合利用不仅可以调整煤矿粗放、高碳排的用能结构，实现煤矿用能结构的转型升级，还能有效避免煤矿瓦斯排空造成的环境污染以及能源浪费。为了进一步加强煤矿瓦斯的集中整治和利用，国务院办公厅发布《关于进一步加快煤层气（煤矿瓦斯）抽采利用的意见》确定了税费扶持政策和煤层气价格及发电上网政策；国家能源局在《关于政协第十三届全国委员会第四次会议第 1246 号（资源环境类 133 号）提案的答复的函》①提出，将探索研究包括煤层气（煤矿瓦斯）等在内的项目产生的国家核证自愿减排量纳入全国碳市场，进一步发挥市场机制作用，支持煤层气（煤矿瓦斯）利用；山西省能源局发布的《关于推动煤矿瓦斯综合利用的指导意见》中指出，鼓励企业建设高浓度瓦斯制氢、制备金刚石等高附加值项目，严禁掺混排放，实现高浓度瓦斯“零排放”。

（四）涌水资源

矿井涌水是伴随煤炭开采过程涌入矿井的地下水，包括地表渗透水、岩石孔隙裂隙水、老窑积水、岩溶水、地下含水层的疏放水，以及煤矿生产、防尘用水等。相关研究统计，我国吨煤开采约产生 2 吨矿井水[169]，因此年设计生产能力达到百万吨级的大型煤矿每年将会产生大量的矿井排水，2017～2021 年我国矿井涌水量如图 9-7 所示。矿井涌水温度一年四季稳定，冬季比环境温度高，夏季比环境温度低，可以作为热泵系统的热源和空调冷源。

① 国家能源局. 关于政协第十三届全国委员会第四次会议第 1246 号（资源环境类 133 号）提案的答复的函.（2021-07-28）[2025-03-19]. https://zfxxgk.nea.gov.cn/2021-07/28/c_1310498252.htm.

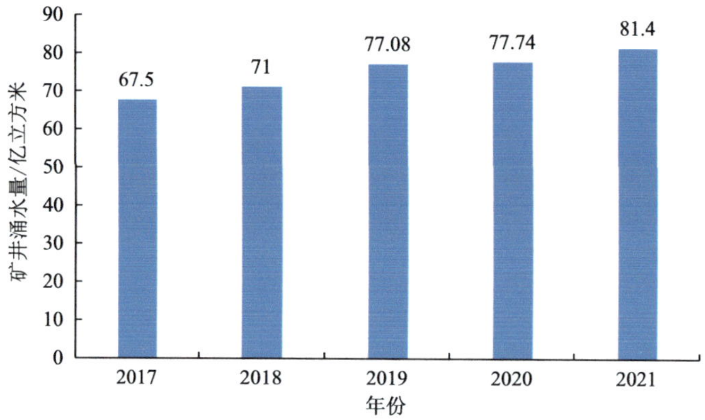

图 9-7 2017～2021 年我国矿井涌水量

2021 年，国家发展改革委联合有关部门印发的《“十四五”节水型社会建设规划》提出，对于华北、西北和东北地区，要加快建设微咸水、矿井水等综合利用工程；同时印发的《黄河流域水资源节约集约利用实施方案》提出，要推进黄河流域及引黄调水工程受水区深度节水控水，积极推动矿井水、苦咸水等非常规水资源利用。

三、其他资源

矿井地下空间是指由井下设备转移或矿井开采结束所留下的地质空腔，通常分布在废弃或关闭的矿井中。据测算，当前神东矿区可利用井巷空间约 2511 万立方米，其中有 8 对矿井可利用空间超过 100 万立方米，已形成的采空区空间约 9.6 亿立方米，2030 年还可形成 5.2 亿立方米采动空间，地下空间利用潜力巨大[170]；研究发现，安徽、河南、山东等 13 个省份的废弃矿井地下空间近 6000 万立方米，可储存约 6 个西湖的水量，适宜开展废弃矿井地下蓄洪储能和取热的工程示范。其中，仅淮南矿区 5 个废弃矿井的地下空间资源高达 30 万立方米，储能量达 94500 吉焦耳，可满足 21 万平方米的建筑供暖需求[171]。

地表塌陷区是由矿山开采结束后，采空区上方覆岩层应力平衡受到破坏所形成的地表塌陷区域，在废弃/关闭矿井中较为常见。山西采煤塌陷区遍布全省 11 个地市，特别是在大同、阳泉等煤矿比较丰富的地区，采煤塌陷情况更为严重。具体地，大同矿区采煤塌陷区总面积为 345.264 平方千米，阳泉矿区塌陷区面积为 154.3 平方千米。截至 2021 年底，我国已经拥有 10000 平方千米以上的采矿塌陷破坏土地，其中农用地占比约 60%[172]。

目前，我国待开发利用的废弃矿井有 10000 多处，矿井地下空间资源超过 1.56×10^{10} 立方米[173]，每年新增煤矿的地表塌陷区面积超过 60000 平方千米。“十五”时期以来我国废弃/关闭矿井数量如图 9-8 所示，预计 2030 年我国废弃/关闭矿井数量将达到 15000 处[174]。

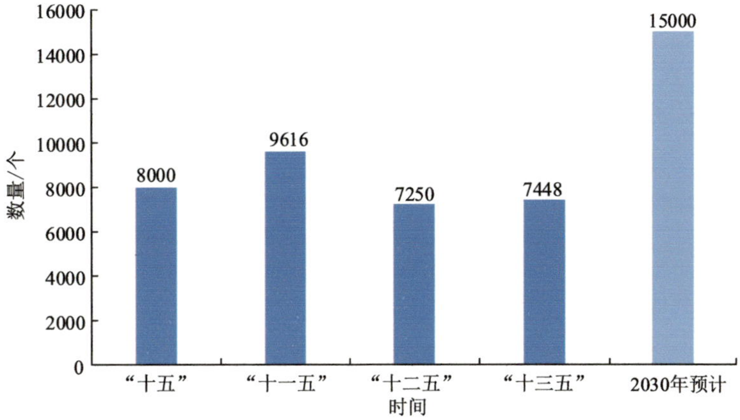

图 9-8　“十五”时期以来我国废弃/关闭矿井数量

为鼓励资源集约开发和综合利用，国家已出台一系列税收政策，根据《国务院关于煤炭行业化解过剩产能实现脱困发展的意见》，符合条件的废弃矿井利用企业可按规定享受税收优惠政策；2016 年 4 月发布的《中共中央 国务院关于全面振兴东北地区等老工业基地的若干意见》中也指出要制定采煤沉陷区综合治理政策，加快采煤沉陷区居民避险安置及配套基础设施、公共服务设施和接续替代产业平台建设，着力保障和改善民生；2020 年，生态环境部联合国家发展改革委、国家能源局印发《关于进一步加强煤炭资源开发环境影响评价管理的通知》，对采煤沉陷提出明确要求，相关项目应按照“边开采、边恢复”原则，制定采煤沉陷影响生态重建与恢复方案，落实各项生态重建和恢复措施。

第三节　矿区综合能源微网资源利用模式分析

一、常规资源利用

（一）煤炭资源利用

煤炭作为我国重要的一次能源，资源种类丰富，可分为无烟煤、烟煤、褐煤，其利用方式多样：煤作为燃料（供给燃煤电厂燃烧发电）；焦煤和焦炭利用（焦炭作为炼铁的重要原料）；煤的液化（液化生成甲烷和石油化工等产品）；化工品生产（化肥及其他化工产品的重要原料），具体利用情况见表 9-3。

表 9-3 不同种类煤炭的利用方式

煤种	特性	应用	应用行业
无烟煤	挥发性低、含碳量高、密度大	可发电或合成氨、生产尿素等	化工行业、建材行业、冶金行业
烟煤	含量较高	动力煤、用于发电、生产焦炭	电力行业、煤化工行业
褐煤	水分高、挥发性高、热稳定性差	多用作燃料	电力行业

（二）可再生能源利用

矿区太阳能、风能资源丰富，利用方式多样：太阳能照明、太阳能采暖、太阳能蓄电池、太阳能制冷、太阳能热泵、太阳能热水器、太阳能发电（在煤矿建筑屋顶及周边空地布置光伏板，增加煤矿能源供给形式，如新疆哈密大南湖二矿分布式光伏项目）等。

目前，部分地区结合当地采煤沉陷区现状，积极探索采煤沉陷区+新能源发电新型能源供给模式，在实现矿区多资源协同利用的同时，有效促进矿区绿色低碳经济发展。我国已有多处“可再生能源发电+采煤沉陷区治理”项目开始运行[175]，见表 9-4。同时，可在现阶段风光资源利用的基础上，结合储能技术，形成风-光-储协同耦合模式，进一步实现风光资源的利用、提高供能可靠性。

表 9-4 “可再生能源发电+采煤沉陷区治理”项目

地点	名称	概况
福建大田	大田矿区特色光伏小镇	在废弃矿山上建设光伏发电项目，重新利用的煤矿区舍弃土地约 150 亩*
安徽淮南	潘阳漂浮式光伏项目	在采煤沉陷区水域安装光伏发电组件，运营期内可减少 1.2×10^6 吨碳排放
广东平远	废弃铁矿区光伏电站	矿区建设 50 兆瓦光伏发电项目，总投资约 4.5 亿元

*1 亩≈666.7 平方米

（三）地热资源利用

矿区地热资源包括地温资源与地热水资源。表 9-5 为安徽部分矿井开采深度与地温[171]；地热水资源包括矿坑水、涌渗水、地热水等，其温度、可利用量等参数会随气候条件、地形地貌、地质情况、矿井深度等发生变化，一般1000米深处的坑道温度多在35～45摄氏度，部分高温区域可达60～70摄氏度。

表 9-5　安徽部分矿井开采深度与地温

矿井	采深/米	最高岩温/摄氏度	备注
张集矿	1260	51.5	生产
顾桥矿	996	43.8	生产
潘三矿	962	54.8	生产
丁集矿	1075	52.7	生产
谢桥矿	720	41.1	生产
刘庄矿	900	45.2	生产
潘一东矿	1040	46.1	废弃
新庄孜煤矿	870	40.7	废弃
新集三矿	700	36.3	废弃
李嘴孜煤矿	548	36.8	废弃
谢家集一矿	660	39.7	废弃

热泵技术可以有效利用矿区地热资源，利用地下常温土壤和地下水相对稳定的特性，基于热泵原理，通过消耗少量的电能，实现低品位热能向高品位热能转移与建筑物完成热交换，为矿区负荷供能。采用热泵技术回收矿井地热资源具有以下优势：经济效益显著、高效节能、运行稳定可靠、操作简单。

位于英格兰东北部的Seaham Garden Village（西汉姆花园村）项目利用当地废弃矿井的地热水对全镇1500处建筑供暖，实现了该地区的零碳排放目标；目前，已有较多国家开始积极探索废弃矿井地热资源利用模式，世界主要废弃矿井地热利用示范工程见表9-6[170]。

表 9-6　世界主要废弃矿井地热利用示范工程

城市（国家）	设备功率/千瓦	水温/摄氏度
新斯科舍（加拿大）	3.73	18.0
海尔伦（荷兰）	2800.00	2.0～28.0
马林贝格（德国）	690.00	12.0
弗赖贝格（德国）	25.00	10.2
帕克希尔斯（美国）	112.00	14.0

续表

城市（国家）	设备功率/千瓦	水温/摄氏度
Hope Shaft（英国）	1.000	14.0
Caphouse（英国）	10.50	17.0
Barredo Shaft（西班牙）	3500.00	23.0

矿井地热资源除了通过热泵技术提取出来满足矿山供热/供冷能量平衡外，还可以用于发电[176]。

矿井双循环地热发电系统：双循环地热发电系统主要由蒸汽发生器、冷凝器、水泵、汽轮机、发电机等构成，其工作原理如图 9-9（a）所示。经处理后的地热水资源在蒸汽发生器中冷却后流回地下，低沸点的有机工质吸收地热资源释放的热量气化后，送入汽轮发电机组，推动汽轮发电机发电，做完功后的蒸汽由汽轮机排出，并在冷凝器中冷凝成液体，然后经循环泵流回蒸汽发生器，进入下一个工作循环。

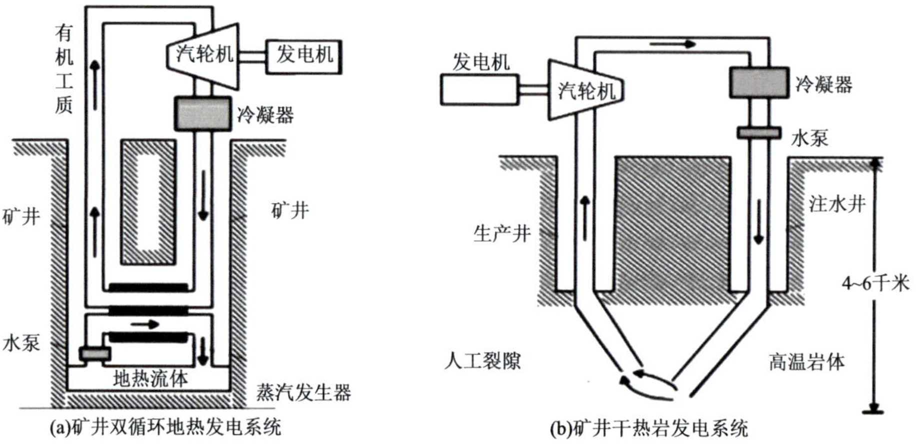

图 9-9 矿井地热资源发电工作原理

矿井干热岩发电系统：矿井干热岩发电系统包括注水井、生产井、人工裂隙、汽轮机、发电机等。与常规地热发电系统不同的是，矿井干热岩发电系统需先将外界冷水注入地下，由事先压裂而成的人工裂隙产生的高温蒸汽驱动汽轮机转动，从而带动发电机工作，过热蒸汽经冷凝器冷却后再次注入地下，构成闭合循环系统，以实现连续发电。矿井干热岩发电系统工作原理如图 9-9（b）所示。

二、煤炭伴生资源利用

（一）煤矸石资源利用

我国煤矸石资源丰富、产量大，2021 年产量约为 7.43×10^8 吨，目前对煤矸石地面处理方法的研究利用主要集中在以下几个方面：煤矸石发电、铺路、生产建筑材料、生产化工原料及农业应用等[164]，如图 9-10 所示。

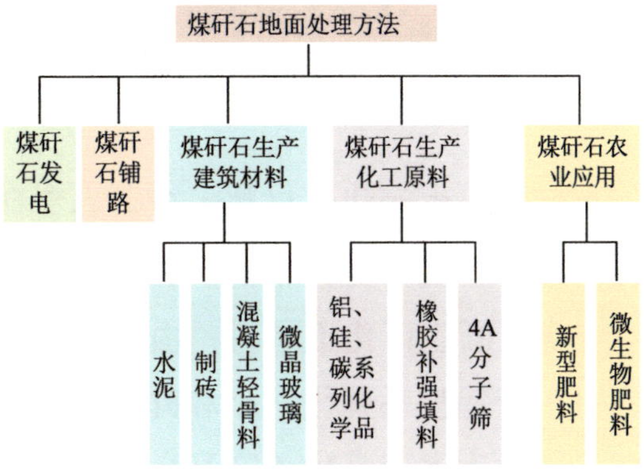

图 9-10　煤矸石地面处理方法

煤矸石发电：煤矸石内含有一定量的碳，可用于燃烧发电。统计表明，我国各地煤矸石发热量普遍较低且差别很大，发热量超过 1000 大卡/千克的煤矸石不足总量的 30%。一般认为大于 1500 大卡/千克的煤矸石可直接用作锅炉的燃料，发热量在 1000～1500 大卡/千克的煤矸石则需要混杂一定比例发热量较高的煤泥、中煤等才能进入锅炉进行燃烧发电。煤矸石电厂利用煤矸石燃烧产生的热能加热锅炉内的水，产生的蒸汽驱动汽轮发电机组发电，为矿区及周边城镇供能。

煤矸石铺路：煤矸石特别是自燃后具有一定活性的煤矸石，是一种优质的工程填筑材料，可单独或与黏性土、粉煤灰、熟石灰等混合作为路基填料。煤矸石混合料代替灰土填筑公路路面基层，能够消耗大量煤矸石、粉煤灰等煤矿固体废弃物，减少煤矸石、粉煤灰等对环境的危害，生态效益明显，同时能够减少煤矸石堆存占地，节省大量土地资源。

从 20 世纪 60 年代后期开始，许多欧美国家做了大量的试验论证煤矸石作为基层材料的可行性。美国、德国、荷兰等国家对于煤矸石的利用程度相对较高，并制定出相应的技术标准。法国、德国、英国等国公路干线采用煤矸石作为道路路基或基层的填筑材料。我国从 80 年代开始尝试在道路工程的路基上使用煤矸石材料作为填料对路基进行加固，铺筑后效果良好，能够满足相关规范要求，我国部分煤矸石铺路实例见表 9-7。

表 9-7 我国部分煤矸石铺路实例

年份	工程名称	长度/千米	煤矸石填方量/万立方米
2000	安徽省 S102 山王段	2.5	15
2005	平临高速公路	19	41.5
2007	国道 307 清徐段	15.5	64.8
2009	青兰高速公路邯涉段	6.6	68.5
2011	邢汾高速邢台至晋冀界	83.37	170

煤矸石生产建筑材料：煤矸石制砖；煤矸石生产混凝土轻骨料；煤矸石等矿物原料混合化工原料，经过配制、熔融等工艺流程制取煤矸石微晶玻璃。

煤矸石生产化工原料：由于煤矸石中 Al_2O_3 和 SiO_2 成分较高，因此煤矸石可生产铝盐系列化学品和硅盐系列化学品；煤矸石还可以制备白炭黑和硅铝炭黑两大类碳系化工产品；煤矸石经过磨碎、焙烧和表面活性处理后可作为环氧化天然橡胶的补强填充剂；通过对高岭石含量较多、全碱含量较少的煤矸石进行磨粉、灼烧等步骤合成 4A 分子筛。

煤矸石资源利用方式多样，各种煤矸石处理技术优缺点对比见表 9-8。

表 9-8 各种煤矸石处理技术优缺点对比

技术	优点	缺点
煤矸石发电	实现固体废弃物的减量化、无害化，改善环境质量；符合国家政策要求	电厂设备磨损大，产生大量粉煤灰
煤矸石铺路	提高了路面质量，降低了工程造价	无法规模化利用煤矸石
生产建筑材料	强度高、热阻大、隔音好、降低建筑物墙体厚度	成本偏高，受限于运输距离和用户范围
生产化工原料	低成本，具有体轻、强度高	工艺复杂、技术水平较低

（二）煤层气资源利用

煤层气作为煤炭开采过程中产生的重要伴生能源，储量丰富、用途广泛。目前，我国煤层气探明地质储量和开发量主要集中在山西省，其境内埋深 2000 米以内的煤层气地质资源量约为 8.31×10^{13} 立方米。山西省能源局数据显示，截至 2020 年底，山西省煤层气（含煤系致密砂岩气）累计探明地质储量达到 1.06×10^{13} 立方米，产气量达 8.15×10^{14} 立方米，全国排名第一。

煤层气按所含瓦斯浓度的不同，分为低浓度瓦斯（浓度为 1%～30%）、抽采瓦斯（浓度为 30%～80%）和高浓度瓦斯（浓度为 80%～100%）。低浓度瓦斯多用于蓄热氧化、燃烧发电或提纯后利用；抽采瓦斯经煤水气分离装置分离出其中的水汽后，可用作民用及化工原料；高浓度瓦斯可作为燃料，直接经管道外输加以利用。

煤层气发电：不同浓度的煤层气利用方式各异，一般高浓度瓦斯可直接送入燃气轮机发电，利用瓦斯燃烧产生的热能加热锅炉内的水，产生的蒸汽驱动汽轮机发电，也可作为燃气锅炉燃料，满足矿区负荷需求。欧洲许多国家，多年前就已开展煤矿瓦斯发电的研究。近年来，随着瓦斯利用技术的进步与设备转型升级，我国多个煤矿已建立煤矿瓦斯发电项目。

民用燃料：煤层气作为民用燃料，和煤炭比具有热值高、污染小、使用安全等特点，不需庞大的净化处理装置，不腐蚀、不堵塞输气设备。在美国，开采的煤层气经加压后输入天然气管道，然后输向全国各地。

加工业燃料：煤层气可以作为玻璃厂和冶炼厂的洁净燃料。目前，玻璃厂熔炉主要还是以煤炭作燃料，用煤层气作燃料不仅成本低、热值高，而且有利于改善厂区环境、提高产品质量，大幅提高玻璃厂、冶炼厂的经济效益。

汽车燃料：汽车用压缩天然气的技术指标为甲烷浓度必须达到 90%～100%，乙烷以上的烷烃含量不超过 6.5%。煤层气中甲烷成分占绝对优势，浓缩后甲烷浓度可达 95%以上，乙烷以上的烷烃含量极少。因此，煤层气非常适合于生产汽车用压缩天然气，还可以与柴油混合制成车用混合燃料。

化工原料：甲烷是一种重要的化工原料，可以用来合成多种化学产品，如合成氨、甲醇、乙炔、硝基甲烷、氢气等，还可以二次加工合成其余化工产品。

液化气燃料：天然气液化后比压缩天然气更安全、更经济。低温条件下天然气的液化是一项重大的先进技术，已被许多国家广泛采用。天然气液化后，体积小，从而大大方便了天然气的储存、运输乃至使用，单位体积的燃烧值大大提高，可以代替汽油作为汽车等交通工具的燃料，而价格比汽油更便宜、污染更小。

合成油：煤层气相比天然气成分更简单，合成油技术完全适用于煤层气。合成油为建设天然气炼油厂注入新的活力，同时为天然气资源尤其是偏远地区天然气田的开发利用提供了有效途径。

（三）乏风资源利用

乏风瓦斯又称煤矿风排瓦斯，其甲烷浓度低，但是排放量大。乏风作为煤矿开采过程中产生的伴生资源，如果不加以利用而直接排空不仅会造成资源浪费，同时也会产生温室效应，污染环境。因此，近年来世界各地逐渐加强煤矿乏风资源的利用，其主要利用方式为：乏风余热回收、乏风蓄热氧化用于供热或发电。

乏风余热回收：主通风机送出的乏风经通风管道送入泵房，后经乏风换热室换热，热泵机组基于热泵循环原理，吸收乏风余热将热量传递到室内供暖系统，满足矿区基本负荷需求。乏风余热回收可有效提高矿区能源资源利用率，减少能源浪费，同时降低了乏风直接排入大气所带来的环境影响。乏风换热室原理如图 9-11 所示。

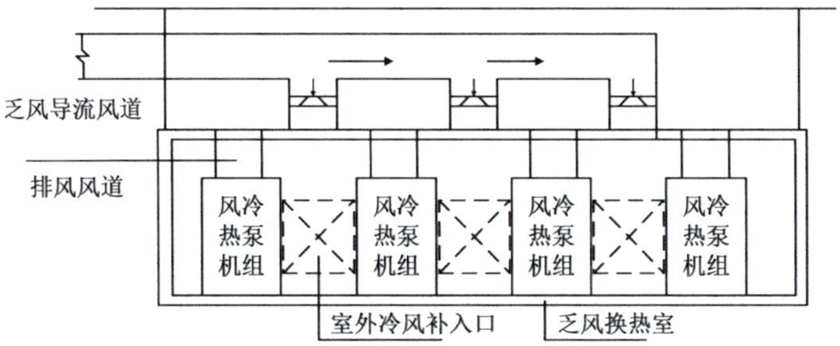

图 9-11　乏风换热室原理

陕西延安子长市扇咀湾煤矿[177]使用压缩式热泵机组回收矿井乏风余热，满足矿井地面 1.8 万平方米的居住、办公等各类建筑需求，同时使用超低温空气源热泵供应暖风，供给机修车间、仓库、洗煤厂等非居住建筑；子长市自备煤矿采用压缩式热泵机组与超低温空气源热泵机组联合供暖方式分区满足矿区地面 1.5 万平方米的居住、办公等各类建筑需求。

乏风蓄热氧化：乏风甲烷含量较低，一般为 0.2%～0.6%，可与 9%以下低浓度瓦斯掺混至甲烷浓度为 1.2%后，输送至蓄热氧化装置（图 9-12），然后释放氧化热。这些氧化热除满足自身热量需求外，还会产生大量余热，这部分热量以高温烟气形式从氧化装置顶部引出，进入余热回收设备。余热锅炉吸收高温烟气后产生过热蒸汽，送入汽轮发电机组发电，同时也可供热，满足矿区热负荷需求。

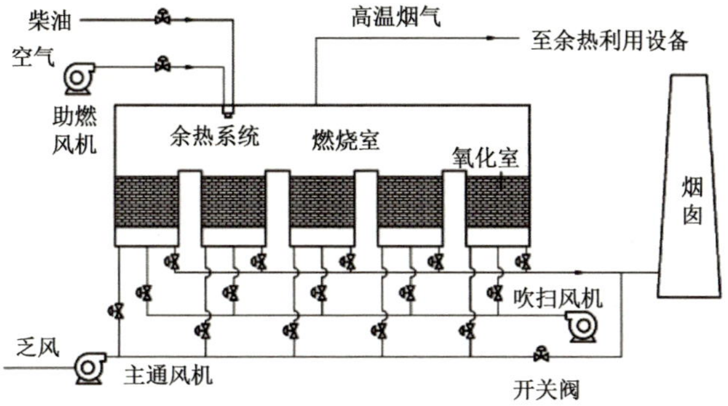

图 9-12 乏风蓄热氧化装置原理

（四）涌水资源利用

涌水是在矿井开采过程中，大气降水、地下水等通过各种通道涌入井下所形成的，吨煤产矿井水量约为 1.5 立方米。以 2020 年为例，我国产煤量约为 40 亿吨，将产生 60 亿立方米矿井水。

煤炭开采过程中产生的大量矿井水在一定程度上已被污染，无法直接排放或利用，若不妥善处理会对环境造成极大的危害。例如，矿井水直接排至地面，一方面会破坏地下水资源自然系统格局，并使得地表水体、浅层土壤、地下潜水受到二次污染；另一方面外排矿井水经岩层缝隙渗透到地下水，改变地下水中矿物质平衡，加快地下岩层的侵蚀，增加地下水中有害成分。因此，矿井水作为一种长期稳定的非常规水资源，需对其处理后再进行利用。

按照我国常见矿井水的分类，不同类型的矿井水可根据实际分质分类用于工业、生活、农业、生态等方面，各类矿井水利用方式[178]见图 9-13。

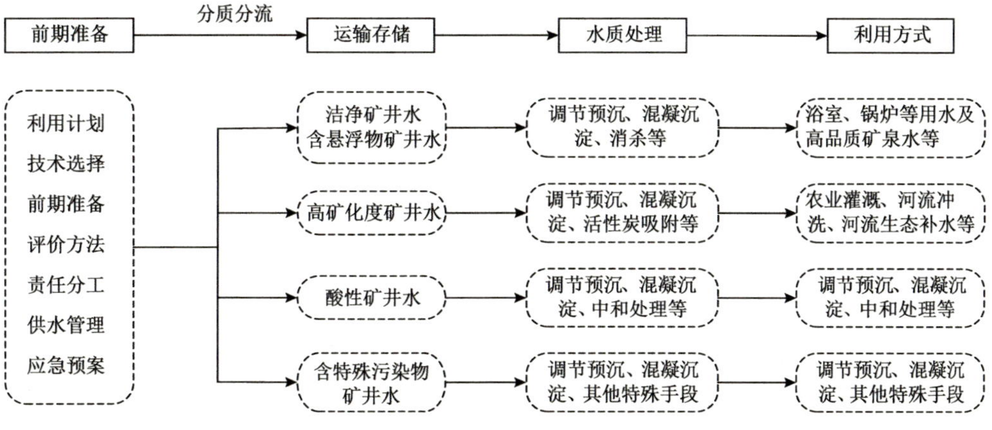

图 9-13 各类矿井水利用方式

余热回收利用：矿井涌水温度常年稳定在15摄氏度左右，是水源热泵非常理想的冷热源。水源热泵可将矿井涌水中低品质热能转化为直接利用的高品质热能，满足矿山供热能量平衡。矿区通过水源热泵供热可减少传统化石能源的消耗，进而有效减少温室气体排放，达到减排效果。

工业用水：煤炭开采与利用均需要大量的水资源作为支撑，在晋北、晋中、晋东等14个亿吨级国家大型煤炭基地中，有10个以上的煤炭基地缺水严重。矿井水资源化利用、发展矿区循环经济，是缓解我国北方地区“富煤贫水”矛盾的重要举措。资源化利用的矿井水主要用于煤炭开采及加工过程中的井下灭火、除尘、防爆、消防等，同时还可用于煤炭开采后的洗煤、选煤流程。

生活用水：对于仅含有煤粉等杂质的矿井水，经过简单的过滤后即可作为矿井工人洗浴用水，或者用于打扫卫生等日常生活；对于未经过污染的矿井水，经过净化处理达到饮用标准后可作为矿区饮用水。

自20世纪80年代以来，中国部分煤矿建立了矿山水处理站，如大同、徐州等煤矿高产地区。我国矿井水处理站的数量一直在增加，据不完全统计，我国各地区煤矿矿区矿井水经过净化处理后达到生活饮用水水平的处理量已超过50万立方米/天，开滦能源化工股份有限公司范各庄矿将矿井水开发成为弱碱性饮用水，每小时灌装1000瓶瓶装水、120桶桶装水，每年可节省830万元的排水电费、排污费、水资源费等，为企业创造十分可观的收入。2010年以后，各省市逐步加强矿井水的利用，矿井水资源化利用率逐年提高。

农业方面：矿井涌水可用于农业灌溉、水产养殖等[179]。

生态方面：矿井水可用于生态绿化、河道补水等，2018年，矿井水资源化利用中，生态用水占比为32%。

其他方面：利用矿井涌水建立水上乐园或者旅游景区；多余的矿井水回灌到地下，补充地下水资源，降低采煤引起的地表沉陷风险。

三、其他资源利用

（一）矿井地下空间资源利用

随着中国能源结构调整力度的加大，煤炭供给侧结构性改革不断深入，大量煤矿被关闭，仅 2016 年，中国就关闭退出煤矿 2000 个左右。2018 年底，中国采煤矿数量已由“十二五”初期的 1.4 万多个减少到 5800 个左右。随着“去产能”的深入推进，将有更多煤矿被关闭，到 2030 年，废弃矿井数量将达到 1.5 万个。

然而废弃矿井地下空间资源利用潜力巨大，按每个矿井地下空间资源为 60 万立方米计算，1.5 万个废弃矿井就是 90 亿立方米的空间资源，相当于 1 座千万人口大城市的空间。因此，合理有效地利用煤矿开采形成的地下空间既能避免资源浪费，又能满足经济社会发展的需求，符合新时代绿色、共享的理念。当前矿井地下空间资源利用方式主要分为以下几类。

废弃矿井蓄洪储能：将地下空间利用、汛期蓄洪和冬季供热相结合，形成基于地面引水蓄洪、井下蓄水储能和热泵取热技术的废弃矿井蓄洪储能与取热综合利用模式[171]。废弃矿井蓄洪储能示意如图 9-14 所示。

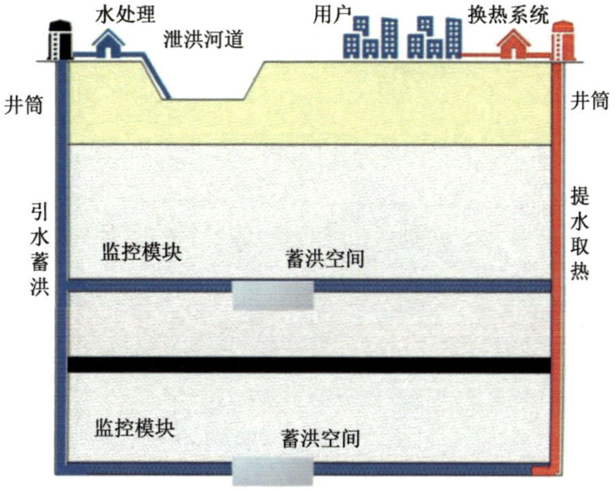

图 9-14　废弃矿井蓄洪储能示意

在汛期把季节性洪水引至废弃矿井地下空间内，使之与深部地下相对高温岩体发生换热形成高温矿井水，并储存在地下空间内，在冬季时把高温水提至地面，通过热泵换热后再回灌至地层或者处理后用于灌溉、养殖等，提取的热量用于建筑供暖、洗浴等。废弃矿井蓄洪储能与取热综合利用模式既可有效利用废弃矿井地下空间，还可以缓解汛期的局部洪涝灾害，并开发矿井水中的低品位清洁热能，有效提高废弃矿井地下空间利用附加值。

废弃矿井建设抽水蓄能电站：中国工程院院士谢和平估算中国废弃煤矿

和现有煤矿蓄水储能发电总量约为 7.25×10^6 兆瓦时[180]，抽水蓄能电站作为一种可靠性高、经济性好、容量大的调峰储能设施，利用可再生能源抽水蓄能是一种较为常见的多能互补一体化模式。可再生能源发电发展迅速，但风光大幅消纳成为难题，废弃矿井建设抽水蓄能电站能够尽可能解决风光电能消纳问题，在可再生能源出力高峰阶段，将水库的水抽至上水库，以达到蓄能目的，当电力需求上升或电力价格上涨时，上水库的水释放至下水库，推动发电机发电，以满足负荷需求。

抽水蓄能电站分为两种：半地下式抽水蓄能电站和全地下式抽水蓄能电站。国外大多情况下利用废弃矿井建设下水库，并且主要以废弃矿井巷道作为地下储水空间，然后在地表利用塌陷区建设上水库；而我国多数矿区均处于缺水干旱地区，年均蒸发量远大于降雨量，使得地表水库建设成本及可行性相对较差，因此我国开展抽水蓄能电站建设过程的基础是以矿井采空区地下水库为主的抽水蓄能电站，属于全地下式抽水蓄能电站。煤矿采空区地下水库建设抽水蓄能电站简要示意图如图 9-15 所示。

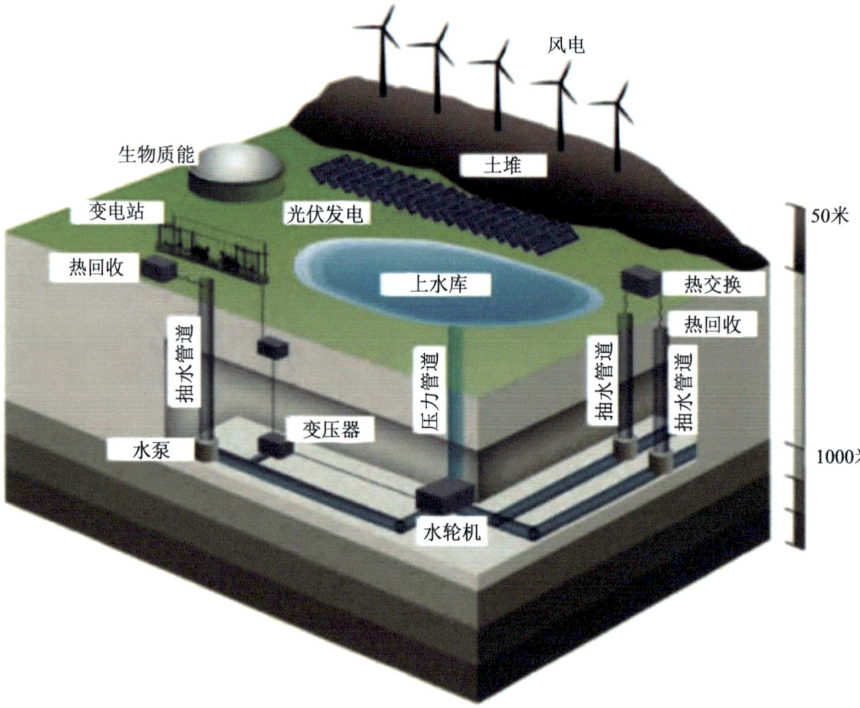

图 9-15　煤矿采空区地下水库建设抽水蓄能电站简要示意图

抽水蓄能电站具有储能容量大、调度灵活、响应速度快、效率高等优点，因此早在 20 世纪 80 年代国外即对利用地下空间建设抽水蓄能电站展开相应研究，如荷兰代尔夫特理工大学、德国下萨克森州能源研究中心等；1993 年美国新泽西州利用地下约 760 米深处已废弃的矿洞建成霍普山抽水蓄能电站，有效库容达 620 万立方米，装机容量 204 万千瓦；中国长江三峡集团有限公司利用阜新海州露天矿坑建设装机容量达 120 万千瓦的抽水蓄能电站项目；西班牙 Asturian 煤矿计划建造一个半地下以矿井涌水为水源的抽水蓄能电站。

煤矿采空区储能：基于矿山采掘形成的采空区，形成充填开采协同地下空间利用的井下采空区储能式充填模式[181]。采空区等地下空间可作为热能地下储存的有效途径和媒介，为热能的高效储存提供了有利条件，也为余热资源、太阳能等可再生能源的跨季节利用开辟了发展空间。煤矿储能式充填技术采用充填方法开采煤炭资源的同时，借助其创造的稳定的采空区构建地下储能空间，实现余热资源的季节性储存。

井巷压缩空气储能：压缩空气储能是当前国家大力推动的新型储能方式之一，在煤矿井下空间建设压缩空气储能电站主要是利用围岩条件较好的开拓巷道和准备巷道[170]。在电力富裕阶段，电动机将空气进行压缩，储存在地下储气库中，当电力需求增加时，储气罐中的高压空气通过进气阀释放出来，驱动发电机产生电力，满足矿区基本负荷需求。压缩空气储能电站工作原理如图 9-16 所示。

德国 Huntorf 电站装机容量 290 兆瓦和美国 McIntosh 电站装机容量 110 兆瓦的储气库均建在盐岩洞穴中；2020 年 8 月，全球首个基于煤矿巷道压缩空气储能电站在晋能控股集团有限公司正云冈矿利用北大巷废弃巷道开工，总规模 100 兆瓦，首期建设规模为 60 兆瓦。国内清华大学、中国科学院工程热物理研究所、西安交通大学、华中科技大学等多家研究机构对地下压缩空气储能电站厂址评价与选择、空间加固、电站运行控制等关键技术进行了深入研究。

煤矿采空区建设地下水库：1973 年，外国学者 Cairney 就提出利用废弃矿井建设地下水库的概念，以矿井水资源利用为主的矿井地下水库主要适

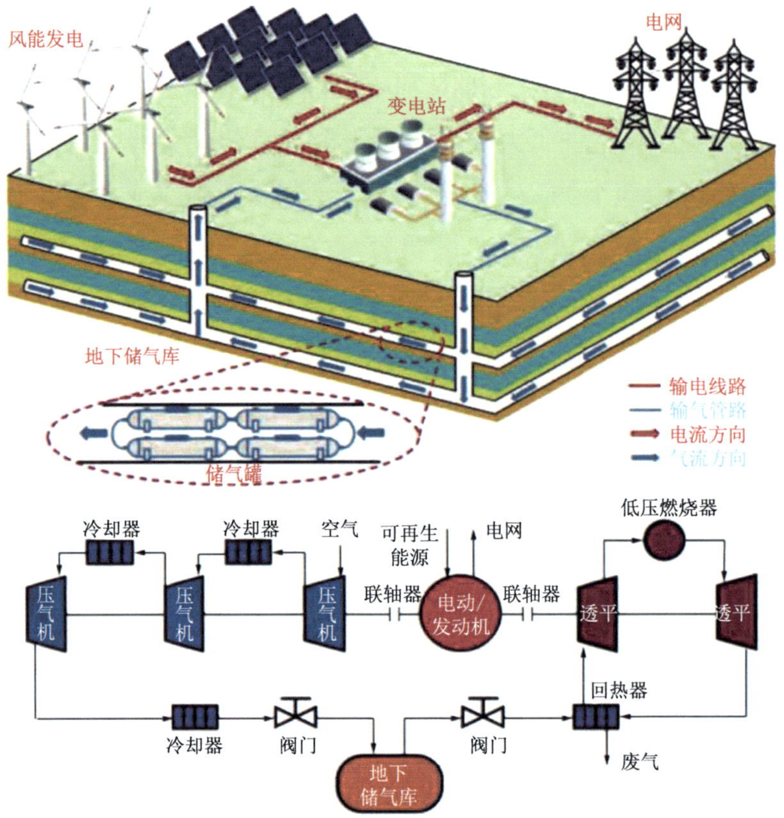

图 9-16　压缩空气储能电站工作原理

用于缺水的干旱或者半干旱的西部矿区。我国建设的煤矿地下水库工程水库坝体由安全煤柱辅以人工坝体形成，水入库设施及取水设施同时进行建设，建成以后水存储于煤炭开采后形成的采空区的岩体空隙，水存储在采空区岩体空隙还能有效净化矿井水。图 9-17 为煤矿地下水库储水示意。

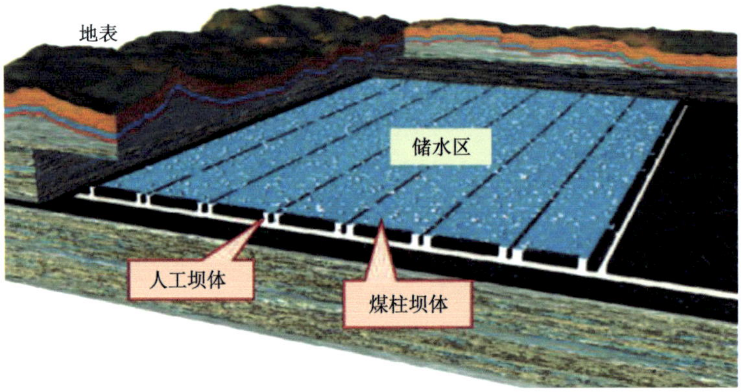

图 9-17　煤矿地下水库储水示意

2020 年，我国神东煤矿利用煤矿采空区建成地下水库 35 座，达到 2500 万立方米储水量，供应了矿区 95%以上的用水，并提供拓展能源服务，为矿区周边产业供水。神东煤矿建设地下水库，有助于矿区煤炭开采水资源的保护利用，矿井水疏导至煤矿采空区，能够有效防止矿井开采水外排造成蒸发损失，成功解决了神东煤矿地面水处理厂建设等问题。

地下空间储碳：利用矿井地下空间或者遗留煤层封存 CO_2 是一种重要的人工碳汇方式，也是未来实现矿区转型的有效途径。与其他功能性封存 CO_2 相比，矿区地下空间封存 CO_2 具有密闭空间巨大、工程量较小、封存工艺相对简单等优势。可利用采空区碎裂岩体、气化灰渣和多孔半焦层等煤层扰动空间作为储碳载体进行 CO_2 封存。

国家能源集团是国内较早开展 CCS 技术的能源企业，神东矿区鄂尔多斯煤制油二氧化碳捕集与封存示范项目是全球首个 10 万吨级煤化工碳捕集及低孔低渗陆相咸水层封存示范项目。2005 年启动预可研工作，2009 年完成可研报告，并启动示范工程建设。2011 年打通全流程，成功将超临界状态 CO_2 注入 2243.6 米深的地层。截至 2015 年 4 月累计完成 30.26 万吨 CO_2 的封存，自 2011 年投运至今已连续进行安全环境监测 10 余年，项目安全可靠。

地下空间规划利用：煤矿地下空间可纳入城市的整体空间规划，打造地下博物馆、地质公园、地下立体车库等，形成地下新型经济产业。

（二）煤矿地表塌陷区利用

煤矿地表塌陷区是指煤矿地下开采过后，地表上方地层由于失去支撑作用而发生的下沉、塌陷的区域。地表塌陷会破坏原有的生态环境，影响土壤质量、植被覆盖等，同时可能导致地面建筑物倾斜。尽管煤矿地表塌陷区会对土地资源和生态环境造成一定程度的影响，但也可以通过合理利用来实现资源再生和可持续发展。以下是采煤沉陷区常见的开发利用方式。

生态建设：利用煤矿塌陷区特色优势，打造工业旅游和生态旅游开发、其他休闲旅游开发的生态建设新体系（如徐州潘安湖生态修复工程）。

水库蓄水和水产养殖：对于采煤沉陷积水区，多为水源充足、水质良好的封闭水域，可用于构建抽水蓄能电站上水库；同时，塌陷区可构建水库，用于发展养鱼、养鸭、鱼鸭混养或者水产加工等养殖业。

塌陷区建设光伏电站：可在塌陷区建造的水库水面上设置漂浮体，再将光伏电池板固定在漂浮体上进行发电，同时也可在采煤沉陷区不积水、风能和阳光充足地区，建造可再生能源发电基地，塌陷区风光基地建设能有效实现矿区新能源的开发利用[182]。

塌陷区作为建筑用地：可将煤矿开采过程中出现的固体废弃物，如煤矸石等作为填充材料填入采煤塌陷区，用于建筑用地，塌陷区作为建筑用地在有效利用煤矸石资源的同时，显著提高矿区土地资源利用率。

塌陷区土地复垦：塌陷区可用煤矸石进行充填复垦，在矿区地貌恢复的基础上，完善田间配套设施进行农业生产活动，种植粮食、豆类和蔬菜等农作物，并可植树种草，同时还可以利用坑口电站排放的粉煤灰充填塌陷区进行农林复垦。采煤塌陷区构建农业生态循环结构，能够有效保护矿区生态环境，实现经济效益、社会效益和生态效益的统一。

第十章

考虑资源特性的矿区综合能源微网关键技术分析

第一节　矿区综合能源微网多资源利用关键技术

一、矿区能源资源高效转化关键技术

第九章第三节简要分析了矿区综合能源微网资源多元利用情况，本节内容将从具体技术角度分析矿区能源资源高效利用关键技术。

（一）煤炭资源高效利用技术

煤炭作为矿区重要的能源资源，其高效利用关键技术主要包括高效燃煤发电技术和煤炭清洁高效转化技术。

1）高效燃煤发电技术

整体煤气化联合循环发电技术：IGCC 技术[183]是新一代清洁燃煤发电技术，首先将煤气化并净化后，再送入联合循环发电单元进行发电，具体工作流程见图 10-1。

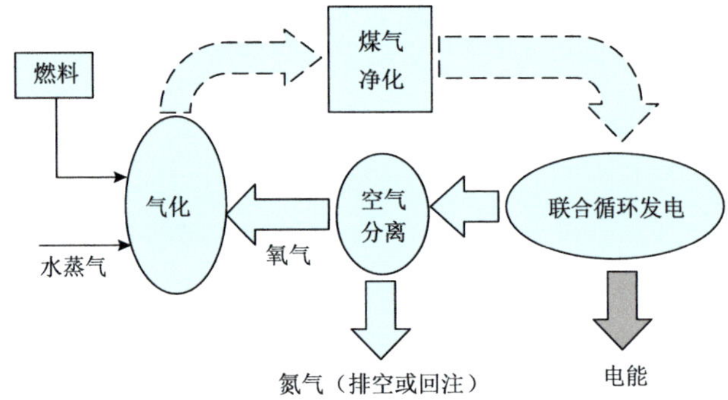

图 10-1 整体煤气化联合循环发电技术工作流程

IGCC 技术作为可持续发展的先进洁净煤技术之一，融合了煤气化技术、煤气净化技术、燃气轮机技术、余热锅炉和蒸汽轮机技术、系统集成及控制技术等，将化工和发电领域的多工艺、多系统进行了高度集成，其主要特点[184]如下。

（1）热效率高：IGCC 供电效率可达 43%～45%，比常规燃煤电站效率高 5%～7%，随着 IGCC 技术的发展，其净效率可达 50%或更高；

（2）环保性能好：IGCC 电厂的脱硫效率可达 99%，粉尘排放量基本为零，污染物排放浓度低于相应的环保标准；

（3）燃料适应性广：褐煤、烟煤、贫煤、高低硫煤都可适应于 IGCC 发电；

（4）调峰能力强：常规电厂可以在 50%～100%负荷条件下运行，而 IGCC 电厂可以在 35%～100%负荷条件下运行；

（5）综合利用煤炭资源：IGCC 技术实现了电、热、液体燃料、城市煤气、化工品等多种类资源联供，实现了煤炭资源的综合利用。

具有代表性的 IGCC 电站：荷兰 1998 年运行的 Nuon Buggenum 电站，装机容量为 253 兆瓦；美国 1995 年投运的 Wabash River 电站，装机容量为 260.6 兆瓦、1996 年投运的 Tampa 电站，装机容量 250 兆瓦；西班牙 1996 年投运 Puertollano 电站，装机容量 300 兆瓦；2013 年，我国在天津投产了华能 IGCC 电厂。

超超临界发电技术：超超临界发电技术[185]（ultra-supercritical power generation technology，UPGT）作为一种高效燃煤发电技术，其核心是燃煤电厂将水蒸气压力、温度提高到超临界参数以上，使得蒸汽锅炉释放更多能量，从而提升燃煤发电效率，同时能有效降低煤耗与污染物，以一台 1000 兆瓦的超超临界发电机组为例，供电煤耗为 280 克/千瓦时，比常规亚临界火电机组降低 20%左右。

UPGT 实现流程如图 10-2 所示。UPGT 具有清洁高效、节能等多重优点，在工业和信息化部发布的《高端装备制造业 “十二五”发展规划》中，百万千瓦级超超临界火电发电机组被列为近十年我国高端装备制造业具有自主知识产权的 12 项重大成果之首。

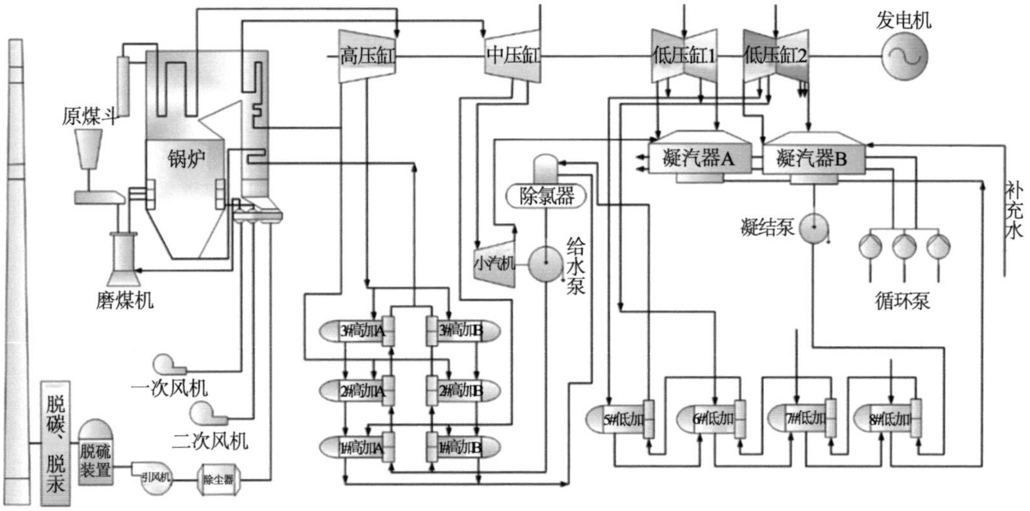

图 10-2 UPGT 实现流程

20 世纪 80 年代，国内首次采用超临界技术，建设 600 兆瓦超临界燃煤火力发电机组。21 世纪初又在 600 兆瓦、900 兆瓦超临界压力火电机组基础上，发展了 1000 兆瓦超超临界压力火电机组，首次在华能国际电力股份有限公司玉环电厂安装投运了 4×1000 兆瓦火电机组。10 多年来，我国相继有 80 余台在建 1000 兆瓦超超临界火电机组，其中已投运了近 30 台。600 兆瓦和 660 兆瓦超超临界火电机组也有近百台在建，其中数十台已投运[186]。

燃煤掺氨发电技术：燃煤混氨燃烧技术原理简单，利用可燃的氨气替代一定比例的煤粉，掺混后进入锅炉共同燃烧发电，燃烧过程中可通过控制火焰的轴向温度和空燃比，抑制火焰内氮氧化物的生成。

氨作为无碳燃料直接应用，是实现燃料零碳化的重要技术路径，燃煤掺氨发电燃烧稳定性和燃尽率良好，可通过分级燃烧等方式显著降低氮氧化物排放，实现燃煤电厂源头降碳，为煤电低碳化转型提供了一条可供选择的路径。同时，氨作为一种有望规模化替代化石燃料的新型零碳燃料，在燃煤电站中掺氨燃烧，既可以提供稳定低碳的基本负荷，也可以在电站承担调峰任务时发挥重要作用，保障风电、光电等可再生电力并网运行后电网的稳定性。根据氨的生产方式不同，燃煤掺氨技术路径分为两类[187]：燃煤掺蓝氨发电与燃煤掺绿氨发电，不同技术路径分别如图 10-3 和图 10-4 所示。

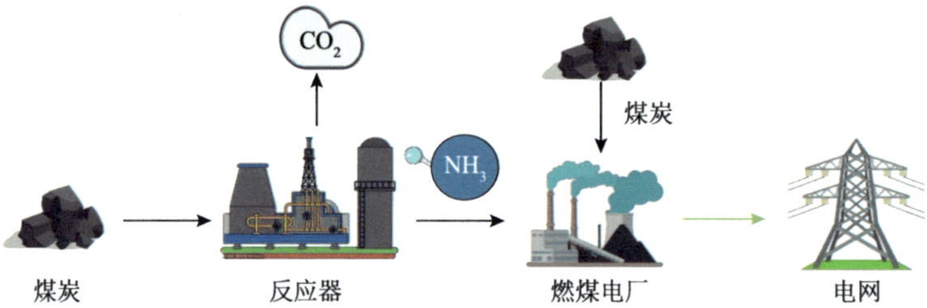

图 10-3 燃煤掺蓝氨发电技术路径

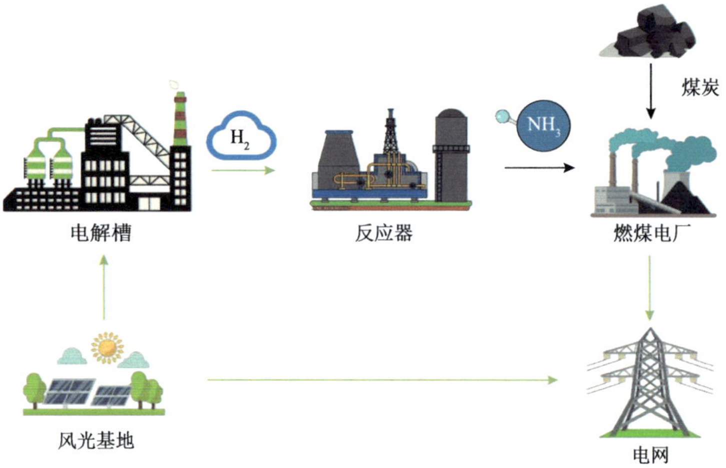

图 10-4 燃煤掺绿氨发电技术路径

蓝氨通过煤化工技术制取，采用蓝氨掺烧，系统碳排放强度仍然较高。而燃煤掺绿氨发电技术中，绿氨通过新能源电解水再合成，相较于传统掺烧方式，绿氨掺烧将会全环节降低系统碳排放，并且可以消纳不稳定的新能源电力，同时随着可再生能源发电成本的降低，燃煤掺绿氨燃烧经济性将会进一步提升。

在燃煤掺氨技术研究中，日本在世界范围内处于领先地位，日本石川岛株式会社已建成 10 兆瓦规模的煤粉混氨燃烧示范装置；日本部分能源公司已制定燃煤掺氨/氢技术路线；2021 年 10 月，日本启动的碧南 1000 兆瓦热电厂进行了 20%混氨燃烧测试；我国目前已完成氨煤混合燃烧机理实验和 40 兆瓦洁净低碳燃烧试验平台建设。

低碳高效燃煤发电技术除了上述几种方法以外，还有 UCG+IGCC 发电技术、基于煤电机组的耦合发电技术[燃煤掺氢发电、燃煤掺生物质发电（大唐长山热电厂首台 660 兆瓦超临界燃煤发电机组耦合 20 兆瓦生物质发电示范项目）]、燃煤耦合 S-CO_2 布雷顿循环发电（中国华能集团有限公司自主研发的 S-CO_2 循环发电试验机组顺利投运）、燃煤耦合太阳能热发电）等。

2）煤炭清洁高效转化技术

煤炭资源作为我国能源安全的压舱石，除了用于燃煤发电以外，还能通过清洁高效转化的方式转化成其他类型资源进行利用。煤炭清洁高效转化能有效减少污染物排放、改善大气环境质量，同时能显著提高煤炭资源利用效率、降低能源消耗、实现节能减排、促进社会可持续发展。煤炭清洁高效转化技术主要有煤气化技术、煤制油技术。

煤气化技术：煤气化就是将经过处理的煤炭放置在气化炉内，经过一定的化学反应转化为煤气的过程。煤气是合成气，主要成分是一氧化碳和氢气，其应用领域十分广泛，可作为工业燃气、民用燃气、联合循环发电燃气、冶金还原气等应用到社会生活各个方面。煤气化技术是煤气行业发展的重要技术支撑，同时也能有效解决煤炭传统开采利用所带来的环境污染问题，因此在能源领域具有重要的应用前景。

美国作为最早研究煤气化技术的国家之一，已建成诸多规模大、效率高的煤气化厂，见表 10-1[188]。

表 10-1　美国主要煤气化项目

项目名称	项目概况
大平原合成燃料厂项目	每天消耗 1.8 万吨褐煤，生产约 553 万立方米的气体
爱德华兹波特项目	装机容量为 618 兆瓦，包括两个通用电气气化炉并联

南非富煤缺油，但是超过一半的煤炭资源被晚期灰绿岩侵入所切割，导致不能使用机械开采，因此煤炭地下气化成为煤炭资源利用的一种良好选择[189]。南非主要煤气化项目见表 10-2。

表 10-2 南非主要煤气化项目

项目名称	项目概况
马久巴煤田项目	生产气体产量在 3000 标准立方米/小时
拉索石化合作项目	扩大煤气化规模并整合化工产业链

日本政府正积极推动煤气化的研究和开发，以提高能源效率和碳捕获能力。日本主要煤气化项目见表 10-3。

表 10-3 日本主要煤气化项目

项目名称	项目概况
大崎冷能发电项目	煤炭处理能力为 1180 吨/天
勿来空气/氧气吹气式整体煤气化联合循环发电项目	产能为 1700 吨/天，设施是基于勿来发电厂气化炉（干煤进料、空气吹制、加压两级、夹层床）

尽管我国煤气化技术发展历史较短，但发展势头迅猛，研发综合实力不断增强。20 世纪 50～60 年代以后我国煤气化技术开发工作取得实质性进展，实现工业化应用的煤气化技术有 30 多种，占全球煤气化技术的 1/3 左右，主流煤气化技术有灰熔聚粉煤循环流化床气化技术、Shell（壳牌）粉煤气化技术、Texaco（德士古）水煤浆加压气化技术[190]等。我国主要煤气化项目见表 10-4[191]。

表 10-4 我国主要煤气化项目

类型	项目名称	项目概况
固定床	第三代气化炉制氨项目	已实现产能 45 万吨/年
流化床	3.0 兆帕加压灰熔聚流化床粉煤气化中试平台	设计投煤量 50～100 吨/天，设计了灰熔聚工业气化炉
气流床	烯烃项目干粉气化炉	采用西门子干粉煤气化技术，全球首次用于百万吨级规模的煤化工业项目

煤制油技术：是指以煤炭为原料，通过化学加工过程生产油品和石油化工产品的一项技术，根据工艺流程的不同，煤制油技术可分为煤直接液化技术和煤间接液化技术。由于我国总体能源特征呈现“富煤、少油、缺气”，因此煤制油技术能够有效缓解我国石油资源短缺的局面，对我国能源结构调整具有重要的现实意义。我国煤制油项目研究起始于 20 世纪 70 年代末，近

年来，随着产业升级，我国煤制油产能产量逐年提升，2015 年全国煤制油产能为 278 万吨，全年平均产能利用率仅为 47.5%，至 2021 年，煤制油总产能为 931 万吨，较 2015 年提升 234.89%。

在煤制油方面，只有中国和南非成功地将煤制油技术工业化，世界煤制油产能主要集中在南非和中国。早在 20 世纪 20 年代，南非就开始探索煤制油技术。2012 年，沙索公司的煤制油产能达到 16 万桶/天，产量在 3000 万吨左右。目前，我国主要从事煤制油项目（包括拟建）的企业见表 10-5。

表 10-5　我国主要从事煤制油项目（包括拟建）的企业

投资企业	项目名称
国家能源集团宁夏煤业有限责任公司	400 万吨/年煤间接液化项目 400 万吨/年煤制油二期项目
中国神华能源股份有限公司化工分公司	神华煤直接液化项目 神华鄂尔多斯煤制油分公司煤直接液化项目
潞安集团	高硫煤清洁利用油化电热一体化示范项目
内蒙古伊泰集团有限公司	16 万吨/年间接煤制油项目 伊泰化工-120 万吨精细化工品项目 伊犁能源-100 万吨煤制油项目

（二）煤矸石资源高效利用技术

在煤矿开采和选煤厂作业中，会产生大量煤矸石，占煤炭产量的 15%左右。煤矸石通常作为固体废弃物排放到地面，形成矸石山，不仅占用土地，而且煤矸石中含有一定的可燃物，在适宜条件下发生自燃，排放二氧化硫、氮氧化物、碳氧化物和烟尘等有害气体污染大气环境，对矿山正常生产和周围居民生产、生活构成极大的威胁。因此，需加强煤矸石资源的综合治理，提高煤矸石资源的综合利用率。

煤矸石内还有一定量的碳，因此可用于燃烧发电，构建以煤矸石资源利用为主的矿区坑口电站不仅能为矿区及周边居民提供电能支持，有效提高煤矸石利用率，实现废弃资源的充分利用，还能避免煤矸石堆放造成自燃，减小煤矿矿区环境压力、改善矿区生态环境[192]。

煤矸石发电[193]流程如下：首先将煤矸石破碎，破碎后的煤矸石颗粒在炉内进行多次往复的循环燃烧和反应，产生的热量加热锅炉内的水，根据《煤矸石综合利用技术政策要点》，加热锅炉多采用循环流化床锅炉，水变成水蒸气后驱动汽轮机进行发电，煤矸石燃烧后产生的粉煤灰等可用于烧制砖块。煤矸石发电技术路径如图 10-5 所示。

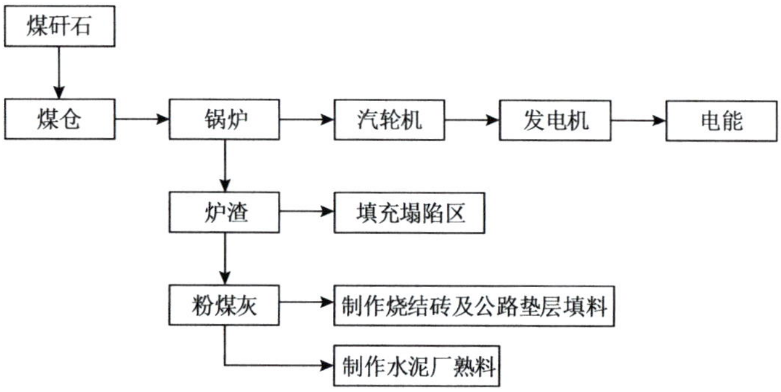

图 10-5 煤矸石发电技术路径

近年来，我国煤矸石发电技术逐渐完善，在设备制造等方面取得了较大进步。国内部分煤矸石电厂及其规模见表 10-6[193]。

表 10-6 国内部分煤矸石电厂及其规模

名称	装机规模/兆瓦	煤矸石处理量/（万吨/年）	发电量/（亿千瓦时/年）
山西平朔煤矸石发电有限责任公司	600	128	40
侯马发电有限公司	50	30	5.5
中国平煤神马控股集团有限公司	270	30	5.2
黄陵矿业煤矸石发电有限公司	730	112	10

尽管煤矸石电厂有利于节约能源、改善环境质量、节省优质煤资源、缓解煤矿企业电力紧张的局面，同时促进产业转移和劳动力再就业以及节省耕地，但是煤矸石发热量低、灰分高、硬度大，经常造成锅炉停机检修，影响电厂运行，随着我国环境保护意识的不断提升，这些煤矸石发电企业同样也面临飞灰及锅炉渣处理、烟尘检测与控制技术难度高等环保问题。与此同时，煤矸石的运输距离制约着其在发电领域的作用，年处理量十分有限，并且会产生大量的粉煤灰，粉煤灰产量是普通火电厂的 2～3 倍。以黄陵矿业煤矸石发电有限公司为例，730 兆瓦/年的矸石发电站，年处理 112 万吨煤矸石，年产粉煤灰 70 万吨。因此，未来在煤矸石发电技术领域，需要着重推动技术创

新和示范应用，探索更为清洁环保的发电模式。

（三）煤层气资源高效利用技术

煤层气，也叫煤层瓦斯，主要成分为甲烷，是一种低碳燃料，同时也是一种温室效应极强的温室气体。研究表明，全球大约 20%的甲烷排放来自化石燃料工业，我国最主要的大气甲烷排放源是煤矿瓦斯，超过总排放量的 1/3。地质探究表明，我国 2000 米以内的煤层气资源总量约为 2.98×10^{13} 立方米，居世界第 3 位，因此我国煤层气勘探开发与甲烷减排潜力巨大。

煤层气作为煤矿开采过程中产生的伴生资源，浓度过高时，不及时抽采会严重威胁井下工作人员的人身安全，而高浓度瓦斯抽采以后，如果不加以利用，造成资源浪费的同时，会对环境造成一定程度的污染。因此，国内外一直在不断深化探究煤层甲烷高效抽采利用与减排综合发展模式。煤矿甲烷在矿区就地利用具有弥补常规天然气资源不足、优化一次能源结构和控制矿区甲烷大气排放、推动煤炭安全生产的三重意义。由于抽采煤层气中所含甲烷体积分数不同，煤层气利用方式也不同。矿区煤层气不同甲烷体积分数利用模式[194]示意图如图 10-6 所示。

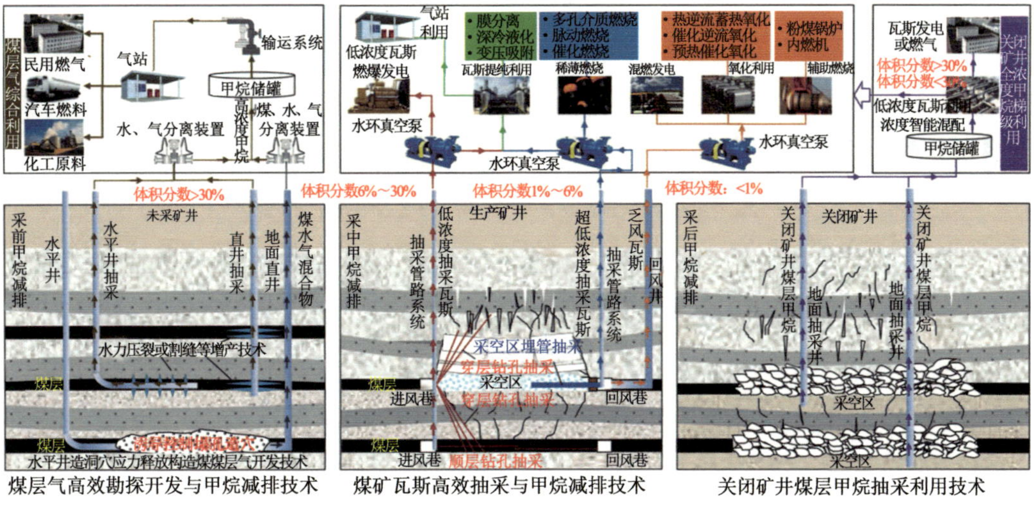

图 10-6　矿区煤层气不同甲烷体积分数利用模式

如图 10-6 所示，根据瓦斯体积分数不同，其利用技术可分为以下几类：

（1）体积分数大于 30%的高浓度瓦斯，抽采出来以后通过煤、水、气分离装置存储在储气罐中，然后经过管道网络输送至气站，用作民用燃气、汽车燃料、化工原料等；

（2）体积分数为6%～30%的低浓度瓦斯，来源于煤层钻孔瓦斯抽采，主要利用方式是内燃机爆燃发电；

（3）体积分数为 1%～6%的低浓度瓦斯，来源于采空区埋管抽采，主要利用方式是稀薄燃烧，包括多孔介质燃烧、脉动燃烧和催化燃烧等技术。

目前。我国已建成山西寺河 120 兆瓦瓦斯发电厂、山西兰花大宁发电有限公司 35 兆瓦煤层气电厂、山西和瑞新能源开发有限公司 45 兆瓦煤层气电厂、晋能控股集团有限公司胡底 10 兆瓦高浓度瓦斯发电厂、阳泉煤业（集团）股份有限公司二矿桑掌 15 兆瓦低浓度瓦斯氧化发电厂等发电项目，其中后者每小时可氧化利用 5.4×10^5 立方米级的低浓度瓦斯，年发电总量可达 1.2×10^8 千瓦时。

（四）乏风资源高效利用技术

煤矿以乏风形式排放至大气的甲烷量约占煤矿排放甲烷总量的 70%，乏风排量大且甲烷体积分数低，仅含有 1%左右，热力型或催化型蓄热氧化装置通常用于处理低浓度甲烷。

蓄热氧化装置实质上是一种内置多孔介质蓄热填料（或带有催化剂层）的蓄热换向流反应器，它工作于流动方向周期性切换的非稳定状态下，依靠燃料气流速度与反应热前锋移动速度差异，通过合理控制周期循环时间，使得反应器内蓄热填料储存足够的热量以维持系统的自热平衡，并将多余的热量以高温烟气形式抽出利用，一般处理甲烷体积分数在 1.2%以下。

催化型反应器维持自热平衡的甲烷体积分数可低至 0.1%以下，适用于乏风中甲烷体积分数较低（低于 0.2%）的场合，当乏风中甲烷体积分数较高，尤其是当乏风中甲烷体积分数大于 0.4%，可进行热量回收利用时，热力型反应器的经济性优于催化型反应器，在实际应用过程中，热力型蓄热换向流反应器通过热量回收，进行供热或发电等利用，可获取一定的经济收益，因此应用更为广泛。

英国最先在处理有机化合物的蓄热换向流反应器基础上发展了一种氧化利用系统，该系统为一种蓄热式热力氧化器[195]，如图 10-7 所示。首先将装置内部的温度升高至 1000 摄氏度以上，打开阀 a 与阀 d，煤矿乏风即按图中实线路径经反应器发生氧化反应并释放出热量，经热交换后的低温烟气由阀d排出；之后，关闭阀a与阀d，打开阀b与阀c，煤矿乏风即按图中虚线路径流动，反应器内发生二次氧化反应并释放出热量，高温烟气则由阀c排出，此时，一个反应周期结束。反应产生的热量除一小部分用以维持自身反应以外，绝大部分都可用来供热或拖动汽轮机组发电。

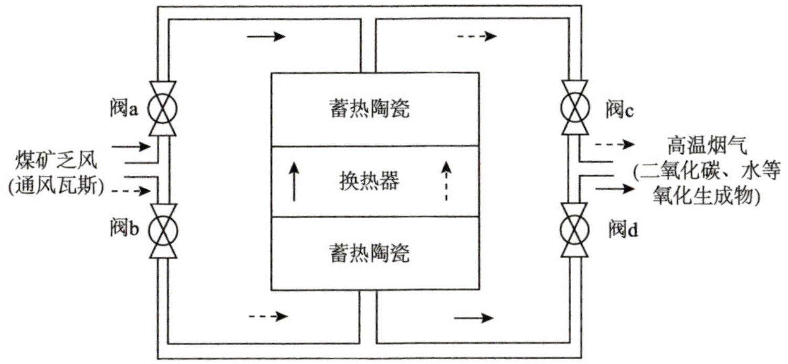

图 10-7　蓄热氧化装置

我国已建成淮南矿业（集团）有限责任公司谢桥煤矿 8×500 千瓦低浓度瓦斯氧化供热项目、潞安集团高河能源有限公司 30 兆瓦低浓度瓦斯氧化发电厂，其中，后者通过瓦斯氧化炉、余热锅炉及相关辅机等设备，每年可节约标准煤 15000 吨以上；山西潞安矿业（集团）有限责任公司采用德国 DURR 技术、阳泉煤业（集团）股份有限公司桑掌煤矿采用美国 ANGUIL 技术，分别完成乏风发电利用示范工程。

（五）涌水资源高效利用技术

受矿井的天然地质条件影响，涌水温度常年稳定在 15 摄氏度左右，是一种较为稳定的低品质热能。因此，可以采用热泵对其进行余热回收，将矿井涌水作为热泵的冷热源，在夏季将矿区建筑中的热量通过热泵转移到涌水中，以起到制冷效果，在冬季则可从相对恒定温度的涌水中通过热泵将低品位的热能转化为高品位热能用于矿井工人洗浴热水加热或矿区建筑供暖。矿井涌水温度特性使得水源热泵能效系数可达 3.3～3.5，因此水源热泵通过少量的电能消耗即可将涌水所蕴含的热能转化为可供煤矿生产生活使用热能，以满足矿区能源需求。

矿区通过水源热泵利用矿井涌水为建筑供冷/供热，可以有效减少化石能源的利用、提高矿区伴生资源利用效率，并且相比传统燃煤供暖方式，利用涌水余热供暖可以减少大气污染物排放、有利于改善环境质量。因此，涌水资源的高效利用对于推动清洁能源发展和促进资源循环利用具有积极意义。

目前，已有相关案例研究利用矿井涌水余热资源为建筑物供能。荷兰海尔伦市利用奥兰治纳苏废弃煤矿的矿井水实现了 80 万平方米的室内供热/冷[196]；我国太原煤气化龙泉能源发展有限公司、淮北矿业（集团）有限责任公司信湖煤矿配备了多台水源热泵机组以回收矿井排水余热供煤矿使用，其中，前者在供暖季可节约标准煤 1100 吨，实现了对煤矿热能的清洁供应。

二、矿区多资源耦合利用技术

矿区伴生资源丰富，多种资源通过相关能量耦合设备（热电联产机组、乏风蓄热氧化装置、水源热泵、地源热泵等）进行转化利用，满足矿区多元负荷需求。矿区伴生能源、负荷、储能的多元协同可实现矿区资源高效协调利用，促进矿区节能减排。

（一）矿区多能耦合设备

热电联产机组：热电联产机组由燃气轮机与余热锅炉两部分组成，燃气轮机利用压缩机将空气压缩，注入燃烧室与瓦斯混合并燃烧做功，驱动发电机组发电，供给矿山电负荷；做功后产生的高温余热烟气经余热锅炉回收利用后，满足矿山热负荷需求。

乏风蓄热氧化装置：将乏风与抽采瓦斯掺混，提高乏风中瓦斯浓度，基于热逆流氧化技术，利用乏风蓄热氧化装置产热，替代燃煤锅炉和热风炉，用于矿区供热、煤泥烘干、发电和冷热电联供等。

水源热泵：矿井涌水作为一种理想的低温热源，水温常年保持在 15 摄氏度，水源热泵可将矿井涌水低品质的热能转化为高品质热能供矿区生产生活使用，降低矿区供能系统对传统化石能源的依赖。

地源热泵：地源热泵提取矿区地热资源，基于热泵原理，通过消耗少量的电能，实现低位热能向高位热能的转移，满足矿区建筑采暖、井筒防冻及洗浴热水等相关供热需求。

空气源热泵：以矿区空气中蕴含的能量作为主要动力，通过少量电能消耗驱动压缩机运转，实现能量的转移。矿区利用空气源热泵技术在保证采暖功效的同时兼顾节能环保的目的。

吸收式制冷机：随着煤矿伴生能源的利用，尤其是煤矿瓦斯、煤矸石以及乏风蓄热氧化模块的配置和运行，系统将会产生大量的余热资源，通过配置一定比例的吸收式制冷机，可将高温烟气中的余热转化为可用的冷能，满足矿区冷负荷需求。

P2G 设备：矿区利用采煤沉陷区、矿区排土场建设风光等新能源发电基地，在可再生能源出力富裕阶段，通过 P2G 设备将电能转化为其他形式的能源进行存储或利用，实现风光资源可靠消纳。矿区多能耦合设备如图 10-8 所示。

图 10-8　矿区多能耦合设备

（二）矿区多资源协同互补技术

以矿区多资源为基础，分析不同环节资源特性，实现地面-井下一体化风、光、电、热、气多资源协同利用，同时结合矿区天然优势条件，发展矿井水循环利用与抽水蓄能发电一体化技术、新型储能+多能互补技术、矿区多资源循环利用关键技术等，形成多资源综合开发利用模式，实现资源之间的互补和优化配置，有效提高资源利用率、减少能源浪费、促进矿区可持续发展。

1）矿井水循环利用与抽水蓄能发电一体化技术

鉴于西部地区煤炭资源开采环节严重缺水和生态环境保护等问题，提出矿井水循环利用与抽水蓄能发电一体化技术构想，即利用煤炭开采后形成的采空区等地下空间资源建设煤矿地下水库，储蓄煤矿生产矿井水、地面雨水及工业生活废水，同时通过煤矿分布式地下水库多环节之间的协同，实现水资源的分时、分地优化利用。对于煤炭资源丰富的西部地区，风光资源同样丰富，充分利用可再生能源进行发电，对矿井水进行抽水蓄能以实现资源的循环利用。矿区抽水蓄能技术的应用能够在很大程度上减少风光资源的浪费，有效保障能源供应，降低燃煤发电带来的环境影响。

矿井水循环利用与抽水蓄能发电一体化技术作为一种创新的能源利用方式，能够充分利用煤炭开采形成的巨大地下空间，实现储水、蓄能发电、矿井水循环利用和新能源开发等多重目标，实现资源的综合利用，有效促进可再生能源开发和煤炭绿色高效开采的协同发展。矿井水循环利用与抽水蓄能发电一体化技术模式如图 10-9 所示。

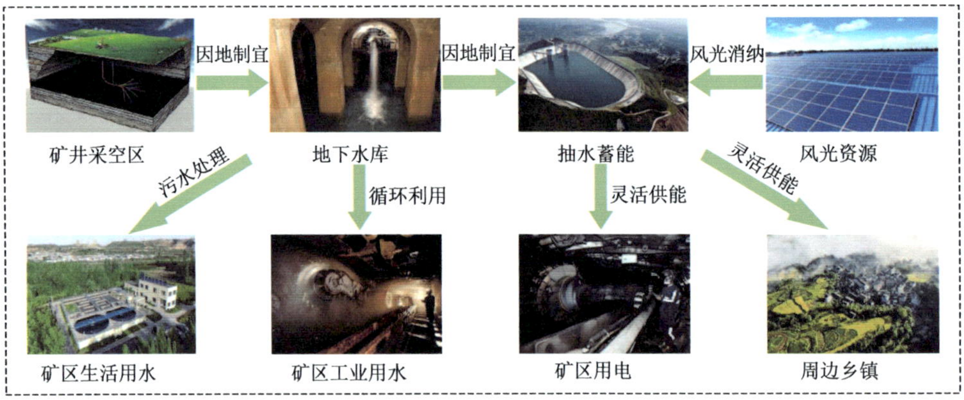

图 10-9 矿井水循环利用与抽水蓄能发电一体化技术模式

2）新型储能+多能互补技术

新型储能+多能互补技术是指利用不同能源形式相互补充和整合的技术体系，旨在提高能源利用效率、降低能源消耗和碳排放。这一技术体系的核心是新型储能技术，它包括各种储能设备和储能系统，如电池储能、压缩空气储能、超级电容储能等。而多能互补技术则是指不同能源形式之间相互补充和整合的技术手段，通过将可再生能源（如太阳能、风能、水能等）与传统能源（如煤炭、石油、天然气等）相结合，实现多资源的互补和协同，满足矿区多元负荷需求。

矿区新型储能+多能互补技术的融合能够有效降低能源消耗成本、在一定程度上减少矿区对传统化石能源的依赖。新型储能技术灵活存储和释放能源，可以有效克服可再生能源的波动，为矿区多能耦合系统运行提供了较大的灵活性和稳定性，而多能互补技术能有效提高矿区多资源利用效率、减少矿区碳排放，促进矿区能源结构转型升级。矿区新型储能+多能互补技术模式如图 10-10 所示。

图 10-10　矿区新型储能+多能互补技术模式

3）矿区多资源循环利用关键技术

矿区除煤炭资源外，还包含大量的风光资源，同时煤炭开采过程中会产生涌水、乏风、矿井瓦斯等伴生能源，因此矿区多资源禀赋特征为矿区由传统的单一供能模式向多资源协同利用转变奠定了基础。

矿区多资源循环利用关键技术从风光资源和煤炭伴生资源的时空分布特性与矿区冷热电负荷的匹配关系出发，首先，提出利用乏风蓄热氧化装置、水源热泵等多能耦合设备满足矿区多元负荷需求；其次，可利用 P2G 装置就地消纳矿区风光资源，生成高浓度 CH_4，并协同配合地下储气库与煤层气进行瓦斯掺混，在促进风光消纳的同时，提升伴生资源的利用效率；最后，针对以煤炭伴生资源为主的不确定性波动，根据煤矿生产特征与运行特点，选择合适的不确定性因素处理方法进行量化分析，生成适应源-荷等多种不确定性因素波动下的矿山多资源利用方案，实现矿区资源利用效率与安全水平的提升。矿区多资源循环利用技术路线如图 10-11 所示。

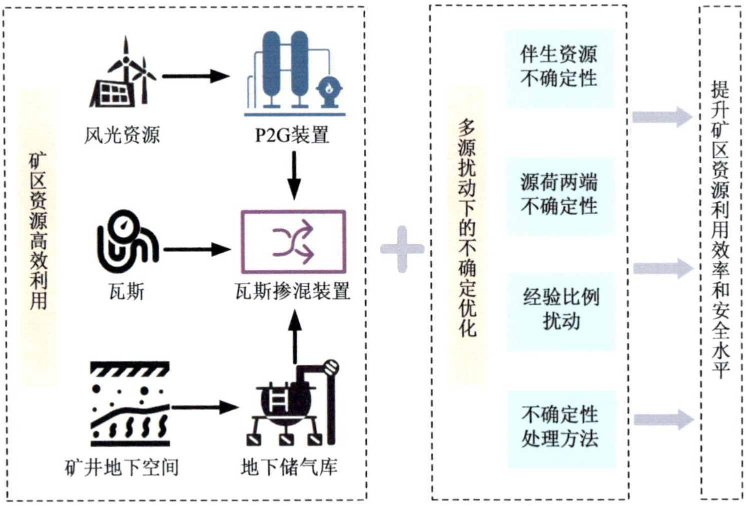

图 10-11 矿区多资源循环利用技术路线

第二节 矿区综合能源微网典型结构

一、能源站级矿山能源综合利用微网系统

（一）考虑资源与需求特性的能源自洽型矿区综合能源微网结构

分析矿区多资源禀赋特征，充分考虑矿区能源需求特性，构建能源自洽型矿区综合能源微网架构，如图 10-12 所示。能源自洽型矿区综合能源微网

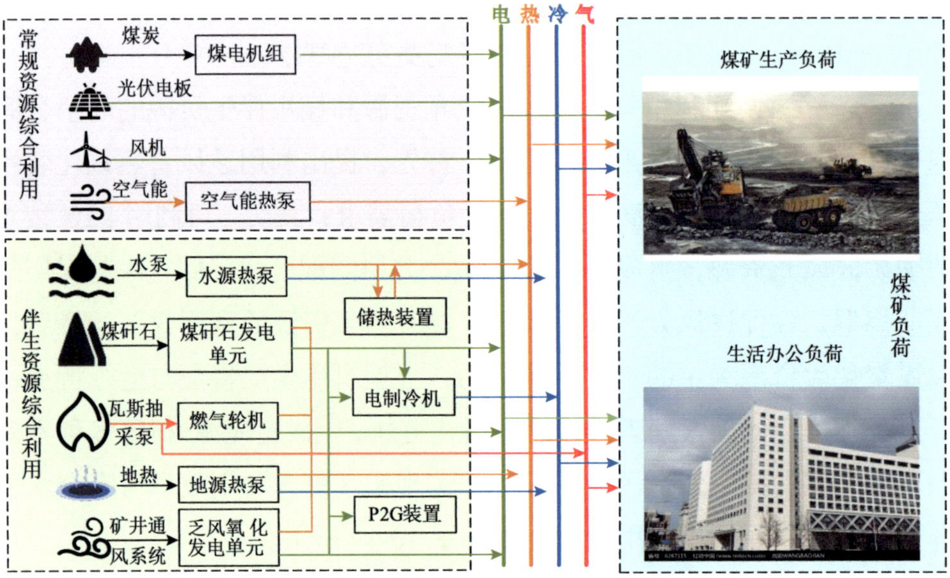

图 10-12 能源自洽型矿区综合能源微网架构

通过热泵机组、燃气轮机等能量耦合设备，实现伴生能源和其他可开发能源的综合利用，满足矿区内开采、生产等多元负荷需求。相比矿区单一供能网络，矿区综合能源微网通过多能互补保障了矿区负荷端用能可靠性，同时显著提升矿区多资源利用效率，有利于降低矿区环境影响和生态压力，有效促进矿区能源系统向绿色低碳能源系统转型升级。

（二）面向矿区拓展服务的区域能源供应型微网结构

区域能源供应型微网在满足矿区自身负荷需求基础上，逐步发展为向周边乡镇辐射的能源网络，形成以矿区综合能源微网为核心的区域综合能源系统，实现能源资源产销一体化，如图 10-13 所示。该系统将多种资源进行整合利用，以提高能源利用效率、减少环境污染为目标，通过建设矿区综合能源站和相应的能源输配网，实现能源的多元化供应和智能管理、推动区域经济和生态环境保护的协同发展。

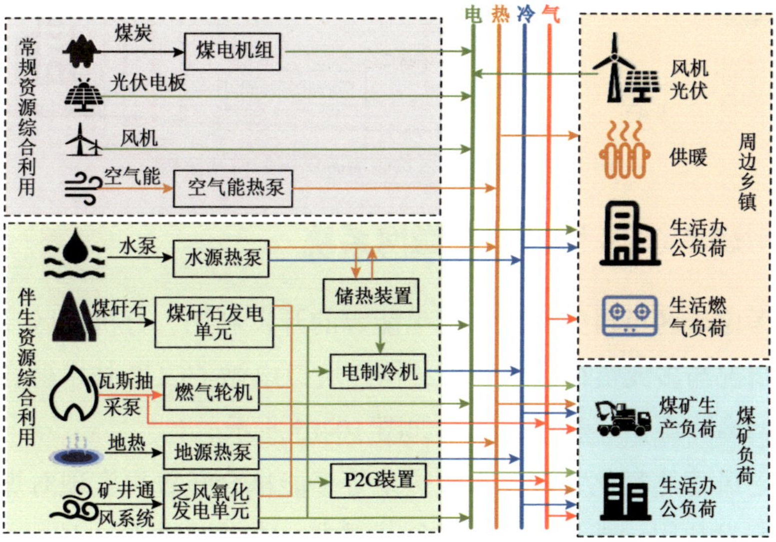

图 10-13　面向矿区拓展服务的区域能源供应型微网结构

（三）废弃矿区负碳能源供应型微网结构

废弃矿区负碳能源供应型微网以提升废弃矿井、采煤塌陷区、露天矿等资源经济功能和生态功能为目标，利用地表规模化可再生能源与废弃矿井地下空间资源，实现发电/储能/固碳，打造集风、光、热、水清洁能源生产、储备、转换与生态固碳于一体的产-储-固智慧新型废弃矿井负碳绿色能源供应体系。废弃矿区负碳能源供应型微网可充分利用废弃矿区资源，为周边地区提供清洁、稳定的能源供应，满足周边城镇能源需求，同时有效减少对传统化石能源的依赖，实现负碳排放目标。废弃矿区负碳能源供应型微网结构如图 10-14 所示。

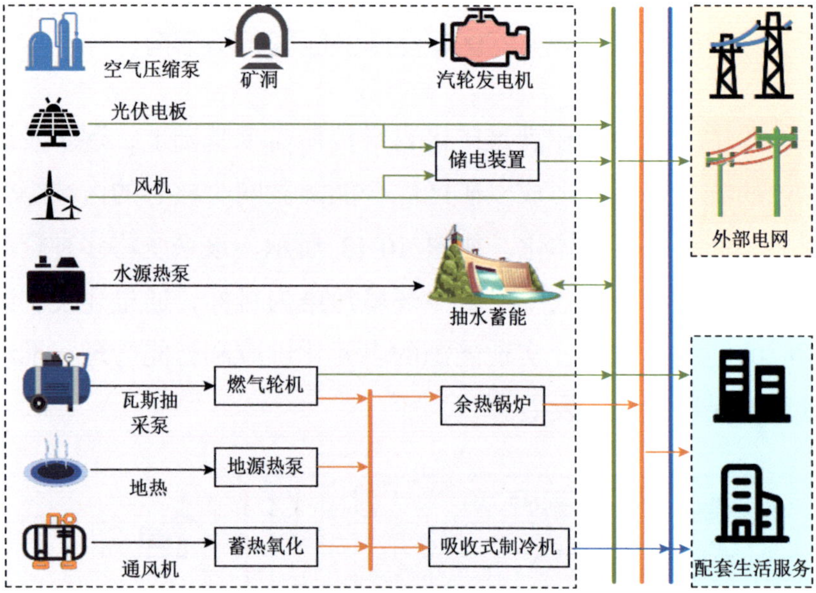

图 10-14　废弃矿区负碳能源供应型微网结构

二、煤产/烧-CCUS 坑口电站微网系统

统筹考虑矿区可再生能源、衍生能源的开发利用，分析矿区多类型能源资源禀赋情况与多元负荷需求特征，构建坑口电站-CCUS 技术融合的矿区综合能源微网多资源循环利用架构，如图 10-15 所示。

矿区乏风蓄热氧化装置、水源热泵等多能耦合装置可实现对煤矿伴生能源的综合开发利用，满足矿区多元负荷需求。在此基础上，引入碳捕集设备捕获矿区坑口电站产生的 CO_2 及煤矿瓦斯燃烧等伴生能源利用设备排放的 CO_2。捕获的碳可以为 P2G 装置制天然气提供原料，实现 CO_2 资源化利用。同时，可结合矿区天然地理条件优势，将捕集却未能利用的 CO_2 就地封存于煤矿采空区或不可开采煤层，在降低运输封存成本的同时，还能有效避免运输造成的 CO_2 泄漏风险。

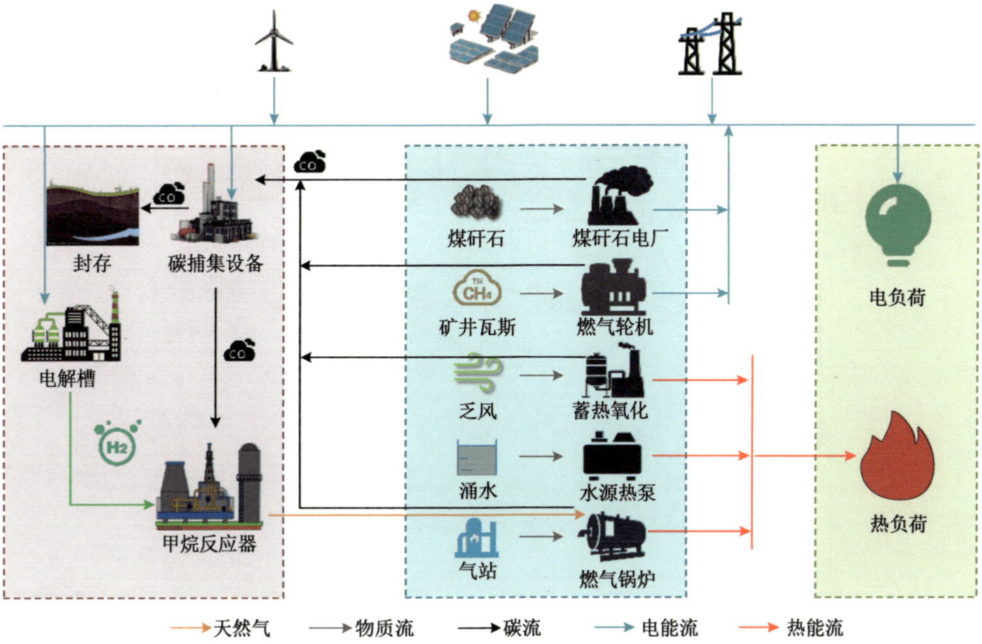

图 10-15 坑口电站-CCUS 技术融合微网架构

坑口电站-CCUS 技术融合的矿区综合能源微网将矿区多资源进行整合，具有一系列优势与重要意义，实现了资源的综合利用、有效减少了对外部能源的依赖、有助于降低矿区碳足迹，实现矿山绿色高效开采。

三、矿区级电–热–煤多能流耦合微网系统

矿山电-热-煤环节耦合紧密，矿山配网潮流的分布会影响煤炭开采速度、煤流运输速度、运量及衍生能源抽采利用情况，而煤流开采运输及衍生能源抽采利用环节能耗的变化同时也深度影响煤矿区供电网络潮流流向。矿山煤流–潮流–供热环节耦合关系如图 10-16 所示。

电–热–煤多能流耦合微网典型架构如图 10-17 所示，从矿山生产用能环节出发，分析多环节之间的耦合特性，剖析矿山安全开采前提下的煤流工序、伴生能源产出和利用方式，刻画运煤、排水环节柔性特征，发挥煤仓、水仓的虚拟储能优势及洗浴热水负荷的柔性供应优势。多环节协同下的矿山综合能源微网根据矿山资源特性，充分发挥了柔性资源的灵活调度潜力，通过对柔性资源的灵活调整，改变矿山用能水平，在满足多种负荷需求与矿山安全开采的前提下，实现物质流–能量流协同的矿山微网低碳经济运行，显著提高

矿山能效水平。

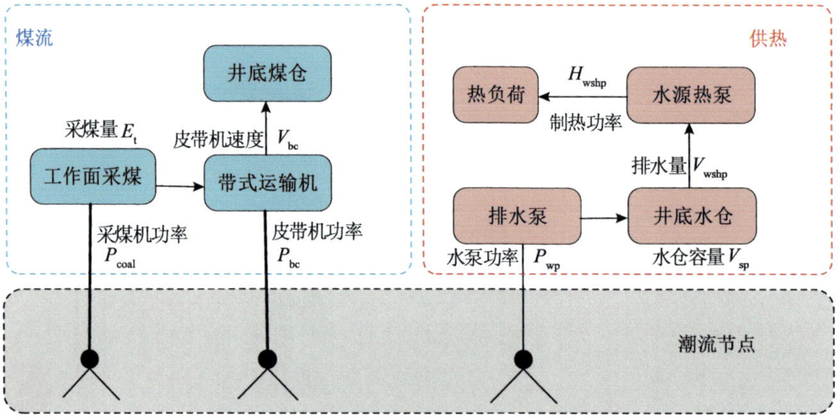

图 10-16 矿山煤流-潮流-供热环节耦合关系

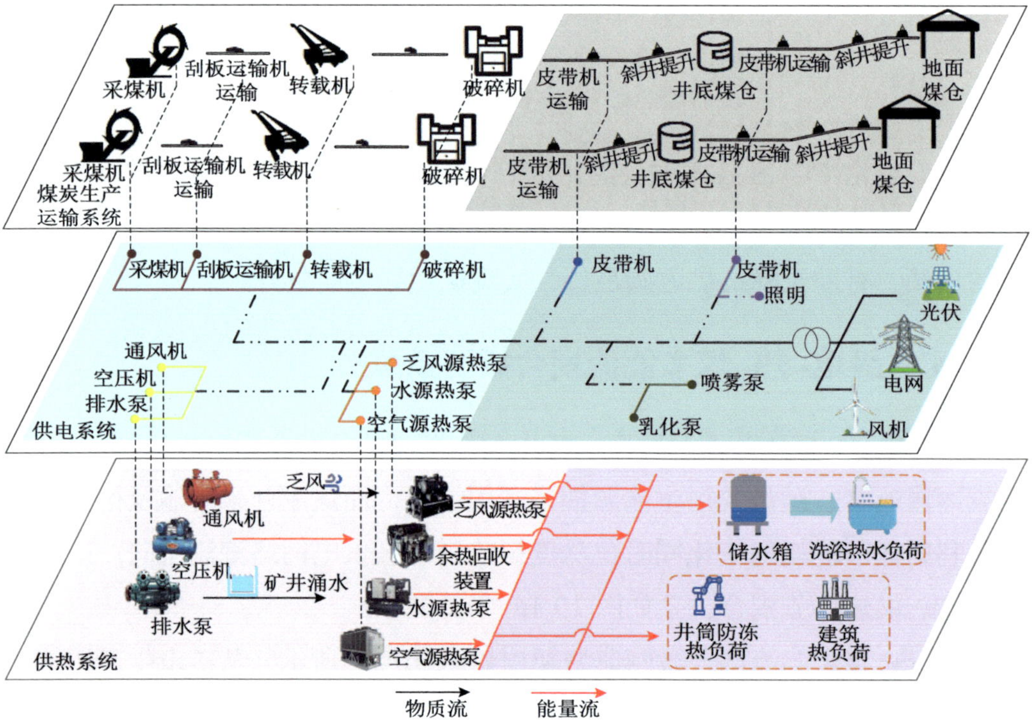

图 10-17 电-热-煤多能流耦合微网典型架构

第三节 矿区综合能源微网与外部电网的互动模式

依托矿区不同能源形式下的源荷匹配与互动能力，矿区综合能源微网可在辅助电网新能源消纳、碳源防固、调峰等方面，开展与外部电网的友好互动和互济支撑。矿-网友好互动能有效提升系统运行灵活性、优化能源供给结构、实现资源共享。矿区综合能源微网与外部电网友好互动模式[197]如图 10-18 所示。

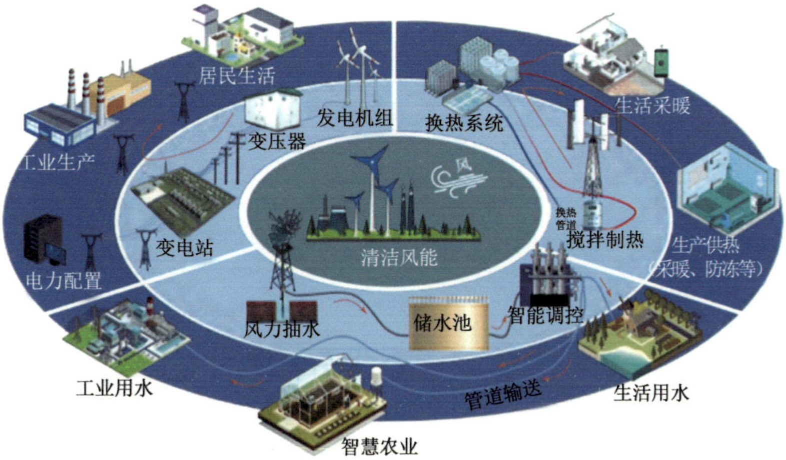

图 10-18　矿区综合能源微网与外部电网友好互动模式

一、矿-网耦合辅助电网实现新能源消纳

矿区地下空间资源丰富，以神东矿区为例，据测算，当前神东矿区可利用井巷空间约 2511 万立方米，其中有 8 对矿井可利用空间超过 100 万立方米，已形成的采空区空间约 9.6 亿立方米，2030 年还可形成 5.2 亿立方米采空区空间，地下空间资源利用潜力巨大。

碳达峰以后可再生能源将逐步替代化石能源。随着可再生能源装机比例不断上升，一些地区电网由于容量限制，无法消纳大规模风光资源，造成严重的资源浪费，而矿区综合能源微网通过外接电网实现与外部电网耦合，因此矿区可根据资源禀赋特征，充分发挥其地下空间资源优势，建设新型地下空间储能示范项目（井巷压缩空气储能技术、矿井蓄热储能等）助力外部电网实现新能源消纳。

在外部电网新能源出力高峰阶段，而电网需求较低时，多余电能通过空气或储热介质等转化为其他形式能源进行存储，当能量储存达到预设水平时，储能系统会维持最大储能状态。在外部电网价格上涨、矿区用电负荷需求增加时，储能系统释放之前存储的能量，转化成电能，矿区地下空间多个储能环节的耦合协同，能够在短时间内满足矿区负荷需求，帮助平衡矿区综合能源微网供需差异，维持电网安全稳定。能量释放后，储能系统可再次进行储能，循环利用，以满足矿区在不同时间尺度上的能量需求。矿-网耦合辅助电网实现新能源消纳模式如图 10-19 所示。

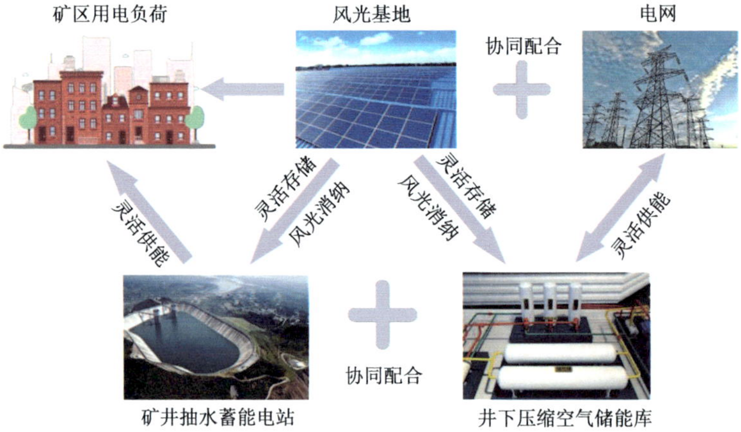

图 10-19 矿-网耦合辅助电网实现新能源消纳模式

矿区综合能源微网通过与外部电网的友好互动，灵活调节和管理新能源消纳，提高了可再生能源利用率，有效推动了能源结构优化和碳减排，为矿-网实现低碳发展目标做出了积极贡献。

二、矿-网互动实现矿区碳源防固

煤矿地下空间资源利用方式多样，通常可以进行储能，建设地下水库，改造为地下实验室、煤矿特色的地下旅游景点、煤矿地下博物馆、人防工程等，然而煤矿开采形成的地下空间同样具有封存 CO_2 潜力的层状矿产资源，因此煤矿地下空间可作为 CO_2 封存的天然场所。

煤矿深部不可采煤层 CO_2 地质封存作为 CCS 技术的重要方向，有望成为碳减排与煤层气高效开发的可行手段。由于煤体表面吸附 CO_2 能力大于 CH_4，因此当 CO_2 注入深部煤层后，在煤层孔隙中经过渗流、扩散，最终被煤体吸附。此外，煤炭开采会形成大量采空区，采空区自下而上形成的碎胀岩体发育的碎胀空隙构成了 CO_2 封存的潜在空间，因此矿区煤层及采空区碎胀岩体均具有封存 CO_2 的巨大潜力。采煤矿区 CO_2 地质封存流程[198]如图 10-20 所示。

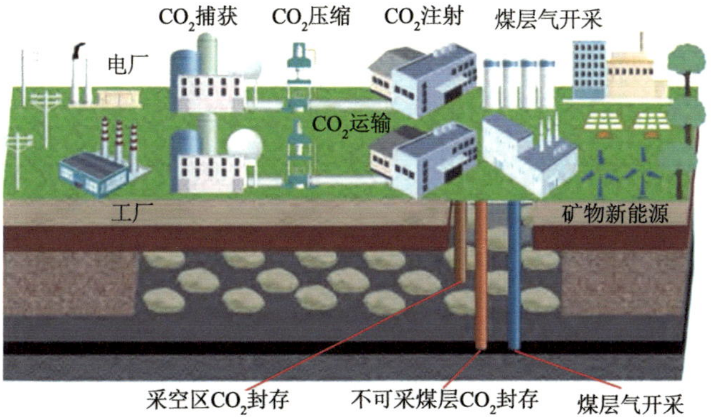

图 10-20 采煤矿区 CO_2 地质封存流程

碳捕集技术与矿区地下空间储碳技术的协同耦合，能够有效减少温室气体排放，在此基础上，矿区可积极参与电网侧碳市场，根据碳排放情况，购买和销售碳排放配额，如果矿区碳排放低于其分配的配额，可以将多余配额出售给碳市场，从而获得收益。因此，矿区可通过灵活管理矿区碳配额、健全煤炭行业低碳发展机制，在碳交易市场中寻求更多的经济效益。矿区综合能源微网通过碳市场与外部电网的友好互动，在有效推动矿区碳减排的同时，还有助于改变矿区能源结构，形成绿色、可持续生产的能源体系，对于矿区实现低碳经济运行具有重要意义。

未来，煤炭行业必须将碳中和目标纳入企业未来发展战略，提升矿区碳资产管理能力，在强化全生命周期碳循环动态监测的同时，积极适应气候变化下碳排放配额规则，主动参与碳排放权交易市场建设与煤炭行业碳排放实施方案的制定。

三、矿–网协同实现电网灵活调峰

煤炭资源丰富的地区，其太阳能、风能资源在全国的占比超过 80%，煤矿塌陷区建设风光基地能有效实现矿区新能源开发利用，在外部电网故障情况下保障矿区综合能源微网末端负荷能源供应。同时，可再生能源发电可作为辅助手段，参与电网调峰辅助服务市场中，灵活应对电力系统中负荷波动，以平衡电力供需，支持电网稳定运行。此外，煤矿地下空间储能系统同样能够在一定程度上辅助电网进行调峰，帮助平衡电网供需差异。外部电网电力需求增加时，地下空间储能系统根据其灵活运行特性灵活释放储存的能量，并将其转化为电能，满足电网新增负荷需求，实现电网调峰。

矿区积极发展可再生能源技术与地下空间协同储能技术，能够有效辅助外部电网进行调峰、显著降低燃煤机组调峰压力、提高电力系统运行灵活性、有效保护矿区生态环境，实现“双碳”目标下矿-网低碳循环发展。

第四节　综合能源微网资源演化利用与矿-网低碳化协同发展规划

一、矿区全生命周期资源演化与矿区-电网协调规划

煤矿全生命周期是指煤矿从开发、建设、运营到关闭及后续所有阶段所涉及的活动和过程，可大致分为规划期、建设期、投产期、达产期、稳产期、衰退期。煤矿在勘探开发、建设及运营阶段不同时间尺度上，煤矿伴生资源储量、分布情况等随着地质、环境、生产活动等因素的影响呈现动态演化趋势。以煤矿中期开采为例，随着煤炭的持续开采，井下工作面的新增与关闭、地质空间环境变化等都会引起煤炭伴生资源赋能特征、生产用能行为以及系统拓扑结构的改变。同时，赋煤区与新能源富集区高度重合，因此矿区资源全生命周期动态演化过程中，资源开采逐步向新能源开发衍生（图 10-21），煤矿能源输出由不可再生的煤炭能源向可再生能源的转变，使煤矿具备持续承载能源供给的能力。

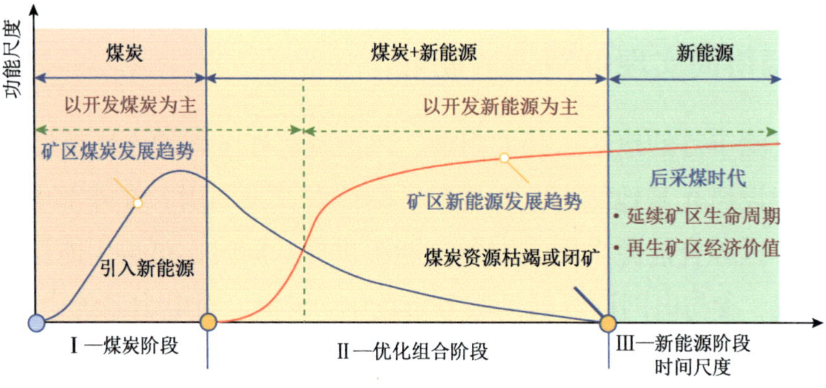

图 10-21　矿区全生命周期能源开发理念

煤矿动态资源演化导致全生命周期内煤矿运行场景的复杂多样性，加之

随着煤矿生产多环节能量输入与物质产出的差异性、生产及生活用能中各能流的强耦合特性，使得煤矿多环节物质-能量耦合传输链路愈加混杂不清。因此，在把握煤矿资源动态演化规律的基础上，需深入开展煤矿生产多环节物质-能量循环利用模式、耦合链路及拓扑构建方法的研究，加强煤矿物质生产与能源消费之间的联系，根据煤矿资源动态变化情况合理匹配源荷资源，协同煤炭、电力、热力、光伏发电、风电等不同能源系统的配置和集成，确保煤矿能源微网在电力供需、能源配置、市场交易等方面与煤矿整体能源系统相协调。在此基础上，建立矿区综合能源微网与电网协同规划模型，形成矿区微网综合能源体系演化路径及其不同阶段与电网的互动模式，矿-网协调规划对于提升矿区综合能源微网经济性、可靠性等具有重要价值。

二、绿色低碳能源体系与生态修复融合发展路径

煤矿资源随着开采年限的上升逐渐枯竭时，煤矿退出市场运行，但是仍存在大量可利用资源：地面空间资源可用于建设大型风光基地，有效提高可再生能源利用率；地下空间资源可用于建设新型储能示范项目（井巷空间空气压缩储能等），储能电站协调配合外部电网，实现可再生能源大规模消纳，同时在电力负荷高峰时，释放电能满足系统供电能量平衡，减少煤电供应比例，降低温室气体排放；废弃矿井区域还可根据其特殊的地形地貌，发展生态旅游业（矿山公园、博物馆、矿山酒店、游乐场等），如徐州潘安湖国家湿地公园，为企业创造经济价值。近年来，煤矸石、塌陷区、土地整治成为煤矿区生态修复融合发展路径的主线[194]，矿区生态修复能够保护生态环境、改善生态功能、实现资源的合理利用、有效促进社会可持续发展。

（一）煤矸石处置与减污降碳协同

2019～2021 年我国煤矸石产量约为 6.5 亿吨，现存大型煤矸石山 1500～1700 座，然而我国煤矸石综合利用率低。据统计，我国超过 1/3 的煤矸石山经历过自燃或当前正在自燃，煤矸石山自燃产生大量的 CO_2，成为不容忽视的碳排放源。煤矸石的经济化利用以及煤矸石山的复绿、复垦是煤矸石重要的科学处置方法，能够有效缓解土地资源浪费、生态环境污染和碳排放等问

题，是煤矿区减污降碳协同的重要应用方向。

国内外针对煤矸石山自燃机理、煤矸石中重金属元素析出、迁移及其生态环境影响开展了大量研究，为煤矸石山治理和煤矸石堆积区生态修复与土地复垦提供了依据，明确了针对不同类型、品质的煤矸石进行差异化处置和经济化、无害化利用的总体思路。充填采空区后复垦以及塌陷区“推平覆土”复绿是实现煤矸石原位处置的最佳路径，可以有效降低煤矸石利用过程中的运输成本，增加煤矿区生态碳汇。目前，煤炭开采过程中将煤矸石有效分离并直接回填至采空区的充填开采技术已得到推广应用。煤矸石生态修复路径如图 10-22 所示。

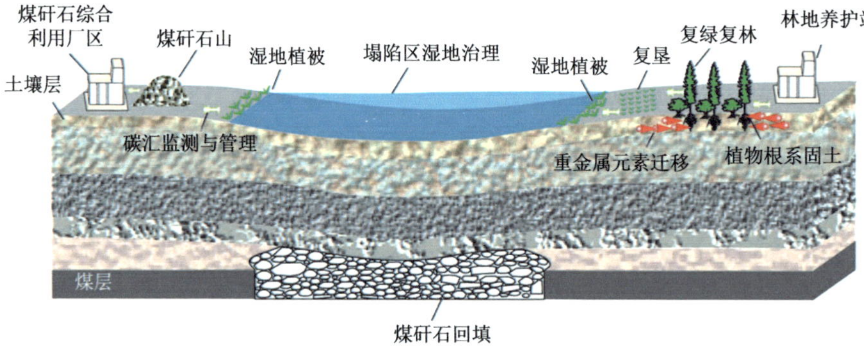

图 10-22　煤矸石生态修复路径

（二）煤矿塌陷区治理

煤矿塌陷区治理是指针对煤矿开采过程中引起的地表塌陷等问题，采取一系列措施进行治理和修复，以恢复受损的地表和地下环境，保障周边地区安全和稳定。煤矿塌陷区治理主要包括以下内容。

（1）地质调查和评估：对煤矿塌陷区进行全面的地质调查和评估，了解地质构造、地层分布等，为后续治理工作提供科学依据。

（2）表层土地修复：对煤矿塌陷区地表沉降、开裂等问题进行修复，实施生态修复和绿化工程，重建受损的生态系统，通过植树造林、湿地恢复、草原修复、土壤改良、地表平整等方式，提高植被覆盖率，改善生态环境。

（3）科学管理和规划：在塌陷区生态修复的基础上，制定科学的煤矿塌陷区治理规划和管理办法，明确责任部门和治理措施，加强对治理过程的监督和评估，确保治理工作的有效实施和长期维护。

煤矿塌陷区生态治理模式如图 10-23 所示。塌陷区治理具有重要意义，能够恢复受损的生态系统、改善土壤环境、提高土壤和水质质量，同时塌陷区治理还能有效促进农业、林业、畜牧业等产业的发展，积极推动地方经济持续健康发展。

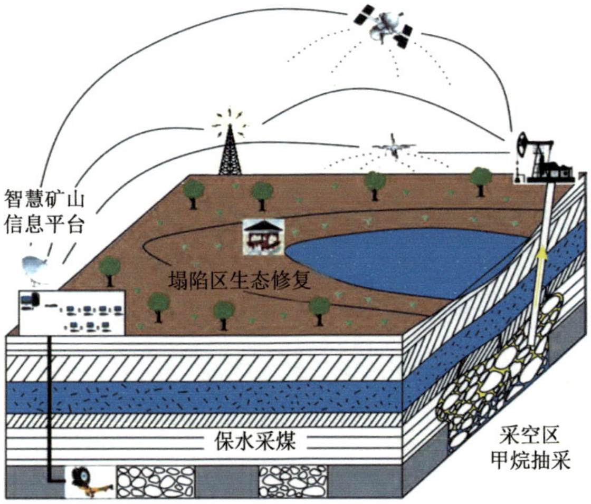

图 10-23 煤矿塌陷区生态治理模式

（三）煤矿土地整治利用与增汇固碳

根据煤矿区土地破坏程度及土地利用类型，煤矿区土地整治利用可划分为矿区耕地复垦、矿区景观规划、矿区湿地规划和地表整修等方式及其相互交叉的综合整治方式，并衍生出了矿区土壤增汇、森林增汇等不同类型的增汇固碳模式。

煤矿区土地整治主要采用因地制宜的基本思路，按照以自然恢复为主、效益最大化的原则，对耕地资源、景观规划、湿地和平整地规划进行统筹实施。除森林、湿地碳汇外，煤矿区综合性土地整治利用还包括煤矿区土壤碳汇，重点围绕煤矿区秸秆还田对土壤固碳能力的影响、土壤有机碳演化规律及监测、土壤固碳稳定性评价及不同植被组合对土壤固碳能力的影响与提升等开展研究。煤矿区土地整治可以有效恢复受损的土地生态环境，提高土地的生态功能和生产力，实现土地资源的可持续利用和生态环境的保护。矿区土地资源生态修复路径[199]如图 10-24 所示。

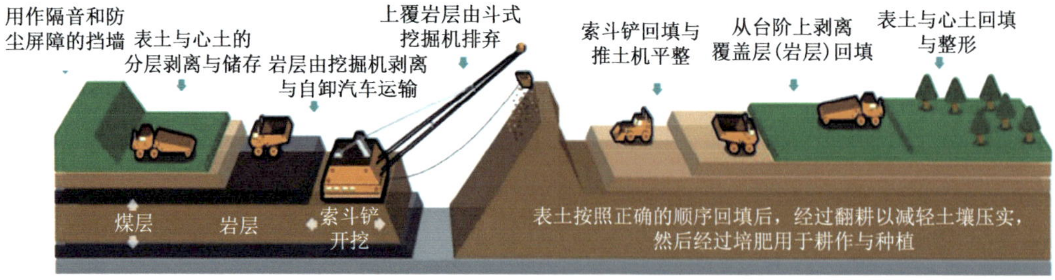

图 10-24 矿区土地资源生态修复路径

在当前生态文明建设背景下，矿区生态环境保护与生态修复成为热点。因此，需综合评估废弃矿井多能融合综合发展规划需求，科学合理开发管理废弃矿井资源，构建可实现矿区资源化开发利用、新能源利用与生态修复为一体的绿色能源低碳体系。未来，矿区生态修复将继续完善地质、安全、信息、综合保障系统升级与智能化改造，实现区域化自主决策与协同，构建现代煤矿智慧系统，形成科学绿色开发的新型煤炭产业链。

第五节 煤矿区综合能源微网架构及低碳运行优化

为了抑制全球气温升高、应对全球气候变化，世界各国在控制和减少温室气体排放方面采取积极行动，我国也正式提出了“双碳”目标。然而，受制于以煤为主体的能源结构，我国碳减排压力极大[200]。富煤、贫油、少气是现实国情[201]，在未来较长时期内，以煤为主的能源结构较难改变，煤炭在能源安全中仍然发挥着兜底保障作用[202]。受“双碳”目标驱动，未来煤炭行业的发展将由“扩能保供、满足居民用煤”逐步转向“高质量地开发利用煤炭、满足居民美好生活需求”，有序降低煤炭能源消耗、加快煤炭开发利用的低碳化进程成为重要趋势。

在煤炭开采、运输、转换、利用的全生命周期内，开采是产生碳排放的重要环节。尽管煤炭开采过程的碳排放仅占煤炭全生命周期碳排放的10%[203]，但作为工业过程所消耗的能源是相当可观的。2020 年，我国煤炭开采过程用能碳排放量为 2.57 亿吨，且吨煤电耗碳排放在 2010～2022 年不断增长[204]。为此，需要高度重视煤炭开采过程的低碳化。《关于印发煤炭工业发展“十三五”规划的通知》[205]提出，因地制宜推广充填开采、保水开采、煤与瓦斯共采、矸石不升井等绿色开采技术。《关于完善能源绿色低碳转型体制机制和政策措施的意见》[206]要求，建立煤矿绿色发展长效机制，开展煤矿资源综合利用及矿区生态治理与修复，支持煤矿充填开采技术推广应用。整体上，煤矿区绿色低碳发展成为极具现实意义的技术与应用课题。

行业机构、专家学者就煤矿区绿色低碳发展开展了前瞻研究，如构建煤矿"减碳"有机体系、提出煤矿低碳运行动态优化模式[207]，支持煤炭与其他能源深度耦合发展、形成煤炭清洁利用新模式[208]，明确煤及共伴生资源精准协同开发、煤炭清洁高效利用、碳中和科学发展等创新方向[209]。虽然已有研究关注到煤矿区多能源共采、多能耦合发展的低碳潜力，但理论支撑不够充分、具体方案有待深化，制约了煤矿区新能源和伴生能源整合利用的推进程度。综合能源微网作为一种智慧型能源综合利用的区域网络，能够支持实现一定区域内电、冷、热、气等能源的高效集成，可为解决上述问题提供新的解决方案。

结合煤炭行业发展背景、煤矿区绿色低碳发展需求，本节将综合能源微网技术拓展应用到煤矿区，提出煤矿区综合能源微网架构并梳理关键技术，建立煤矿区的物质流–能量流–碳流枢纽（MECH）模型，开展煤矿区综合能源微网碳能协同低碳运行优化，形成综合能源微网视角下煤矿区低碳化转型发展建议。

一、煤矿区综合能源微网的发展背景

（一）煤矿区综合能源微网应用的基本需求

当前，煤矿区绿色低碳发展尚处起步阶段，相关研究和应用存在一些问题。一是各类能源孤立地进行开发利用。我国煤矿单位产值能耗偏高，而矿井瓦斯、矿井余热等伴生能源未能得到充分利用。例如，煤矿瓦斯的综合利用率仅为 38.2%，大量的瓦斯直接被排空[210]。实际上，煤矿区可获取的能源种类多样，如风、光等新能源，煤层气，矿井涌水等；但因矿区各单位的隶属关系及性质不同，难以从系统角度统筹多种能源的开发与利用[211]，致使能源多为孤立开发利用，带来了能源综合利用率低、用能碳排放高的情况。二是物质流、能量流、碳流的耦合关系复杂。随着煤矿区内综合能源微网的组成结构趋于复杂和多元，电、冷、热等能量流与瓦斯、矿井涌水等物质流高度耦合，加之不同能量流、物质流的碳排放特性差异明显，产生了极为复杂的物质流、能量流、碳流耦合关系。煤矿区内多能源综合利用与碳减排的协同互济，成为未来煤矿区实现低碳运行的瓶颈环节。

综合能源微网明显改变传统配电网单一电力潮流的拓扑结构，集成连接在配电网下的分布式新能源、储能与负荷，进而开展整体设计与协同运行，将显著增强配电网与用户的能量互动性，最大化地促进新能源就地消纳。《“十四五”现代能源体系规划》提出，发展以消纳新能源为主的智能微网，实现与大电网的兼容互补[212]。过去 20 年，在 973 计划、863 计划、国家重点研发计划等项目的支持下，微网技术研究与工程应用取得重大突破[213]。然而，我国煤矿区的微网技术应用水平不高，煤矿能源的供给仍然依赖外部电网的电力和煤炭的燃烧发电，导致煤矿区大量的风、光、热、气等综合能源未能得到有效利用。

（二）煤矿区综合能源微网应用的基础条件

发挥煤矿区所具有天然的资源优势，由综合能源微网集成连接风、光、水、热、气等能源资源，将促进多种能源高效利用并为多类型负荷可靠供能，从而充分发挥煤矿区综合能源的节能减碳潜力，带来显著的经济社会和环保效益。

1）风、光等新能源

我国太阳能和风能资源丰富，具有明显的地区差异性。太阳能具有西部地区多于中东部地区，高原、少雨干燥地区多，平原、多雨高湿地区少的分布特点[214]。风能在东北地区东部、内蒙古自治区中东部、新疆维吾尔自治区北部和东部、甘肃西部和北部、青藏高原等区域最为密集。基于 2022 年我国太阳能、风能分布以及煤矿分布情况分析，我国大部分煤矿聚集区都具有较丰富的太阳能和风能资源[215]。这就为构建煤矿区综合能源微网、实现煤矿区清洁用能奠定了能源基础。

2）煤矿区伴生能源

一是煤矿瓦斯。在煤炭开采过程中，常产生大量的煤矿瓦斯。我国深埋在 2000 米及以上的瓦斯气体资源总量约为 8×10^{12} 立方米，几乎与陆地上常规天然气的资源总量相当[216]。对煤矿瓦斯加以利用，为煤矿区供电和供热，具有充足的资源条件。瓦斯中的主要成分 CH_4 是强温室气体，具有较 CO_2 更为显著的增温效益。我国煤炭开采过程中的 CH_4 排放量约占全国总排放量的 40%[217]，开展 CH_4 清洁利用可带来显著的减排潜力。

二是矿井涌水。在煤矿生产过程中，大量的矿井涌水从矿井底部水仓涌至地面，携带着丰富的热能。在深度为 1 千米的矿井中，矿井涌水的温度通常为 45～65 摄氏度，部分地区的涌水温度超过 70 摄氏度[218]。相比来自自然含水层的取水，矿井采矿产生的岩石和地下水之间具有更大的热交换面积，加之矿井的渗透性良好，有利于产生大量的地下水。

三是空气热。为了确保矿井生产安全，必须对矿井进行通风，通风量基本保持恒定。受地热作用后，矿井回风中蕴藏着大量的空气热。通常，煤矿深度每增加 30 米，回风温度就会升高 1 摄氏度[219]；矿井回风的热资源具有温度恒定的优点，是较为稳定的余热资源，可满足煤矿区用热需求，具有很高的开发价值。

二、煤矿区综合能源微网架构及其要素

（一）煤矿区综合能源微网架构

本研究从煤矿区新能源和伴生能源综合利用角度出发，提出了煤矿区综合能源微网架构（图 10-25），这一架构涵盖了能源供应、转换、存储、需求

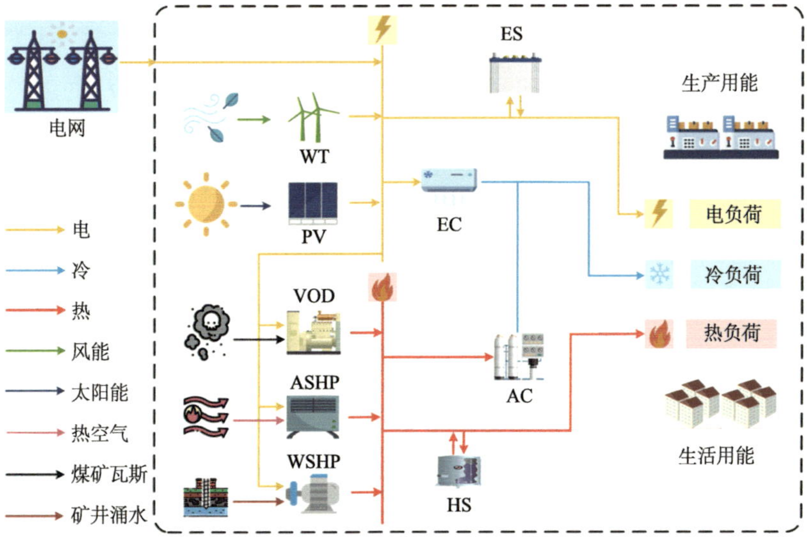

图 10-25　煤矿区综合能源微网架构

等环节。其中，电能供应包括电网、风力发电、光伏发电，热能供应包括煤矿瓦斯、热空气、矿井涌水；能源转换设备包括光伏机组（PV）、风电机组（WT）、瓦斯蓄热氧化装置（VOD）、空气源热泵（ASHP）、水源热泵（WSHP）、电制冷（EC）、吸收式制冷（AC）；能源存储设备包括电储能（ES）、热储能（HS）；能源需求包括电、冷、热等类型的负荷。

煤矿区综合能源微网相比传统的供能模式具有三方面的新特征。①集成高效。集成了风、光等新能源以及瓦斯、地下水热、空气热等伴生能源，可实现多种形式能源之间的互补协同，在满足多元化用能需求的同时提高能源综合利用率。②灵活可调。多能互补特性和储电、储热等储能装置赋予了其灵活可调能力，构成了稳定、清洁、高效的供能系统，可满足电、冷、热等多种用能需求。从电网的角度看，等效于电网中的发电机或负荷，又是功率可调、具有模块化特征的整体单元。③低碳环保。在煤矿区生产和生活负荷得到满足的前提下，优先利用环保性更高的新能源和伴生能源，切实降低对煤炭发电和电网供电的依赖，从而降低煤矿区的用能碳排放。

（二）煤矿区综合能源微网要素分析

煤矿区综合能源微网集成了新能源发电、储能、能量优化调度等方面的关键技术，用于协调特性各异的多种异质能源，实现多能源协同互补，进而提高煤矿区能源综合利用水平。

1）新能源发电

煤矿区的煤炭开采不可避免地造成区域性土地塌陷。我国 23 个省份的 151 个县市，采煤沉陷区的总面积超过 3×10^7 亩[220]。在采煤沉陷区发展风电、光伏发电，可以有效利用被破坏的闲置土地，改善煤矿区能源结构以降低碳排放。部分地区结合当地采煤沉陷区现状、系统调节消纳能力等情况，推动利用采煤沉陷区发展光伏工作[204]；已有多处“风电光伏+采煤沉陷区治理”项目开始运行（表 10-7）。

表 10-7 “风电光伏+采煤沉陷区治理”项目

地点	名称	概况
福建大田	大田矿区“特色光伏小镇”[221]	2016 年启动，在废弃矿山上建设光伏发电项目，重新利用的煤矿区舍弃土地约 150 亩

续表

地点	名称	概况
安徽淮南	潘阳漂浮式光伏[222]	对于煤矿区地面下沉形成的沉陷水域，上层安装漂浮式光伏发电组件，下层开展水产养殖，运营期内可节省 4.1×10^5 吨标准煤，减少排放 1.222×10^6 吨 CO_2
广东平远	东石镇废弃铁矿区光伏电站[223]	总投资约 4.5 亿元，在原尖山矿区租赁 1645.5 亩土地，建设 50 兆瓦光伏发电项目
安徽阜阳	新能源大型风光储基地[224]	利用闲置煤矿塌陷区建设新能源大型风光基地，包括 650 兆瓦光伏电站、550 兆瓦风电场、300 兆瓦时/600 兆瓦时储能电站

2）储能

与传统微网相比，煤矿区综合能源微网在面临风、光等新能源出力波动的不确定性以外，还面临因矿井环境及地质条件复杂、生产设备检修等因素干扰而带来的能源和生产用能不确定性。煤矿区综合能源微网中，需要提高生产用能负荷与新能源、伴生能源的匹配度，降低煤矿区多重不确定性对系统安全稳定运行的不利影响。但煤矿区对井筒保温、井下制冷、矿井供电等类型的能源有着独特而刚性的需求，安全性要求最高，可调节的柔性负荷较少。为此，在不改变用能需求的前提下，利用储能技术平移负荷，可促进新能源和伴生能源的利用与消纳，维持系统能源供需平衡、保障供能质量、减少对电网供电的依赖。

现有的煤矿区储能技术，除铅酸电池、锂离子电池、钠硫电池等电化学储能[225]，显热、潜热、热化学储热等储热储冷形式[208]之外，还包括结合煤矿区地质特征发展起来的矿井储能，如煤矿区抽水蓄能、压缩空气储能等。抽水蓄能是煤矿区常用的物理储能方式，具有使用寿命长、效率高、成本低等优点。煤矿区抽水蓄能技术发展条件相对明确，涌现出了煤矿地下水库、矿井水循环利用与抽水蓄能发电一体化等技术构想[226]。压缩空气储能主要采用煤矿区可再生能源或电网负荷低谷时的剩余电力，对采空区空气进行压缩，随后在用电高峰时释放高压空气发电，为废弃煤矿地下空间的进一步开发利用创造需求。废弃煤矿地下储能库建设、地下储能库密封性及稳定性、废弃煤矿地下空间压缩空气储能实施挑战等获得了深入研究[227]。

3）伴生能源利用

近年来，煤矿区的瓦斯、地下涌水、空气热等伴生能源利用课题受到较多关注。受不同瓦斯开发方式及开发阶段的影响，煤矿瓦斯浓度分布范围较广，需要针对性开展利用[228]。我国初步形成了全浓度利用技术体系，如浓度＞30%的瓦斯采用深冷液化提纯，浓度为8%～30%的瓦斯采用发电，浓度＜8%的瓦斯采用蓄热氧化[229]。瓦斯深冷液化提纯基于瓦斯气体成分在不同气压条件下的沸点差异性，在低温低压条件下分离出 CH_4 与其他氮氧化物[230]。瓦斯发电是指将浓度为8%～30%的瓦斯经稳浓脱水处理后送入发电机进行燃烧发电[231]。瓦斯蓄热氧化是指将浓度＜8%的瓦斯经混配稳浓处理后送入蓄热氧化装置产生热能[232]，逐渐成为处理极低浓度瓦斯的主流技术形式。

在煤矿区空气热和涌水热利用方面，主要采用热泵将矿井回风、井下涌水中的低热源转换为可利用的高位热能，以此实现其余热再利用。对于矿井回风空气热，可采用空气源热泵提取乏风中的空气热；根据回风是否直接引入热泵，将空气源热泵取热分为直蒸式和间蒸式两种[233]。对于矿井涌水热，可采用水源热泵消耗电能，将水中的低位热能吸收并转化为高位热能，相应处理是目前煤矿区低温余热利用的最有效形式[234]。

4）多能耦合转换

煤矿区综合能源微网中，源端不同能源资源之间具有时空分布的显著差异性。通过多能耦合转换技术，实现风、光、电、热、气等资源的协同，以此提高煤矿区综合能源微网的灵活调节能力。

以煤矿区综合能源微网架构为例，风电、光伏发电、电网购电等，既可为电负荷提供电能，也可通过电制冷转化为冷能供冷负荷使用；瓦斯蓄热氧化产生的热能以及涌水热、空气热，既可为热负荷供热，也可通过吸收式制冷转化为冷能供冷负荷使用。多能耦合转换技术实现煤矿区综合能源微网中多种异质能源之间的协调互补，更好地满足多元化用能需求，提高能源综合利用效率。

5）能量优化调度

能量优化调度指根据分布式电源出力预测、微网用能需求等数据，按照特定的优化目标和约束条件来制定微网运行的调度策略；通过对分布式电源、储能设备、负荷的灵活调度，实现综合能源微网在特定目标下的优化运行。综合能源微网的能量优化调度旨在充分挖掘不同能源之间的互补替代性，以多种能源互补协同来提高能源利用效率，这与传统能源系统中各类能源相互独立运行存在显著区别。拓展微网能量优化调度技术应用，通过灵活调度风、光、地下涌水、空气热、瓦斯等能源，增强煤矿区的能源供需平衡能力。

针对煤矿区能量优化调度的研究已经开展。根据煤矿资源禀赋及地质特征，将电转气与瓦斯存储利用相结合，构建含电转气–瓦斯掺混的煤矿多资源循环利用架构；面向以煤炭伴生资源为主的不确定性波动，提出了基于信息间隙决策理论的系统鲁棒调度策略，用于电转气煤矿多能互补研究[235]。构建了基于光–储–气–废弃矿井抽蓄的多能耦合矿山多能互补系统，发展了考虑总运行成本、弃光量最小化的多目标优化调度技术[236]。然而，厘清煤矿区多能源与碳排放的耦合机理、发挥碳能协同潜力等研究仍待深化。

三、煤矿区综合能源微网碳能协同低碳运行优化

本研究面向煤矿区综合能源微网碳能协同状态下低碳运行优化的应用需求，考虑克服已有研究中的薄弱环节，在能源枢纽（EH）模型的基础上，统一建模煤矿区的物质流、能量流、碳流，构建了煤矿区综合能源微网 MECH 模型，以更深刻地描述物质流、能量流、碳流的复杂耦合关系。

（一）煤矿区综合能源微网 MECH 模型

煤矿区综合能源微网架构（图 10-25）MECH 模型涵盖物质流、能量流、碳流，其中物质流包括瓦斯、热空气、矿井涌水，能量流包括电能、热能，碳流包括风电和光伏发电机组碳排放、各耦合设备碳排放、源自电网购电的碳排放。MECH 模型表示如下：

$$\boldsymbol{C}=\begin{bmatrix} C_1 \\ C_2 \\ \vdots \\ C_m \end{bmatrix}=\begin{bmatrix} D_1 \\ D_2 \\ \vdots \\ D_m \end{bmatrix}\circ\begin{bmatrix} R_1 \\ R_2 \\ \vdots \\ R_m \end{bmatrix}=\boldsymbol{D}\circ\boldsymbol{R} \tag{10-1}$$

式中，D_k 为耦合设备 k 的能流输出，k=1，2，…，m 分别代表 VOD、ASHP、WSHP、EC、AC；R_k 为耦合设备 k 的全生命周期碳排放系数；C_k 为 D_k 对应的碳排放量；“∘”为阿达马（Hadamard）乘子，表示两个相同维度的向量对应元素相乘。各个耦合设备数学模型不再赘述，详见文献[237]。

由耦合设备数学模型、EH 模型，可得耦合设备能流输出 $\boldsymbol{D}$ 与系统能量流及物质流输入的关系：

$$\boldsymbol{D}=\left[\begin{array}{ccc|ccc} s_{11} & \cdots & s_{1a} & s_{1(a+1)} & \cdots & s_{1(a+b)} \\ s_{21} & \cdots & s_{2a} & s_{1(a+1)} & \cdots & s_{2(a+b)} \\ \vdots & \ddots & \vdots & \vdots & \ddots & \vdots \\ s_{m1} & \cdots & s_{ma} & s_{m(a+1)} & \cdots & s_{m(a+b)} \end{array}\right]\cdot\left[\begin{array}{c} E_1 \\ \vdots \\ E_a \\ \hline M_{a+1} \\ \vdots \\ M_{a+b} \end{array}\right]=\boldsymbol{S}\cdot\boldsymbol{G} \qquad (10\text{-}2)$$

式中，$\boldsymbol{G}$ 为物质流及能流输入向量；$\boldsymbol{S}$ 为各设备能流输出与系统物质流及能流输入关系的耦合矩阵；E_i 为输入系统的能量流，i=1，2，…，a；M_i 为输入系统的物质流，i=a+1，…，a+b；s_{ki} 为耦合设备 k 输出与第 i 个物质流或能流输入的耦合系数。

（二）基于 MECH 的煤矿区综合能源微网碳能协同运行优化模型

利用MECH模型可得煤矿区综合能源微网物质流或能流变化引起的碳流变化规律，据此构建节能降碳协同的煤矿区综合能源微网运行优化模型：

$$\begin{cases} \min f = f_{\mathrm{p}} + f_{\mathrm{m}} + f_{\mathrm{b}} + f_{\mathrm{c}} \\ f_{\mathrm{p}} = \sum\limits_{t=1}^{T} c_{\mathrm{e},t} P_{\mathrm{e},t}^{\mathrm{grid}} \Delta t \\ f_{\mathrm{m}} = \sum\limits_{t=1}^{T} \Delta t \left(\sum\limits_{k=1}^{m} \mu_k D_{k,t} + \mu_{\mathrm{PV}} P_{\mathrm{e},t}^{\mathrm{PV}} + \mu_{\mathrm{WT}} P_{\mathrm{e},t}^{\mathrm{WT}} + \mu_{\mathrm{ES}} P_t^{\mathrm{ES}} + \mu_{\mathrm{HS}} P_t^{\mathrm{HS}} \right) \\ f_{\mathrm{b}} = \sum\limits_{t=1}^{T} \Delta t \left(\sum\limits_{k=1}^{m} \omega_k D_{k,t} + \omega_{\mathrm{PV}} P_{\mathrm{e},t}^{\mathrm{PV}} + \omega_{\mathrm{WT}} P_{\mathrm{e},t}^{\mathrm{WT}} + \omega_{\mathrm{ES}} P_t^{\mathrm{ES}} + \omega_{\mathrm{HS}} P_t^{\mathrm{HS}} \right) \\ f_{\mathrm{c}} = \lambda_{\mathrm{c}} C_{\mathrm{CO_2}} \end{cases} \qquad (10\text{-}3)$$

$$C_{\mathrm{CO_2}} = \sum_{t=1}^{T} \Delta t \left(R_{\mathrm{e}} P_{\mathrm{e},t}^{\mathrm{grid}} + R_{\mathrm{PV}} P_{\mathrm{e},t}^{\mathrm{PV}} + R_{\mathrm{WT}} P_{\mathrm{e},t}^{\mathrm{WT}} + \sum_{k=1}^{m} C_{k,t} + R_{\mathrm{ES}} P_t^{\mathrm{ES}} + R_{\mathrm{HS}} P_t^{\mathrm{HS}} \right) \qquad (10\text{-}4)$$

式中，f_{p}、f_{m}、f_{b}、f_{c} 分别为购电成本、设备维护成本、设备折旧成本、碳排放成本；T 为总时段数；Δt 为间隔时间；$c_{\mathrm{e},t}$ 为 t 时刻的电价；$P_{\mathrm{e},t}^{\mathrm{grid}}$ 为 t 时刻的购电功率；μ_k、μ_{PV}、μ_{WT}、μ_{ES}、μ_{HS} 分别为设备 k、光伏、风机、ES、HS 的单位功率维护成本；$D_{k,t}$、$P_{\mathrm{e},t}^{\mathrm{PV}}$、$P_{\mathrm{e},t}^{\mathrm{WT}}$、$P_t^{\mathrm{ES}}$、$P_t^{\mathrm{HS}}$ 分别为 t 时刻设备 k、光伏、风机、ES、HS 的实际出力；ω_k、ω_{PV}、ω_{WT}、ω_{ES}、ω_{HS} 分别为设备 k、光伏、风机、ES、HS 的折旧成本系数；λ_{c} 为碳排放成本系数；$C_{\mathrm{CO_2}}$ 为系统碳排放总量；R_{e}、R_{PV}、R_{WT}、R_{ES}、R_{HS} 分别为电网购电、光伏发电、风电、ES、

HS 的全生命周期碳排放系数；$C_{k,t}$为 t 时刻耦合设备 k 的碳排放量。

式（10-1）～式（10-4）中，设备的碳排放系数均是根据其全生命周期碳排放折算的单位功率碳排放系数。将各个设备的生命周期划分为设备生产、运输、建设、运行、退役等环节，分别核算各环节的碳排放量，累加可得全生命周期的碳排放总量[238]，最终将各个设备的全生命周期碳排放总量与总发电量或耗电量的比值作为其单位功率碳排放系数。各设备的全生命周期碳排放系数核算方式不再赘述，详见文献[239]。

优化约束条件包括 MECH 等式约束[即式（10-1）和式（10-2）]、电冷热平衡约束、设备功率约束、电储能约束、热储能约束等[240]。构建的煤矿区综合能源微网碳能协同低碳运行优化模型属于线性优化问题，故可采用单纯形法进行求解[241]，相应算法流程如图 10-26 所示。

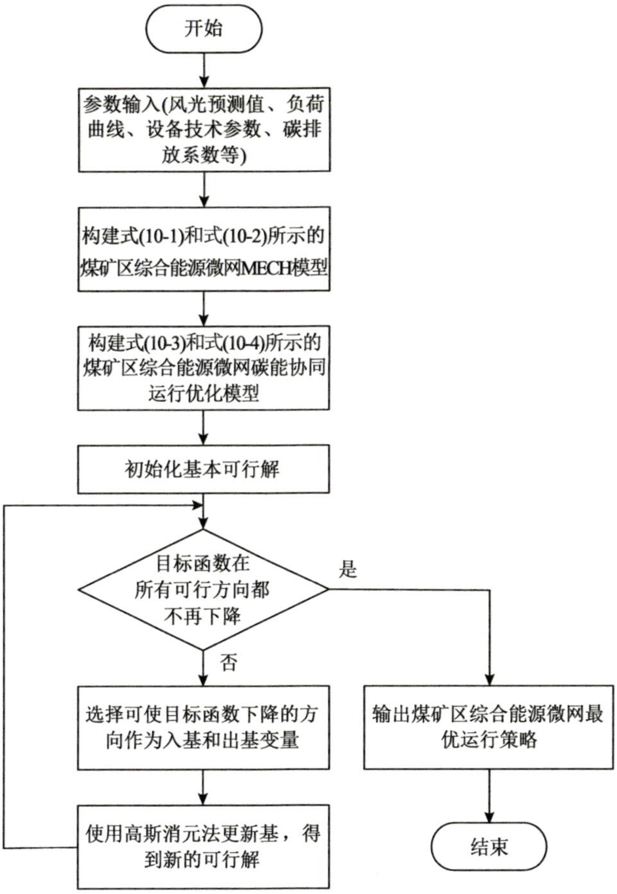

图 10-26　煤矿区综合能源微网碳能协同低碳运行优化流程

（三）煤矿区综合能源微网碳能协同运行优化模型应用结果分析

针对典型的煤矿区综合能源微网架构，完成了基于 MECH 的碳能协同运行优化分析。系统设定中，电负荷需求包括采煤工作面、掘进工作面、办公及生活区等处的用电；热负荷主要有工业厂房采暖、行政建筑采暖、浴室等低品位热能需求。采用锂离子电池储能，显热存储等技术方案[242]。系统运行优化的周期为 1 天，即总时段 T=24 小时，间隔时间 Δt=1 小时。在煤矿区的电冷热负荷、风电、光伏、伴生能源预测方面，对大量的历史数据进行场景缩减，得到典型日场景数据（图 10-27）[243]。各设备的技术参数、全生命周期碳排放系数，分时电价，其他参数等详见文献[242]。

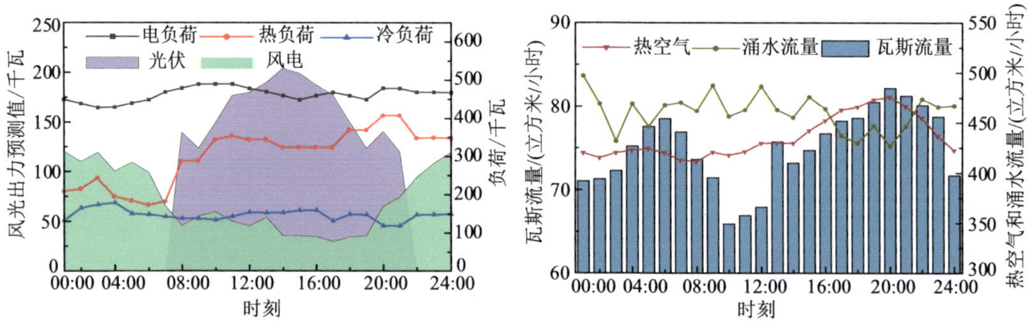

(a)典型场景的负荷、风电和光伏出力预测值　　(b)煤矿区伴生能源预测值

图 10-27　煤矿区电冷热负荷、风电、光伏、伴生能源预测值

为了验证可再生能源发电、储能装置在煤矿区综合能源微网运行优化中的作用，设置了多种场景（表 10-8）。不同场景下煤矿区综合能源微网的购电成本、维护成本、碳排放量如表 10-9 所示。对比场景 Ⅰ 和 Ⅱ 可见，安装 PV 降低了 1730.62 元的运行成本、2871.97 千克的碳排放量。对比场景 Ⅰ 和 Ⅲ 可见，安装 WT 降低了 1040.48 元的运行成本、2343.4 千克的碳排放量。对比场景 Ⅰ 和 Ⅳ 可见，同时安装 PV 和 WT，可降低 2806.06 元的运行成本、5720.23 千克的碳排放量，相应收益大于分别安装 PV 和 WT，表明同时安装 PV 和 WT 具有协同增效作用。对比场景 Ⅰ 和 Ⅴ～Ⅶ 可见，安装 ES、HS 也可降低运行成本和碳排放量，同时安装 ES 和 HS 也具有协同增效作用。

表 10-8　在煤矿区综合能源微网运行的场景设置

场景	WT	PV	ES	HS	耦合设备（VOD、ASHP、WSHP、EC、AC）
Ⅰ	✓	✓	✓	✓	✓

续表

场景	WT	PV	ES	HS	耦合设备（VOD、ASHP、WSHP、EC、AC）
Ⅱ	✓	×	✓	✓	✓
Ⅲ	×	✓	✓	✓	✓
Ⅳ	×	×	✓	✓	✓
Ⅴ	✓	✓	×	✓	✓
Ⅵ	✓	✓	✓	×	✓
Ⅶ	✓	✓	×	×	✓

注：✓表示该场景下安装了该设备；×表示该场景下未安装该设备

表 10-9　各场景下煤矿区综合能源微网的运行成本和碳排放量

场景	运行成本/元	购电成本/元	维护成本/元	折旧成本/元	碳排放量/千克
Ⅰ	8236.88	7199.46	266.05	99.57	9115.12
Ⅱ	9967.50	8826.53	193.64	76.94	11987.09
Ⅲ	9277.36	8147.32	215.25	80.95	11458.52
Ⅳ	11042.94	9774.42	142.85	58.32	14835.35
Ⅴ	8417.61	7333.56	260.38	92.02	9980.67
Ⅵ	8349.63	7287.64	262.21	94.56	9598.52
Ⅶ	8488.69	7377.92	256.03	86.74	10506.36

为进一步体现 PV、WT、储能装置对煤矿区综合能源微网运行策略的影响，本文对比了场景Ⅰ和Ⅳ下系统的电能供需情况（图 10-28）。场景Ⅰ中 00:00～06:00、20:00～24:00 时段，系统主要采用风电供能，在不足以满足负荷用电需求时辅以电网购电；在 07:00～19:00 时段，利用风电、光伏发电互补可完全满足系统的用电需求，无须再向电网购电；电储能在光伏发电的出力高峰期（08:00～13:00）充电，在新能源出力不足时段（19:00～24:00）放

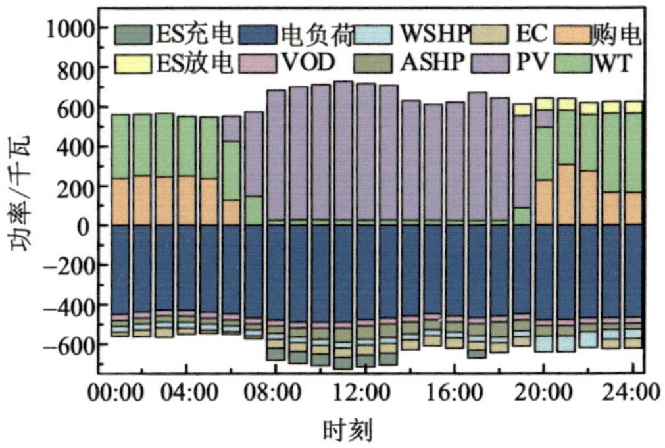

(a)场景Ⅰ

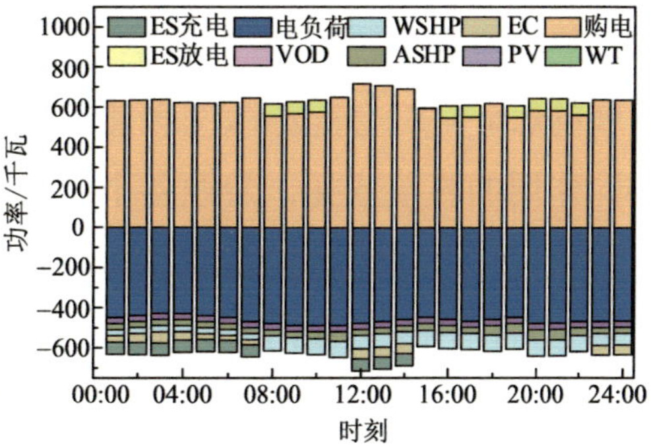

(b)场景Ⅳ

图 10-28　场景Ⅰ和Ⅳ下系统电能供需情况对比

电，提高光伏消纳能力。而场景Ⅳ中，系统用电全部依赖于电网，仅靠电储能在电价低谷时段（00:00～07:00）充电，并在电价较高时段（12:00～14:00）放电，可在一定程度上辅助降低购电成本。

由 MECH 模型得到的场景Ⅰ下各设备碳排放量如图 10-29 所示，可见煤矿区综合能源微网的碳排放主要源自电网购电。当 08:00 电负荷开始增长时，购电碳排放量下降，这是因为光伏发电出力增加，系统以低碳排放的光伏发电代替了高碳排放的电网供电，降低了系统的碳排放量。WSHP 碳排放量自 08:00 开始增长，而 VOD、ASHP 的每小时碳排放量几乎保持不变。这是因为，当热负荷增加时，尽管 VOD、WSHP、ASHP 都可为负荷供热，但是系统优先选择碳排放较低的 WSHP 出力，以尽可能减少因负荷增长带来的碳排放。因此，优化煤矿区综合能源微网的运行过程，可充分考虑各个设备的碳能耦合关系，获得低碳经济的运行成效。

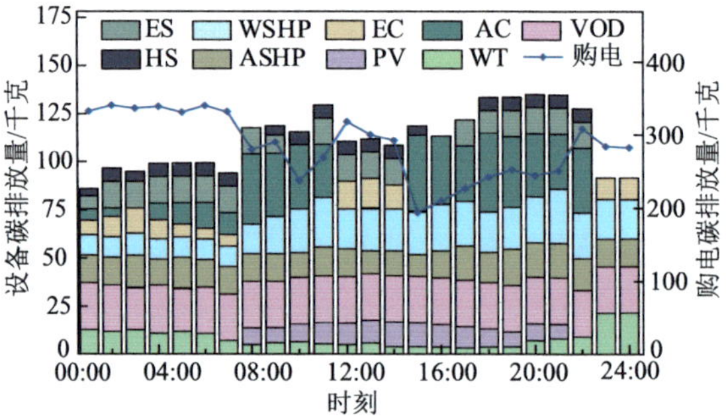

图 10-29 由 MECH 模型得到的场景Ⅰ下各设备碳排放量

煤矿区综合能源微网的 MECH 模型是对煤矿区物质流、能量流、碳流之间复杂耦合关系的良好表征，得到的煤矿区综合能源微网物质流或能流变化引起的碳流变化，为煤矿区综合能源微网碳能协同运行优化提供了模型支撑。发展的煤矿区综合能源微网碳能协同低碳运行优化技术，是发挥煤矿区碳能协同作用的直接依托，兼顾各个设备的能效与碳排放特性以进行能源梯级利用，切实提升煤矿区用能的经济性和环保性。基于发展背景、架构与要素、低碳运行优化等方面的研究梳理，提出我国煤矿区综合能源微网的发展建议如下。

一是加强煤矿区新能源与伴生能源的整合利用，加快构建煤矿区综合能源微网。以电网供电为主的煤矿区传统供能模式与发展趋势不相适应，需要挖掘煤矿区综合能源资源禀赋，构建煤矿区综合能源微网。能源整合利用不是多种能源及用能过程的简单组合与叠加，而是重在能源替代、能源转化品位对口互补，引入蓄热氧化装置、多类型热泵、电制冷等耦合设备，在系统层面上进行不同品位能源的综合互补利用，促进矿区能源结构的优化革新。在保障用能需求的前提下，尽快实现新能源、伴生能源对常规能源的替代，最大限度地节约常规能源。

二是综合考虑煤矿区的物质流、能量流、碳流，规模化应用煤矿区综合能源微网碳能协同运行优化技术。在煤矿区综合能源微网运行的优化过程中，宜综合考虑电、冷、热等能量流，瓦斯、涌水、乏风等物质流，兼顾设备能效、碳排放特性来制定经济且低碳的微网运行调度策略，以技术能力升级推动碳能协同格局下煤矿区的低碳化转型。

三是发挥多类型储能在煤矿区综合能源微网运行优化中的关键作用。科学测算煤矿区的风、光新能源和伴生能源规模，合理配备多类型的储能装置，支撑“风光气热储”互补联动；在提高新能源和伴生能源消纳能力的同时，直接减少电网购电的数量。探索应用矿井蓄热储能、矿井压缩空气储能等煤矿区新型储能方式，充分利用煤矿区丰富的物理空间，规模化构建储能能力，合理降低化学储能相关的投资规模。

第十一章

大型风光基地与煤基能源协同耦合关键技术

第一节 煤基能源支撑能源发展体系及多元利用模式

一、煤基能源低碳发展路径

煤基能源是指以煤为基础的能源，主要包括清洁化煤电（含煤浆发电、爆燃发电）、煤系气（煤层气抽采、地面煤制气、地下煤制气）和煤制油（地面煤制油、地下原位热解采油）等能源产品。煤基能源产品生产过程中可消纳从矿区生产用能设备捕集的 CO_2，实现 CO_2 资源化利用，从而改变煤炭传统的固态燃用方式，把高碳排放的固态煤炭产品变为低碳排放的液/气形态产品，有效推动技术创新与矿区可持续发展。

煤基能源立足我国相对富煤、少气、缺油的资源禀赋国情，改变了“一刀切”式的退煤减碳方向，兼顾能源安全与经济发展、“双碳”目标的协调关系，为解决较长时期“以煤为主”能源结构和二氧化碳减排之间的突出矛盾提供创新方案，也为未来构建多能耦合的稳定安全低碳能源体系提供创新路径。

现代煤基能源技术体系[244]改变了传统的煤炭利用理念和方式，如图 11-1 所示，在未来新型能源体系中，它对电力、油料、燃气、氢能等能源具有重要支撑作用[245]。具体体现在：煤基能源技术体系通过煤炭气化、超超临界燃烧发电等技术，提高了煤炭的能源利用效率；煤炭液化技术和煤基合成油技术使煤炭能够成为替代石油的重要来源；煤炭气化技术将煤转化为合成气，进而生产天然气、合成燃料和化学品等产品；煤炭气化技术可以将煤转化为氢气，成为氢能生产的重要途径之一。

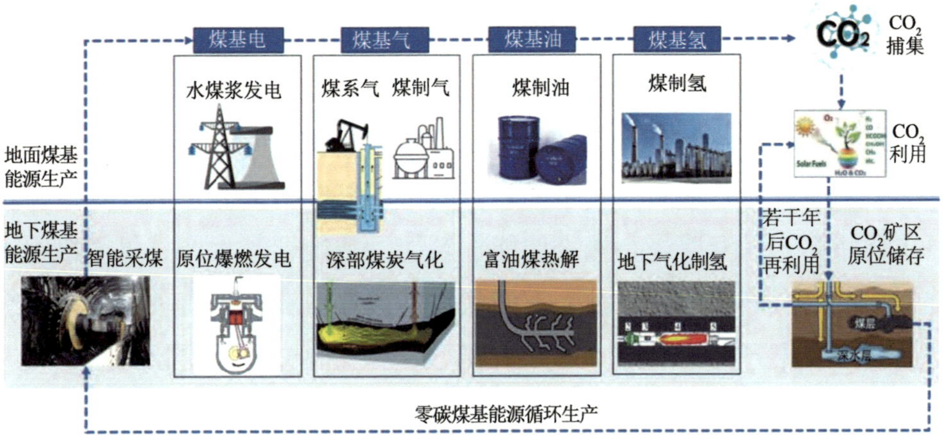

图 11-1　现代煤基能源生产系统

二、煤基能源多元利用模式

（一）煤基共伴生资源协同开发利用模式

目前，我国发现的 170 余种矿产资源中，超过 80 种与煤炭资源共伴生，其中煤系共伴生煤层气 36 万亿立方米、石油 1037 亿吨、铀 2 万吨、铝土矿 32 亿吨、高岭土 22 亿吨、镓 102 万吨等。然而煤基共伴生资源协同开发技术难度大，我国共伴生资源整体开发不够平衡，利用规模不够大，工程技术难题与关键科学问题依然突出，协同开发机制亟待创立。因此煤炭革命下，应树立煤基多元清洁能源协同开发理念，落实重大战略部署，在一次建井、采掘过程中，通过技术创新、理念创新加强多种资源的同步开采，发展煤与共伴生资源共采技术，做到多资源一体化协同开发利用，将煤矿由单一能源供给基地转型升级为多元协同的清洁能源基地。

煤基共伴生资源协同开发能够实现多资源的清洁、高效利用，有效推动能源结构转型。通过整合多种伴生资源协同利用技术，在提高能源效率的同时，减少环境污染和温室气体排放，促进能源结构朝着多样化发展与绿色低碳发展路径探索。煤基多元清洁能源协同利用为实现经济增长与环境保护耦合发展提供了可行路径，对于社会可持续发展具有重要意义。

（二）煤基综合能源企业资源循环利用模式

煤基综合能源企业作为我国煤炭生产加工转化利用的全产业链核心主体，通常业务涵盖煤炭开采、选煤、运输、燃煤发电及煤化工等煤炭资源开发转化利用等环节乃至全过程，此外在水电、燃气发电、风电、光伏、生物质发电及其他新能源方面多有布局。目前，煤基综合能源企业技术研发重点集中在碳捕集、绿氢掺烧、先进储能、氢能、智能智慧生产、煤电机组节能减排、虚拟电厂等领域，这种上下游联动的产业链布局，有利于煤基综合能源企业发挥产业齐全的优势，充分实现不同产业板块间的优势互补。

图 11-2 为煤基综合能源企业资源循环利用示意[246]。电厂废热可应用于化工产业，化工产业废渣、废气可在电厂掺烧，煤矿、化工和运输等产业可采用电厂直供电。企业内部产业链上下游进行体制机制创新，让各产业板块在新型电力系统下发挥各自优势，为“双碳”目标的实现走出一条资源循环利用的新路。

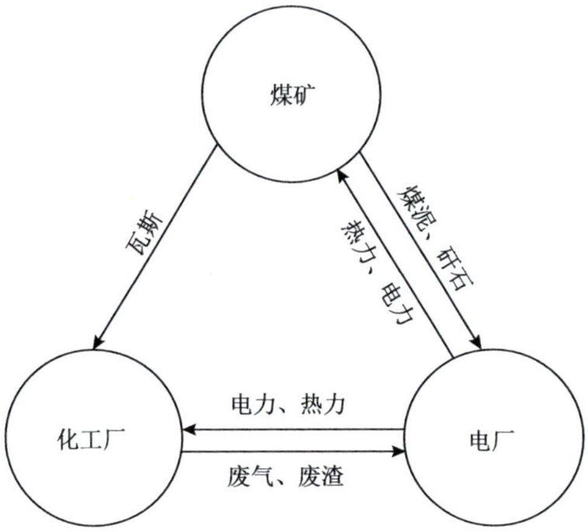

图 11-2　煤基综合能源企业资源循环利用示意

煤基综合能源企业作为我国能源的主要生产商，起到维护能源市场稳定的重要作用，有助于在频繁波动的世界能源乱局中确保国内能源供应安全。在生产协同方面，煤基综合能源企业将发挥上下游联营优势保障能源供应安全，企业一体化运营模式能够有效提升上游煤炭生产的抗风险能力，通过精准落实生产计划、均衡稳定组织生产，尽可能减少外部市场环境的干扰，同时有效提升下游煤电、煤化工等相关煤炭加工转化利用产业的稳定盈利能力，从量、价两方面保障原料、燃料的连续稳定供应；在资源协同方面，煤基综合能源企业能有效实现煤炭、煤电与新能源优化组合发展，通过对存量煤电资产实施灵活性改造以及科学布局调峰型煤电，能够有效解决新能源间歇性、波动性问题，为新能源规模化消纳起到基础保障性和系统调节性作用；在减碳控排方面，煤基综合能源企业将有效落实降碳任务，转型低碳发展，支撑全国碳市场建设和运行；在技术创新方面，煤基综合能源企业技术应用场景广泛、资金和人才优势突出，是推动绿色低碳科技革命的主战场。

第二节　风光融合下的煤基综合能源耦合模式分析

传统能源模式通常是将能源独立开发利用，导致能源利用率相对较低，并伴随环境污染、资源枯竭等问题，因此面向“双碳”目标下的低碳用能需求，亟须探索新的多能耦合模式实现多资源的合理优化利用，推动能源领域转型升级与技术创新。风光融合下的煤基综合能源耦合模式是一种综合利用清洁能源和煤基能源的新型发展模式，旨在打破传统能源供给模式壁垒，提高能源利用效率、降低环境影响，实现可持续发展。

一、风光-储能耦合煤基能源化工生产模式

基于煤化工企业生产高碳排放属性及可再生能源发电随机波动特性，构建风光互补-储能耦合煤基能源化工生产模式，能够促进化工产品生产环节的低碳化、清洁化，同时实现风光资源的灵活存储与转化、平抑可再生能源并网波动、实现能源的时空平移。

风光互补-储能耦合煤基能源化工生产模式是一种整合利用可再生能源与煤基能源，并结合储能技术的生产模式，风光资源为煤化工企业提供绿电支撑，储能作为灵活调节资源，实现风光消纳，保障能源供应稳定性。风光互补-储能耦合煤基能源化工生产模式[247]如图 11-3 所示。

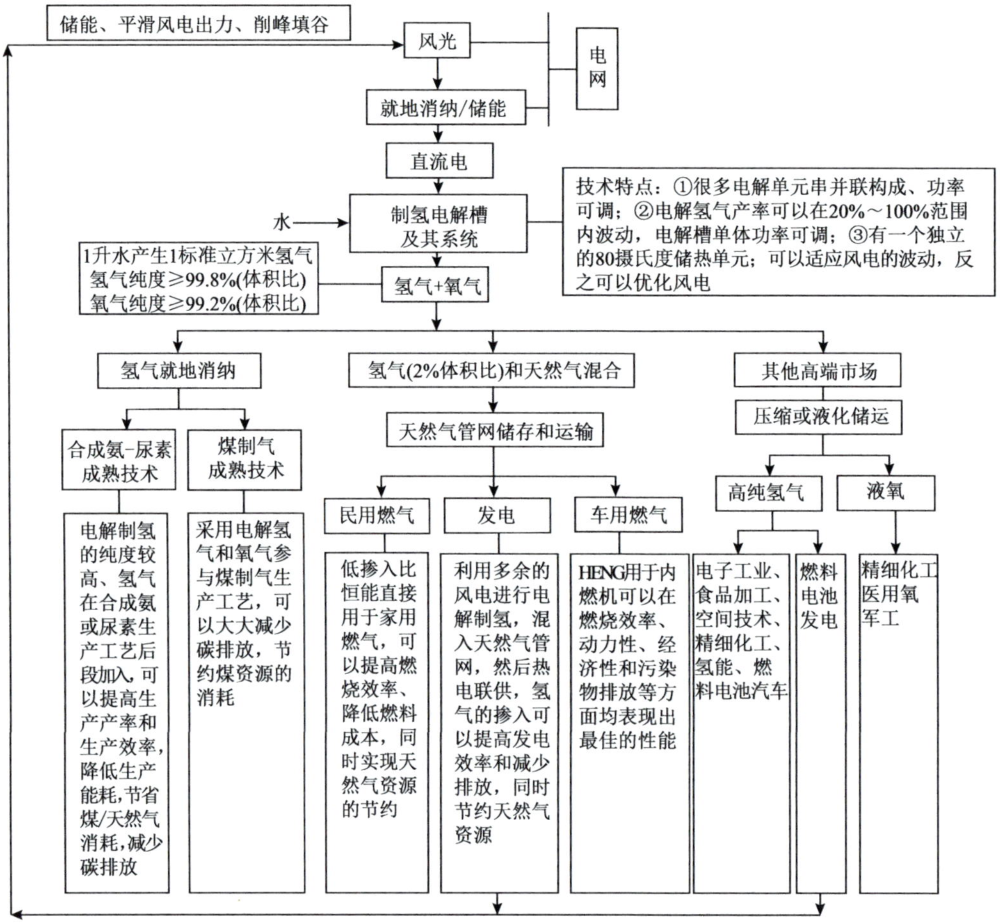

图 11-3　风光互补-储能耦合煤基能源化工生产模式

该模式由可再生能源发电与储能系统协同耦合构成，旨在为电解制氢环节提供绿电，而绿电制取的绿氢具有多种利用方式：氢气就地消纳用于煤化工企业，生产氨、尿素等化工产品，有效促进煤化工企业低碳生产；氢气与天然气混合通过管道网络用于其他行业，实现生产生活全环节的低碳用能；剩余的氢能可通过压缩或液化进行储运。同时，该模式还可搭配多种储氢技术，如高压气态储氢、液化储氢技术，在实现能源时空平移的同时提高氢气输出的稳定性以满足煤化工企业的工业生产需求。

风光互补-氢储能耦合煤化工生产模式灵活可靠、清洁高效，因此在能源领域具有广阔的应用前景。随着清洁能源技术的不断成熟和经济性的提高，这种模式将更加普及。未来，可以通过技术创新和政策支持进一步推动该模式的发展，促进能源领域可持续发展，推动能源结构转型升级。

二、风-光-煤-储一体化协同开发利用模式

矿区资源丰富，根据矿区资源禀赋特性，融合光伏发电、光热转换、风力发电、地热开采和矿山功能性充填等技术，利用煤矿区地面和地下丰富的物理空间发展储能技术，打造矿区风-光-煤-储一体化协同开发利用模式，以实现煤矿区风、光等可再生能源为基础的多资源综合开发利用，促进传统矿区能源结构升级转型。风-光-煤-储一体化协同开发利用模式如图 11-4 所示。

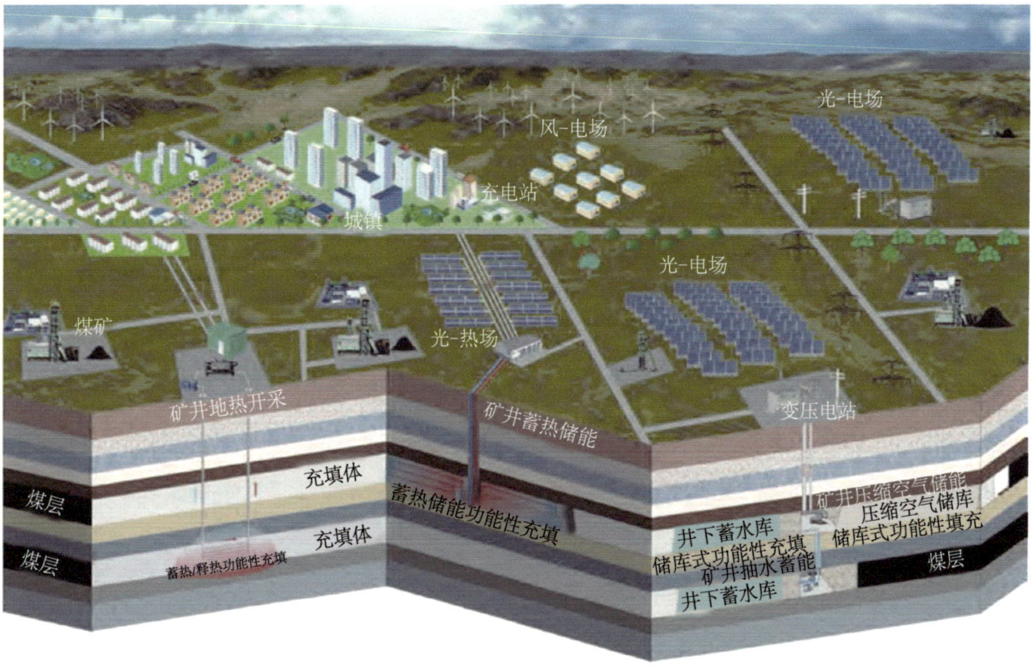

图 11-4　风-光-煤-储一体化协同开发利用模式

我国主要矿产分布地区与太阳能、风能富集区高度吻合，为矿山与可再生能源结合提供了有利的自然条件。借助煤矿区广阔而平坦的工业场地铺设太阳能聚光器和太阳能光伏板，借助赋煤区周边山势架设风力发电机组，可

实现煤矿区太阳能和风能的有效开发，为煤矿生产运行环节提供高品质清洁电能。同时，矿区可发挥其天然地理条件优势，充分利用功能性充填技术，结合井下巨大空间资源发展储能技术，如抽水蓄能技术、压缩空气储能技术、矿井蓄热储能技术等。储能系统根据可再生能源出力情况灵活调节充放电状态，在风光出力较大时储存能量，将多余风光资源进行消纳，而当可再生能源在天气影响下出力不足时，储能系统灵活释放储存的电力，实现矿区电力供需平衡，同时储能系统还可凭借其快速响应能力，有效维持电力系统的频率稳定性。

风-光-煤-储一体化协同开发利用模式通过整合矿区多种资源，充分发挥资源禀赋优势，实现资源间的灵活互补、保障能源供应稳定性，此外，通过多环节的协同耦合，在满足矿区基本负荷需求的同时，有效降低矿区生产用能环节碳排放，风-光-煤-储一体化协同开发利用有助于实现矿区可持续发展。

第三节　大型风光基地与煤基能源协同耦合关键技术

一、大型风光基地和煤基能源协同降碳技术

煤基能源和新能源之间存在相互耦合关系，围绕以沙戈荒为重点的大型风光基地，合理规划建设清洁高效的先进节能的支撑性煤电以及煤化工企业，利用可再生能源的碳综合能力，为燃煤发电以及煤化工企业提供碳减排途径，在很大程度上可以减轻单纯燃煤发电以及煤化工企业生产的碳减排压力。

（一）风光基地耦合煤电协同降碳技术

沙戈荒风光基地可再生能源富裕，生产绿色电能上网，引入燃煤电厂用电系统，降低机组自身厂用电率，而富余电能可协调配合煤电实现电力供需平衡，风光资源与煤电的耦合能有效降低供电煤耗、减少燃煤电厂碳排放，有助于应对气候变化和减少环境污染。

CCUS 技术作为减少 CO_2 排放的有效手段，可捕获燃煤电厂燃烧排放的

CO_2，实现从源头上降低燃煤机组的碳排放，而风光基地与碳捕集装置的协同配合，可以有效解决碳捕集装置在峰荷时段捕集水平下降的问题。同时，着力推动新能源发电与绿电制氢协同发展，充分发挥绿氢产业基础优势，将可再生能源电解水生产的绿氢与空气中的氮气相结合，继续利用绿电合成绿氨与燃煤混合掺烧，进一步实现节能减碳、提高煤炭利用率。煤电减排技术[248]如图 11-5 所示。

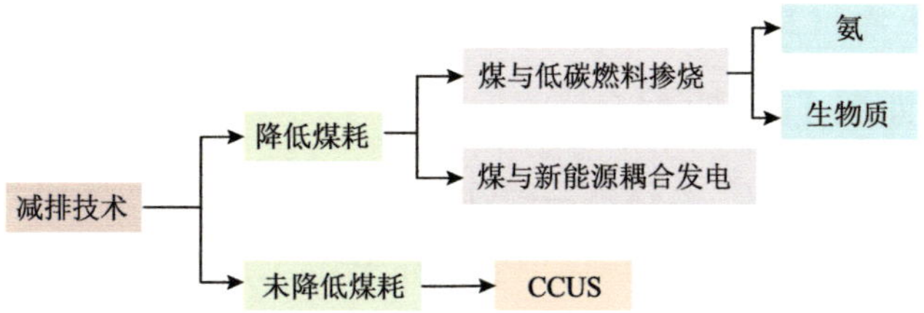

图 11-5　煤电减排技术

目前，研究较多的是煤与太阳能耦合发电，通过太阳能集热场吸收来自太阳能的热量，并将这部分热量传递给工质水或水蒸气，用以取代燃煤电厂部分高低压抽汽或加热给水，从而增加电站出力，降低煤耗和污染物排放。美国、澳大利亚、印度均有煤与太阳能耦合发电电厂投运，中国尚无示范电站运行，目前仍处于理论探索和试验研究阶段。

日本是最早在燃煤电厂探索掺氨燃烧技术的国家，其最大火电公司日本能源公司于 2017～2021 年在其碧南电厂 100 万千瓦煤电机组上成功实现 1%掺烧，并于 2021 年制定了“2021—2050 日本氨燃料路线图”，提出 2023 年开始进行掺氨 20%试验，2030 年实现掺氨 50%试验，2040 年开展纯氨发电。目前，中国燃煤锅炉掺氨燃烧研究进展世界领先，烟台龙源电力技术股份有限公司在实验锅炉台架上进行了大量的掺氨燃烧试验，并计划在更大的煤电机组锅炉上进行掺氨燃烧试验[249]。合肥综合性国家科学中心能源研究院联合安徽省能源集团有限公司，在皖能铜陵发电有限公司现役 30 万千瓦煤电锅炉上开展了深入的试验研究，采用大功率的纯氨燃烧器、新一代的等离子体裂解强化高效纯氨燃烧器实现燃煤掺氨燃烧。2022 年 1 月，中国国家能源集团完成了 40 兆瓦燃煤锅炉混氨燃烧工业试验，掺氨比例达到 35%，充分证明了燃煤电站掺混氨燃料发电的技术可行性。

（二）风光基地和煤化工企业协同降碳技术

新能源终端用能形式主要为电力，然而多变的自然环境使得可再生能源出力具有明显的波动特性，极大地限制了绿电传输及新能源消纳，同时传统煤基能源化工使用灰氢生产化工产品会对生态环境造成一定程度的破坏。而风光基地与煤化工的耦合不仅有助于解决“弃风弃光”难题，而且可再生能源电解制绿氢供给煤化工企业，还能显著降低企业产品生产过程中温室气体的排放，实现生产过程的低碳化、有效推动企业转型升级。煤化工耦合新能源基地架构[250]如图 11-6 所示。

煤制灰氢过程中会产生较高二氧化碳排放量，而依托可再生能源发电则能够实现更为清洁的电解水制氢，进而避免化工产品生产过程中的碳排放。新能源制氢不仅可以提供廉价的氢气，而且电解水过程中生成的氧气同样可以直接供应煤气化工艺，减少空分系统制氧能耗。传统煤化工工艺流程和煤化工与新能源制氢耦合协同降碳工艺流程[251]分别如图 11-7 和图 11-8 所示。

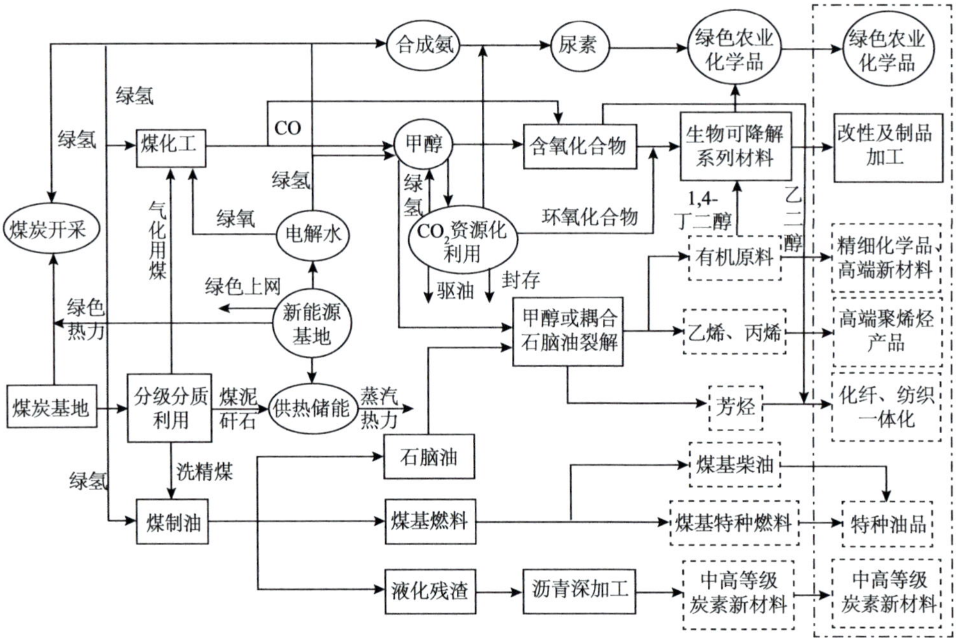

图 11-6 煤化工耦合新能源基地架构

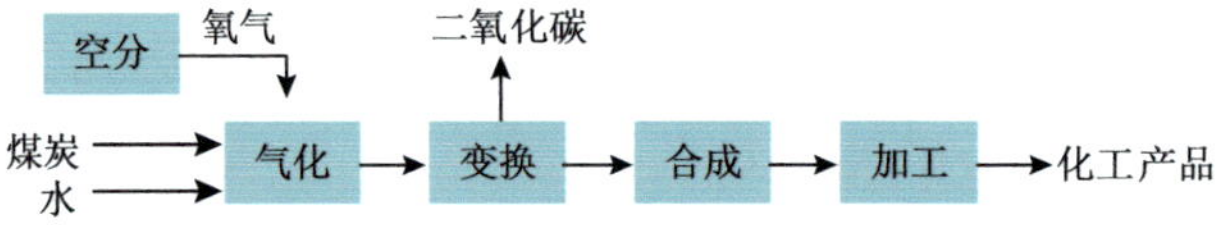

图 11-7 传统煤化工工艺流程

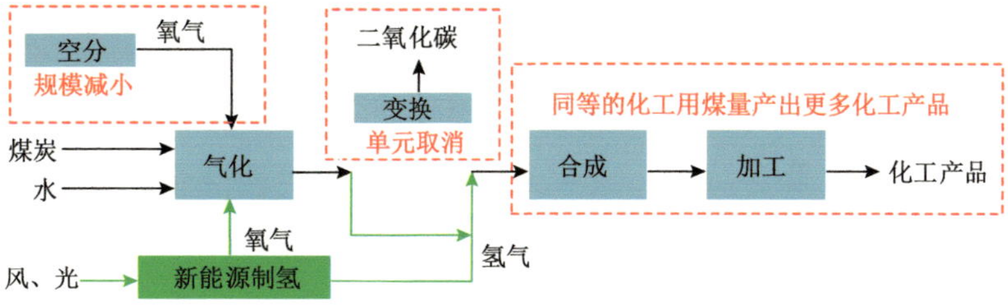

图 11-8　煤化工与新能源制氢耦合协同降碳工艺流程

煤化工与新能源耦合包括以下内容：新能源电解生成的绿氢用于化工产品的生产，同时水电解过程中副产的高纯度氧气，也可用于化工生产工艺流程中的氧化反应、燃烧等；煤化工与新能源的耦合可以显著降低化工企业利用煤制灰氢而导致的碳排放、改善环境质量并有效提升能源利用效率；同时，新能源的引入能够改变企业供能结构，增加能源供应的多样性、降低对传统化石能源的依赖、降低生产运行成本、提升企业技术水平和竞争力，实现经济效益与环境效益的双赢。

在风光基地与煤基化工能源耦合过程中，还可协调配合 CCUS 技术，将捕获的 CO_2 与新能源制成的氢反应用以制备甲醇等基础化工产品，实现 CO_2 资源化利用。未来，随着可再生能源发电技术的不断成熟，新能源可提供稳定的绿电、绿氢，推动煤化工企业实现零碳排放。风光基地耦合煤化工架构如图 11-9 所示。

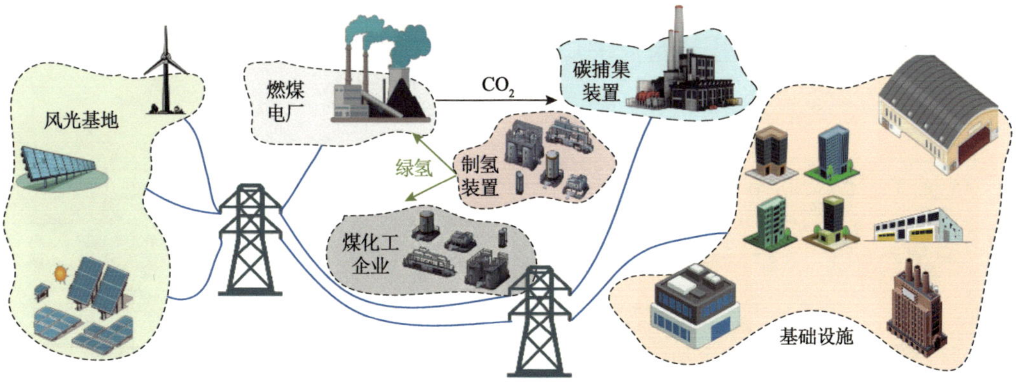

图 11-9　风光基地耦合煤化工架构

国家发展改革委等六部门联合印发的《关于推动现代煤化工产业健康发展的通知》中明确要求新建现代煤化工项目要提升产业耦合发展水平，推动煤炭、煤电、煤化工与天然气、气电、风光电等多能源的融合；企业需结合区域条件，协同可再生能源、绿氢、绿氧、CCUS 技术，形成减污降碳协同增效的可持续发展模式。在国家政策支持下，近年来，我国多个代表性企业积极促进煤化工与新能源的耦合，打造企业多能耦合发展新体系。

宁夏宝丰能源集团股份有限公司通过风光制氢一体化配套项目补入绿氢、绿氧，即用绿氢替代原料煤，补入甲醇合成装置，有效减少工艺系统二氧化碳的排放量，同时将副产氧气作为气化用氧替代燃料煤，补充到气化装置中降低空分装置能耗，该项目是全球首个规模化用绿氢替代化石能源生产烯烃的项目；中国中煤能源集团有限公司联合中国科学院大连化学物理研究所开展“绿色氢能和液态阳光”项目，该项目利用风光等新能源发电，进而电解水产氢,用可再生能源产生的氢气与 CO_2 反应生成甲醇,有效减少了 CO_2 大气排放。新疆库车绿氢示范项目是国内首个万吨级光伏绿氢示范项目，如图 11-10 所示，由中国石化集团新星石油有限责任公司负责实施。项目利用新疆地区丰富的太阳能资源发电直接制绿氢，生产的绿氢就近供应中国石化塔河炼化有限责任公司，完全替代现有天然气化石能源制氢，每年可减少二氧化碳排放 48.5 万吨,对炼化企业大规模利用绿氢实现碳减排具有示范效应。2023 年 6 月，中煤平朔集团有限公司 60 万千瓦离网式可再生能源制氢项目入选“第三批国家大型风电光伏基地建设项目清单”，该项目光伏场区选址位于中煤平朔集团有限公司露天矿采煤沉陷、回填治理区，光伏发电将全部用于离网制氢，主要用于耦合中煤平朔集团有限公司煤化工项目绿氢需求，助力煤化工降碳减排、绿色发展。

(a) 库车绿氢示范项目储氢球罐

(b) 库车项目光伏发电现场

图 11-10 新疆库车万吨级光伏绿氢示范项目

二、基于煤基综合能源灵活调节的风光消纳技术

（一）煤电灵活性改造助力新能源消纳

煤电的灵活性改造主要是为服务新能源消纳而进行的，重点关注煤电厂灵活性改造，推动煤电和新能源发电组合优化，对推动煤电清洁低碳高效转型和促进新能源大规模开发消纳至关重要。通过灵活性改造，降低机组最低稳燃负荷，增加煤电机组深度调峰调节能力，为消纳新能源创造更多的空间。

为积极推进燃煤电厂实施火电灵活性改造，提高电力系统整体消纳能力，促进新能源的大规模开发和高效利用，内蒙古自治区能源局于 2021 年 6 月印发实施《内蒙古自治区煤电节能降耗及灵活性改造行动计划》，计划鼓励依托实施灵活性改造后新增的调峰能力，优化配置一定规模的新能源，促进新能源消纳。2021 年，国家发展改革委、国家能源局在《关于推进电力源网荷储一体化和多能互补发展的指导意见》中指出，要充分发挥煤电机组的调节性能，着力提高系统消纳清洁能源的能力和水平；同年 7 月，国家发展改革委在《关于鼓励可再生能源发电企业自建或购买调峰能力增加并网规模的通知》中鼓励多渠道增加调峰资源，承担可再生能源消纳对应的调峰资源，包括灵活性制造、改造煤电和抽水蓄能电站、化学储能等新型储能。

（二）绿电/绿氢耦合煤化工助力新能源消纳

当风光出力较大时，风光基地绿色电能为厂区动力系统供能，替代部分燃料煤的使用，在减少系统碳排放的同时，促进新能源消纳。同时，富余电能可通过电解水装置生产绿氢，绿氢作为化工企业的重要原材料，参与工艺流程中生产化工产品。绿电绿氢与煤化工企业深度耦合，能够有效促进风光消纳，一定程度上缓解了弃风弃光问题。同时，煤化工企业还可协调配合氢储装置，构建风光互补-氢气储能-煤基能源的混合多能耦合系统，如图 11-11 所示，助力实现风光资源的百分百消纳。

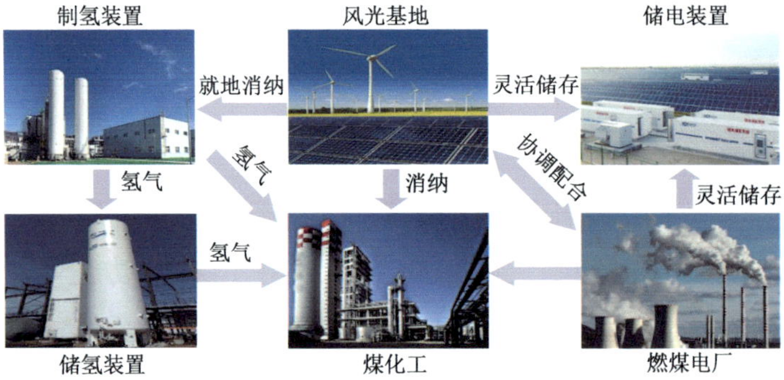

图 11-11 风光互补-氢气储能-煤基能源多能耦合系统

三、风光与煤基支撑协同的电网安全稳定技术

新能源装机容量的不断提升，实现了可再生能源的大规模利用，有效促进了能源产业链的发展，相比传统燃煤发电方式，大幅降低了温室气体的排放，同时多样化的能源结构有助于减少对传统化石能源的依赖，保障能源安全，促进社会可持续发展。然而可再生能源出力受天气等自然条件影响较大，呈现波动特性，会对电网安全稳定运行造成影响。而煤基能源可作为支撑性能源，协调配合风光，共同保障电网安全稳定运行。

（一）煤电保供支撑技术

新能源出力不足时，煤炭发挥压舱石作用，燃煤电厂提供支撑性煤电，提升电力保供能力，同时为新能源提供有功调节与电压支撑，提升电力外送通道稳定性，有效保障电力系统安全稳定运行。

（二）煤电调峰调频技术

新能源波动特性突出，出力峰谷特征明显，一定程度上促使电网频率发生波动，煤电机组发挥调节能力，控制机组频率增减，限制电网频率变化，同时根据用户需求，控制发电量进行“调峰”，满足负荷和新能源出力的双向调节需求，减少电力系统供需平衡压力，保障电网安全稳定运行[252]。

（三）储能-煤基多环节协同支撑技术

新能源出力较大阶段，储能装置将无法消纳的电力进行存储，在用电高峰再次转化为电能输出，缓解煤电机组调峰压力，同时绿电、绿氢耦合煤化工企业，实现新能源消纳，打破风光送出瓶颈，风光储煤化工协同配合，形成稳定的电力输送系统。

第四节　大型风光基地煤基融合典型架构

一、大型风光基地和煤电协调配合

大型风光基地和煤电配合可以实现优势互补，减少煤电生产过程中的碳排放，同时支撑性煤电能够提高电力设施的利用率，大型风光基地与煤电耦合架构如图 11-12 所示。在煤炭开采过程中，所需电力部分可以由大型风光基地提供，产出的煤炭作为原材料被运输至煤电厂进行发电，煤电厂和大型风光基地生产的电能共同入网，通过互联网络进行电力传输、分配。煤电作为灵活调节电源，当新能源发电不足时，燃煤电厂可以作为兜底电源，增大发电量满足负荷端需求，当新能源发电量较大时，燃煤电厂则以一定比例额定负荷运行，新能源负荷波动时，调动储能、调峰煤电来平抑波动，保障新能源优先发电上网以及电力输送的稳定性。同时，可以采用 CCUS 技术从燃煤电厂燃烧后的烟气中分离和捕集 CO_2，降低系统碳排放。

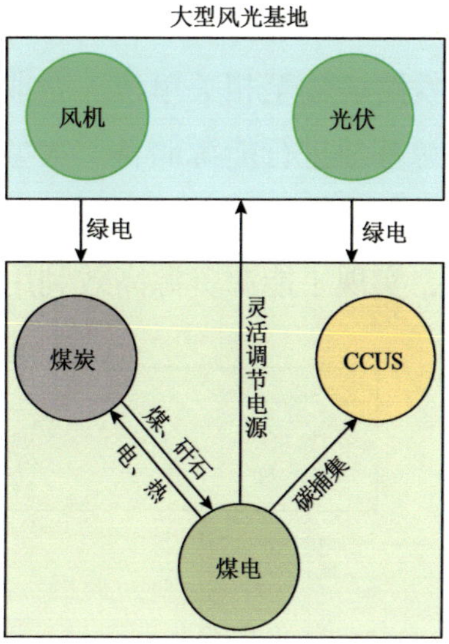

图 11-12　大型风光基地与煤电耦合架构

二、大型风光基地与煤基能源基地耦合模式

为了落实我国以煤为主体的能源结构，并同步实现近期保供、远期降碳的目标，葛世荣院士提出，要构建以煤基能源为主体的低碳能源体系，其架构为“一主体、三支撑、一突破”。其中，“一主体”是指将清洁煤炭、煤电作为电力主体，即使将来可再生能源占比为 70%～80%，煤电也应当作为一种清洁化的主体存在，是能源体系的根基，起到保底作用。“三支撑”是指要发挥煤

制油在国家油品安全中的支撑作用；要挖掘地下气化的潜力，作为国家天然气安全的工作保障；要通过煤层气制氢，支撑国家氢能体系。“一突破”是指要通过 CCUS 技术来实现动态碳中和。

根据国家战略规划同时结合煤基能源的特点，构建大型风光基地-煤基能源基地-大型储能-资源外送协同耦合模式，如图 11-13 所示。大型风光基地为煤基能源基地提供绿电支撑，新能源基地输出的绿电与煤电共同入网，通过电网实现跨区域传输；IGCC 将煤气化技术和高效的联合循环相结合进行发电；CCUS 捕集燃煤及 IGCC 电厂中富集的 CO_2，并与煤化工配合进行物质生产，氢与天然气可进入沿途城市管道满足企业、家庭需求，化工产品可通过铁路运输至相关单位、企业进行综合利用，大型储能协同风光基地、煤基能源基地进行能源储备。大型风光基地、煤基能源基地、大型储能、资源外送深度耦合促进了煤炭清洁低碳利用，提高了电网消纳能力，优化了能源结构，实现了能源资源高效利用。

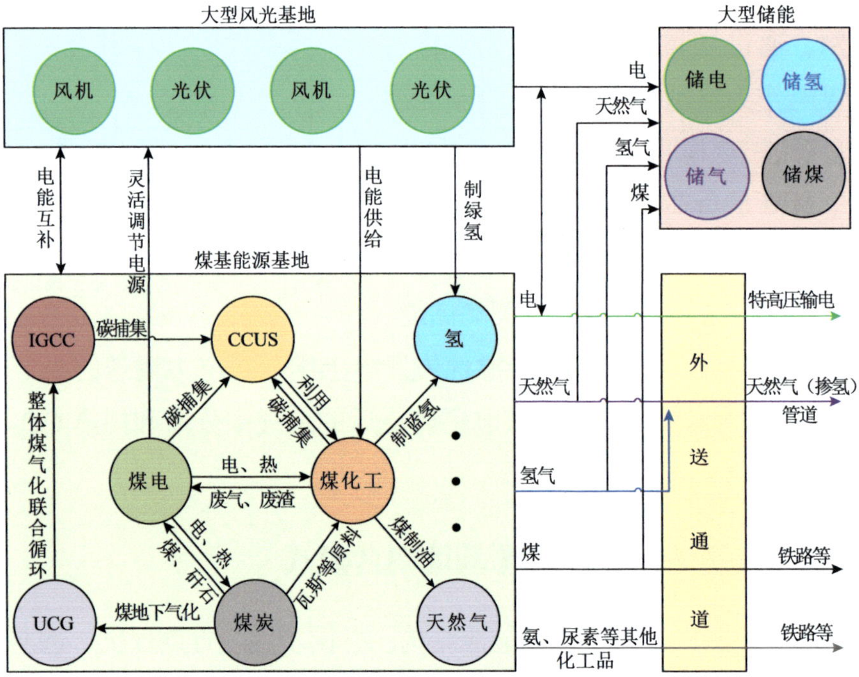

图 11-13 大型风光基地-煤基能源基地-大型储能-资源外送协同耦合模式

而此前中国电力科学研究院有限公司周孝信院士团队也提出了一种融合新能源发电、火电机组碳捕集改造、甲烷/甲醇合成等技术的综合能源生产单元（integrated energy production unit，IEPU）设想。IEPU 通过单元内部各设备协同运行及单元与外部电网的灵活互动，实现多类型能源的生产、存储和化工合成等过程耦合。IEPU 结构同样包含在大型风光基地、煤基能源基地、大型储能、资源外送协同耦合模式中。

三、消纳海上风电的大型滨海燃煤电-气综合能源生产体系

由于客观应用场景不同，海上风电制氢相比于陆上风电制氢存在一定的差异。①对于海上风电制氢，发电机组生产的电能，通过处理后送至制氢系统，可以实现就地消纳；②海上风电制氢可通过电解海水制氢。而陆上风电制氢是先将生产的电力入网，然后将发电量超出电网接纳能力的部分输送至电解制氢装置（碱性电解水制氢装置、质子交换膜电解水制氢装置等）制取氢气。

消纳海上风电的大型滨海燃煤电-气综合能源生产架构[253]如图 11-14 所示。

图 11-14 消纳海上风电的大型滨海燃煤电-气综合能源生产架构

该架构包括海上风电发电系统、临海氢气制备系统、滨海燃煤发电系统、废气分离系统、储气系统和能源外送系统等。通过利用海上风电制造氢气，解决风电远距离并网消纳带来的成本及系统运行安全问题。同时，分离处理传统燃煤电厂产生的含碳废气形成高纯度一氧化碳及二氧化碳气体，与氢气一起作为甲烷化气体的生产原料，减少燃煤电厂碳排放量，提升风电消纳率，降低系统整体运行成本以及提高能源生产效率，提高区域能源系统综合供应能力。

第五篇

煤炭行业低碳发展战略篇

第十二章

煤炭行业碳中和发展科学体系及战略路径

煤炭行业及其相关行业碳减排是实现“双碳”目标的关键。我国与能源相关的碳排放量占总量的 88%，能源领域减碳是实现“双碳”目标的关键。长期以来，煤炭作为我国主要能源供应，消费量占能源消费总量的 56.2%，CO_2 排放量占能源领域碳排放总量的 80%。这就决定了我国能源领域减碳首先要聚焦于煤炭行业。由于我国以煤为主的能源格局短期内难以改变，在新能源尚未形成安全可靠替代能力的情况下，煤炭仍是我国能源结构中的基础资源，其保障能源安全的“压舱石”与维持市场平稳的“稳定器”作用难以替代。因此，在推进“双碳”进程中，煤炭一方面承担着能源保供的兜底责任，保障我国能源安全；另一方面也是以自身转型升级支撑经济社会绿色发展，推进能源高质量发展，是统筹发展与安全的坚实基础。实现“双碳”目标并非也不能弃煤炭不用，煤炭行业减排需要因地制宜结合行业特征和区域特征制定科学的、具有特色的、可实施且满足“双碳”目标诉求的战略体系和减碳规划。针对我国煤炭行业碳中和现状，研究提出了我国煤炭行业碳中和发展“1146”科学体系及战略路径，“1146”科学体系包含：1 个原则，1 个目标，4 条路径，6 大支撑，如图 12-1 所示。

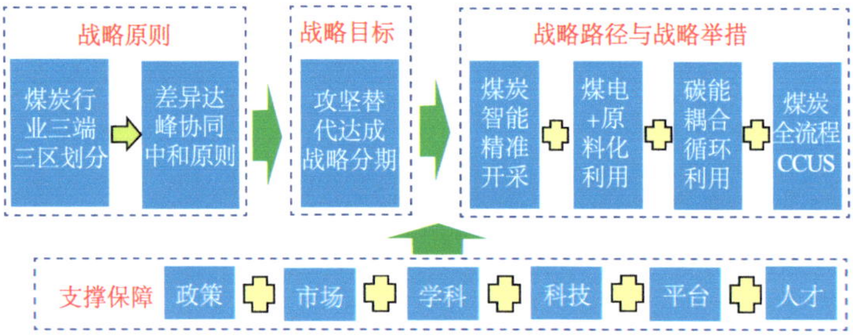

"1146"科学体系：1个原则，1个目标，4条路径，6大支撑

图 12-1 煤炭行业碳中和发展科学体系及战略路径

第一节 煤炭行业碳中和战略原则

"差异达峰、协同中和"是煤炭行业碳减排的必然选择。《2030 年前碳达峰行动方案》中提出要坚持全国一盘棋，强化顶层设计和各方统筹，各地区各领域、各行业因地制宜、分类施策的工作原则，明确既符合自身实际又满足总体要求的目标任务。将煤炭行业按三端三区划分，三端包含生产端、消费端、固碳端，三区划分为煤炭能源生产区、煤炭能源应用区、新能源耦合区。能源生产区则是集中于我国西北地区，新疆、内蒙古、山西、青海、陕西等是主要煤炭能源生产区，北京、上海、江苏、浙江、山东、广东等是煤炭能源应用区；福建、四川、云南、甘肃等是新能源耦合区。

对于煤炭能源应用区，由于该类地区能源结构多元，产业结构高级，同时经济发达，因此该类地区"双碳"目标相对较易实现。但对于主要煤炭能源生产区，常年以化石能源原材料为基础的工业产业是经济支柱，经济结构转型难度大。如果"一刀切"式地执行与其他地区相同的减碳任务，这些地区经济社会发展会受到较大冲击。因此，需要构建煤炭领域碳中和发展战略体系、理论分析框架与技术路径作为引领，全面提升我国煤炭绿色低碳技术水平，寻求高质量发展、促进社会经济绿色低碳转型，保障国家经济绿色低碳高质量发展与生态文明建设。在此背景下，"差异达峰、协同中和"已逐步成为煤炭行业实现"双碳"目标的必然选择。

"差异达峰、协同中和"是以习近平生态文明思想为指导，结合我国基本国情与"积极稳妥推进碳达峰碳中和"的重要部署精神，提出的煤炭行业相关行业低碳绿色高质量发展战略构想、方针与方案。“差异达峰、协同中和”其核心思想是要兼顾空间差异，谋求区域协同发展，在坚持“全国一盘棋”的基础上，划分煤炭能源生产区、煤炭能源应用区和新能源耦合区，分区域、分步骤实现“双碳”目标；同时，跨时间、跨空间、跨要素、跨场景精准实施差异达峰、协同中和举措，协同各环节主体共同出力、共谋发展；最后，分级管控区域排放，鼓励已达峰地区排放不再增长、排放处于平台期和可再生能源丰富的地区尽早达峰。

一、区域协调，有序推进

我国各地区的战略定位、发展水平、资源禀赋等差别较大，煤炭能源生产和消费情况并不相同。整体来看，我国新疆、内蒙古、山西、青海、陕西等地区的煤炭能源生产量居全国高位，北京、上海、江苏、浙江、山东、广东等地区能源消耗量较高。为响应国家能源转型号召，部分地区更多地推进水、核、风、光、电等新型能源使用。不同省份煤炭生产与消费的差异性，在每个地区碳排放能力、碳减排潜力上也会体现。据此，本研究将全国区域划分为煤炭能源生产区、煤炭能源应用区和新能源耦合区。各部门应综合考虑不同区域发展需求、生产力布局、产业结构等情况，深入实施区域协调发展战略，因地制宜为各省市制定逻辑一致的差异化行动方案，构建优势互补、高质量发展的煤炭能源布局和异空间协同治理体系，协作、有序推进煤炭行业“双碳”目标实现。

对于新疆、内蒙古、山西、青海、陕西等主要煤炭能源生产区，在大力发展特色优势产业，保障国家能源安全的同时，也要迭代发展路径，有序通过技术创新、产品替代等方式升级高排放产业。逐步降低对高碳产业的经济依赖，并探索建设“风光火储一体化”综合能源产业基地，持续推进能源转型。对于北京、上海、江苏、浙江、山东、广东等煤炭能源应用区，要全面实施经济社会高质量发展，推动再电气化和高耗能、高排放部门节能增效，促进社会脱碳转型，并发挥其创新优势，发展、应用负排放技术，抵消其高额排放，同时助力产业转移及能源生产区的传统产业升级。对于新能源耦合区，不仅要继续加快向新能源消费转型，还应总结新能源利用模式，形成试点示范效应，引领全国新能源消费转型，推进碳达峰碳中和。

二、精准实施，有效协同

“双碳”是一项系统工程，不能搞运动式“降碳”，要从能源、产业、经济及社会多端口协同发力，跨时间、跨空间、跨要素、跨场景精准实施差异达峰、协同中和举措（图 12-2）。

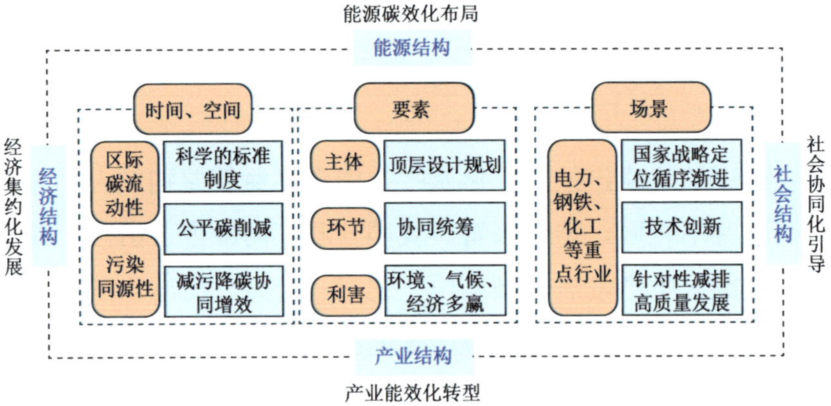

图 12-2　煤炭行业碳中和过程中的多端口协同发力示意

在时间、空间方面，煤炭能源的生产、消费及耦合区域差异明显，区际煤炭贸易过程中隐含着区域碳排放转移，在推动煤炭碳中和时需要从区域协同的角度思考。这就需要把握煤炭生产与消费间碳排放的流动性特征及其流动路径，进而设计、构建科学的标准和制度，精准促进区域间公平和高效地削减煤炭行业碳排放。另外，由煤炭生产、运输、使用产生的环境污染物与温室气体，具有高度同源性和排放时空一致性特征，煤炭的减污与降碳可协同增效，共同推进生态环境的高质量发展。

在要素方面，煤炭行业碳排放的整个生命周期涵盖了多个主体、多重环节、多种利害，煤炭行业部门需要协同政府、社会、上下游企业等，做好煤炭清洁开采利用的顶层设计和详细规划，统筹气、水、土壤、固体废弃物等多要素减排要求，助推煤炭行业高质量碳达峰，形成环境效益、气候效益、经济效益多赢格局。

在场景方面，作为我国现阶段主要能源供应，煤炭广泛应用于电力、钢铁、化工等重点行业，煤炭行业碳减排必然会涉及和影响到诸多重点行业的运营。在这些不同行业场景碳中和部署上，要结合国家产业升级战略思想和定位，循序渐进开展煤炭行业碳中和工作。同时，加强不同行业煤炭应用场景的碳捕捉、封存等技术创新，针对性地实施减排措施，协同重点行业高质量发展。

三、分级管控，有的放矢

我国各地区煤炭开采使用、经济发展和产业结构具有异质性，导致碳排放量呈现一定的层级特征。同时，由于不同地区在煤炭消纳能力、产业升级、提质增效等方面进度不同，其碳达峰进度与峰值也表现出差异性。因此，要兼顾达峰时间不统一性，构建全链条协同治理体系。要统筹分级推进碳达峰碳中和（图 12-3），鼓励已达峰地区排放不再增长，排放处于平台期和可再生能源丰富的地区尽早达峰。主要措施包括：推进煤炭绿色智能精准开采，持续推进煤炭清洁高效利用；推动煤炭和新能源优化配置，强化新能源消纳能力；发展煤炭行业领域绿色低碳技术，推进技术成果转化应用；坚持从实际出发，科学把握工作节奏等。按照省份来看，我国各省级地区碳达峰时间在空间格局上呈南北条带状聚集。结合对煤炭能源生产区、煤炭能源应用区和新能源耦合区的划分，重点需要关注煤炭能源应用区与碳达峰时间晚的区域。通过加强政策干预、加快产业结构升级、深化对外开放程度等方式，力争尽快达峰。

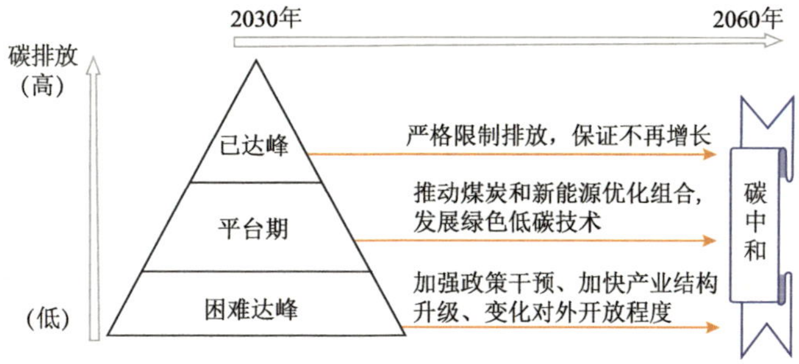

图 12-3　煤炭行业碳中和过程中的分级管控措施

第二节　煤炭行业碳中和战略目标

一、总体目标

我国煤炭行业及其相关行业碳中和发展战略的总体需求为：从生产端、消费端、固碳端三端协同发力，破解高效生产、多能转化、减碳固碳关键核心技术，加强人才培养，完善体制机制，推动煤炭行业绿色低碳转型，促进能源结构调整，实现煤炭与新能源耦合发展、负排放技术得到突破性进展、碳排放量达到净零排放，从而助力实现碳达峰目标和碳中和愿景。针对未来37年煤炭行业及其行业碳中和发展问题，以2030年和2050年两个时间节点划分为达峰攻坚期、有序优化期、碳中和达成期，制定了我国煤炭行业碳中和战略目标，力争2030年总量达峰，2050年优化提升，2060年实现碳中和（图12-4）。

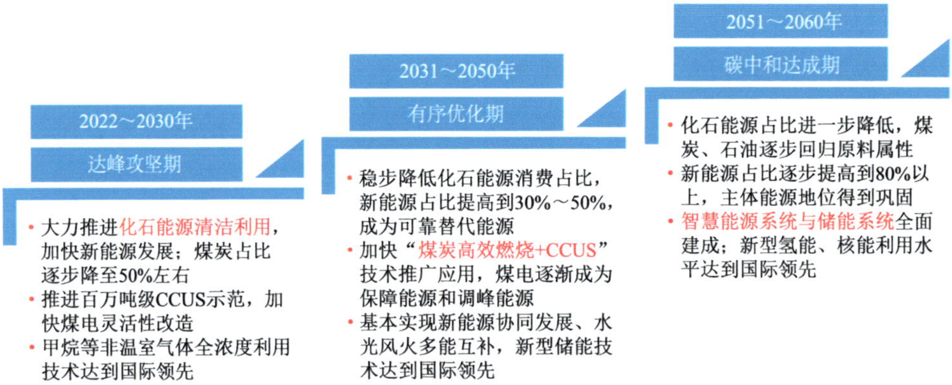

图12-4　煤炭行业碳中和的战略发展目标

二、达峰攻坚期

2022～2030年为达峰攻坚期。在此时期，我国能源领域稳步发展新能源，持续优化能源结构，实现到2030年煤炭能源消费占比能够逐步降至50%左右，非化石能源占一次能源消费的比重将达到25%以上，新能源发电量占比超过20%，能源结构调整优化取得明显进展。大力推进煤炭清洁利用战略，煤炭清洁高效利用效率得到全面提升，绿色智能开采技术、废弃矿井绿色利用技术、储能技术得到重大突破，形成百万吨级CCUS示范点，甲烷等非温室气体全浓度利用技术达到国际领先。有序淘汰煤电落后产能，重点用煤行业减煤限煤，煤炭消费增长得到严格控制，2030年前煤炭行业二氧化碳排放量不再增长，顺利实现碳达峰目标，为我国经济社会绿色转型奠定能源基础。

三、有序优化期

2031～2050年为有序优化期。在实现碳达峰目标的基础上，持续优化我国能源结构，持续推进构建新型电力系统建设，继续稳步降低煤炭能源消费占比，煤电逐渐成为保障能源和应急调峰能源，非化石能源消费比重在2030年基础上进一步提高，新能源占比达到30%～50%，新能源发展重点转向增强安全可靠替代能力和积极推进就地就近消纳利用，形成有利于绿色低碳发展的能源结构新格局。该阶段煤炭行业相关行业实现高端化、多元化、低碳化发展，煤炭与新能源耦合构建互补新型能源体系，“煤炭高效燃烧+CCUS”技术得到大范围推广应用，基本实现水光风火多能互补协同发展，新型储能技术达到国际领先水平，储能与清洁能源消纳能力得到全面提升。煤炭高耗能高排放项目得到遏制，合理控制煤制油气产能规模，煤炭行业二氧化碳排放总量达峰后稳中有降。

四、碳中和达成期

2051～2060年为碳中和达成期。化石能源消费占比进一步降低，煤炭逐步回归原料属性和备用能源，主要用于调峰和工业原料，非化石能源占一次能源消费比重将达到80%以上，成为主体能源，新型电力系统进入成熟期，全新形态的电力系统全面建成。到2060年，能源消费预计50亿～60亿吨标准煤，煤炭占能源消费比重的5%～10%，即2.5亿～6亿吨。该阶段实现地下热电气一体化利用，水光风火储一体化，新型氢能、核能利用水平达到国际领先，新型能源体系基本建成，CCUS负排放技术趋于成熟，实现碳减排、碳替代、碳封存、碳循环全通路减排降碳。智慧能源系统与储能系统全面建成，清洁低碳安全高效的新型能源体系全面建立，碳排放量达到相对零排放，达成碳中和愿景。

第三节 煤炭行业碳中和战略路径及战略路线图

结合煤炭碳中和战略背景、战略构想、战略目标，进一步细化煤炭碳中和战略路径（图12-5）和战略路线（图12-6）。总体来说，煤炭领域碳排放集中在开采与分选、运输、加工转换、终端消费等各个阶段。因此，煤炭领域实现“双碳”目标要从生产端、消费端、固碳端三端齐头并进，聚焦碳减排、碳替代、碳封存三大层面，围绕煤炭碳中和发展战略思路、战略布局，积极有序推进人才培养、科研平台构建、科研技术攻关、政策法律法规制定、碳交易市场建设等，降低能源强度与碳强度，促进生态文明建设，提升碳汇、降低碳源、强化固碳，多措并举，实现煤炭行业高质量发展，助力实现“双碳”目标。

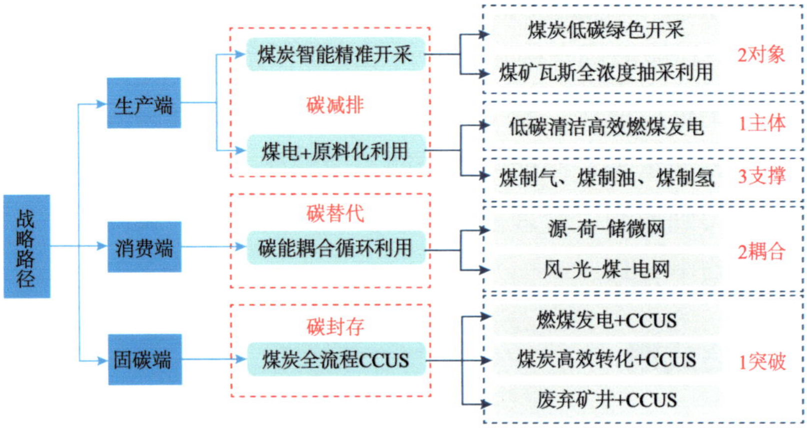

图 12-5　煤炭行业碳中和战略路径

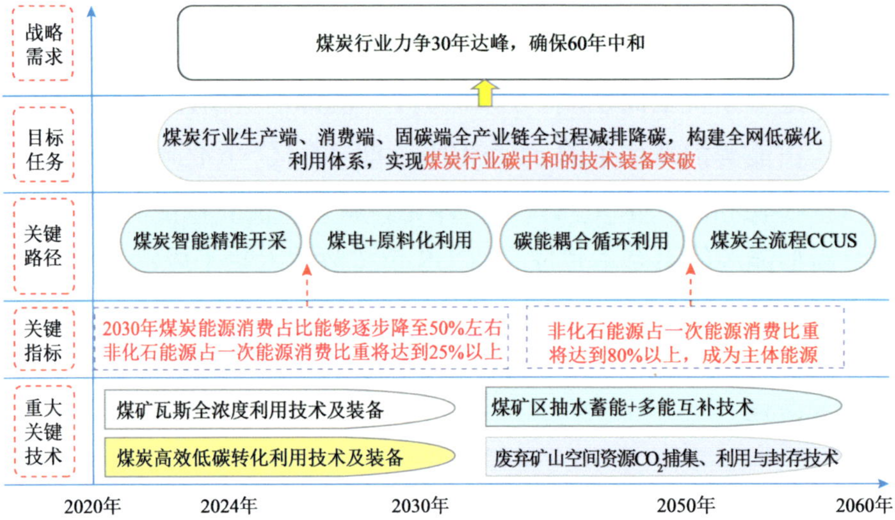

图 12-6　煤炭行业碳中和战略路线

一、碳减排路径：煤炭智能精准开采与煤电+原料化利用

（一）煤炭智能精准开采

1）煤炭低碳绿色开采

以煤为主的能源资源禀赋，标志着推动煤炭安全绿色开采和煤电清洁高效发展是减少煤炭行业 CO_2 排放的必然选择和根本途径。在煤炭开采方面，

具体地，要开展智能精准开采技术攻关与装备研制，建立智慧矿山建设框架及标准体系，并开展实践应用。在煤炭利用方面，首先要推进清洁高效燃煤发电，加快燃煤机组升级改造，加快“煤改电”电网改造，推进电能替代。其次要开展煤化工升级改造项目，推进现代煤化工示范化建设，持续推进煤炭精细化工和化工新材料。同时，提高煤炭行业废弃物资源化利用水平，如推进煤矸石等高附加值产品开发利用、推进全国煤炭行业固废综合利用基地建设等。此外，应构建煤化工绿色低碳相关技术需求清单，布局相关领域的重点研发计划、重点专项等国家级科研项目，与国内外相关科研机构加强煤化工相关技术合作，跟踪相关煤化工技术在示范项目中的应用等，切实可行地推动煤炭绿色开发和清洁高效利用。该环节主要需要攻关的关键科学技术包含：透明矿山与地质隐患探测理论、智能精准开采关键技术与装备、煤炭减碳增汇与保水开采理论、共伴生资源低碳协同开采技术、智能感知与多网融合技术装备、深部煤矿典型动力灾害防控技术、深地煤炭流态化开采理论与技术等。

2）煤矿瓦斯全浓度抽采利用

瓦斯主要成分为甲烷，属温室气体，它对地球产生的温室效应约为 CO_2 的 26 倍，煤矿瓦斯全浓度开发利用是清洁、低碳、高效能源系统的有机组成部分，对促进供给侧结构性改革、优化能源结构等意义重大，是实现碳中和的关键一环。当前，煤矿瓦斯全浓度开发利用面临的理论难题主要有爆炸极限内瓦斯安全引燃的理论依据、爆炸极限内瓦斯安全稳定燃烧的理论依据、熄火时不发生瓦斯爆炸的理论依据、回火时不发生瓦斯爆炸的理论依据等；面临的技术难题主要有点火困难、点火延迟与燃烧不充分、易熄火及在熄火时发生瓦斯爆炸的风险、易回火及在回火时发生瓦斯爆炸的风险、进气参数波动下瓦斯燃烧的安全稳定性、爆炸极限内防点火爆炸、防回火、防脱火等。加大煤矿瓦斯全浓度开发利用尤其是浓度 9%～30%的瓦斯利用是提高煤炭资源清洁高效利用当前面临的重大问题。该环节主要需要攻关的关键科学技术包括：煤矿瓦斯高效开发利用基础理论、煤矿瓦斯煤化工理论工艺技术、煤矿瓦斯分级分类开发利用技术、低浓度瓦斯蓄热式氧化与乏风氧化技术、废弃矿井煤层气开发与利用技术、煤矿瓦斯输运与利用安全保障技术等。

（二）煤电+原料化利用

煤炭在我国能源结构中占据主导地位，短期内难以改变。我们要想实现以煤为主体，并同步实现近期保供、远期降碳，就必须构建以煤为主体的低碳能源体系。煤电+原料化利用就是通过高效的方式，削减煤炭用量，实现消费端低碳减排，主要包括低碳清洁高效燃烧与煤炭高效低碳转化利用，开展煤基新能源、煤制气、煤制油等基础研究及技术攻关，实现煤炭低碳清洁高效利用。但目前低碳清洁高效燃烧与煤炭高效低碳转化利用都存在重点攻关的关键科技问题。低碳清洁高效燃烧环节存在的重点攻关的关键科技问题包括：超超临界煤电以及循环流化床燃烧理论、煤氨多能耦合低碳转化与清洁利用理论、燃煤全过程多污染物联合脱除基础理论、高温熔炼与炉窑二氧化碳超低排放技术。煤炭高效低碳转化利用存在的重点攻关的关键科技问题包括：煤与可再生能源转化耦合机理、煤炭低碳转化高效催化剂研制、煤炭气化高效开发与利用技术、煤炭液化调控及系统耦合理论、煤转多元气液高效利用技术等。

二、碳替代路径：碳能耦合循环利用

（一）源–荷–储微网

储能技术在电力系统中的应用是实现煤炭与清洁能源耦合的关键环节。构建需求导向的新型储能发展机制，依托电源侧和负荷侧灵活性资源现状，结合灵活性资源潜力挖掘、配置方式和灵活响应等技术需求，研究如何通过光伏和风电并网的主动支撑、柔性直流输电等先进输电技术，以及抽水蓄能、电化学储能和氢能等多种储能资源的综合应用，实现风光互补和能源的综合利用。基于抽水蓄能、新型储能等多类型储能资源，探索多类型储能协同支撑新能源消纳和电力电量时空平衡。特别地，要利用废弃矿井新型储能+生态修复+新能源打造高质量转型新态势，依托矿区废弃矿井建设深地抽水蓄能、深地压缩空气储能、深地电化学储能基地，构建国家级废弃矿井深地“储能云”平台，构建废弃矿井的生态修复圈、新能源建设圈、电网服务圈，为煤炭行业降碳提供途径。逐步形成源-荷-储微网工程，通过灵活性方式。推进储能技术、调频调峰技术等来增大可再生能源使用量，以实现技术减碳。例如，废弃矿山是构建“多能互补”新型能源体系的天然基地。构建新型能源体系，打造废弃矿井“抽水蓄能+”多能互补能源子系统等。该环节存在的重点攻关的关键科技问题包括：抽水蓄能+多能互补煤矿区低碳能源体系构建基础理论、煤矿区源-荷-储分布式微电网运行演变与调控理论、基于电网多场景调节多能异构分布式能源并网理论、交变荷载下煤矿区深部储能空间稳定控制与监测技术等。

（二）风-光-煤-电网

煤炭与清洁能源耦合发展是减少煤炭行业二氧化碳排放的有效途径。煤炭和新能源既是替代关系，也是辅助关系，二者的优化组合是降碳的最佳路径。要以政策引导、技术创新和产业模式创新为引领，做好煤炭和新能源这两篇大文章。大力发展风-光-煤-电网工程，通过化学转化、电力、热力等多种方式，分析风电之间、光伏之间、风电光伏之间的时空互补特性，开展分布式能源和集中式能源发电开发策略研究，将电网结构从传统放射型转变为多端互联网络，并进一步向多层、多级、多环、多态复杂网络方向发展，构建起以网架结构为基础，依据能源大数据平台，示范建设多能互补清洁能源供应中心，打造气油水光多能互补分布式低碳能源智能电网生态，形成多能互补清洁能源供应格局，从而实现煤炭与新能源深度耦合发展。该环节存在的重点攻关的关键科技问题包括：矿区碳-能协同低碳运行技术、煤矿多资源协同开发利用技术、含 CCUS 的碳循环规模化利用技术、风光-煤基支撑电网安全稳定技术、煤基灵活支撑风光消纳技术、风光-煤基-储能一体化降碳技术等。

三、碳封存路径：煤炭全流程+CCUS

（一）燃煤发电+CCUS

燃煤发电与 CCUS 耦合是推进“双碳”的关键技术。燃煤电厂加装 CCUS，一方面可以提供稳定清洁低碳电力，充分发挥煤电在电力系统中的调节作用，另一方面可以帮助燃煤电厂实现近零碳排放。积极探索“燃煤发电+CCUS”试点示范。紧跟 CCUS 技术进展及成本收益变化，加大 CCUS

领域产学研协同，大力推动“燃煤发电+CCUS”示范项目建设。依托示范项目，掌握煤电加装 CCUS 运行机理。要重视提升碳捕集能力，煤炭相关行业要加大碳捕集技术的研发，努力降低成本，取得技术、经济和环保的综合效益。

（二）煤炭高效转化+CCUS

煤炭资源作为我国能源安全压舱石，通过清洁高效转化的方式转化成其他类型资源进行利用，在高效转化的同时增加碳捕集、利用与封存技术 CCUS，煤炭清洁高效转化+CCUS 能有效减少污染物排放、改善大气环境质量，同时能显著提高煤炭资源利用效率、降低能源消耗、实现节能减排、促进社会可持续发展。煤炭高效转化+CCUS 技术是碳中和目标下实现煤炭化石能源近零排放的唯一技术手段。

（三）废弃矿井+CCUS

固碳增汇是减少煤炭行业二氧化碳排放的直接途径。矿区开采引发生态系统碳排放问题突出，煤炭行业及其关联行业的固碳增汇要基于自然条件、生态系统特征和管理方式、水平的区域异质性，有针对性地提出矿区碳中和的实现对策。矿区要积极推动生态修复固碳增汇，以技术固碳增汇和制度固碳增汇为抓手破解资源环境约束突出问题，促进人与自然和谐共生。首先，要继续加强顶层设计，完善绿色资源治理机制，建立相关管理机构，引导相关主体积极参与修复和开发利用废弃矿井资源化利用。其次，要加大废弃矿井绿色资源开发利用科研攻关支持力度，推进废弃矿井生态修复利用重点领域科研攻关，进而打造废弃矿井绿色资源开发利用技术研发、实验和推广基地。特别是应该强化碳中和地质技术在实现碳中和目标过程中的重要作用，重点发展煤系 CO_2 地质碳汇、CO_2 矿化固定与采空区充填封存等技术。

煤炭全流程+CCUS 环节存在的重点攻关的关键科技问题包括：CO_2 低成本和近零能耗捕集技术、CO_2 远程输运与安全存储技术、碳封存与地下资源协同开采技术、开采扰动 CO_2 储盖层多相多场演化机理、封存 CO_2 多元转化机理与时空运移特征、废弃矿区生态系统固碳与碳汇规律特征、废弃空间 CO_2 逃逸路径与感知监测理论等。

第四节　碳中和战略路径支撑

政策是引领，市场是基础，学科是支撑，科技是动力，平台是抓手，人才是关键（图 12-7）。首先，人才队伍是煤炭碳中和发展战略的重要支撑，是推动碳减排、替代、封存、循环等方面科技创新的关键着力点。建立科学的人才使用机制，充分协同使用现阶段各类人才，培育和组建青年人才梯队，是助力煤炭碳中和人才队伍建设的重要保障。应进一步加大高层次人才培养和储备力度，联合培养煤炭行业高质量发展所需相关人才，营造尊重人才氛围。其次，科研平台是凝聚和培养高层次人才队伍，支撑科研发展与进步，促进合作交流等的基础条件。随着国家科技体制改革的不断深化，煤炭碳中和相关科研平台更应该加快建设并适应科技管理模式调整，发挥其基础平台支撑作用。此外，重点领域的科研技术攻关，是实现煤炭碳中和技术突破和创新的核心力量。国家相关部门需要提供配套政策支持，制定相关激励机制和衡量标准，为煤炭碳中和发展战略提供牵引力和源动力。同时，还要协同多方力量，特别是市场力量，加快建设碳交易市场。通过市场刺激，牵引重点行业尽快及全面参与煤炭碳中和行动。

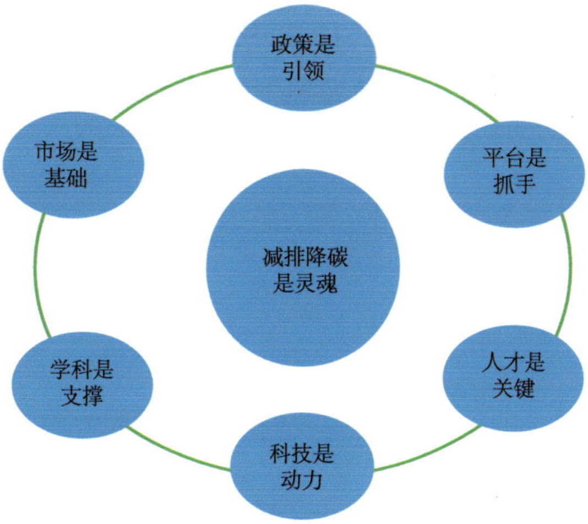

图 12-7　煤炭行业碳中和支撑保障

第十三章

煤基能源协同发展策略及路径

第一节　煤基能源协同发展战略布局

煤炭是我国的主体能源，在相当长的一段时间内不会改变。煤炭行业既是全球与能源相关的 CO_2 的最大排放者（2021 年约为 150 亿吨），也是最大的发电来源（2021 年电力份额约为 36%），同时也是工业所需的重要燃料。随着我国能源开发利用模式转型和清洁化发展，未来我国的能源结构将进一步优化，煤炭在能源消费结构中的比重将呈下降趋势，新的煤基能源将发挥更多的能源作用。总体而言，煤基能源协同发展战略布局将重点发挥燃煤发电的主体能源作用，进一步协同布局煤制油品、煤基燃气和煤制蓝氢等煤基能源利用形式，形成煤基能源协同发展的现实布局，如图 13-1 所示。

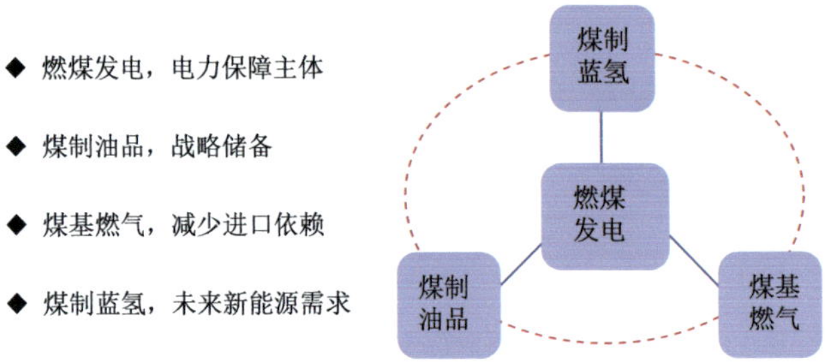

图 13-1　煤基能源协同发展战略布局

一、燃煤发电仍要担当能源主体

长期以来，煤电都是我国电力生产的绝对主力，支撑了我国电力行业高速发展，为国民经济发展做出了重要贡献。2021 年，我国燃煤发电装机容量达到 11.1 亿千瓦，占总发电装机容量的 46.7%，发电量占比达到 60.0%，并承担了 70%的顶峰任务。未来随着新能源装机的大幅增加，在储能尚未规模化应用的情景下，煤电将肩负起电网灵活调峰和电力供给安全的重大使命[254]。

在国家的持续投入和支持下，我国已建成全球最大的清洁高效煤电供应体系，在高效发电、灵活智能发电和超低排放三大领域实现了跨越式发展。在高效燃煤发电方面，我国 6000 千瓦及以上火电厂供电标准煤耗由 2000 年的 390 克/千瓦时下降至 2021 年的 302.5 克/千瓦时[255]。在超超临界燃煤发电方面，已投产的 600 兆瓦等级超临界和超超临界机组超过 600 台，已投产的 1000 兆瓦等级超超临界机组达到 137 台，机组参数、机组数量、能效指标、污染物排放指标均进入世界先进行列，超超临界机组平均供电标准煤耗约为 280 克/千瓦时，引领了世界燃煤发电技术的发展方向[256]。在超临界 CO_2 发电领域，整体研究进展已基本实现与美国并跑，2021 年 12 月率先投运了世界上参数最高、容量最大的 5 兆瓦试验机组，已领先美国同类机组 1 年以上。

在灵活智能燃煤发电方面，煤电将由主体性电源向提供可靠容量、调峰调频等辅助服务的基础保障性和系统调节性电源转型[257]。主要燃煤发电国家均在研发高灵活性和多能互补发电技术、智能发电技术，实现燃煤发电的灵活智能。我国在涉及深度调峰的煤种掺烧、稳燃、汽轮机低蒸汽流量的安全性改进等技术方向上取得了巨大进步，使我国煤电机组调峰能力由普遍的 50%Pe 下降到了 30%Pe（Pe 为额定功率）。因为风电、光伏的间歇性和不稳定性，目前仍需要煤电作为配套调峰调频电源。《“十四五”现代能源体系规划》提出，力争到 2025 年，煤电机组灵活性改造规模累计超过 2 亿千瓦，煤电灵活性改造的目标能否如期实现，对于今后的电力系统安全至关重要。

由此可见，进一步推动煤炭资源生产和加工转化利用方式的变革，进一步加大煤炭全生命周期的清洁、低碳发展改革，是实现我国节能减排目标、改善环境、保障能源安全、积极应对气候变化国际形势、促进煤炭行业健康稳定可持续发展的重要举措，对实现能源、经济、生态环境协调发展具有重要的现实和长远的战略意义。

二、煤制油品将作为油料战略储备

近年来，我国油气对外依存度持续维持在 70%以上。受世界范围内资源减少、碳中和政策、油价高企等多因素影响，2021 年下降至 72%[256]。2022 年，生产原油 20467 万吨，同比增长 2.9%。进口原油 50828 万吨，同比下降 0.9%。以烯烃、乙二醇、对二甲苯为主的大宗化工产品消费量超过 1.4 亿吨，自给率仅约一半[258]。

（一）煤直接液化和间接液化已实现安全稳定清洁运行

煤制油是以煤为原料，通过化学加工生产油品和石油化工产品的一项技术[259]。随着石油消费量的快速增长，我国自 21 世纪以来加速了煤制油技术研发，自主掌握了煤直接液化、煤间接液化两条技术路线的完全自主知识产权，建成了百万吨级煤直接液化和 400 万吨级煤间接液化示范工程，开展了煤中低温热解-焦油加氢技术研发和工程示范，奠定了我国在全球煤制油产业的领先地位，为发挥我国煤炭资源优势、降低石油对外依存度、拓展石油化工原料来源、保障国家油品安全开辟了新途径，成为煤炭清洁高效利用的重要技术路径。截至“十三五”末，我国煤制油产能达到 931 万吨/年[260]。国家能源集团百万吨级煤直接液化示范项目、400 万吨/年煤间接液化项目实现安全稳定清洁运行，依托煤制油项目培养大批具有丰富运行操作经验的工程技术人员。

煤制高端油品主要通过低温费-托合成进行，反应温度为 220～280 摄氏度，采用固定床或浆态床反应器，其产物与传统石油原料相比存在较大差异，具有以下特点：①碳数分布广，最大可达 C100，蜡组分质量分数高，C≥60 组分质量分数大 12%；②产物以链烷烃为主，其中正构烷烃组分质量分数大于 90%，支链烷烃、环烷烃及芳烃组分质量分数低；③产物基本无硫、无氮。根据产物特点，其下游除通过加氢精制、异构裂化等技术手段生产燃料油品外，还可以通过精馏切割、蒸汽裂解、烷基化、生物发酵、分子蒸馏等一系列工艺技术生产单质烷烃、低碳烯烃、特种溶剂油、烷基苯、长链二元酸、高熔点蜡等高附加值化工原料和产品。

目前，我国已掌握了煤制油的完全自主知识产权技术，突破了核心装备，在工程设计、建设方面具备了较强的实施能力，总体处于国际领先水平，完全具备国家油品战略储备的技术和产业基础。这主要体现在四个方面：一是技术完全自主可控，总体处于国际领先水平；二是装备材料自主可控，生产制造能力充足；三是设计建设经验丰富，工程支撑能力强大；四是已形成一定产业规模，运行水平不断提高。根据评估，在准备充分的条件下，煤制油完全可以在 2 年左右形成年产 1 亿吨甚至更大的产能，保障应急状态下我国油品安全。

（二）富油煤热解制油技术开展了前期技术探索

富油煤是指焦油产率分级在 7%～12%的煤炭，是一种集煤、油、气属性于一体的特殊煤炭资源，在隔绝空气条件下可通过中低温热解生成焦油、煤气和半焦。其最大特点是煤中富含较多热解可生成油气的富氢结构，焦油产率较高，主要赋存于中低阶煤中，是一种煤基油气资源。根据原料煤的煤质不同，煤炭热解焦油、热解煤气和富碳半焦产率分别约为 10%、10%、70%。与天然气相比，氢气和重烃气体体积分数相对较高，甲烷体积分数相对较低，热值基本相当，不仅可以直接用作燃料气，同时也可以生产氢气、甲醇等天然气化工产品。

富油煤热解是立足我国丰富煤炭资源，保障油气供应的重要路线之一。2000 年以来，我国围绕富油煤热解开发了不同工艺、热解设备、适用不同原料类型的工艺技术，已进入中试和工业生产的热解炉型有 10 多种。“十二五”和“十三五”期间富油煤热解已开展了一系列技术示范，随着技术不断升级，未来具有较大的发展潜力。

三、煤基燃气可减少天然气进口依赖

基于煤炭资源获取煤基合成气，是“变采煤为采气”的煤炭开发新路径。2022 年，生产天然气 2178 亿立方米，同比增长 6.4%。进口天然气 10925 万吨，同比下降 9.9%。从广泛意义上来讲，获取煤基合成燃气的技术途径包括：煤层气开采、地面煤气化、地下煤气化。煤基合成燃气显著降低了煤炭直接燃烧利用的碳排放，较大程度上改变了煤炭属于高碳能源的属性，是降低我国天然气对外依存度的重要手段。

煤层气是煤层伴生的非常规天然气资源，是近 20 年在国际上崛起的洁净、优质能源。经过 20 余年勘探开发实践，我国煤层气资源丰富，居世界第三。根据煤层气资源评价，我国煤层气预测资源量约 26 万亿立方米，其中探明地质储量 8039 亿立方米。其中，华北地区、西北地区、南方地区和东北地区赋存的煤层气地质资源量分别占全国煤层气地质资源总量的 56.3%、28.1%、14.3%、1.3%。目前，我国累计施工各类煤层气井 2 万余口，已建成沁水盆地、鄂尔多斯盆地两个国家级煤层气示范区，2020 年我国煤层气产量达 102.3 亿立方米，2021～2022 年取暖季节的煤层气日均供气量达到 2360 万立方米[261]。我国已明确提出，要将煤层气打造为增强天然气自主保障能力的重要气源。

地面煤气化是以煤为原料，经过加压气化后，脱硫提纯制得的含有可燃组分的气体。目前，我国已投产了 5 个地面煤气化项目，2020 年产能达到 51 亿立方米[262]。目前，德国 Lurgi 公司、丹麦 Topsoe 公司和英国 Davy 公司拥有成熟的煤制天然气技术，居世界领先地位，美国大平原气化联营公司已稳定运行 30 余年。在国内，中国科学院、华东理工大学、国家能源集团等开展了煤制气技术攻关。煤炭地下气化是在地下煤层原位燃烧制取燃气的一种特殊开采方法，是深部煤资源开发的变革性技术。利用地下钻进和可控燃烧技术，创建原位转化条件，将获取以甲烷、氢、一氧化碳为主的可燃气体。中深层煤原位清洁转化是指将中深层煤原位转化为可燃气体，并将产出的二氧化碳进行有效埋存的工艺。该工艺把煤炭开采从物理采煤变为化学采气，可有效避免因采煤引起的安全和生态环境问题、提高资源利用效率，缓解我国“富煤”和“气不足”之间的矛盾。经初步测算，煤炭地下气化与地面直接燃烧相比，可降低二氧化碳排放 58.6%，与地面煤化工相比，可节约用水 30%。世界煤炭地下气化技术已有 70 多年的探索，我国以中国矿业大学（北京）等单位为代表，历经 30 余年的研发与实践，通过产学研结合、自主研发及技术引进，初步建立了现代煤炭地下气化技术体系。近年来，中国石油天然气集团有限公司、中国石油化工集团有限公司等企业也高度重视煤炭地下气化技术攻关。

四、煤制蓝氢保障未来氢能发展

氢能是未来看好的清洁能源，是高碳能源向低碳能源转变的重要抓手。氢能源作为重要的清洁能源载体，可支撑重载运输、航空燃料、化工、冶金、火电、化肥等领域的深度脱碳，预计 2030 年氢能将助力降低我国总碳排放 3%～5%，到 2060 年将占我国终端能源消费的 20%左右。开发氢能先进技术和推动氢能产业化，也正在成为深入推进能源供给和消费革命的重要方向。氢能未来将在我国能源体系中发挥以下几个方面的作用：一是支撑新型电力系统建设。氢能既可以作为储能侧的“稳定器”，也可以作为用电侧的“燃料源”，是未来新型能源系统的重要补充。二是推动难脱碳领域深度脱碳。在钢铁、石化、化工等工业领域、建筑领域、交通领域，氢能都可以提供零碳的解决方案。三是氢基合成绿色燃料和材料。氢气可合成绿色燃料和材料，构建零碳工业产品体系。

根据氢气制取过程中的碳排放水平，将氢气分为灰氢、蓝氢和绿氢。灰氢是通过化石燃料（主要是煤炭和天然气）制取的氢气，碳排放水平较高。蓝氢是由化石燃料耦合 CCUS 技术产生而来，主要的化石燃料来源是天然气，碳排放水平相比灰氢较低。绿氢是利用可再生能源通过电解水制取氢气，可以达到净零排放。基于煤炭制取的氢气称为灰氢，煤炭耦合 CCUS 技术制取的氢气称为蓝氢，是目前重要的科技创新方向。

煤制蓝氢是中长期氢能产业平稳发展的保障，可再生能源电解水制氢是氢能产业发展的未来。从产量上来看，目前我国氢气年产能约 4100 万吨，产量 3342 万吨，其中煤制氢产量达到 2124 万吨，占比为 63.55%，煤制氢是目前最成熟的制氢工艺；工业副产氢和天然气制氢产量分别为 708 万吨和 460 万吨；电解水制氢产量约 50 万吨[263]。从制氢成本方面来看，煤制氢成本为 8.3～19.5 元/千克，但是煤制氢的碳排放强度较大，为 19.42～25.28 千克 · CO_2/千克·H_2；当采用煤制氢耦合 CCS 技术时，相关研究表明，煤制蓝氢成本仅增加约 8%；按照天然气价格为 2.8 元/千克时测算，天然气制氢成本为 15.2 元/千克；对于电解水制氢，电费占整个电解水制氢成本的 80%左右，按照电价 0.61 元/千瓦时计算，当前电解水制氢的成本为 44.5 元/千克。以国家能源集团鄂尔多斯煤制油厂煤制氢装置为例，在进厂煤价 430 元/吨的条件下，气化产氢成本不到 8 元/千克氢气，即使煤价按 800 元/吨计算，成本仅为 10 元/千克氢气。在氢气纯化方面，应用低能耗的变压吸附技术，氢气纯化成本低于 0.5 元/千克。在碳捕集封存方面，经测算，10 万吨级规模的完全成本在 200 元/吨 CO_2 左右，放大至百万吨规模的完全成本可进一步降低至 150 元/吨 CO_2，相当于氢气成本增加 3 元/吨 CO_2，所以目前煤制灰氢仍是最经济的制氢手段，中长期内应大力发展 CCUS 技术，将煤制灰氢变为蓝氢，降低煤制氢的碳排放水平；同时，降低可再生能源发电成本和电解水制氢能耗，最终向可再生能源电解水制取绿氢发展。

第二节　煤基能源耦合发展战略布局

煤基能源耦合发展战略布局是当今能源领域的重要举措。通过促进煤炭开发与新能源开发的协同发展，实现煤炭耦合可再生能源发电，加强煤化工与新能源的耦合布局，可以推动煤炭产业的可持续发展，实现能源供应的稳定性、安全性和可持续性。这一战略布局将为经济社会的可持续发展提供有力支撑，促进能源产业的转型升级和绿色发展。新能源主要包含太阳能、风能、水能、生物能等可再生能源及核能等非可再生能源。通过发挥煤炭资源的优势，促进与新能源的开发、可再生能源发电以及煤化工与新能源耦合布局等方式，实现煤炭产业的可持续发展，以应对能源安全、环境保护和可持续发展等重大挑战。煤炭与新能源深度耦合利用可通过化学转化、电力、热力等多种耦合形式实现。风能、水能、太阳能等可再生能源通过发电制氢将不稳定能量转化为稳定能量，并提供煤转化过程的用氢需求，替代原有煤制氢路线，削减碳排放，形成转化利用融合。此外，太阳能还可与燃煤形成耦合发电以提升能源互补性，核能既可通过制氢耦合煤化工，同时可实现核能余热气化及核-煤-热耦合以降低能耗；生物质可与燃煤形成耦合发电路径，并与煤形成共转化（如共热解、共气化、共液化），协同提升利用效率。

一、煤炭开发与新能源耦合

根据相关预测，2025 年我国能源煤炭占比降至 50%～52%[264]。虽然占比降低，但煤炭消费需求总量变化不大，在能源供给安全、成本安全中的调峰作用将愈发凸显，是支撑新能源发展的重要基础，依然是我国能源体系中的稳定器和压舱石。然而，未来的煤炭发展不能再重复过去的粗放发展模式，煤炭需要通过技术创新、要素优化配置，以越来越低的环境成本，精准满足经济社会对煤炭的需要，既要进一步通过更高水平污染物控制手段降低单位用量的污染物排放量，同时要提高利用效率和优化利用结构，减少煤炭资源消耗和污染物排放总量，适应生态环境要求。

由于风电、光伏发电、水电等可再生能源具有间歇性和波动性，大规模并网发电对电网调峰能力提出了很高要求，需要作为我国发电主力的燃煤发电参与调峰。因此，煤炭与新能源耦合利用，既能减少单位产品碳排放量，又能利用稳定可靠的煤炭清洁利用技术协同优化提升新能源利用质量。推动煤炭与新能源耦合协同利用，有利于煤炭利用碳减排、新能源利用规模提升，是从过程工程耦合角度提升能源利用质量的新举措，更为煤炭清洁高效利用开辟了新路径。

加大煤基能源与新能源耦合发展战略布局和技术创新，将重点以煤炭开发基地作为新能源开发基地，利用采煤沉陷区发展地面光伏；利用废弃矿井地下空间构建抽水蓄能装置，助力构建新型电力系统；采用新能源电力为煤炭开采提供能源，降低煤炭开发的碳排放。

二、煤炭耦合可再生能源发电

为了实现碳中和，传统煤电技术的碳排放量只允许保留 10%的煤电量用于电力调峰，依靠突破性技术实现煤炭清洁高效利用之后，清洁低碳的煤基能源可发挥更大的发电作用，因而可以适当提高煤基能源在新型能源体系中的占比，缓解风光电力不稳定而需要大规模储能的压力。

煤与可再生能源耦合发电技术为可再生能源发电提供一种新的途径，开展燃煤与光热耦合发电示范与应用是当前多元化能源利用发展的重点方向。利用太阳能与燃煤互补（即光煤互补）是从原料侧降低煤耗及污染物排放的有效途径，主要采用聚光型太阳能发电（CSP）与燃煤发电进行耦合，太阳能作为辅助能源，在保障太阳能发电效率的前提下尽量降低煤耗率、汽轮机热耗率、汽耗率。技术方式主要为槽式太阳能-燃煤发电耦合系统和塔式太阳能-燃煤发电耦合系统，塔式太阳能-燃煤发电耦合系统在热源部分耦合优势明显，熔融盐工质工作温度可达575摄氏度，空气循环更是可达900摄氏度，耦合潜力相比槽式更大。国内太阳能光热与燃煤耦合发电在系统集成、耦合技术等方面均有较大进展，正在制定太阳能光热与燃煤耦合发电方面的国家标准，已有企业正在开展10兆瓦太阳能与燃煤互补发电示范工程。

当前煤炭与新能源的协同耦合利用更多体现在电力调配上，依托火电厂深度调峰弥补可再生能源发电输出的间歇性波动，发挥降低煤电碳减排、促进可再生能源消纳、保障电网安全稳定运行的多重作用。然而，依托电网的煤炭与新能源的宏观层面耦合，给电网带来了巨大的调度压力，也未能深度发挥各自的潜力。煤炭与可再生能源具有良好的互补性。煤炭的主要利用方式是发电，可再生能源利用的主要方式也是发电，燃煤发电与可再生能源发电优化组合，可充分利用燃煤发电的稳定性，为可再生能源平抑波动提供基底，消除可再生能源发电的不稳定性；利用可再生能源的碳综合能力，为燃煤发电提供碳减排途径，在很大程度上减轻单纯燃煤发电的碳减排压力。除了电力外，煤炭与可再生能源在燃烧和化学转化方面的耦合模式逐步形成和技术突破，为煤炭与可再生能源深度耦合提供了良好基础。当下要重点解决好煤炭清洁发电和CO_2减排之间的关系，发展煤炭和生物质、储热、绿氢、绿氨的耦合发电技术，实现煤电产业的低碳排放。

（一）煤炭耦合生物质发电

煤炭耦合生物质发电是利用煤炭与生物质燃料进行混烧的发电方式，目前已经是一种较为成熟的可再生能源发电技术。生物质的碳排放强度只有18克CO_2/千瓦时，是燃煤碳排放强度的1.8%[265]，通过生物质与煤耦合混烧，并不断增加生物质混烧比，可以大幅度降低煤电的碳排放。燃煤生物质耦合发电技术通过现役煤电机组的高效发电系统和环保集中治理平台，尽量消纳田间露天直燃秸秆，规模化协同处理污泥，实现燃料灵活性，降低存量煤电耗煤量，提升可再生能源发电量。燃烧技术以直接耦合燃烧及气化耦合燃烧为代表。直接耦合燃烧是在燃烧侧实现混烧，要求将生物质燃料预先处理成可以和煤粉混烧的状态直接送入炉膛实现混烧；气化耦合燃烧则依靠生物质在循环流化床气化炉中进行气化，而后将生物质煤气送入煤粉炉中与煤粉混烧。我国生物质资源总量丰富，可利用潜力巨大，国家能源局印发的《生物质能发展“十三五”规划》中指出，全国可作为能源利用的农作物秸秆及农产品加工剩余物、林业剩余物和能源作物、生活垃圾与有机废弃物等生物质资源总量每年约 4.6 亿吨标准煤，已利用量约 4000 万吨标准煤。可供能源化利用的各类生物质资源包括玉米、水稻、小麦、棉花、油料作物在内的农作物秸秆每年约 3.4 亿吨，稻谷壳、甘蔗渣等农产品加工剩余物每年约 6000 万吨；薪炭林、林业“三剩物”、木材加工剩余物等林业剩余物每年约 3.5 亿吨；城镇生活垃圾每年约 2.8 亿吨[266]。目前，通过对现阶段煤炭耦合生物质发电技术的总结，该技术主要有三种方式：直接混燃耦合发电技术、分烧耦合发电技术及生物质气化与煤混燃耦合发电技术。美国、欧洲部分电厂已实现高比例的生物质掺烧，我国目前生物质掺烧还处于起步探索阶段，掺烧比例一般在 10%以下，未来煤炭耦合生物质发电减排潜力巨大。目前，该类技术及先进配套装备在我国正处于基础研究阶段，对煤与生物质的协同反应机理认识仍存在较大争议，研发仍需一定周期，尚未形成大规模工业化示范项目。我国大型发电集团正在积极推进燃煤生物质气化耦合发电技术，2018 年燃煤耦合生物质发电技改试点项目建设已达到 70 余项。

（二）煤与太阳能光热耦合发电

利用太阳能与燃煤互补是从原料侧降低煤耗及污染物排放的有效途径，主要采用聚光型太阳能发电与燃煤发电进行耦合，太阳能作为辅助，在保障太阳能发电效率的前提下尽量降低煤耗率、汽轮机热耗率、汽耗率。技术方式主要为槽式太阳能-燃煤发电耦合系统和塔式太阳能-燃煤发电耦合系统，其中塔式太阳能-燃煤发电耦合系统在热源部分耦合优势明显，熔融盐工质工作温度可达 575 摄氏度，空气循环更是可达 900 摄氏度，耦合潜力相比槽式太阳能-燃煤发电耦合系统更大[267]。国内太阳能光热与燃煤耦合发电在系统集成、耦合技术等方面均有较大进展，正在制定太阳能光热与燃煤耦合发电方面的国家标准，已有企业正在开展 10 兆瓦太阳能与燃煤互补发电示范工程。

（三）煤与核能的耦合利用

核能发电在技术成熟性、经济性、可持续性等方面具有较大优势，同时相较于水电、光伏发电、风电具有无间歇性、受自然条件约束少等优点，可持续稳定进行氢制备。针对煤炭在化工利用过程中富碳缺氢的特点，通过核能所制氢（高温电解制氢或热化学循环制氢）耦合煤气化工艺生产燃料和化学品，实现煤化工过程的C—H平衡，减少传统煤化工直接碳排放源头-水煤气变换，大幅提升能效，显著降低碳排放。目前，核能与煤炭资源耦合的低碳复合能源系统已完成模型构建。煤炭与核能还可进行热耦合利用，如利用核能余热进行气化，可有效降低能耗及污染物排放，采用“核热源十调峰热源”进行耦合供热新模式减少煤炭消耗。

（四）煤炭耦合绿氢绿氨蓝氢发电

燃煤发电和绿氢绿氨耦合是未来煤电发展的重要方向。蓝氢特别是大型煤气化制氢耦合CCS是大规模低碳制氢的重要技术路径。我国煤制氢产能大，生产稳定，工艺设备完全自主可控，目前主要用于煤化工产业中的合成气源，大型气化炉的产氢能力一般可达到6万～10万标准立方米/小时（是当前大规模电解槽产氢能力的50～80倍），且具有较强的柔性调节能力，以投煤量2000吨/天的煤气化炉为例，只需把其2%～3%的负荷用作提纯制氢，就可提供两座加氢站的加氢量。辅以纯化技术和CCUS技术，完全可以满足大规模低成本低碳氢的需求。以国家能源集团为例，作为全球最大的煤气化运营商，目前总当量产氢能力约400万吨/年，同时掌握了自主知识产权的神宁炉技术，2000吨/天气化炉技术实现商业应用。目前，国家能源集团、安徽省能源集团有限公司已率先开展燃煤锅炉混氨燃烧的示范，安徽省能源集团有限公司在300兆瓦机组上实现了35%（按热值算）比例的混氨燃烧。

煤炭耦合可再生能源发电的战略布局可以有效解决可再生能源的间歇性和不稳定性问题。可再生能源发电存在着天气条件限制和供需平衡等挑战，而将煤炭与可再生能源进行耦合，可以在可再生能源供应紧缺时提供稳定的能源供应，保证电力系统的稳定运行。这种耦合方式可以充分利用煤炭的灵活性和可调度性，为发电系统提供备用和调峰能力。

三、煤化工与新能源耦合

现代煤化工产业是立足煤炭主体能源地位推进煤炭消费转型升级的重要路线。推进煤化工产业从基础化工向高端化工、从大宗商品向精细化工产品升级。坚持高端化、多元化、低碳化发展，聚焦煤基、氨基、醇基等新能源新材料，坚持技术创新、工艺革新、合作开发并举，改造提升传统基础煤化工，合理布局新型高端煤化工，减少初级大宗煤基化工产品销售比重，提高精细高端煤基化工产品比重，提升产品附加值，增强产业竞争力。充分发挥煤炭作为化工原料的综合利用效能，利用煤炭的结构特性，以煤基特种燃料、煤基生物可降解材料、煤基碳材料为主线，构建煤基新材料、新燃料等战略性新兴产业增长极。通过加大加工深度，拓展产品种类，实现高端化、差异化发展。

（一）新能源与现代煤化工耦合发展可以实现近零碳排放

立足煤化工碳排放特点，着眼能源转型大势，煤化工与新能源产业耦合发展对产业实现低碳发展效果明显、潜力巨大。煤中的碳氢元素含量很高，烯烃等大宗化工产品的碳氢元素比约为 1∶2，因此煤气化后需要通过变换工艺制取氢气（以调节碳氢比）并排放大量的 CO_2。未来，低成本的新能源制氢（如氢气制备成本降 1 元 / 立方米以下）可以直接供应煤化工，进而替代煤气化的变换工艺，避免了 CO_2 的生成和排放，从而实现煤化工工艺系统的近零碳排放。同时，目前煤化工工厂通过燃煤热电联供自备机组为全厂提供动力（电和蒸汽）。未来，随着储能储热技术的日臻成熟，新能源可提供稳定的绿能、绿电，替代燃料煤的使用，实现煤化工动力系统的近零碳排放。

（二）新能源与现代煤化工耦合发展可以提高系统的整体经济性

未来，新能源制氢不仅可以提供廉价的氢气，而且电解水过程中生成的氧气可以直接供应煤气化工艺，从而减少空分系统制氧能耗（煤耗）和投资规模。通过氢气供应而取消变换工艺单元，可以减少原有系统的投资和运行成本。此外，在同等用煤量的条件下，原有系统还可以产出更多化工产品。以典型煤制烯烃、煤制甲醇、煤间接液化项目测算（气化工艺采用粉煤气化），同等耗煤量下，烯烃、甲醇、油品等主产品产量接近原来的 2.5 倍，吨产品煤耗将分别下降至 1.5/0.5/1.2 吨/吨。同时，煤化工与新能源耦合发展还可有效解决新能源就地消纳问题，一定程度上缓解了弃风、弃光问题。当前欧盟碳税接近 40～50 美元/吨，未来我国碳价也有可能出现较大幅度增长。初步测算，当未来绿电成本价下降至 0.1 元/千瓦时，国内碳价 100 元/吨时，典型煤制烯烃项目、煤制甲醇项目、煤间接液化项目采用煤化工与新能源耦合系统整体吨产品成本将分别低于现有煤化工系统接近 1000 元/吨、350 元/吨、650 元/吨[258]。

（三）现代煤化工与新能源产业耦合发展的条件日趋成熟

“十三五”时期，我国新能源迅猛发展，截至 2020 年底，全国风电与光伏累计并网装机超过 5 亿千瓦，居世界首位[258]。2020 年已成为新能源平价上网元年，大部分新并网新能源电站建设成本低于最便宜的化石能源电站，新能源发电市场竞争能力持续增强，为新能源供应低成本绿电、绿氧、绿氢、绿能奠定了基础。

针对煤化工碳排放强度高的问题，加快研发攻关煤化工与新能源绿电绿氢绿氧耦合技术，通过可再生能源制氢为煤化工工艺过程补氢，绿氧提供给空分单元；通过可再生能源提供绿电以及储热技术，为煤化工提供绿电和蒸汽。以国家能源集团鄂尔多斯、榆林区域，打造大型煤基能源产业与新能源产业耦合基地，其中煤炭开发规模约 2 亿吨，大型风光火储基地装机规模 1000 万千瓦，煤化工产业规模 500 万吨以上，依托“煤炭清洁高效利用科研攻关方案”等国家级科研任务，研发一代、示范一代、储备一代，为我国煤基能源与新能源高效耦合提供技术支撑[259]。

第三节　煤基能源可靠保供战略路径

我国一直将煤炭清洁安全高效开发利用作为国家科技计划的重点支持方向，在煤炭安全绿色智能开发、煤炭清洁高效发电、煤炭清洁转化等方面取得了一系列重要成果，支撑了我国煤炭开发利用技术向绿色安全清洁高效方向发展。煤炭开采百万吨死亡率相比 2011 年下降 92%，建成一批绿色矿山、数字矿山、智能化矿山；建成全球最大的清洁煤电供应体系，火电全行业超低排放改造比例已经达到 80%以上，烟气颗粒物、二氧化硫和氮氧化物排放完全达到国际上最严环保标准的要求；自主掌握了百万吨级煤直接液化、400 万吨级煤间接液化、60 万吨级煤制烯烃、40 万吨级煤制乙二醇等煤化工成套技术，安全稳定运行和环境保护水平不断提升。2020 年煤制油、气、烯烃、乙二醇四大类主产品总产量约 2647 万吨，年转化煤炭约 9380 万吨标准煤，现代煤化工已成为我国能源安全保障的重要战略储备。同时，我国正在积极研发煤气化燃料电池发电、超临界 CO_2 发电、煤炭地下气化等一批颠覆性煤炭利用技术，在“双碳”目标下探索新的煤炭清洁高效开发利用技术路径。煤基能源可靠保供战略路径将进一步探索和深化煤炭安全绿色智能开发和煤炭清洁高效转化利用，如图 13-2 所示。

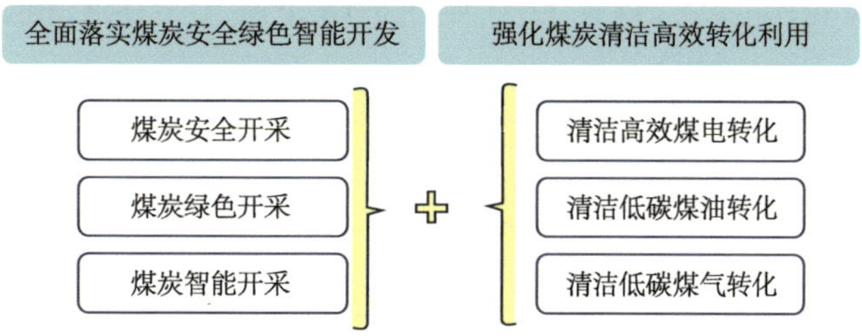

图 13-2　煤炭清洁高效开发利用颠覆性路径

一、全面落实煤炭安全绿色智能开发

（一）煤炭安全开采

煤矿安全技术创新助力煤矿安全生产水平稳步提升。矿井灾害防治理论体系不断完善，冲击地压防治、瓦斯灾害防控、矿井水害防治、煤层自燃与火灾防治、复合动力灾害防控等关键技术取得新突破，形成了以灾害预测和防控为核心的理论与技术体系。在煤岩瓦斯动力灾害方面，初步搭建完成煤矿瓦斯突出预警平台，实现了激光甲烷传感器高稳定性量测、有线+无线综合传输、突出灾害预警准确率达 90%。井下煤层钻进装备实现了松软煤层钻进 300 米、中硬煤层 3353 米和无线遥控自动钻进等重大技术突破。在水害防治方面，井工煤矿开采涌水量预测的动-静储量法、倒置大井法等解析法取得重要进展，突破了经典井流理论仅适用于地面抽水井的局限。同时，煤自然发火预测预报综合指标体系进一步完善，光纤测温技术在采空区温度监测方面也取得了一定进展；基于光谱技术的煤矿气体分析仪器及在线式火灾束管监测系统应用广泛；采空区帷幕注氮（二氧化碳）防灭火工艺应用范围较广；三维矿井通风智能分析技术已达到国际领先水平。在粉尘治理方面，国内外科研机构和企业也开展了大量研究工作，通过综采防尘、掘进防尘、巷道防尘、个体防护等途径，改善了井下作业环境，在粉尘防治方面取得了较好的效果。根据粉尘粒度分布及其沉降状态、风流速度与粉尘浓度关系、粉尘浓度沉降数学模型等，研制出一系列先进适用的粉尘防治技术及装备，促进了井下防尘技术的发展。

近年来，煤矿安全生产水平持续稳定好转。全国煤矿事故总量、重特大事故、百万吨死亡率均有明显下降。2021 年 973 处安全高效矿井原煤产量占全国的比重达到 60%以上，煤矿百万吨死亡率下降至 0.044，同比下降 24%[268]。

（二）煤炭绿色开采

煤炭开采面临的生态环境约束日益增大，煤炭绿色开采是推动能源生产革命、确保煤炭稳定供给的必然要求。随着煤炭开发战略逐渐西移，西部地区煤炭产量逐步增加，2020 年西部地区煤炭产量 23.3 亿吨，占全国的 59.7%[269]。相关研究表明，未来西部地区煤炭产量占比将超过 90%。但是西部地区水资源匮乏、生态环境脆弱，如何按照生态文明建设的总体要求，实现西部煤炭绿色开发和生态保护协调发展，已经成为新时代西部煤基产业高质量发展必须破解的技术难题。

矿井水保护利用、矿区低损害开采和井下粉尘控制是煤炭绿色开采的主要方面。长期以来，国内外科研机构都为此开展了大量的研究工作，在矿井水保护方面，提出了堵截法的技术思路，主要采用的技术包括充填开采、限高开采、保水区域划分、条带式开采等，在工程实践中取得了一定成效。针对西部干旱、半干旱区水资源保护问题，我国首先开发出分布式煤矿地下水库技术，利用煤矿井下采空区存储和利用矿井水资源，构建了煤矿地下水库理论框架和技术体系，在神东矿区建成煤矿地下水库 30 余座，储水量最高 3300 万立方米，每年为矿区供水超过 7000 万立方米，解决了神东矿区生产、生活、生态用水的 95%的需求[270]。

在低损害开采方面，发现了遗煤开采的扰动面接触块体梁岩体结构，提出了遗留煤柱群链式失稳的关键柱理论，研发了遗煤开采可行性定量判定方法，研发了遗煤开采岩层控制的关键技术，指导优质遗煤高效回收；提出了切顶短臂梁理论，研发了无煤柱自成巷 110 工法和 N00 工法，实现了采（盘）区内无煤柱和无巷道掘进，形成了具有我国自主知识产权的采煤工艺和装备系统；发明了柔模支护无煤柱开采技术及其配套装备，开发了柔模支护充填开采技术和柔模充填支架，提出了锚杆与柔模混凝土碹相结合的巷道支护方法；提出了煤炭资源采选充+X 绿色化开采技术构想，形成了煤炭采选充+X（控、留、抽、防、保）协同生产模式。除此之外，还开发了露天矿区绿色开发的一系列关键技术。

2021 年我国大型煤矿原煤生产综合能耗、综合电耗分别为 10.4 千克标准煤/吨、20.7 千瓦时/吨，煤矸石及低热值煤综合利用发电装机达 4300 万千瓦。煤炭绿色开采技术有力支撑绿色矿山建设，截至 2021 年，纳入《全国绿色矿山名录》的煤炭企业共有 284 家[271]，形成了一批可复制可推广的资源绿色开发和产业绿色发展新技术、新模式。

（三）煤炭智能开采

智能开采是有效破解煤炭安全开采面临难题、发展先进产能的重要路径，是推动煤炭行业高质量发展的核心技术支撑[272]。井下巡检机器人、搬运机器人的应用大幅度降低了井下作业人员数量与劳动强度，有力地支撑了煤矿安全生产水平的持续提升。

经过 10 余年的发展，形成了薄煤层和中厚煤层智能化无人操作，大采高煤层人-机-环智能耦合高效开采，综放工作面智能化操控与人工干预辅助放煤，复杂条件智能化 + 机械化 4 种智能化开采模式。在智能开采装备研发方面，发明了工作面直线度精确检测与智能控制、采煤机记忆截割控制、刮板机智能控制、工作面集中远程智能控制等多个关键技术，研发了适用各种煤层条件、具有较高智能化水平的系列化综采（放）成套装备，使不同区域、不同煤层条件实现了智能安全高产高效生产；在智能远程管控研发方面，提出了智能化与远程干预相结合的综合机械化采煤新模式，研发了综采工作面采煤、支护、运输等工序的智能化协调控制技术，开发了矿井人员与车辆等动目标精确定位关键技术与系统，开发了煤矿供电无人值守及防越级跳闸技术与系统，研发了一体化矿山生产综合智能监控系统，研发了面向智能开采的煤矿安全高效生产空间信息处理关键技术，创建了亿吨级矿区复杂系统的全流程信息协同系统平台，实现了矿井群资源的智能配置和管理；此外，提出了数字孪生智采工作面新系统，并把物联网、5G通信、云计算等技术融合于智采工作面，创建精确的虚拟智采工作面模型，实现智采工作面生产、管理的高度数字化及模块化；提出了煤矿机器人的分类方法，构建了科学合理的煤矿机器人分类体系，规划了不同种类、层次煤矿机器人的研发路径；开通并优化了井上井下 5G 网络，建成了矿用高可靠 5G 专网系统。截至 2021 年，建成一批智能化示范煤矿，建成 800 多个智能化采掘工作面，多种类型煤矿机器人在煤矿井下示范应用，一些煤矿初步实现了“有人巡视、无人操作”的智能开采。

二、强化煤炭清洁高效转化利用

（一）清洁高效煤电转化

燃煤发电在相当长时期内仍是我国电力供应的主力，煤电除继续承担保障电力供应主体责任以外，还要为新能源大比例消纳提供灵活调峰服务。

1）高效燃煤发电

超超临界发电技术是高效燃煤发电技术中的重要发展方向；目前，我国已全面掌握超超临界燃煤发电技术和装备，完成了高效 600 摄氏度超超临界燃煤发电技术的研发和推广，即百万千瓦级超超临界二次再热技术。二次再热技术可将现有超超临界发电煤耗约降低 14 克/千瓦时，厂用电率降低 0.8%，发电煤耗可降至 260 克/千瓦时以下，配合低氮燃烧器、烟气脱硫脱硝系统能够减少 CO_2、SO_2、NO_x 及烟尘排放量 5%以上。目前，中国华能集团有限公司、国家能源集团等电力企业还在开展 630～650 摄氏度超超临界、煤气化燃料电池发电、超临界 CO_2 循环发电等高效燃煤发电技术攻关，目标是实现 50%以上的发电效率。在循环流化床技术领域，已建成全球最大的 60 万千瓦超临界循环流化床机组，正在建设 66 万千瓦超超临界循环流化床机组。CFB（循环流化床）的低热值燃料利用特性和低污染物排放特性决定了其在未来能源转型和实现碳中和过渡过程中的价值和贡献。

2）灵活燃煤发电

为支撑新能源发展，需要煤电机组灵活调峰。《全国煤电机组改造升级实施方案》明确指出进一步提升煤电机组灵活性和调节能力。快速启停、快速爬坡和深度调峰是新型电力系统对煤电机组灵活性提出的新要求，需综合考虑汽轮机侧、锅炉侧、系统侧和储能侧，进行技术思路和解决方案研究，采用预测控制+反馈控制的方式保障煤电机组的安全性、经济性和环保性。燃煤机组大幅度变负荷调峰运行时，发电煤耗变化较大，不同容量超超临界机组供电标准煤耗见表 13-1。燃料系统、燃烧系统是锅炉灵活性运行的重要制约点。采用燃烧器稳燃改造、燃料给料精细化运作、CO/H_2S 双参数燃烧管理等技术，建立基于煤质和 CO 的智能燃烧系统是锅炉灵活智能运行的重要手段。目前，燃煤机组控制系统能够实现 50%额定负荷以上连续自动控制，部分机组已实现 30%额定负荷下稳定运行。

表 13-1　不同容量超超临界机组供电标准煤耗

机组容量/兆瓦	供电煤耗/（克/千瓦时）		供电煤耗差值/（克/千瓦时）
	100%负荷	50%负荷	
1000	283	304	↓21
600	291	322	↓30
300	305	338	↓33

3）燃煤发电污染物控制

我国燃煤发电主要污染物控制技术从最初引进为主，通过历年的消化吸收和自主创新，已基本实现国产化；燃煤机组大气污染物排放执行全球史上最严排放标准，已经全面实施超低排放改造，处于世界领先水平。今后研究重点主要集中在 SO_2、重金属等非常规污染控制，污染物资源化利用，环保设施智能化，碳捕集转化利用等方面。

（二）清洁低碳煤油转化

我国煤质种类丰富，适合多元化发展煤基油气产业。我国煤种从褐煤、烟煤到无烟煤均有广泛分布，不同煤种在资源总量中所占比例为烟煤 83%、无烟煤 9%、褐煤 8%。富油煤资源丰富，陕西、内蒙古、新疆、甘肃、宁夏总资源量达5000亿吨，其中潜在的油资源500亿吨，气资源75万亿立方米。我国煤炭资源分布比较集中，适合“基地布局”规模化发展。新疆、内蒙古、山西三地区约占总煤炭资源的70%，根据《中华人民共和国国民经济和社会发展第十四个五年规划和2035年远景目标纲要》，明确将煤制油气基地作为“经济安全保障工程”之一。提出“稳妥推进内蒙古鄂尔多斯、陕西榆林、山西晋北、新疆准东、新疆哈密等煤制油气战略基地建设，建立产能和技术储备”。五大煤制油气基地的选址以煤炭资源为基本前提，煤制油气战略基地产业发展模式将由“项目示范”升级为“基地布局”。我国已建、在建现代煤化工项目主要集中在内蒙古、陕西、宁夏、新疆等省份。

1）煤炭直接液化

煤直接液化技术发源于德国，之后苏联、美国、日本等国家也相继研究开发了代表性的煤直接液化新工艺，主要有美国的HTI（水热处理）工艺、德国的IGOR（创新气化优化资源）工艺、日本的NEDOL（高效制氢）工艺。我国煤直接液化技术研究虽然起步较晚，但我国自主开发的神华煤直接液化工艺是全世界第一个经历从实验室小试、工艺验证装置，直至鄂尔多斯百万吨级工业化示范装置验证的成熟煤直接液化工艺，具有单系列处理能力大、新型合成催化剂转化率高、运行稳定性好及吨油水耗低等特点，产品涵盖液化石油气、石脑油、汽油、柴油、航空煤油、航天火箭燃料等特种燃料以及高性能的碳材料，整体技术水平处于国际领先地位。

煤直接液化工艺的适应性主要考察煤种转化率、油收率和氢耗，适宜采用高阶褐煤和低阶烟煤，包括长焰煤和气煤及储量较少的气肥煤，我国适合煤直接液化的煤质资源丰富，保守估计中国有300亿吨优质的直接液化煤炭资源，以内蒙古、新疆、黑龙江、云南地区为主，其中仅神东地区探明储量2236亿吨，远景储量1万亿吨。煤直接液化示范项目“十三五”期间累计生产油品388万吨，平均生产负荷为79%，单周期稳定运行突破了420天，超过310天的设计运行时间。

煤直接液化柴油馏分具有大比重、高热安定性、高体积热值、高比热容、超低凝点、低硫、低氮、低芳烃等特性，在某些重要领域具有巨大的应用潜力，可有力保障特种行业用油需求，填补供油体系空白。煤直接液化石脑油环烷烃组分超过70%，芳潜含量达到69%，是制备芳烃和环烷基非燃料油产品的优质原料。

目前，开发更大规模和更高转化效率的煤直接液化二代技术，单系列规模达到 200 万吨/年，能源转化效率由目前的 58%提升到 60%以上，加快煤直接液化特种油品开发和应用推广，同时实现煤液化残渣沥青产品的资源化、高值化利用。

2）煤炭间接液化

不同于煤直接液化，煤间接液化不受煤种的限制，其技术路线是通过煤气化制备合成气，合成气然后经过费-托合成生成烃类产品，产品链丰富，包括汽煤柴等燃料。煤间接液化柴油，高十六烷值（70 以上），超低硫、氮，芳烃含量质量分数小于 1%，烯烃含量低。适合进行深加工生产高品质石蜡、聚 α-烯烃基础油等。煤间接液化石脑油链烷烃含量接近 95%，大部分为正构烷烃，超低硫、不含芳烃、金属污染物，烯烃选择性和产率高，是优良的烯烃裂解原料。

间接液化技术由德国首先开发并工业化，南非 Sasol（萨索尔）技术世界领先，有 80 多种油化产品。国内自主中科合成油和兖矿等技术均实现工业化，国家能源集团建成全球单体投资规模最大的 400 万吨/年煤间接液化项目，2016 年 12 月，投产并产出合格油品，目前综合技术指标国际领先，获 2020 年国家科学技术进步奖一等奖，2021 年、2022 年项目均实现超过设计负荷运行，取得了良好的经济社会效益。

3）富油煤热解

富油煤热解作为煤制油品的第三条路线，与我国富煤少油贫气的资源禀赋特点是分不开的。陕北榆林的高挥发分低阶烟煤是典型的富油煤和中高油煤，储量超过 1500 亿吨，其中高油煤（Tar＞12%，d＞12%）的储量超过 150 亿吨。新疆仅哈密地区的富油煤资源估算超过 2000 亿吨，Tar、d 普遍在 8%以上，最高接近 20%，如果加上准东地区，富油煤资源量预测超过 5000 亿吨。

煤炭热解也称为煤的干馏或热分解，是指煤在隔绝空气条件下加热，在不同温度下发生一系列物理变化和化学反应的复杂过程。煤炭热解生成气体（煤气）、液体（焦油）、固体（半焦或焦炭）等产品，尤其是低阶煤热解能得到高产率的焦油和煤气。低温热解国外发展较早，最早在英国实现工业化生产，德国建立较大的褐煤低温热解工厂制取灯油和石蜡。由于石油供给充足和技术本身存在问题，国外研究基本停滞。

我国低阶煤热解技术已实现工业化应用，单系列 50 万吨/年技术应用在河南龙成集团有限公司 80 万吨/年旋转床低温热解项目、陕西煤业化工集团有限责任公司与北京国电富通科技发展有限责任公司 50 万吨/年煤气热载体分段多层低阶煤热解项目、北京柯林斯达科技发展有限公司 100 万吨/年褐煤带式炉热解项目等。正在建设中的陕西煤业化工集团有限责任公司低阶粉煤气固热载体快速热解项目，单套装置处理能力达 120 万吨/年。

富油煤热解生成气体（煤气）、液体（焦油）、固体（半焦或焦炭）等产品，煤气是一种燃料，也可作为原料制备化工产品。煤焦油是化工原料，高温煤焦油可制取芳烃，中低温焦油经加氢生产柴油、汽油、喷气燃料，同时焦油加氢可以作为石油代用品或替代品。半焦既是优质无油烟燃料和气化燃料、铁合金用焦和吸附材料。

（三）清洁低碳煤气转化

1）煤制合成气

煤制天然气不受煤种限制，主要与煤气化技术选择有关，德国鲁奇（Lurgi）、丹麦托普索（Topsoe）和英国戴维（Davy）的合成气完全甲烷化技术已非常成熟，并处于世界领先水平。国内中国科学院、西南化工研究设计院有限公司、国家能源集团等开展了攻关，整体技术尚不成熟，甲烷化催化剂经过多年攻关实现国产化替代。

截至 2020 年，国内煤制天然气已投产项目 5 个，总产能约 51 亿立方米/年，其中大唐克旗、阜新和伊犁新天项目采用英国 Davy 技术；新疆庆华能源集团有限公司和汇能控股集团有限公司采用丹麦 Topsoe（托普索）技术。当前该技术面临经济性和降能耗的双重挑战。

2）煤层气开发与利用

煤层气作为非常规天然气产业，近年来在世界范围内发展较快。我国煤层气资源丰富，居世界第三，2015 年对煤层气资源进行的动态评价表明煤层气总量接近 30 万亿立方米，可采资源总量约为 12.5 万亿立方米。2020 年，我国煤层气探明储量为 3315 亿立方米，同比上升 15.71%，主要分布在华北、西北、南方、东北和青藏五大赋气区，其中华北地区资源最为丰富，占全国的

46.27%。

煤层气利用包括地面煤层气开发利用和煤矿瓦斯抽采利用，均呈现稳步发展态势。2015～2021 年中国煤层气产量呈上升趋势，2021 年中国煤层气产量达到 104.7 亿立方米，主要是地面煤层气开发，其中山西省 2021 年产量达到 89.5 亿立方米，占比为 85.48%。我国已初步建成沁水和鄂东两大煤层气产业基地。随着国家各项政策的推进，补贴的进行，以及各种问题的改善，煤层气的产能建设和实际产量均将迎来快速增长期，且抽采资源的利用率也将进一步提高。

3）煤炭地下气化

近年来，中国石油天然气集团有限公司、中国石油化工集团有限公司等大型能源央企逐渐开始重视煤炭地下气化技术，将其作为未来非常规油气开发的重要战略路径，充分利用已有钻井领域技术优势，加快推进地下气化技术研发。目前，地下气化的基本原理和工艺方法已经形成，工程经验验证了其技术可行性，尤其是深部高压低阶煤层具有显著优势。

研究煤炭原位化学开采反应机制及关键技术，创新深部煤炭开采方式。重点突破深部煤层原位热解及原位气化反应关键问题，揭示深部高压下甲烷的生成机制，获得富氢组分析出规律及影响因素；研究深部煤炭原位气化开采多场耦合条件下采场围岩破裂范围及覆岩运移规律，提出合理的地下反应器模式；研究深部远程点火技术，实现深井任意位置可控点火；研究深部煤炭地下气化稳定控制技术，开发先进智能控制装备。

第四节　煤基能源持续降碳实施策略

煤炭清洁高效开发利用是保障我国能源安全兼顾碳中和的可实现路径，主要从煤炭智能开采推动“低碳”、高效利用助力“减碳”、清洁转化驱动“替碳”、原料转变形成“固碳”、CCUS 实现“控碳”（含“负碳”）五个维度，全面推动煤炭清洁高效利用技术革命。由于 CCUS 控碳环节突出的减排效果，将该体系称为以 CCUS 为核心的碳闭合技术体系，如图 13-3 所示。

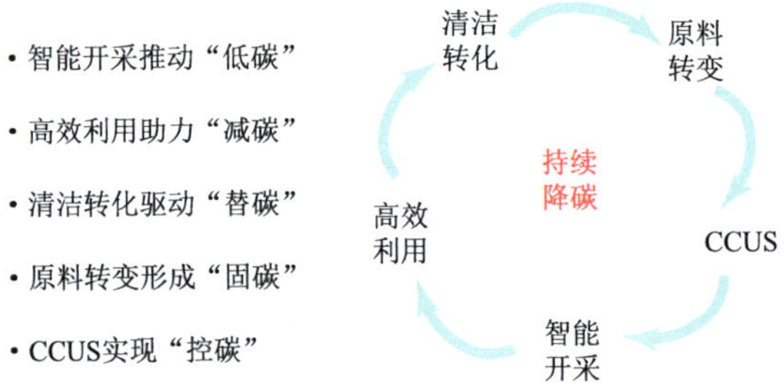

图 13-3 煤炭清洁化利用的动态碳中和循环模式

环节 1：在循环模式中，煤炭绿色智能开发能够有效提高煤炭开发效率，降低煤炭开采与洗选过程能耗，推进煤炭开发的清洁化和低碳化。例如，煤矸石井下处理技术，我国每生产 1 亿吨煤炭，排放煤矸石 0.14 亿吨左右[273]，煤矸石中的碳含量平均为 14.2%，实现煤矸石井下处理，对构建绿色低碳友好型矿区环境至关重要；煤与瓦斯共采技术有效阻止了将煤层中的瓦斯（主要成分包括 CH_4 和 CO_2 等）释放到大气，避免瓦斯卸压与瓦斯事故，同时减缓瓦斯气体排放引起的温室效应；煤炭地下气化开采则能够将自身绿色低碳开采、清洁高效利用的特性融入动态碳中和循环模式这一先进理念，构成闭环系统的重要一环。

环节 2：在循环模式中，煤炭地下气化开采通过在地下煤层原位燃烧制取燃气，用于发电或转化利用。由于整个开采过程均在地下完成，因而可直接将产出的二氧化碳及时进行埋存，充分体现 CCUS 技术对于煤炭绿色开采的重要集成作用。在地下气化合成气高效热电领域，主要依靠灵活、智能、高效发电/发热技术装备创新驱动，推进应用清洁高效热电联产技术、特殊煤种超超临界循环流化床等一系列清洁发电技术，大幅提高热电效率，降低过程能耗和煤炭发电/发热过程中的碳排放；在地下气化合成气清洁转化领域，重点是加快煤气化、煤制油、煤制烯烃、煤制醇类等关键技术攻关，推动由燃料向高端化工原料和碳基新材料领域的转型发展。

环节 3：在循环模式中，CCUS 技术是实现煤炭清洁化利用的碳闭合技术体系的核心环节。对于煤炭地下气化开采技术，由于整个利用与转化过程均在地下完成，因而可直接将产出的二氧化碳及时进行埋存，进而体现出 CCUS 技术对于煤炭高效利用和清洁转化的重要作用。此外，对于煤炭地下气化合成气的高效利用和清洁转化方式，CCUS 技术同样可发挥促进洁净排放的重要作用，该技术通过不同的捕集方法，捕集煤地下气化发电及转化过程中产生的二氧化碳，并将其运输至适宜的使用或封存地点，并针对二氧化碳的理化特征将其生产为具有商业价值的产品或封存在地质储层。此外，煤地下气化合成气制备化学品脱碳阶段会排放出大量纯度很高的二氧化碳，由于其纯度高，有助于大幅降低捕集环节总成本。

环节 4：在循环模式中，煤炭与可再生能源耦合发电（包括地下气化合成气发电），为未来电力系统的清洁、安全、灵活、稳定运行提供保障。2060年前达到碳中和目标要求电力系统必须大幅提高非化石电力比例，并提前实现净零排放，但短期内迅速提升非化石电力占比，必将造成电力系统在供给端和消费端不确定性的显著增大，影响电力系统的安全稳定。保持一定的煤电占比能够平衡可再生能源发电的波动性，在避免季节性或长期性的电力短缺方面发挥惯性支撑和频率控制等重要作用。未来，我国现役煤电机组将逐步由供电主体性电源，向提供可靠电力、调峰调频能力的基础性电源转变。此外，综合考虑利用农林剩余物、城市固废垃圾等生物质燃料与煤炭混合燃烧发电方式也是减少煤炭总消耗、降低碳排放、减少搁浅资本的有效途径。

环节 5：在循环模式中，CCUS（含直接空气碳捕集与封存技术）、煤化工（包括地下气化合成气制油品）与可再生能源利用耦合，充分发挥系统集成优势，构建封闭循环式低碳产业链。未来可再生能源发电量将大幅提升，所产生的低碳甚至零碳电力和热能，能够很好地解决 CCUS 技术和直接空气捕集与封存（DACCS）技术所需要的额外能耗和电耗问题。可再生能源在为煤化工行业提供大量低碳电力和热能的同时，还能够通过电解水制氢为煤化工行业提供清洁的绿氢，通过 CCUS 技术捕集的二氧化碳为煤化工行业提供清洁的绿碳，碳和氢元素的清洁稳定供应能够重塑清洁、低碳的煤化工行业工艺流程。因此，通过技术耦合与集成，开展煤炭清洁转化领域碳固存和碳循环利用关键技术攻关，实现碳、氧、氢资源高效转化和循环利用，构建循环式低碳产业链。

第五节　煤基能源协同发展颠覆性技术路径

未来碳中和目标战略需求下，为进一步凸显我国煤炭兜底保障作用，基于此，提出了三条具备良好可行性与广阔发展前景的颠覆性技术路线，在每一条路线中均能够集成多种颠覆性技术，最终共同推动实现煤炭清洁高效开发利用（图 13-4）。

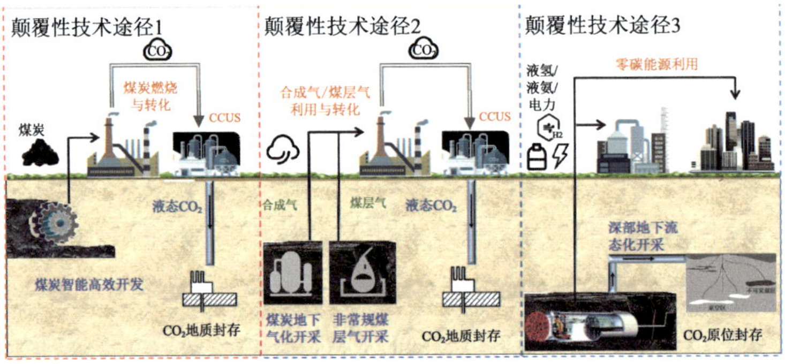

图 13-4　煤基能源协同发展颠覆性技术路径

一、创新传统煤炭高效开发利用+CCS/CCUS 颠覆性技术路线

该路线的核心突破是 CCS/CCUS 技术在煤基行业的全链条集成应用。CCS/CCUS 是指将二氧化碳从工业、能源利用或大气中分离出来，直接加以利用或注入地层以实现二氧化碳减排的工业过程，是碳中和目标下实现煤基化石能源近零排放的唯一技术手段。通过煤炭智能高效开发，将地下煤炭通过传统固态的形式输运到地上成为煤基能源，在燃烧发电或燃料转化过程中会释放出大量二氧化碳，通过采用 CCS/CCUS 技术可以将绝大部分释放的二氧化碳重新进行捕集，并运输到合适的地点进行地质封存或二氧化碳利用，推动实现整个技术路线的深度减排。

二、创新煤基天然气开发利用+CCUS 颠覆性技术路线

煤炭地下气化开采是在地下煤层原位燃烧制取燃气的一种特殊开采方法，是深部煤资源开发的变革性技术，利用地下钻进和可控燃烧技术，创建有控制的原位转化条件，将获取以甲烷、氢、一氧化碳为主的可燃气体。此外，在进行地下气化开采合成气的同时还可以开展非常规煤层气开采，所采出的合成气、煤层气与固态煤炭相比，含碳量大幅降低。进一步地，在合成气、煤层气利用与转化过程中再次以二氧化碳的形式释放出剩余碳元素，通过 CCUS 技术将这部分二氧化碳重新进行捕集，然后运输到合适的地点进行

地质封存或二氧化碳利用，推动实现整个技术路线的深度减排。

三、创新煤炭流态化开采制备零碳能源颠覆性技术路线

该路线的核心突破是深部地下流态化开采技术。通过煤炭流态化开发技术将深部煤炭转化为液氨、液氢等液态燃料，同时，由于整个开采制取过程均在深部地下完成，因而可直接将产出的二氧化碳及时进行原位埋存，从而能够获取完全零碳的清洁能源，进而直接输送到地上加以转化或利用，无须进行碳捕集和封存，推动实现整个技术路线的净零排放。

此外，坚持以大型企业集团为主体，构建煤基产业链协同发展机制。发挥煤炭、电力、冶金、建材等煤基产业链集中度高的优势，坚持以大型企业集团为主体、以市场为导向、以资本为纽带，推动煤基产业链大型企业之间联合、联盟、重组，构建煤基产业链互相支撑、互利共赢的协同发展机制。在资源配置上，坚持以需定量；在保障供给上，适销对路、精准保供；在价格机制上，坚持协商定价、互利共赢；促进我国煤电热产业链、煤焦钢产业链、煤建材水泥产业链、煤化工产业链供应链安全可持续发展。

第十四章

煤矿能源资源高效利用发展策略及路径

第一节　煤矿能源资源耦合发展战略布局

长期以来，我国经济社会发展高度依赖煤炭资源，煤炭成为重要的基础能源与工业原料。尽管近几年，煤炭在我国能源消费总量中的占比不断下降，然而富煤、贫油、少气的能源资源禀赋和新能源尚未替代传统资源的现状决定我国以煤为主的能源结构在短期内难以改变，煤炭仍是我国能源供应的“压舱石”。据统计，我国 CO_2 排放近 80%来源于煤炭能源的使用，因此煤炭行业高质量低碳化发展是我国实现碳中和目标的关键。而矿区作为煤炭资源的生产者与消费者，在保证资源持续供应的同时，还衍生出涌水、煤层气、乏风等可供矿区生产生活使用的多种伴生资源，然而由于煤矿区较为粗放的能源管理方式，源端大量能源资源难以与煤矿多元负荷需求相匹配，造成了资源浪费与额外的碳排放，煤矿能源资源高效利用迫在眉睫。因此，进一步发挥煤矿资源禀赋优势，探索矿区资源利用模式、打造矿区多资源联供新体系、构建多能互补及产业链联通的煤矿能源资源耦合发展战略新布局，是实现煤矿资源高效利用的有效战略措施。

一、煤矿能源资源多能互补发展战略布局

（一）考虑资源循环利用的矿区综合能源微网体系

分析矿区多资源禀赋特征，充分考虑矿区能源需求特性，构建矿区综合能源微网多资源循环利用架构，如图 14-1 所示。矿山综合能源微网多资源循环利用架构通过燃气轮机、蓄热氧化等多能耦合设备，实现伴生能源和其他可开发能源的综合利用，满足矿区内开采、生产等多元负荷需求。相比矿区单一供能网络，矿区综合能源微网通过多能互补保障了矿区负荷端用能可靠性，同时显著提升了矿区多资源利用效率，有利于降低矿区环境影响和生态压力，有效促进矿区能源系统向绿色低碳能源系统转型升级。

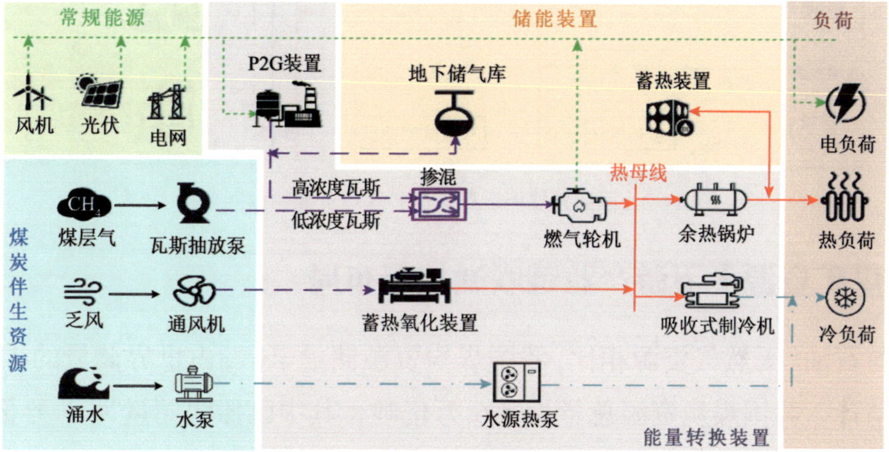

图 14-1　矿区综合能源微网多资源循环利用架构

（二）面向拓展能源服务的矿区综合能源微网体系

区域能源供应型微网以打破煤矿资源分散利用壁垒、提高矿区资源利用效率为目标，在满足矿区自身多元负荷需求的基础上，逐步发展为向周边城镇辐射的供能网络，实现矿区资源产-销一体化，面向拓展能源服务的矿区综合能源微网架构如图 14-2 所示。该架构充分利用地表规模化可再生能源与废弃矿井地下空间资源，构建地下空间抽水蓄能新体系，可再

生能源通过抽水蓄能环节实现资源的可靠消纳，抽水蓄能电站可为矿区及周边城镇提供清洁稳定的电力支撑。面向拓展能源服务的矿区综合能源微网体系通过多种能源的互补利用，实现多资源友好互济支撑，同时能进一步减少对传统化石能源的依赖，实现负碳排放目标，从而有效推动“双碳”目标的实现。

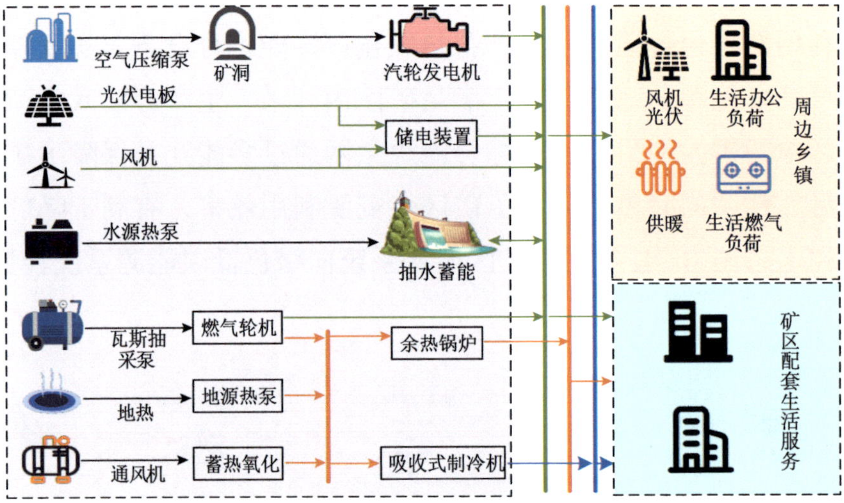

图 14-2 面向拓展能源服务的矿区综合能源微网架构

二、煤矿资源上下游产业链联通战略布局

与石油、天然气资源相比，我国煤炭资源储量丰富，占世界储量的 11.6%，初步估计，我国煤炭资源总量为 5.6 万亿吨，其中已探明储量为 1 万亿吨，占世界总储量的 11%。近年来，我国原煤产量逐步提升，2017 年原煤产量为 34.45 亿吨，2021 年产量达到 41.3 亿吨，同比增长 20%。丰富的煤炭资源为我国工业发展提供了稳定的能源支撑，然而我国油气资源长期依赖于进口，资源短缺的现状严重制约我国经济社会发展，因此在丰富的煤矿能源资源背景下，积极拓展煤矿产业链，推动煤炭深加工和高附加值产品的开发。例如，发展煤炭化工、煤制气、煤制油等产品，形成煤矿资源上下游产业链联通的战略布局，进行全产业链资源协同开发，对于我国可持续发展具有重要的现实意义。

煤矿资源上下游产业链联通战略布局实现了能源资源的互联互通，使得我国供能结构更加多元化。目前，我国已有多家企业在积极借鉴国外煤制油、煤制气等技术经验的基础上，逐步开启化工时代。截至 2018 年，国家发展改革委已先后核准了 7 个煤炭制气项目，其中内蒙古大唐国际克什克腾煤制天然气有限责任公司、新疆庆华能源集团有限公司、汇能控股集团有限公司等单位建设的煤制气项目已开始投产运行，而新疆伊犁新天煤制气项目投产规模更是达到 20 立方米/年。我国煤制油项目研究起始于 20 世纪 70 年代末，当前从事煤制油项目的企业主要有宁夏煤业有限责任公司、中国神华煤制油化工有限公司、潞安集团、内蒙古伊泰集团有限公司、兖矿能源集团股份有限公司，其中，神华煤直接液化项目是全球唯一的直接煤制油商业化的项目，宁夏煤业有限责任公司的 400 万吨/年煤炭间接液化项目为全球单体最大的煤制油项目，标志着国内已完全掌握了间接法和直接法两种煤制油技术。在先进的技术体系下，我国 2020 年煤制油产品产量为 1206 万吨/年，较 2016 年增长了 324.39%，充分保障了我国能源供应。

煤矿为化工企业提供了充足的原料支撑，而在煤炭资源丰富的地区，其太阳能、风能资源在全国的占比超过 80%，因此矿区除了提供丰富的煤炭资源外，还能为化工企业提供绿色清洁电力，显著提升企业低碳用能水平。因此，煤矿资源上下游产业链的深度耦合能够有效促进煤矿资源的综合利用、提高能源资源利用效率、促进技术创新与产业链升级，同时有助于减少大气环境污染、积极推动煤矿产业向低碳清洁方向转型发展。

第二节　煤矿能源资源高效利用发展路径

近年来，国内外在煤矿能源资源高效利用方面做了大量研究，主要集中在煤矿能耗分析、资源利用、煤矿综合能源系统建设等方面。以美国为例，2011 年在新墨西哥州 Chevron Questa 矿井开展了美国最大的废弃矿区光伏发电项目，光伏发电容量可达 1000 千瓦；并且在 Dave Johnston、Somerset 等多个矿井打造风力发电清洁能源利用新体系，通过可再生能源并网发电，满足生产生活用能需求；同时，德国作为矿井资源利用先驱，1984 年就在 Heinrich 矿井建设了矿井水地热资源利用项目，为社区养老院提供清洁热能；德国鲁尔许多废弃矿山排土场上已经实施了风力发电项目，并且能够实现连续发电，保障了用户清洁电力供应。然而相比于国外，尽管我国已有煤矿资源利用相关项目建设并运行，如淮南矿业（集团）有限责任公司谢桥煤矿 8×500 千瓦低浓度瓦斯氧化供热项目、潞安集团高河能源有限公司 30 兆瓦低浓度瓦斯氧化发电厂，但是整体而言我国煤矿能源资源利用仍处于起步阶段，基础理论研究相对薄弱，关键技术不够成熟，相关资源的利用效率、清洁化利用水平等还有待进一步提升。

据统计，目前我国待开发利用的废弃矿井资源有 10000 多处，废弃矿井瓦斯发电总量达到 5000 亿立方米，通过抽采加工用于燃气发电，发电量可达 1.5 万亿千瓦时；采煤沉陷区面积超 6 万平方千米，可开发光伏 30 亿千瓦，年发电量 3 万亿千瓦时；我国累计退出煤矿约 1.2 万处，可用于建设压缩空气储能、抽水蓄能项目，储能开发潜力可达 1.2 亿千瓦，可见我国煤矿能源资源利用潜力巨大。因此，基于我国矿井多资源禀赋特征，寻求煤矿能源资源高效利用发展路径，有助于构建多资源利用、多能流协同、多类型储能为一体的矿区综合能源微网新体系，有效推动我国碳中和进程。目前，根据能源资源关键技术的发展水平及国家政策导向等因素，可将煤矿能源资源高效利用发展路径划分为以下三个阶段。

一、工程示范阶段：2023～2025 年

工程示范阶段：2023～2025 年，融合多种资源高效利用技术，构建煤矿多能互补体系，推进煤与共伴生资源协同开发利用。该阶段坚持国家能源政策引领，完善相应的法律法规体系，制定完善的调控监管计划和市场调节机制，以及建立相应技术标准和管理制度，鼓励技术创新，推动煤矿产业向高效、清洁、可持续发展的方向转型，实现多资源耦合互补，并在借鉴国外煤矿能源资源利用案例的基础上，研究建立符合我国国情的煤矿能源资源开发利用模式，并总结形成一套完整管理体系。同时，以提高煤、煤矸石、煤层气、涌水等矿山基础能源的综合利用效率为目标，推动煤炭清洁转换、伴生资源高效利用、煤与共伴生资源协同开发等技术的发展，重视科研投入与技术创新，重点攻关 IGCC（综合气化联合循环）、IGFC（综合气化燃料电池）等先进燃煤发电技术、高性能热泵技术等，积极探索煤矿资源耦合利用循环模式，为煤矿综合能源系统应用推广提供理论支持。

二、应用推广阶段：2025～2030 年

应用推广阶段：2025～2030 年，在国家相关政策的支持下，在条件良好的煤矿推广综合能源系统。利用煤矿自身能源资源优势，加强产学研合作，积极促进煤矿企业与高校、科研院校之间的沟通交流，充分发挥各方资源优势，提高技术创新能力和应用水平，重点推进煤与伴生资源、新能源耦合发展，实现煤矿物质-能量循环。该阶段加大财政支持力度，出台专项税收减免或者优惠政策，构建利益分配机制，以经济补贴刺激煤矿建设综合能源微网新体系，以鼓励企业参与煤矿资源利用项目投资建设，营造有利于煤矿综合能源系统项目落地的市场环境，从多维度促进煤矿综合能源系统项目落地。同时，选取技术可靠、经济可行、资源综合利用效率高的项目进行示范，并以示范工程为基础，形成项目设计、施工及运行标准规范体系，以点带面，推动我国煤矿综合能源系统项目建设进程，引领整个煤炭行业向绿色、智能、高效的方向发展。

三、规模化应用阶段：2030 年后

规模化应用阶段：2030 年后，煤矿综合能源系统建设初具规模，并协同煤电、煤化工等煤炭上下游产业形成煤基综合能源基地。该阶段将不同企业资源进行有效融合，进行全产业链协同开发，积极探索煤矿综合能源系统新型投资机制及商业模式。以矿区及大型风光基地可再生能源为依托，大力发展风能、太阳能等可再生能源发电技术，逐步提高非化石能源发电占比，持续优化电力结构，匹配煤电支撑性调节电源，深入推进煤基综合能源与新能源的优化组合。推动煤基多元清洁能源协同开发、煤基风光互补多元协同运行、高效大规模多元储能等关键技术融合，打造能源资源高效利用新体系。同时，逐步健全碳减排政策体系、出台能源与碳减排相关法案，加强 CCUS 技术的应用，通过捕集多能耦合设备排放的 CO_2 进行封存或资源化，能够有效减少温室气体排放，进一步推动我国碳中和进程。

第三节　煤矿资源融合下持续降碳实施策略

“双碳”目标下，优化与改造矿山用能结构，能够实现资源的高效利用和

降低碳排放、促进矿区产业升级，对于探索矿山能源的绿色开发和高效利用具有重要的指导意义。煤矿资源融合下的持续降碳实施策略，主要包括矿区能源资源高效利用与 CCUS 技术融合及矿区生态增汇固碳。

一、矿区能源资源高效利用与 CCUS 技术融合

矿区乏风蓄热氧化装置、水源热泵等多能耦合设备可实现对煤矿生产过程中乏风、涌水等伴生能源的综合开发利用，满足矿区多元负荷需求。在此基础上，围绕矿区坑口电站等典型碳排放源，引入碳捕集设备捕获多能耦合设备排放的 CO_2，同时充分利用矿区自然地理条件，发展风光等新能源发电技术，协同配合 P2G 装置消耗碳捕集装置捕获的 CO_2 制取天然气，供给燃气锅炉、热电联产装置使用，在降低矿区碳排放的同时进一步拓展矿区能源来源。

设备制造工艺、生产水平的限制，导致 P2G 设备无法将碳捕集装置捕获的 CO_2 完全利用，然而矿区具有丰富的地下空间资源。以神东矿区为例，已形成的采空区空间约为 9.6 亿立方米，煤矿具有封存 CO_2 的天然优势，因此可将无法消纳的 CO_2 就近就地封存于矿区采空区或不可开采煤层，在降低运输封存成本的同时，还能有效避免运输造成的 CO_2 泄漏风险。同时，在将捕集的 CO_2 注入不可开采煤层的长时间尺度过程中，还能根据 CO_2 吸附性大于甲烷吸附性的优良性质，利用 CO_2 和甲烷之间的竞争吸附作用，将甲烷从煤层中驱替出来，进而能够被瓦斯抽采设备抽采，以供给燃气轮机使用，煤层气驱替在增加甲烷产量的同时减少温室气体排放。矿区能源资源高效利用与 CCUS 技术融合将矿区多资源进行整合（图 14-3），充分利用了矿区丰富的地下空间资源，实现了多资源的综合利用，有效减少对外部能源的依赖，有助于降低矿区碳足迹，实现矿山绿色高效开采。

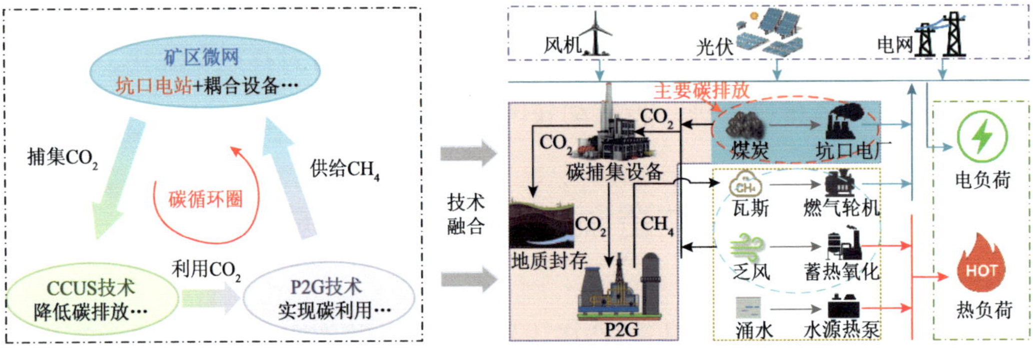

图 14-3 坑口电站-CCUS 技术融合的矿区综合能源微网架构

二、矿区生态增汇固碳

矿区生态系统碳汇提升既是碳减排的需要，也是生态修复的需要，生态修复已经成为矿山绿色开采的重要组成部分。国内外生态修复实践证明，合理的生态修复不仅可以恢复矿区生态系统的原有功能，还可以有效提升生态系统的涵养水源、土壤碳汇等功能。

矿区生态修复的主体是土地资源，矿区资源开发利用整体过程中，会伴随大量的温室气体排放，要降低矿区碳排放，实现碳中和，必须以低碳发展为目标导向，合理选定矿区范围和可开发范围，优化土地利用结构、规模和布局，提前规划好矿区资源开采、运输、利用、排放以及土地资源复垦再利用全过程中的实施方案，重点对场地选址、采区空间优化以及排土场空间优化等方面进行减排设计，通过提高运输效率和缩短运距等方式实现矿区降低碳排放强度、提高碳汇水平。如发展煤矸石井下就地填充技术，优化采区空间，将煤矸石在开采时就进行井下充填，充分利用矿区丰富的地下空间，有利于改变传统充填方法成本高、效率低、浪费资源等缺点。该技术不仅解决了矿山周围煤矸石堆存占用土地、污染土壤和地下水的问题，还能有效避免地表塌陷、提高煤矿回采率且减少处理煤矸石带来的碳排放和治理成本。

同时，还需综合评估废弃矿井多能融合综合发展规划需求，科学合理开发管理废弃矿井资源，构建可实现矿区资源化开发利用、新能源利用与生态修复为一体的绿色能源低碳体系。未来矿区生态修复将继续完善地质、安全、信息、综合保障系统升级与智能化改造，实现区域化自主决策与协同，构建现代煤矿智慧系统，形成科学绿色开发的新型煤炭产业链。

第四节　能源资源高效利用颠覆性技术

根据矿区多资源禀赋特性，分析不同环节资源利用技术，实现地面-井下一体化风、光、电、热、气多资源协同，同时结合矿区天然优势条件，发展矿区多资源协同互补颠覆性技术、坑口电站-CCUS 技术融合颠覆性技术和大型风光基地与煤基能源协同耦合颠覆性技术等，形成多资源综合开发利用模式，实现资源之间的互补和优化配置，有效提高资源利用率、减少能源浪费、促进矿区可持续发展。

一、矿区多资源协同互补颠覆性技术

矿区除煤炭资源外，还包含大量的风光资源，同时煤炭开采过程中会产生涌水、乏风、矿井瓦斯等伴生能源，因此矿区多资源禀赋为矿区由传统的单一供能模式向多资源协同利用的转变奠定了基础。矿区多资源循环利用关键技术从风光资源和煤炭伴生资源的时空分布特性与矿区冷热电负荷的匹配关系出发，首先提出通过利用乏风蓄热氧化装置和水源热泵等多能耦合设备，综合利用乏风、涌水等伴生资源来满足矿区多元负荷需求；其次，利用矿区地理条件优势布置光伏发电板和风力发电机组，拓展矿区清洁供能方式，同时可利用P2G装置实现矿区风光资源的就地消纳，生成高浓度CH_4，并协同配合地下储气库与煤层气进行瓦斯掺混，在促进风光消纳的同时，提升伴生资源的利用效率；最后，针对以煤炭伴生资源为主的不确定性波动，根据煤矿生产特征与运行特点，选择合适的不确定性因素处理方法进行量化分析，生成适应源-荷等多种不确定性因素波动下的矿山资源利用方案，实现矿区资源利用效率与安全水平的提升。

二、坑口电站-CCUS技术融合颠覆性技术

我国煤炭开发利用在地域空间上进一步向西北部资源密集地区集中，使大规模CO_2排放源与适宜封存的场地之间具有更好的匹配度，有利于CCUS技术的实施，发挥产业的规模效应和集聚效应。在矿区集中了坑口电站、乏风蓄热氧化装置等典型碳排放源，为CCUS技术的集群化规模部署提供了理想条件，这也是实现矿区开采CO_2近零排放的关键技术路径。CCUS技术捕获坑口电站排放的CO_2，显著提升了系统低碳效益，并能与矿区风光等新能源发电协同配合，有效解决碳捕集装置在峰荷时段捕集水平下降的问题。通过在煤炭基地实施煤炭基地+CCUS模式，不仅可以发挥规模效应和集聚效应，降低区域性CO_2输送和管网建设的成本，还能建成大规模且成本相对较低的CCUS工程。此外，该模式还促进了煤矿区的转型发展，加强了煤炭、电力、石油和天然气等不同行业之间的合作，有助于延伸和优化传统煤炭行

业的产业链，推动企业向煤、电、化一体化方向发展。在此基础上，二氧化碳驱替煤层气和采空区 CO_2 封存技术的应用展现出巨大潜力。这些技术利用煤层对 CO_2 的高吸附封存能力，通过 CO_2 的注入有效置换煤层中的 CH_4，提高煤层气井的产量和采收率，促进矿区可持续发展。

三、大型风光基地与煤基能源协同耦合颠覆性技术

（一）大型风光基地和煤基能源协同降碳技术

通过在沙戈荒等地建设大型风光基地并合理规划清洁高效的支撑性煤电和煤化工企业，利用可再生能源的碳综合能力，为燃煤发电和煤化工企业提供碳减排途径，有效缓解了企业碳减排压力。大型风光基地产生的绿电引入燃煤电厂，替代传统煤电的同时，有效降低了供电煤耗和燃煤电厂的碳排放。同时，推动新能源发电与电制氢协同发展，充分发挥绿氢产业基础优势，将可再生能源电解水生产的绿氢与空气中的氮气相结合，利用绿电合成绿氨与燃煤混合掺烧，进一步提升燃煤发电低碳效益。煤化工与新能源的耦合通过将新能源电解生成的绿氢用于化工产品生产，并利用水电解过程中副产的高纯度氧气，降低了化工企业利用煤制灰氢导致的碳排放，改善了环境质量，并提升了能源利用效率。这种技术模式不仅改变了企业供能结构，增加了能源供应的多样性，降低了对传统化石能源的依赖，还降低了生产运行成本，提升了企业技术水平和竞争力，实现了经济效益和环境效益的双赢。

（二）基于煤基综合能源灵活调节的风光消纳技术

为支撑新能源发展，需要煤电机组灵活调峰。《全国煤电机组改造升级实施方案》明确指出进一步提升煤电机组灵活性和调节能力。目前，快速启停、快速爬坡和深度调峰是新型电力系统对煤电机组灵活性提出的新要求。通过灵活性改造，降低机组最低稳燃负荷，增加煤电机组深度调峰调节能力，为消纳新能源创造更多的空间。当风光出力较大时，风光基地绿电为厂区动力系统供能，替代部分燃料煤的使用，在减少系统碳排放的同时，促进新能源消纳。同时，富余电能可通过电解水装置生产绿氢，为煤化工企业提供重要原料。绿电绿氢与煤化工企业深度耦合，能够有效促进风光消纳，一定程度上缓解了弃风弃光问题。此外，煤化工企业还可协调配合氢储装置，构建风光互补-氢

储能耦合煤基能源的混合多能耦合系统，助力实现风光资源的完全消纳。

（三）风光与煤基支撑协同的电网安全稳定技术

新能源装机容量的不断提升，实现了可再生能源的大规模利用，有效促进了能源产业链的发展，相比传统燃煤发电方式，大幅降低了温室气体的排放，同时多样化的能源结构有助于减少对传统化石能源的依赖，保障能源安全，促进社会可持续发展。然而可再生能源出力受天气等自然条件影响较大，呈现波动特性，对电网安全稳定运行造成严重影响。为此，煤电作为支撑性能源，可与新能源协同互补，提供有功调节与电压支撑，保障电力系统稳定运行；同时，煤电可发挥其调峰调频特性，控制电网频率变化，满足负荷和新能源出力的调节需求；储能技术作为消纳风光资源的可靠手段，可以在新能源出力较大时段存储电力，在需求高峰时释放，有效缓解煤电机组的调峰压力。煤电与新能源的协同配合，以及绿电、绿氢与煤化工的深度耦合，在形成稳定的电力输送系统的同时，进一步推动能源系统朝着更加绿色、低碳、可持续的方向发展。

第五节　能源资源高效利用发展建议

一、加强政策引导与技术创新，促进煤炭共伴生资源及地下空间的高效利用

建议国家主管部门出台相关政策，明确伴生资源开发利用的要求和标准，加大对煤炭及其共伴生资源利用的研发投入，推动技术创新和示范应用。加大煤炭清洁高效转化及先进燃煤发电技术的研究力度，开展煤矸石、煤层气、乏风瓦斯、涌水等伴生资源高效能量转化技术及设备的研制，积极探索多种伴生资源综合利用的方式方法与耦合机理。鼓励企业自发高效、安全、梯级利用煤炭伴生资源，提高煤炭及共伴生资源的综合利用效率和附加值。探究矿井废弃空间资源利用方式，推进循环减碳技术、大规模地下储气技术与煤矿能源体系相结合，延伸煤炭行业产业链。

二、推进煤矿综合能源微网建设，优化能源组合及 CCUS 技术应用

在把握煤矿资源动态演化规律的基础上，深入开展煤矿生产多环节物质-能量循环利用模式、耦合链路及拓扑构建方法研究。加强煤矿物质生产与能源消费之间的联系，根据煤矿资源动态变化情况合理匹配源荷资源。协同煤炭、电力、热力、光伏发电、风电等不同能源系统的配置和集成，确保煤矿能源微网在电力供需、能源配置、市场交易等方面与煤矿整体能源系统相协调。推动煤炭与新能源优化组合、物质能量自主循环、CCUS 等相关技术创新，将 CCUS 技术与电转气、地下储气技术相融合，利用 CCUS 装置捕集煤矿综合能源微网产生的 CO_2，用作电转气甲烷化反应环节的原料以生成 CH_4，对额外的 CO_2 进行就地封存，实现煤矿综合能源微网循环减碳。

三、开发煤矿综合微网精细化调度平台，推动煤矿能源资源安全高效利用

建立煤矿综合能源微网精细化调度平台，将煤炭及伴生资源产量、能源出力、各生产环节用能等信息纳入平台，实现煤矿多类型数据的集成、共享与生产全流程的运行监控，从而精准掌握煤矿物质-能量耦合变化关系，实现煤矿刚性负荷的可靠供给，保障煤矿生产运行安全。同时，以精细化调度手段、智能算法、优化模型等技术为支撑，充分发挥煤矿多环节、多资源的调动能力，实现多阶段源端能源出力与荷端多元用能的精准匹配，提高煤矿安全、低碳运行水平。

四、建设煤基综合能源基地，促进矿区、风光基地和煤化工产业协同发展

根据区域资源禀赋特性，综合统筹煤炭资源、新能源发电基地和制氢储能产业化技术等资源要素，实现不同能源形式的相互补充和整合，科学谋划现代煤化工产业布局；煤化工企业应坚定不移地将低碳化发展作为企业转型升级的紧迫任务，积极开展煤化工工艺与新能源制氢的耦合系统研究，大规模利用绿电、绿氢资源，降低生产工艺过程和能源动力消耗中的碳排放；同时，建立健全政策体系并推动不同产业间的合作与共享，以促进煤矿区、风光基地和煤化工产业的绿色、低碳、可持续发展，进一步推动我国碳中和进程。

参考文献

REFERENCES

[1] Keiner D, Gulagi A, Breyer C. Energy demand estimation using a pre-processing macro-economic modelling tool for 21st century transition analyses[J]. Energy, 2023, 272: 127199.

[2] Huang C, Zhang Z, Li N, et al. Estimating economic impacts from future energy demand changes due to climate change and economic development in China[J]. Journal of Cleaner Production, 2021, 311: 127576.

[3] Rao C, Zhang Y, Wen J, et al. Energy demand forecasting in China: a support vector regression-compositional data second exponential smoothing model[J]. Energy, 2023, 263: 125955.

[4] Brugger H, Eichhammer W, Mikova N, et al. Energy Efficiency Vision 2050: how will new societal trends influence future energy demand in the European countries?[J]. Energy Policy, 2021, 152: 112216.

[5] Tong D, Farnham D J, Duan L, et al. Geophysical constraints on the reliability of solar and wind power worldwide[J]. Nature Communications, 2021, 12(1): 6146.

[6] Liu L, He G, Wu M, et al. Climate change impacts on planned supply-demand match in global wind and solar energy systems[J]. Nature Energy, 2023, 8(8): 870-880.

[7] Javanmard M E, Tang Y, Wang Z, et al. Forecast energy demand, CO_2 emissions and energy resource impacts for the transportation sector[J]. Applied Energy, 2023, 338: 120830.

[8] Ayodele B V, Mustapa S I, Mohammad N, et al. Long-term energy demand in Malaysia as a function of energy supply: a comparative analysis of Non-Linear Autoregressive

Exogenous Neural Networks and Multiple Non-Linear Regression Models[J]. Energy Strategy Reviews, 2021, 38: 100750.

[9] Barak S, Sadegh S S. Forecasting energy consumption using ensemble ARIMA-ANFIS hybrid algorithm[J]. International Journal of Electrical Power & Energy Systems, 2016, 82: 92-104.

[10] León J A, Ordaz M, Haddad E, et al. Risk caused by the propagation of earthquake losses through the economy[J]. Nature Communications, 2022, 13(1): 2908.

[11] Wan W, Kubendran R, Schaefer C, et al. A compute-in-memory chip based on resistive random-access memory[J]. Nature, 2022, 608(7923): 504-512.

[12] Lee C C, Zhao Y N. Heterogeneity analysis of factors influencing CO_2 emissions: the role of human capital, urbanization, and FDI[J]. Renewable and Sustainable Energy Reviews, 2023, 185: 113644.

[13] Zhou Y, Wei T, Chen S, et al. Pathways to a more efficient and cleaner energy system in Guangdong-Hong Kong-Macao Greater Bay Area: a system-based simulation during 2015-2035[J]. Resources, Conservation and Recycling, 2021, 174: 105835.

[14] Pradhan B B, Shrestha R M, Limmeechokchai B. Achieving the Paris Agreement's 2 degree target in Nepal: the potential role of a carbon tax[J]. Climate Policy, 2020, 20(3): 387-404.

[15] Coelho P P, Hesketh G G, Pedersen A, et al. Endosomal LC3C-pathway selectively targets plasma membrane cargo for autophagic degradation[J]. Nature Communications, 2022, 13(1): 3812.

[16] Li S, Kong W, Wang Y, et al. Medium and long-term energy demand forecasts by sectors in China under the goal of "carbon peaking & carbon neutrality": based on the LEAP-China model[J]. Energy, 2024, 310: 133017.

[17] Wang C, Wang F, Zhang X, et al. Examining the driving factors of energy related carbon emissions using the extended STIRPAT model based on IPAT identity in Xinjiang[J]. Renewable and Sustainable Energy Reviews, 2017, 67: 51-61.

[18] Zhang Y J, Da Y B. The decomposition of energy-related carbon emission and its decoupling with economic growth in China[J]. Renewable and Sustainable Energy Reviews, 2015, 41: 1255-1266.

[19] Zheng H, Song M, Shen Z. The evolution of renewable energy and its impact on carbon reduction in China[J]. Energy, 2021, 237: 121639.

[20] Huang R, Zhang S, Wang P. Key areas and pathways for carbon emissions reduction in Beijing for the "Dual Carbon" targets[J]. Energy Policy, 2022, 164: 112873.

[21] Sun L L, Cui H J, Ge Q S. Will China achieve its 2060 carbon neutral commitment from the provincial perspective? [J]. Advances in Climate Change Research, 2022, 13(2): 169-178.

[22] Shi C, Zhi J, Yao X, et al. How can China achieve the 2030 carbon peak goal—a

crossover analysis based on low-carbon economics and deep learning[J]. Energy, 2023, 269: 126776.
[23] Huo T, Du Q, Xu L, et al. Timetable and roadmap for achieving carbon peak and carbon neutrality of China's building sector[J]. Energy, 2023, 274: 127330.
[24] Chen X, Shuai C, Wu Y, et al. Analysis on the carbon emission peaks of China's industrial, building, transport, and agricultural sectors[J]. Science of the Total Environment, 2020, 709: 135768.
[25] Li W, Zhang S, Lu C. Exploration of China's net CO_2 emissions evolutionary pathways by 2060 in the context of carbon neutrality[J]. Science of the Total Environment, 2022, 831: 154909.
[26] Meng X, Yu Y. Can renewable energy portfolio standards and carbon tax policies promote carbon emission reduction in China's power industry? [J]. Energy Policy, 2023, 174: 113461.
[27] An R, Yu B, Li R, et al. Potential of energy savings and CO_2 emission reduction in China's iron and steel industry[J]. Applied Energy, 2018, 226: 862-880.
[28] 习近平在第七十五届联合国大会一般性辩论上发表重要讲话[EB/OL]. (2020-09-22) [2024-08-25]. https://www.gov.cn/xinwen/2020-09/22/content_5546168.htm.
[29] 田原宇, 乔英云, 张永宁. 碳中和约束下绿色减排体系的构建[J]. 化工进展, 2022, 41(2): 1078-1084.
[30] 李庆旭, 刘志媛, 刘青松, 等. 我国生态文明示范建设实践与成效[J]. 环境保护, 2021, 49(13): 32-38.
[31] 中华人民共和国国务院新闻办公室. 中国应对气候变化的政策与行动[N]. 人民日报, 2021-10- 28(014).
[32] 蔡昉, 顾海良, 韩保江, 等. 聚焦构建高水平社会主义市场经济体制, 推动经济高质量发展——学习贯彻党的二十届三中全会精神笔谈[J]. 经济研究, 2024, 59(7): 4-53.
[33] 李沛, 陈晖, 张博, 等. “双碳”背景下煤炭转型相关政策评估研究[J]. 中国矿业, 2023, 32(7): 1-9.
[34] Zhao L, Yang C, Su B, et al. Research on a single policy or policy mix in carbon emissions reduction[J]. Journal of Cleaner Production, 2020, 267: 122030.
[35] Wang X F, Li Y N. Impact of low-carbon policies on carbon emissions—empirical evidence from low-carbon city pilot policy[J]. The Frontiers of Society, Science and Technology, 2023, 5(7): 58-62.
[36] 吴丹, 阳平坚, 黄德生. 探索蓝碳生态价值实现的新模式: 适宜的碳普惠机制[J]. 生态经济, 2023, 39(11): 40-46, 75.
[37] Yang X X, Zhang Y W. Carbon emission reduction effect and mechanism test of carbon emission trading pilot[J]. Ecological Economy, 2023, 19(4): 302-316.
[38] 工信部: 《建材行业碳达峰实施方案》解读[J]. 中国建筑装饰装修, 2022(23): 12-15.
[39] 高志刚, 荀红霞. 城市绿色交通碳治理效果评估——来自低碳交通运输体系试点

政策的经验证据[J]. 城市发展研究, 2023, 30(8): 100-109.

[40] Pang G, Ding Z, Shen X. Spillover effect of energy intensity reduction targets on carbon emissions in China[J]. Frontiers in Environmental Science, 2023, 11: 1054272.

[41] 杨文静, 张小甫, 朱晓蕾, 等. 基于 CiteSpace 的我国双碳研究热点及趋势分析[J]. 科技与经济, 2024, 37(6): 101-105.

[42] 刘金福, 徐道炜, 潘燕萍, 等. 构建服务“双碳”目标的统计学专业研究生人才培养体系——以福建农林大学为例[J]. 中国林业教育, 2025, 43(1): 46-50.

[43] 孙彦明, 杨怡乐, 李清立. “双碳”目标下中国省域交通碳排放强度的时空演变分析[J]. 宏观经济研究, 2023(11): 48-61.

[44] 郑石明, 尤朝春. 中国低碳城市试点政策扩散模式及减污效应[J]. 中国软科学, 2023, (10): 98-108.

[45] Wang Z, Liu T. Scenario analysis of regional carbon reduction targets in China: a case study of Beijing[J]. Journal of Renewable and Sustainable Energy, 2015, 7(4): 043125.

[46] Li R, Jiang F, Wang Q, et al.The asymmetric impact of the new normal on China’s carbon intensity: reducing government investment carbon intensity but not citizen consumption carbon intensity[J]. Sustainable Production and Consumption, 2022, 32: 895-907.

[47] Huang W, Wang Q, Li H, et al. Review of recent progress of emission trading policy in China[J]. Journal of Cleaner Production, 2022, 349: 131480.

[48] Bernstein S, Hoffmann M. Climate politics, metaphors and the fractal carbon trap[J]. Nature Climate Change, 2019, 9(12): 919-925.

[49] Karali N, Xu T, Sathaye J. Reducing energy consumption and CO_2 emissions by energy efficiency measures and international trading: a bottom-up modeling for the US iron and steel sector[J]. Applied Energy, 2014, 120: 133-146.

[50] 张永亮, 白晓, 孙亦铁. 产业结构调整助推实现“双碳”目标的路径研究——来自新疆的实证检验[J]. 建筑经济, 2024, 45(12): 88-97.

[51] 罗静. 环境规制对商贸流通业绿色转型升级的影响[J]. 商业经济研究, 2023(23): 34-37.

[52] 严维石, 李栋松. 绿色财政政策对居民健康水平的影响及路径分析[J]. 广东财经大学学报, 2023, 38(6): 85-97.

[53] 李强, 唐幼明. 知识产权制度建设与工业污染排放[J]. 中国人口·资源与环境, 2023, 33(7): 145-156.

[54] Lu C, Wang B, Chen T, et al. A document analysis of peak carbon emissions and carbon neutrality policies based on a PMC index model in China[J]. International Journal of Environmental Research and Public Health, 2022, 19(15): 9312.

[55] Nils V, Joost W, Marilou V. Synthetic control method for dutch policy evaluation[J]. De Economist, 2023, 171(1): 31-33.

[56] 徐俊. 科技支撑碳中和目标实现的路径选择及政策研究[J]. China Economist, 2022,

17(2): 48-68.
[57] 黄晶, 孙新章, 张贤. 中国碳中和技术体系的构建与展望[J]. 中国人口·资源与环境, 2021, 31(9): 24-28.
[58] 王灿, 丛建辉, 王克, 等. 中国应对气候变化技术清单研究[J]. 中国人口·资源与环境, 2021, 31(3): 1-12.
[59] 武海云, 武艺, 董晓燕. 我国实现碳中和的技术路径分析[J]. 中国工业和信息化, 2022(7): 66-70.
[60] 张希良, 黄晓丹, 张达, 等. 碳中和目标下的能源经济转型路径与政策研究[J]. 管理世界, 2022, 38(1): 35-66.
[61] Guo J, Zhu K, Cheng Y. Deployment of clean energy technologies towards carbon neutrality under resource constraints[J]. Energy, 2024, 295: 131012.
[62] Hao J, Chen L, Zhang N. A statistical review of considerations on the implementation path of China's "double carbon" goal[J]. Sustainability, 2022, 14(18): 11274.
[63] Liu M, Xu X, Chu H, et al. Research on the pathway of digital technology to drive China's energy sector to achieve its carbon neutrality goal[J]. Environmental Science and Pollution Research, 2023, 30(58): 122663-122676.
[64] Li L, Li J, Peng L, et al. Optimal pathway to urban carbon neutrality based on scenario simulation: a case study of Shanghai, China[J]. Journal of Cleaner Production, 2023, 416: 137901.
[65] Huo T, Du Q, Xu L, et al. Timetable and roadmap for achieving carbon peak and carbon neutrality of China's building sector[J]. Energy, 2023, 274: 127330.
[66] Victoria M, Zeyen E, Brown T. Speed of technological transformations required in Europe to achieve different climate goals[J]. Joule, 2022, 6(5): 1066-1086.
[67] 冯迪凡, 高雅. 德国宣布重启封存的煤电厂 2030 年退煤目标怎么办[N].第一财经日报, 2022-06-22(A05).
[68] 王心楠, 郑雅楠, 何则, 等.煤电转型的国际经验与启示[J]. 中国能源, 2022, 44(10): 63-70.
[69] Statista. Primary energy production in Germany in 2020 and 2021, by energy source (in petajoules) [EB/OL]. (2022-03) [2022-08-29]. https://www.statista.com/statistics/583155/energy-production-energy-source-germany/.
[70] The Centre for Economic Policy Research. What if Germany is cut off from Russian energy? [EB/OL]. (2022-03-25) [2023-07-20]. https://cepr.org/voxeu/columns/what-if-germany-cut-russian-energy#:～:text=In%202021%2C%20the%20value%20of%20energy%20imports%20amounted, of%20its%20total%20energy%20consumption%20%28see%20Table%201%29.
[71] Clean Energy Wire. Germany and the EU remain heavily dependent on imported fossil fuels[EB/OL]. (2023-01-10) [2023-07-20]. https://www.cleanenergywire.org/factsheets/germanys-dependence-imported-fossil-fuels.

[72] 李缙. 风速下降, 英国煤炭发电量猛增[J]. 油气田地面工程, 2021, 40(11): 34.
[73] 金黎黎, 杨磊, 吴亚荣, 等. 欧盟国家煤炭地下气化先导试验历程与进展述评[J]. 煤田地质与勘探, 2023, 51(7): 43-51.
[74] 搜狐. 碳中和列国志 | 没退路, 英国转型只能依靠海上风电+核电 [EB/OL]. (2022-08-15) [2022-08-29]. http://news.sohu.com/a/576981858_121123915.
[75] GOV.UK.UK energy in brief 2022[EB/OL].(2022-07-28)[2022-08-29]. https://www.gov.uk/government/statistics/uk-energy-in-brief-2022.
[76] 今日头条. 欧洲陷入能源危机, 都是美国在使绊子?[EB/OL]. https://m.toutiao.com/i7017986274166309406/?channel=&source=search_tab.
[77] 王林. 美国煤炭业“卷土重来”? [N]. 中国能源报, 2022-02-28(006).
[78] 中国科学院科技战略咨询研究院. 美国 DOE 新项目推进煤基固态氧化物燃料电池技术商业化[EB/OL]. (2018-05-15)[2023-08-25]. http://www.casisd.cn/zkcg/ydkb/kjqykb/2018/201805/201805/t20180515_5011277.html.
[79] 范鹏鹏, 刘晓, 陈贞龙, 等. 中美煤层气勘探开发现状对比及启示[J]. 现代化工, 2023, 43(8): 22-25, 30.
[80] 先进能源科技战略情报研究中心.美国能源部资助 1.18 亿美元开发先进燃煤发电及煤制氢技术[EB/OL]. (2020-10-28)[2023-08-03]. https://mp.weixin.qq.com/s/dMd56lNoPPZ21NGxZGwMTw.
[81] 孔祥永. 论奥巴马政府的新能源政策[J]. 世界经济与政治论坛, 2011(5): 28-41.
[82] 杜宝贵, 朱若男.从尼克松到特朗普——美国 50 年“能源独立”政策的演进路径分析[J]. 科学与管理, 2018, 38(1): 50-55, 60.
[83] 南方能源观察. 美国优先 VS 重建美好？特朗普与拜登的能源政策解读[EB/OL]. (2020-10-23)[2022-08-28]. https://mp.weixin.qq.com/s/dZN4AcUyXe4CZv1PUwJyZQ.
[84] 21 世纪经济报道. 拜登正式签署美国对俄罗斯的能源进口禁令[EB/OL]. (2022-03-09)[2022-08-28]. https://mp.weixin.qq.com/s/__IJTx9EWYlIXtolWFpcVg.
[85] 储能网. 美国储能行业对《降低通胀法案》通过表示欢迎[EB/OL]. (2022-08-23)[2022-08-28]. https://mp.weixin.qq.com/s/6AJ5r0dXsqwQBAE7iHSqVw.
[86] 百度知道. 煤炭在美国扮演了怎样的角色[EB/OL]. (2018-03-19)[2022-08-29]. https://zhidao.baidu.com/question/1413214986511214 45.html.
[87] 煤炭资源网. 众多利好因素促使美国煤炭产量和出口量增加[EB/OL]. (2021-07-12)[2022-08-29]. https://mp.weixin.qq.com/s/0D5Lms1Gz3rVxprlmzkL2w.
[88] 中国煤炭经济研究会. 美国二季度煤炭出口同比增长 4.6% 环比上升 14.8%[EB/OL]. (2022-08-09)[2022-08-29]. https://mp.weixin.qq.com/s/zi3NfU4t0jn0TxQzqX_I3A.
[89] 穆紫. 美国去年对欧洲煤炭出口翻番[N]. 中国能源报, 2023-04-17(005).
[90] 海运经纪. 2021 年美国向中国和其他国家出口了多少 LNG? [EB/OL]. (2022-04-01)[2022-08-29]. https://mp.weixin.qq.com/s/IlV9VsfGrCc7YkpvwiJNFw.
[91] 全说能源. 创下纪录的 2022 年美国石油出口[EB/OL]. (2023-03-16)[2023-08-31].

https://mp.weixin.qq.com/s/sJt9CnsNiCxUeCmzN1_vDg.
[92] 哈尔滨谷物交易. 玉米 燃料乙醇“失宠”影响供需格局[EB/OL]. (2023-06-09) [2023-09-01]. https://mp.weixin.qq.com/s/AR3_TY50nrqXmdhLYazCBQ.
[93] GOS 易贸油脂油料.USDA: 2022 年美国生物柴油进出口情况[EB/OL]. (2023-02-08) [2023-08-31]. https://mp.weixin.qq.com/s/KT2ezfPhIXlucoaOYzSpDA.
[94] 澳财.铀价涨 50%! 核电站起死回生, 澳洲矿企坐收能源红利[EB/OL]. (2022-04-19) [2022-09-02]. https://mp.weixin.qq.com/s/pf0y6PVz4_ct2BA60jdEjA.
[95] 中国核能行业协会.CNEA 国际天然铀价格预测指数(2023 年 1 月)[EB/OL]. (2023-01-12) [2023-08-31]. https://mp.weixin.qq.com/s/MSCP3Kb5tHfGnzIt41qO3Q.
[96] 百度. 日薄西山的美国煤炭行业: 煤炭价格暴涨, 却仍然缺乏投资意愿[EB/OL]. (2022-07-29)[2022-09-08]. https://baijiahao.baidu.com/s?id=1739577317121993956&wfr=spider&for=pc.
[97] 翟禹镓, 王妍. 日本煤炭行业综述[J]. 中国煤炭, 2021, 47(7): 89-94.
[98] 财联社. 澳大利亚煤制氢项目开张 首批液态氢产品正运至日本[EB/OL]. (2022-01-21) [2023-08-02]. https://baijiahao.baidu.com/s?id=1722561938841724716&wfr=spider&for=pc.
[99] 陈体珠, 陶红军. 日本能源供需分析及政策演变梳理[J]. 石家庄经济学院学报, 2013, 36(1): 46-53.
[100] 周鹍. 日本能源战略转型及对中国的影响与启示[D]. 哈尔滨: 黑龙江省社会科学院, 2014.
[101] 李丙垚. 碳中和视角下日本能源转型研究[D]. 北京: 外交学院, 2022.
[102] 翟禹镓, 王妍. 日本煤炭行业综述[J]. 中国煤炭, 2021, 47(7): 89-94.
[103] 日本资源能源厅. 能源白皮书: 关于能源的年度报告[R]. 东京: 第 208 届国会(常会), 2022: 82-85.
[104] 孙璞. 日本新能源开发利用研究[D]. 长春: 吉林大学, 2019.
[105] 李小军. 日本后福岛时期重启“核电复兴”的进展及启示[J]. 华北电力大学学报(社会科学版), 2019(3): 18-24.
[106] Energypost.eu. Germany 2021: coal generation is rising, but the switch to gas should continue[EB/OL]. (2021-12-23) [2023-07-21]. https://energypost.eu/germany-2021-coal-generation-is-rising-but-the-switch-to-gas-should-continue/#:～:text=In%20the%20first%20six%20months%20of%20this%20year%2C, also%20by%20the%20high%20gas%20prices%20this%20year.
[107] IIGF. IIGF 观点|最新欧盟能源转型规划分析及对我国的启示[EB/OL]. (2022-08-12) [2023-07-21]. http://iigf.cufe.edu.cn/info/1012/5671.htm.
[108] 金融界. 2021 各国煤炭产量知多少[EB/OL]. (2022-02-04)[2023-07-24]. https://baijiahao.baidu.com/s?id=1723803626115339565&wfr=spider&for=pc.
[109] 中国能源报.燃煤发电量 7 年首增, 美国减排目标能完成吗? [EB/OL]. (2022-01-17) [2023-07-24]. https://baijiahao.baidu.com/s?id=1722180643432534567&wfr=spider&

for=pc.

[110] 尹晓亮. 能源环境双约束下日本能源结构转型探研——以两次石油危机时期为例[J]. 河北大学学报(哲学社会科学版), 2010, 35(6): 42-49.

[111] 中国社科院世经政所.「周学智」俄乌冲突对欧洲经济的冲击[EB/OL]. (2022-10-31)[2023-07-21]. https://baijiahao.baidu.com/s?id=1748217663620379796&wfr=spider&for=pc.

[112] 范英, 衣博文.能源转型的规律、驱动机制与中国路径[J]. 管理世界, 2021, 37(8): 95-105.

[113] 中工网. 全球可再生能源发展势头强劲[EB/OL]. (2023-07-11)[2023-07-24]. https://baijiahao.baidu.com/s?id=1771081032390874478&wfr=spider&for=pc.

[114] IRENA. Renewable Power Generation Costs in 2021[EB/OL]. (2020-07)[2023-07-24]. https://www.irena.org/publications/2022/Jul/%20%20%20%20%20Renewable-Power-Generation-Costs-in-2021.

[115] 澎湃新闻. 美国 2022 年可再生能源发电首次超煤炭, "风光"增长显著[EB/OL]. (2023-03-29)[2023-07-21]. https://baijiahao.baidu.com/s?id=1761668729867359358&wfr=spider&for=pc.

[116] 朱妍. 煤炭清洁高效利用接下来的路该怎么走[N]. 中国能源报, 2022-12-19(007).

[117] 姜华, 李艳萍, 高健.双碳背景下煤基产业绿色低碳转型之路[J]. 环境工程技术学报, 2022, 12(5): 1580-1583.

[118] 本刊评论员. 立足"以煤为基"保障能源安全[J]. 中国煤炭行业, 2022(4): 28-29.

[119] 中国矿业大学(北京). 校长葛世荣院士接受《中国新闻周刊》专访[EB/OL]. (2023-08-26)[2023-09-01]. https://baijiahao.baidu.com/s?id=1775212085925094363&wfr=spider&for=pc.

[120] 朱雪芳. 煤净化燃烧及伴生物产品化[J]. 中国工程科学, 1999, 1(1): 53-57.

[121] 吕清刚, 李诗媛, 黄粲然. 工业领域煤炭清洁高效燃烧利用技术现状与发展建议[J]. 中国科学院院刊, 2019, 34(4): 392-400.

[122] 邓伟妮. 中欧火电厂烟气排放规定对比研究[J]. 中国电力, 2015, 48(3): 156-160.

[123] 岳光溪, 周大力, 田文龙, 等. 中国煤炭清洁燃烧技术路线图的初步探讨[J]. 中国工程科学, 2018, 20(3): 74-79.

[124] 高跃跃. 燃煤工业锅炉大气污染物控制微探[J]. 资源节约与环保, 2020(7): 8.

[125] 国家煤化工网. 世界煤制油产业现况及展望[EB/OL]. (2014-05-08)[2022-09-15]. http://www.coalchem. org.cn/news/html/800201/148284.html.

[126] 搜狐. 现阶段我国主要的煤制油项目情况解析[EB/OL]. (2018-12-10)[2022-08-29]. https://www. sohu.com/a/280804875_100270729.

[127] 华经情报网. 2020 年中国煤制油行业产业链、产能产量及发展趋势分析[EB/OL]. (2022-03-16) [2022-08-29]. https://www.huaon.com/channel/trend/791248.html.

[128] 安文忠, 田普州, 齐凯. 中国煤制天然气产业现状、发展机遇与挑战[J]. 煤化工, 2018, 46(3): 7-11, 44.

[129] 詹媛媛. 深层地下煤气化技术及其产品方案研究[J]. 大氮肥, 2022, 45(3): 154-159.
[130] SánchezHervás J M, Moya G M, OrtizGonzález I. Current status of coal gasification[J]. New Trends in Coal Conversion, 2019: 175-202.
[131] Shafirovich E, Varma A. Underground coal gasification: a brief review of current status[J]. Industrial & Engineering Chemistry Research, 2009, 48(17): 7865-7875.
[132] Imran M, Kumar D, Kumar N, et al. Environmental concerns of underground coal gasification[J]. Renewable and Sustainable Energy Reviews, 2014, 31: 600-610.
[133] 科学网. 能源变局新思路——煤炭地下气化中国进展[EB/OL]. (2010-09-20)[2022-10-12]. https:// news.sciencenet.cn/sbhtmlnews/2010/9/236927.html.
[134] 豆丁. 当前世界主要地下煤气化(UCG)项目[EB/OL]. (2017-03-16)[2022-10-12]. https://www.docin. com/p-1869525067.html.
[135] 王利峰. 我国煤气化技术发展与展望[J]. 洁净煤技术, 2022, 28(2): 115-121.
[136] 王欢, 范飞, 李鹏飞, 等. 现代煤气化技术进展及产业现状分析[J]. 煤化工, 2021, 49(4): 52-56.
[137] 张云, 杨倩鹏. 煤气化技术发展现状及趋势[J]. 洁净煤技术, 2019, 25(S2): 7-13.
[138] 滕吉文, 王玉辰, 司芗, 等. 煤炭、煤层气多元转型是中国化石能源勘探开发与供需之本[J]. 科学技术与工程, 2021, 21(22): 9169-9193.
[139] 百度百科. 煤层气[EB/OL]. (2022-06-25)[2022-09-22]. https://baike.baidu.com/item/%E7%85%A4% E5%B1%82%E6%B0%94/3045095?fr=Aladdin.
[140] 高德利, 毕延森, 鲜保安. 中国煤层气高效开发井型与钻完井技术进展[J]. 天然气工业, 2022, 42(6): 1-18.
[141] 黄中伟, 李国富, 杨睿月, 等. 我国煤层气开发技术现状与发展趋势[J]. 煤炭学报, 2022, 47(9): 3212-3238.
[142] 韩芸. "双碳"目标下山西省煤层气产业高质量发展思考与建议[J]. 煤炭经济研究, 2023, 43(3): 65-70.
[143] 百度文库. 国内外煤层气资源开发利用现状[EB/OL]. (2022-05-25)[2022-09-22]. https://wenku.baidu. com/view/028d903db91aa8114431b90d6c85ec3a87c28bdb.html.
[144] 山西卫视融媒体. 【转型进行时】煤层气"长"出宝贝来[EB/OL]. (2021-01-29)[2022-09-22]. https:// mp.weixin.qq.com/s/RA2u-vLBZ8b5WUmbYYiJ8A.
[145] 中国能源报. 多年来"叫好不叫座"的煤层气, 终于迎来风口? [EB/OL]. (2022-07-10)[2022-09-22]. https://baijiahao.baidu.com/s?id=1737947860196183024&wfr=spider&for=pc.
[146] 王双明, 王虹, 任世华, 等. 西部地区富油煤开发利用潜力分析和技术体系构想[J]. 中国工程科学, 2022, 24(3): 49-57.
[147] 山东中煤工矿集团. 我国富油煤资源浪费不容小觑[EB/OL]. (2021-04-21)[2022-09-15]. https://www. zhongmeigk.com/news-4621.
[148] 余力, 张维廉. 煤炭地下气化在我国的发展前景[J]. 煤炭转化, 1994, 17(1): 39-45.
[149] 谢克昌. 新型能源体系发展思考与建议[J]. 中国工程科学, 2024, 26(4): 1-8.

[150] 刘淑琴, 张尚军, 牛茂斐, 等. 煤炭地下气化技术及其应用前景[J]. 地学前缘, 2016, 23(3): 97-102.
[151] 郝建, 许超, 陶占盛, 等. 煤层气开发利用研究[J]. 能源与节能, 2021, 11:34-39.
[152] 于海洋, 许永彬, 陈智明, 等. 双碳目标下煤炭深部流态化开采及前景[J]. 洁净煤技术, 2023, 29(1): 15-32.
[153] 马丽, 段中会, 杨甫, 等. “双碳”背景下煤炭原位地下热解采油意义研究[J]. 中国煤炭地质, 2022, 34(4): 5-7.
[154] 梁杰, 李玉龙, 陈世琳, 等. 通道式煤炭地下气化过程特征场演化规律[J]. 煤炭学报, 2022, 47(6): 2218-2227.
[155] 李猛, 吴昊, 胡大为, 等. 中低温煤焦油全馏分加氢提质技术开发与工业应用[J]. 石油炼制与化工, 2022, 53(7): 6-11.
[156] 阳国军, 刘会友. 现代煤化工与绿电和绿氢耦合发展现状及展望[J]. 石油学报(石油加工), 2022, 38(4): 995-1000.
[157] 梁杰. 煤炭地下气化技术进展[J]. 煤炭工程, 2017, 49(8): 1-8.
[158] 罗申国, 宋沛鑫, 冯大伟. 我国煤层气开发利用现状及综合利用途径分析[J]. 煤炭加工与综合利用, 2020, 7: 83-87.
[159] 吕超贤, 孙文, 宋关羽, 等. 煤矿能源资源高效利用发展研究[J]. 中国工程科学, 2023, 25(5): 136-145.
[160] 葛世荣, 刘洪涛, 刘金龙, 等. 我国煤矿生产能耗现状分析及节能思路[J]. 中国矿业大学学报, 2018, 47(1): 9-14.
[161] 杨晓伟, 王妍, 刘欣, 等. 我国露天煤矿发展现状及展望[J]. 中国煤炭, 2023, 49(6): 126-133.
[162] 陆梦恬. 考虑伴生能源利用的多目标煤矿综合能源系统配置及运行优化[D]. 徐州: 中国矿业大学, 2021.
[163] 刘洵文, 赵景文. 煤矸石综合利用现状分析[J]. 内蒙古煤炭经济, 2023(19): 25-27.
[164] 周楠, 姚依南, 宋卫剑, 等. 煤矿矸石处理技术现状与展望[J]. 采矿与安全工程学报, 2020, 37(1): 136-146.
[165] 曹敏敏, 王雪峰, 王荀, 等. 煤矿低浓度甲烷利用技术研究进展[J]. 煤炭技术, 2022, 41(1): 101-105.
[166] 黄中伟, 李国富, 杨睿月, 等. 我国煤层气开发技术现状与发展趋势[J]. 煤炭学报, 2022, 47(9): 3212-3238.
[167] 罗申国, 宋沛鑫, 冯大伟. 我国煤层气开发利用现状及综合利用途径分析[J]. 煤炭加工与综合利用, 2020(7): 83-87.
[168] 程远平, 付建华, 俞启香. 中国煤矿瓦斯抽采技术的发展[J]. 采矿与安全工程学报, 2009, 26(2): 127-139.
[169] 顾大钊, 李庭, 李井峰, 等. 我国煤矿矿井水处理技术现状与展望[J]. 煤炭科学技术, 2021, 49(1): 11-18.
[170] 张毅, 秦容军. 神东矿区地下空间评估与利用方向探索[J]. 煤炭科学技术, 2022,

50(2): 196-203.
[171] 张源, 他旭鹏, 师鹏, 等. 废弃矿井蓄洪储能与取热综合利用模式研究[J]. 煤炭科学技术, 2023, 51(6): 197-204.
[172] 邓乐. 浅析我国煤矿开采地质问题及治理措施[C]//中国法学会环境资源法学研究会, 河北大学. 区域环境资源综合整治和合作治理法律问题研究-2017 年全国环境资源法学研讨会(年会)论文集. 昆明: 昆明理工大学法学院, 2017:6.
[173] 袁亮, 张通, 张庆贺, 等. 双碳目标下废弃矿井绿色低碳多能互补体系建设思考[J]. 煤炭学报, 2022, 47(6): 2131-2139.
[174] 袁亮, 姜耀东, 王凯, 等. 我国关闭/废弃矿井资源精准开发利用的科学思考[J]. 煤炭学报, 2018, 43(1): 14-20.
[175] 穆云飞, 吴志军, 郭浩辰, 等. 煤矿区综合能源微网架构及低碳运行优化研究[J]. 中国工程科学, 2023, 25(5): 111-121.
[176] 谢友泉, 高辉, 苏志国, 等. 废弃矿井地热资源的开发利用[J]. 太阳能, 2020(10): 13-18.
[177] 黄栋, 王鹏科, 谭乐, 等. 热泵技术利用乏风余热联合供暖的优势[J]. 陕西煤炭, 2020, 39(1): 201-203, 208.
[178] 闫佳伟, 王红瑞, 赵伟静, 等. 我国矿井水资源化利用现状及前景展望[J]. 水资源保护, 2021, 37(5): 117-123.
[179] 刘杰, 何为军. 我国矿井水处理的现状及其资源化利用[J]. 煤炭加工与综合利用, 2007(4): 37-40.
[180] 张村, 贾胜, 吴山西, 等. 基于矿井地下水库的煤矿采空区地下空间利用模式与关键技术[J]. 科技导报, 2021, 39(13): 36-46.
[181] 李百宜, 张吉雄, 刘恒凤, 等. 煤矿采空区储能式充填技术及储能增效机制[J]. 采矿与安全工程学报, 2022, 39(6): 1161-1168, 1176.
[182] 刘钦节, 杨卿干, 杨科, 等. 废弃矿井抽水蓄能电站多能互补利用模式及案例分析[J]. 采矿与安全工程学报, 2023, 40(3): 578-586.
[183] 任永强, 车得福, 许世森, 等. 国内外 IGCC 技术典型分析[J]. 中国电力, 2019, 52(2): 7-13, 184.
[184] 赵东旭. 我国 IGCC 发电技术应用现状及政策建议[J]. 电力技术经济, 2007(6): 40-43.
[185] 赵春晖, 胡赟昀, 郑嘉乐, 等. 数据驱动的燃煤发电装备运行工况监控——现状与展望[J]. 自动化学报, 2022, 48(11): 2611-2633.
[186] 陈明华. 我国煤炭资源洁净和高效利用技术分析[J]. 华东电力, 2013, 41(9): 1959-1961.
[187] 李俊彪, 王明华. 基于不同情景模式的燃煤掺氨发电技术的经济性分析[J]. 中国煤炭, 2022, 48(5): 54-59.
[188] Shafirovich E, Varma A.Underground coal gasification: a brief review of currentst atus[J]. Industrial & Engineering Chemistry Research, 2009, 48(17): 7865-7875.

[189] 朱铭, 徐道一, 孙文鹏, 等. 世界煤地下气化的快速发展[J]. 自然杂志, 2012, 34(3): 161-166, 180.
[190] 王欢, 范飞, 李鹏飞, 等. 现代煤气化技术进展及产业现状分析[J]. 煤化工, 2021, 49(4): 52-56.
[191] 张云, 杨倩鹏.煤气化技术发展现状及趋势[J]. 洁净煤技术, 2019, 25(S2):7-13.
[192] 王辅臣. 煤气化技术在中国:回顾与展望[J]. 洁净煤技术, 2021, 27(1): 1-33.
[193] 周楠, 姚依南, 宋卫剑, 等. 煤矿矸石处理技术现状与展望[J]. 采矿与安全工程学报, 2020, 37(1): 136-146.
[194] 桑树勋, 袁亮, 刘世奇, 等. 碳中和地质技术及其煤炭低碳化应用前瞻[J]. 煤炭学报, 2022, 47(4): 1430-1451.
[195] 高鹏飞, 孙东玲, 霍春秀, 等. 超低浓度瓦斯蓄热氧化利用技术研究进展[J]. 煤炭科学技术, 2018, 46(12): 67-73.
[196] 张源, 他旭鹏, 师鹏, 等. 废弃矿井蓄洪储能与取热综合利用模式研究[J]. 煤炭科学技术, 2023, 51(6): 197-204.
[197] 王双明, 刘浪, 赵玉娇, 等. "双碳"目标下赋煤区新能源开发——未来煤矿转型升级新路径[J]. 煤炭科学技术, 2023, 51(1): 59-79.
[198] 卞正富, 伍小杰, 周跃进, 等. 煤炭零碳开采技术[J]. 煤炭学报, 2023, 48(7): 2613-2625.
[199] 胡振琪, 肖武, 赵艳玲. 再论煤矿区生态环境"边采边复"[J]. 煤炭学报, 2020, 45(1): 351-359.
[200] 国家统计局. 中国统计年鉴 2021[M].北京:中国统计出版社, 2022.
[201] 谢克昌. 面向 2035 年我国能源发展的思考与建议[J]. 中国工程科学, 2022, 24(6): 1-7.
[202] 张博, 孙旭东, 刘颖, 等. 能源新技术新兴产业发展动态与 2035 战略对策[J]. 中国工程科学, 2020, 22(2): 38-46.
[203] 李姗姗, 袁亮. 煤炭行业全生命周期碳排放核算与影响因素[J]. 煤炭学报, 2023, 48(7): 2925-2935.
[204] 任世华, 谢亚辰, 焦小淼, 等. 煤炭开发过程碳排放特征及碳中和发展的技术途径[J]. 工程科学与技术, 2022, 54(1): 60-68.
[205] 国家发展改革委, 国家能源局. 关于印发煤炭工业发展"十三五"规划的通知[EB/OL]. (2016-12-22) [2023-08-26]. https://www.ndrc.gov.cn/xxgk/zcfb/ghwb/201612/t20161230_962216.html.
[206] 国家发展改革委, 国家能源局. 关于完善能源绿色低碳转型体制机制和政策措施的意见[EB/OL]. (2022-01-30) [2023-08-26]. https://www.gov.cn/zhengce/zhengceku/2022-02/11/content_5673015.htm.
[207] 高蕊. "双碳"目标下煤矿低碳运行模式研究与探讨[J]. 中国煤炭, 2022, 48(12): 102-108.
[208] 康红普, 王国法, 王双明, 等. 煤炭行业高质量发展研究[J]. 中国工程科学, 2021,

23(5): 130-138.
[209] 袁亮, 张通, 张庆贺, 等. 双碳目标下废弃矿井绿色低碳多能互补体系建设思考[J]. 煤炭学报, 2022, 47(6): 2131-2139.
[210] 李全生, 张凯. 我国能源绿色开发利用路径研究[J]. 中国工程科学, 2021, 23(1): 101-111.
[211] 唐晓城, 张伟, 任一鑫, 等. 煤炭矿区能源集成利用体系研究[J]. 矿冶工程, 2014, 34(1): 110-114.
[212] 国家发展改革委. 关于印发《"十四五"现代能源体系规划》的通知[EB/OL]. (2022-01-29) [2023-08-26]. https://www.gov.cn/zhengce/zhengceku/2022-03/23/content_5680759.htm.
[213] 刘畅, 卓建坤, 赵东明, 等. 利用储能系统实现可再生能源微电网灵活安全运行的研究综述[J]. 中国电机工程学报, 2020, 40(1): 1-18, 369.
[214] 中国气象局风能太阳能中心. 2021 年中国风能太阳能资源年景公报[EB/OL]. (2022-04-28) [2023-08-26]. https://www.cma.gov.cn/zxgkigkonrloxbg1202204120220429_4798342.html.
[215] 王双明, 刘浪, 赵玉娇, 等. "双碳"目标下赋煤区新能源开发——未来煤矿转型升级新路径[J]. 煤炭科学技术, 2023, 51(1): 59-79.
[216] 张志刚, 霍春秀. 煤矿区煤层气利用技术研究进展[J]. 矿业安全与环保, 2022, 49(4): 59-64.
[217] 邱中建, 赵文智, 胡素云, 等. 我国天然气资源潜力及其在未来低碳经济发展中的重要地位[J]. 中国工程科学, 2011, 13(6): 81-87.
[218] 沈金山, 王春信, 李美晨, 等. 低温矿井涌水用于煤矿井下集中降温的应用研究[J]. 煤炭技术, 2022, 41(8): 123-125.
[219] 郭念波. 矿井高温热害综合治理技术的探索和实践[J]. 中国煤炭, 2015, 41(1): 117-122.
[220] 胡炳南, 郭文砚. 采煤沉陷区损害防治对策与技术发展方向[J]. 煤炭科学技术, 2022, 50(5): 21-29.
[221] 国家发展改革委. 关于请提供利用采煤沉陷区受损土地发展光伏发电有关情况的函[Z].2021.
[222] 霍冉, 徐向阳, 姜耀东. 国外废弃矿井可再生能源开发利用现状及展望[J]. 煤炭科学技术, 2019, 47(10): 267-273.
[223] 吕荣洁. 光伏+应用创新样本:昔日的"采煤沉陷区"变成今天的"水上发电站"[J]. 新能源经贸观察, 2018(9): 87-89.
[224] 朱双玲, 赖强, 吴易平. 平远废弃矿区变身光伏电站[J]. 源流, 2017(6): 19.
[225] 罗锦程, 邓毅, 侯贵光, 等. 清洁能源产业新兴固体废物环境管理的现状、国际经验与启示[J]. 环境保护, 2023, 51(Z2):41-45.
[226] 陈海生, 李泓, 徐玉杰, 等. 2022 年中国储能技术研究进展[J]. 储能科学与技术, 2023, 12(5): 1516-1552.

[227] 曾光, 纪阳, 符津铭, 等. 热储能技术研究现状、热点趋势与应用进展[J]. 中国电机工程学报，2023, 43(S1): 127-142.
[228] 谢和平, 侯正猛, 高峰, 等. 煤矿井下抽水蓄能发电新技术:原理、现状及展望[J]. 煤炭学报, 2015, 40(5): 965-972.
[229] 赵同彬, 刘淑敏, 马洪岭, 等. 废弃煤矿压缩空气储能研究现状与发展趋势[J]. 煤炭科学技术, 2023, 51(10): 163-176.
[230] 郭继圣, 张宝优. 我国煤层气(煤矿瓦斯)开发利用现状及展望[J]. 煤炭工程, 2017, 49(3): 83-86.
[231] 张志刚, 霍春秀. 煤矿区煤层气利用技术研究进展[J]. 矿业安全与环保, 2022, 49(4): 59-64.
[232] 周言安, 杨洋. “双碳”目标下我国煤矿瓦斯利用技术发展方向[J]. 煤炭技术, 2022, 41(8): 146-149.
[233] 岑可法, 倪明江, 高翔, 等. 煤炭清洁发电技术进展与前景[J]. 中国工程科学, 2015, 17(9): 49-55.
[234] 熊云威, 肖正. 煤矿瓦斯氧化利用安全保障系统设计与应用[J]. 矿业安全与环保, 2018, 45(1): 43-46, 51.
[235] 向艳蕾, 杨允, 闫文瑞, 等. 煤矿回风余热资源利用技术现状与展望[J]. 煤质技术, 2021, 36(6): 77-83.
[236] 段泽敏, 马素霞, 郭千中. 矿井余热资源利用技术[J]. 煤矿安全, 2014, 45(9): 68-71.
[237] 吕超贤, 孙文, 梁睿, 等. 基于信息间隙决策理论的含电转气煤矿综合能源系统鲁棒调度[J]. 高电压技术, 2023, 49(10): 4203-4212.
[238] 梁喆, 李梅, 周孟然. 含 P2G 和混合电储能的矿山综合能源系统多目标优化调度[J]. 电力自动化设备, 2021, 41(10): 122-129.
[239] 黄武靖, 张宁, 董瑞彪, 等. 多能源网络与能量枢纽联合规划方法[J]. 中国电机工程学报, 2018, 38(18): 5425-5437.
[240] 王泽森, 石岩, 唐艳梅, 等. 考虑LCA能源链与碳交易机制的综合能源系统低碳经济运行及能效分析[J]. 中国电机工程学报, 2019, 39(6): 1614-1626, 1858.
[241] 李昊泉, 袁乐, 徐懂理, 等. 基于生命周期理论的区域综合能源系统-配电网博弈优化调度[J]. 电力系统及其自动化学报, 2024, 36(7): 106-115, 149.
[242] Hu H J, Sun X Y, Zeng B, et al. Enhanced evolutionary multi-objective optimization-based dispatch of coal mine integrated energy system with flexible load[J]. Applied Energy, 2021, 307:118-130.
[243] 刘昱良, 李姚旺, 周春雷, 等. 电力系统碳排放计量与分析方法综述[J]. 中国电机工程学报, 2024, 44(6): 2220-2236.
[244] 葛世荣, 樊静丽, 刘淑琴, 等. 低碳化现代煤基能源技术体系及开发战略[J]. 煤炭学报, 2024, 49(1): 203-223.
[245] 葛世荣, 王兵, 冯豪豪, 等. 煤基能源动态碳中和模式及其保供降碳效益评估[J].

中国工程科学, 2023, 25(5): 122-135.
[246] 李俊彪. “双碳”背景下煤基综合能源企业的价值研究[J]. 中国煤炭, 2022, 48(9): 32-37.
[247] 胡伟, 史瑞静, 谢晓光, 等. 新疆哈密地区风光互补、氢储能耦合煤化工多能系统研究[J]. 应用能源技术, 2017(3): 11-14.
[248] 于伟静, 杨鹏威, 王放放, 等. 双碳战略背景下中国煤电技术发展与挑战[J]. 煤炭学报, 2023, 48(7): 2641-2656.
[249] 张正. 煤电掺氨开启能源新场景[N].中国电力报, 2023-10-31(004).
[250] 夏婷婷, 南海明, 高岷, 等. 新能源耦合煤化工及综合性能源走廊探索——产业兴疆路径研究[J]. 煤化工, 2022, 50(4): 3-9.
[251] 张巍, 张帆, 张军, 等. 与新能源耦合发展推动现代煤化工绿色低碳转型的思考与建议[J]. 中国煤炭, 2021, 47(11): 56-60.
[252] 朱静茂, 宋绍伟. “双碳”目标下煤基能源产业高质量发展路径研究[J]. 中国煤炭, 2023, 49(12): 21-25.
[253] 梁睿, 王琛, 张鹏, 等. 一种消纳海上风电的滨海燃煤电-气综合能源生产方法[P]: 中国, CN115710710A. 2023-02-24.
[254] 程超, 高丹, 张衡, 等. 煤炭与新能源融合发展场景与关键技术[J]. 中国工程科学, 2024, 26(4): 52-62.
[255] 国家能源局. 2021 年全国电力工业统计数据[Z]. 2022-01-26.
[256] 国家统计局. 中华人民共和国 2021 年国民经济和社会发展统计公报[Z]. (2022-02-28) [2024-02-28]. https://www.sohu.com/a/526173617_267106.
[257] 王放放, 杨鹏威, 赵光金, 等. 新型电力系统下火电机组灵活性运行技术发展及挑战[J]. 发电技术, 2024, 45(2): 189-198.
[258] 张巍, 张帆, 张军, 等. 与新能源耦合发展推动现代煤化工绿色低碳转型的思考与建议[J]. 中国煤炭, 2021, 47(11): 56-60.
[259] 王江, 张月. 煤化工技术群组分类和趋势预测: 来自专利数据的分析[J]. 技术经济, 2019, 38(8): 17-24.
[260] 中国煤炭行业协会. 煤炭工业“十四五”高质量发展指导意见[Z]. (2021-05-29) [2025-01-20]. http://www.gjjnhb.com/info/detail/32-39077.html.
[261] 国家能源局 2021 年二季度网上新闻发布会文字实录[J]. 中国电业, 2021(5): 26-29.
[262] 刘万波. “双碳”目标下煤炭企业高质量发展路径思考[J]. 中国煤炭行业, 2022(5): 12-14.
[263] 中国氢能源及燃料电池产业创新战略联盟. 中国氢能源及燃料电池产业白皮书(2020)[Z]. 北京: 人民日报出版社.
[264] 谢和平, 吴立新, 郑德志. 2025 年中国能源消费及煤炭需求预测[J]. 煤炭学报, 2019, 44(7): 1949-1960.
[265] 白克智匡. 生物质能: 潜力巨大的“绿色油田”[J]. 科技潮, 2005(8): 19-22.
[266] 国家能源局. 生物质能发展“十三五”规划[Z]. 2016-12-06.

[267] 张茂龙. 塔式太阳能—燃煤双源耦合发电系统分析[D]. 北京: 华北电力大学(北京), 2017.

[268] 中国煤炭行业协会. 2021 煤炭行业发展年度报告[Z]. 北京: 中国煤炭行业协会, 2022.

[269] 中国煤炭行业协会. 2020 煤炭行业发展年度报告[Z]. 北京: 中国煤炭行业协会, 2021.

[270] 顾大钊, 李井峰, 曹志国, 等. 我国煤矿矿井水保护利用发展战略与工程科技[J]. 煤炭学报, 2021, 46(10): 3079-3089.

[271] 自然资源部. 中国矿产资源报告 2021[M]. 北京: 地质出版社, 2022.

[272] 王国法, 徐亚军, 张金虎, 等. 煤矿智能化开采新进展[J]. 煤炭科学技术, 2021, 49(1): 1-10.

[273] 王国法, 任世华, 庞义辉, 等. 煤炭行业“十三五”发展成效与“双碳”目标实施路径[J]. 煤炭科学技术, 2021, 49(9): 1-8.